Michael Wolff

ASEDIO

Michael Wolff ha recibido numerosos galardones por
su trabajo, incluidos dos National Magazine Awards. Ha
sido columnista habitual en *Vanity Fair*, *New York*, *The
Hollywood Reporter*, *British GQ*, *USA Today* y *The Guar-
dian*. Ha publicado siete libros, entre los que se encuentra
el bestseller *Fuego y furia*. Vive en Manhattan y tiene cuatro
hijos.

ASEDIO

ASEDIO

TRUMP EN EL PUNTO DE MIRA

MICHAEL WOLFF

Traducción de Enrique Calderón Savona,
Ana Inés Fernández Ayala, Hugo López Araiza Bravo
y Ariadna Molinari

VINTAGE ESPAÑOL
Una división de Penguin Random House LLC
Nueva York

PRIMERA EDICIÓN VINTAGE ESPAÑOL, JUNIO 2019

Copyright de la traducción © 2019 por Penguin Random House LLC

Todos los derechos reservados. Publicado en los Estados Unidos de
América por Vintage Español, una división de Penguin Random House LLC,
Nueva York, y distribuido en Canadá por Penguin Random House Canada
Limited, Toronto. Originalmente publicado en inglés en los Estados Unidos
de América como *Siege: Trump Under Fire* por Henry Holt and Company,
Nueva York, en 2019. Copyright © 2019 por Michael Wolff.

Vintage es una marca registrada y Vintage Español
y su colofón son marcas de Penguin Random House LLC.

Información de catalogación de publicaciones
disponible en la Biblioteca del Congreso de los Estados Unidos.

Vintage Español ISBN en tapa blanda: 978-0-525-56555-0

eBook ISBN: 978-0-525-56556-7

Para venta exclusiva en EE.UU., Canadá, Puerto Rico y Filipinas.

www.vintageespanol.com

Impreso en los Estados Unidos de América

10 9 8 7 6 5 4 3 2 1

A la memoria de mi padre, Lewis A. Wolff

ÍNDICE

NOTA DEL AUTOR

Poco después de que Donald Trump tomara posesión como cuadragésimo quinto presidente de los Estados Unidos, pude acceder al Ala Oeste de la Casa Blanca como mero espectador marginal. Mi libro anterior, *Fuego y furia*, es el recuento resultante del caos organizacional y drama constante —más psicológico que político— de los primeros siete meses de la presidencia de Trump. Ese volumen da cuenta de un presidente volátil e indeciso que descarga su peculiar furia casi a diario sobre el mundo y, al mismo tiempo, sobre su propio equipo. La primera fase de la presidencia más anormal en la historia estadounidense terminó en agosto de 2017, tras la partida del jefe de estrategia de Trump, Stephen K. Bannon, y el nombramiento del general retirado John Kelly como jefe de gabinete.

Este nuevo relato comienza en febrero de 2018, en los albores del segundo año de la administración Trump, después de que ocurrieran cambios profundos en la situación. La furia caprichosa del presidente se encontró con una respuesta institucional cada vez más organizada y metódica e, inevitablemente, los engranajes de la justicia empezaron a girar en su contra. En muchos sentidos, su propio gobierno y hasta su gabinete empezaron a volcarse contra él. Casi todas las fuerzas políticas a la izquierda de la extrema derecha lo consideran incompetente, e incluso en sus bases de apoyo se le describe como un hombre inestable, desesperadamente distraído, y un presidente rebasado por las circunstancias. Históricamente, ningún presidente ha sido blanco de un ataque tan bien orquestado ni ha tenido una capacidad tan limitada para defenderse.

Sus enemigos lo rodean y se dedican a intentar tumbarlo.

* * *

Sé que no soy el único que siente una fascinación morbosa por Trump —esa certeza casi absoluta de que al final terminará destruyéndose a sí mismo—, y creo que la comparto con buena parte de la gente que lo ha tenido enfrente desde que ganó las elecciones presidenciales. Haber trabajado cerca de él es haber enfrentado los comportamientos más extremos y desconcertantes posibles. Y esto no es una exageración: Trump no solo no se asemeja a ningún otro presidente, sino que no se asemeja a casi a ningún otro ser humano. Por ende, cualquiera que ha estado cerca de él siente la obligación de intentar dilucidarlo y ventilar sus inconcebibles peculiaridades. Y ésa es otra de sus limitaciones: toda la gente que lo rodea, sin importar cuán atada de manos esté por promesas de confidencialidad, acuerdos de privacidad o mera amistad, no puede dejar de hablar de su experiencia con él. En este sentido, se encuentra más expuesto que cualquier otro presidente.

Muchas de las personas que me ayudaron en la Casa Blanca durante la redacción de *Fuego y furia* han abandonado la administración, pero siguen igual de inmersas en la saga Trump. Agradezco ser parte de esa enorme red. Muchos de los seguidores de Trump antes de su llegada a la presidencia siguen escuchándolo y respaldándolo; al mismo tiempo, como expresión tanto de inquietud como de incredulidad, hablan entre ellos y con otros sobre su temperamento, estados de ánimo y actos impulsivos. En términos generales, he observado que, cuanto más cercanos han sido a Trump, más se han alarmado en distintos momentos por la salud mental del presidente. Y todos especulan cómo terminará esto. La conclusión general es que acabará mal para él. Sin duda alguna, Trump es quizá mucho mejor tema para escritores interesados en las capacidades y deficiencias humanas que para la mayoría de los periodistas y escritores que a diario cubren lo que ocurre en Washington y que se interesan sobre todo en perseguir el éxito y el poder.

Mi principal objetivo en *Asedio* es ofrecer una narrativa legible e intuitiva; ésa es la esencia. Otra meta es escribir en tiempo real el equivalente a una historia sobre este extraordinario momento, pues quizá sea demasiado tarde si aspiramos a comprenderlo bien después de los hechos. El último objetivo de mi relato es meramente esbozar un retrato: Donald Trump como un personaje extremo, casi alucinante y ciertamente aleccionador, de la "americanidad". Para lograrlo, y a fin de adquirir la perspectiva y encontrar las voces necesarias para contar una historia más amplia, he mantenido en el anonimato a todas las fuentes que me lo solicitaron. En casos en los que me contaron —bajo mi promesa de no atribuir la información— acerca de un suceso que no apareció en la prensa, o alguna conversación o comentario privado, intenté por todos los medios confirmarlo con otras fuentes o documentos. En algunas ocasiones yo mismo fui testigo de los sucesos o conversaciones aquí descritos. Con respecto a la investigación del informe

Mueller, mi relato se basa en documentos internos que me hicieron llegar fuentes cercanas a la oficina del fiscal especial.

Lidiar con las fuentes de la Casa Blanca de Trump no ha dejado de traer consigo una serie de problemas muy particulares. Un requisito básico para trabajar ahí es, sin lugar a dudas, tener la habilidad de racionalizar o negar la verdad infinitamente y, de ser necesario, mentir de forma descarada. De hecho, creo que esto ha provocado que algunas de las personas que han socavado la confianza pública hayan confesado en privado la verdad. Es parte de su pacto con el diablo. No obstante, para quienes entrevistamos a fuentes que, como el dios Jano, ofrecen dos caras, es un dilema que nos obliga a depender de que quienes mienten también digan la verdad, aunque después desconozcan esa verdad que ellos mismos enunciaron. Es un hecho que los portavoces de la Casa Blanca, y hasta el presidente mismo, niegan rotundamente la naturaleza insólita y descabellada de buena parte de lo que ocurre allí dentro. No obstante, con cada nuevo relato sobre esta administración se confirma el nivel de irracionalidad casi de forma invariable, a pesar de que la barra para medirla esté cada vez más alta.

En un entorno que promueve y con frecuencia exige la hipérbole, el tono mismo del relato se vuelve parte esencial de la precisión. Un ejemplo emblemático es que una amplia gama de personas cercanas al presidente suele describir su inestabilidad mental en términos maximalistas. "Jamás he conocido a alguien tan loco como Donald Trump", son las palabras que usó un miembro del gabinete que ha pasado incontables horas con él. Al menos una docena de personas me ha contado experiencias similares de primera mano con el presidente. ¿Cómo traducimos esta información en una evaluación responsable de esta singular Casa Blanca? Mi estrategia consiste en intentar mostrar sin narrar, en describir el contexto más amplio, en comunicar las experiencias de manera lo suficientemente tangible como para que el lector pueda determinar por sí mismo en qué nivel del vertiginoso descenso en la escala del comportamiento humano se encuentra Donald Trump. Dicha condición —un estado emocional más que un estado político— constituye el núcleo de este libro.

1

EN EL CENTRO DE LA DIANA

El presidente esbozó su habitual expresión de quien percibe olor a mierda a su alrededor y agitó las manos en el aire como para ahuyentar a una mosca.

"No me digas esto —dijo—. ¿Por qué me estás diciendo esto?".

A finales de febrero de 2018, poco más de un año después de la toma de posesión de Donald Trump, John Dowd, su abogado personal, intentaba explicarle que era probable que los fiscales solicitaran la entrega de algunos de los registros comerciales de la Organización Trump.

La reacción de molestia de Trump no fue tanto por las implicaciones de un análisis exhaustivo de sus asuntos como por el hecho de haberse enterado de ello. Su irritación derivó en un pequeño berrinche. No era que la gente lo estuviera persiguiendo —aunque, sin duda, se trataba de una persecución—, sino que nadie lo defendía. El problema era su propia gente, en especial sus abogados.

Trump quería que sus abogados "arreglaran" las cosas. Un lugar común de empresario que le gustaba repetir era: "No me traigan problemas, tráiganme soluciones". Valoraba a sus abogados por su capacidad para hacer cosas por debajo de la mesa o ser manipuladores, y los responsabilizaba si no lograban que los problemas se esfumaran. Los problemas de Trump eran *culpa* de ellos. "Desaparézcanlos", era una orden habitual. Y solía decirla por triplicado: "Desaparézcanlos, desaparézcanlos, desaparézcanlos".

Don McGahn, consejero de la Casa Blanca —representaba a la Casa Blanca y no al presidente, distinción que Trump nunca logró comprender del todo—, no era muy hábil para hacer desaparecer los problemas, por lo que se convirtió en blanco constante de las rabietas e insultos del presidente. La interpretación legal de McGahn del correcto funcionamiento del poder ejecutivo solía contraponerse a los deseos de su jefe.

Por el contrario, Dowd y sus colegas Ty Cobb y Jay Sekulow —el trío de abogados encargado de ayudar al presidente con sus problemas legales personales— se habían vuelto expertos en evadir el mal humor de su cliente, que solía ir acompañado de ataques personales amenazantes y desbordados. Los tres entendían bien que, para tener éxito como abogados de Trump, debían decirle a su cliente lo que este ansiaba escuchar.

Trump albergaba un mito sobre el abogado ideal que poco o nada tenía que ver con la práctica del derecho. Invariablemente mencionaba a Roy Cohn, un viejo amigo neoyorquino, abogado y mentor de tipos rudos; así como a Robert Kennedy, el hermano de John F. Kennedy. "Siempre me jodía con Roy Cohn y Bobby Kennedy —afirmó Steve Bannon, estratega político que, quizá más que cualquier otra persona, fue responsable de la victoria de Trump—. 'Roy Cohn y Bobby Kennedy', solía decirme. '¿Dónde están mi Roy Cohn y mi Bobby Kennedy?'". Para beneficio de su leyenda, Cohn construyó el mito que Trump enaltecería después: con suficiente inteligencia y fuerza, siempre se podía burlar al sistema jurídico. Bobby Kennedy fue fiscal general de su hermano, además de ser quien le hacía el trabajo sucio; él protegió a JFK y movió los hilos detrás del escenario del poder para beneficiar a su familia.

Cómo vencer al sistema era un tema recurrente para Trump. "Soy el tipo que siempre se sale con la suya", solía presumirles a sus amigos neoyorquinos.

Sin embargo, no quería enterarse de los detalles; le bastaba con que sus abogados le garantizaran que estaba ganando. "Estamos arrasando, ¿cierto? Es lo único que quiero saber. Es *todo* lo que quiero saber. Si no estamos arrasando, es porque metieron la pata", les gritó una tarde a los miembros de su equipo legal.

Desde el principio, ha sido un desafío encontrar abogados de primera que estuvieran dispuestos a emprender la que alguna vez fuera una de las encomiendas jurídicas más loadas: representar al presidente de los Estados Unidos. En Washington, un litigante de cuello blanco de altísimo nivel le dio a Trump una lista de veinte problemas que sería indispensable abordar de inmediato para que él accediera a tomar el caso. Trump se negó a siquiera considerarlos. Más de una docena de grandes bufetes rechazó el trabajo. Al final, Trump se quedó con un grupo improvisado de practicantes independientes que carecían del peso y los recursos de los grandes bufetes. Trece meses después de la ceremonia inaugural, el presidente enfrentaba problemas legales personales tan graves como los que en su momento enfrentaron Richard Nixon y Bill Clinton, y lo representaba el que, en el mejor de los casos, era un equipo legal de segunda. Pero Trump no parecía darse cuenta de su lado vulnerable. Al tiempo que negaba cada vez más las amenazas jurídicas que lo rodeaban, razonaba en tono muy casual: "Si tuviera buenos abogados, parecería que soy culpable".

A los 77 años, Dowd había tenido una carrera legal bastante

larga y exitosa, tanto en bufetes jurídicos de Washington como en el gobierno. Pero la gloria había quedado atrás. Ahora estaba solo y ansiaba posponer su jubilación. Comprendía la importancia —en particular para su posicionamiento en el círculo legal de Trump— de reconocer las necesidades de su cliente. No le quedó más alternativa que mostrarse de acuerdo con la valoración que hizo el presidente de la investigación acerca del contacto durante su campaña con intereses estatales rusos: él no habría estado involucrado en lo absoluto. Para lograrlo, Dowd y los otros miembros del equipo jurídico de Trump recomendaron que el presidente cooperara con la investigación de Mueller.

"No soy el objetivo, ¿verdad?", insistía Trump con frecuencia.

No era una pregunta retórica. Insistía en que le contestaran, y en que la respuesta lo favoreciera: "Señor presidente, usted no es el objetivo". Al comienzo de su administración, Trump presionaba al entonces director del FBI, James Comey, para que le brindara esa seguridad. Uno de los sucesos emblemáticos de su presidencia —el despido de Comey en mayo de 2017— se debió en parte a que no le parecía convincente el entusiasmo de la respuesta de Comey y, por lo tanto, asumió que este estaba conspirando en su contra.

Que el presidente fuera el objetivo o no de la investigación —y habría sido necesario imaginar un mundo al revés para creer que él no estaba en el centro de la diana del informe Mueller— parecía ocurrir en una realidad distinta a la de Trump, en la que este necesitaba que le garantizaran que él no era el objetivo.

"Trump me ha entrenado —le dijo Ty Cobb a Steve Bannon—. Aunque algo sea pésimo, es excelente".

Trump imaginaba —con una confianza preternatural que hacía que nada lo disuadiera— que en el futuro cercano recibiría noticias directamente del fiscal especial, quien le enviaría una larga carta de exoneración en la que incluso le pediría disculpas.

"¿Dónde diablos está mi maldita carta?", preguntaba con insistencia.

* * *

El gran jurado designado por el fiscal especial Robert Mueller se reunía los jueves y viernes en el tribunal federal de distrito, en Washington. El encuentro se llevaba a cabo en el quinto piso de un edificio ordinario, situado en el 333 de Constitution Avenue. Los miembros del jurado se congregaban en un espacio anodino que parecía más un salón de clases que un tribunal. Allí, los fiscales se ubicaban en un podio y los testigos se sentaban en un escritorio al frente de la habitación. El jurado de Mueller estaba conformado por más mujeres que hombres, más personas blancas que negras, más gente madura que joven, y se distinguía en especial por su capacidad de concentración y agudeza. Escuchaban el proceso con "una especie de atención aterradora, como si ya lo supieran todo", según uno de los testigos.

Durante las audiencias frente a un gran jurado, se puede pertenecer a una de tres categorías: puedes ser un "testigo de hechos", lo que implica que el fiscal cree que posees información sobre la investigación en curso; puedes ser "sujeto", lo que implica que se considera que estás implicado de forma personal con el delito que está siendo investigado; o, en el peor de los casos, eres un "objetivo", lo que implica que el fiscal está intentando que seas procesado. Los testigos de hechos suelen convertirse en sujetos, y los sujetos, en objetivos.

A principios de 2018, cuando la investigación de Mueller y el gran jurado mantenían niveles de discreción históricos, nadie en la Casa Blanca tenía certeza de dónde estaba parado ni de qué le decía quién a quién. Cualquiera que trabajara para el presidente o alguno de sus asesores principales podía estar hablando con el fiscal especial. El código de silencio de la investigación llegó hasta el Ala Oeste. Nadie sabía ni nadie revelaba quién estaba soltando la sopa.

Casi todos los altos cargos del gabinete de la Casa Blanca —el grupo de asesores que trabajan de cerca con el presidente— habían contratado un abogado personal. Desde los primeros días de su administración, el pasado legal de Trump, entrelazado con su evidente falta de preocupación en cuanto a los asuntos jurídicos, cernió una pesada sombra sobre quienes trabajaban para él. Los altos cargos buscaron asesoría legal personal mientras aprendían a moverse en la conejera que es el Ala Oeste de la Casa Blanca.

En febrero de 2017, apenas unas semanas después de la toma de posesión de Trump y no mucho después de que el FBI empezara a indagar acerca del consejero de Seguridad Nacional Michael Flynn, el jefe del gabinete, Reince Priebus, fue a la oficina de Steve Bannon y le dijo: "Te haré un gran favor. Dame tu tarjeta de crédito. No preguntes por qué; solo dámela. Me lo agradecerás el resto de tu vida".

Bannon abrió la billetera y le entregó a Priebus su American Express. Priebus volvió poco después, le devolvió la tarjeta y le dijo: "Ya tienes un seguro legal".

En el transcurso del siguiente año, Bannon —un testigo de hechos— pasó cientos de horas con sus abogados preparando la declaración que haría frente al fiscal especial y el Congreso. A su vez, los abogados pasaron incontables horas hablando con el equipo de Mueller y con los fiscales de los comités parlamentarios. Hacia el final del año, los honorarios legales de Bannon ascendían a dos millones de dólares.

El primer consejo que le daba cualquier abogado a su cliente era claro y contundente: no hables con nadie, salvo que sea necesario que declares acerca de lo que dijiste. En poco tiempo, una de las inquietudes constantes de los altos cargos de la Casa Blanca de Trump era enterarse de lo menos posible. Era un mundo al revés: antes estar "en la sala" era el estatus más ansiado, pero ahora la gente quería evadir todo tipo de reuniones. Astutamente, la gente quería evitar ser testigo de cualquier conversación o ser vista siendo testigo de alguna conversación. Era un hecho que nadie era amigo de nadie. Como resultaba imposible saber en qué situación con relación a la investigación estaban tus colegas, no había forma de saber qué probabilidades había de que alguien fuera llamado ante el fiscal especial y declarara en contra de otro —quizá en contra tuya— como moneda de cambio para salvar el pellejo.

En poco tiempo, todo el que trabajaba en la Casa Blanca cayó en cuenta de que se encontraba en medio de una investigación penal en curso —razón de más para *no* trabajar ahí— que podría llevarse por delante a cualquiera que estuviera cerca.

* * *

La principal guardiana de los secretos de la campaña, la transición y el primer año de la administración fue Hope Hicks, directora de comunicaciones de la Casa Blanca. Ella fue testigo de casi todo: veía lo que el presidente veía y sabía lo que el presidente —ese hombre incapaz de controlar su propio monólogo constante— sabía.

El 27 de febrero de 2018, al declarar frente al Comité de Inteligencia de la Cámara de Representantes —después de haberse presentado ante el fiscal especial—, tuvo que responder si alguna vez había mentido en nombre del presidente. Quizá una profesional de las comunicaciones más experimentada habría podido darle la vuelta a la pregunta, pero Hicks, quien no había hecho mucho más que trabajar como vocera de Donald Trump —lo que con demasiada frecuencia implicaba lidiar con su falta de interés por la verdad empírica—, se encontró ante un vacío moral repentino e

inesperado, intentando analizar públicamente la importancia relativa de las mentiras de su jefe. Aceptó haber dicho "mentiras piado-
sas", como si estas fueran menos graves que las mentiras mayores.
Fue una especie de confesión que provocó la interrupción de la
declaración para que sus abogados deliberaran durante casi veinte
minutos con ella, pues temían las implicaciones de lo que pudiera
admitir y adónde llevaría cualquier análisis de las tergiversaciones
constantes del presidente.

Poco después de su declaración, a otro testigo que se presentó
ante el gran jurado de Mueller le preguntaron qué tan lejos llegaría
Hicks para mentir en nombre del presidente. Esa persona contestó:
"Creo que, si se trata de hacer cualquier cosa en calidad de 'incondicional' a Trump, ella lo hará; pero no meterá las manos al fuego
por él". Esta declaración se puede interpretar lo mismo como un
falso cumplido que como una valoración de qué tan lejos llega la
lealtad a Trump en la Casa Blanca; al parecer, no mucho.

Podía decirse que, en la administración de Trump, casi nadie
estaba capacitado de forma convencional para llevar a cabo el trabajo que realizaba. Salvo quizá el presidente mismo, nadie ejem-
plificaba mejor la falta de preparación y la desinformación de la
presidencia que Hicks, quien carecía de experiencia sustancial en
medios y en política, y cuyo temperamento no estaba templado por
años de trabajo bajo exceso de presión. Hicks, quien siempre vestía
faldas cortas como agradaba a Trump, parecía terminar con demasiada frecuencia bajo los reflectores. Trump la admiraba, pero no
porque tuviera las habilidades políticas para protegerlo, sino por
su obediencia complaciente. Su trabajo consistía en dedicarse con
devoción al cuidado y la alimentación del presidente.

"Al hablar con él, hay que empezar con retroalimentación positiva", aconsejaba Hicks, quien entendía la necesidad de Trump de
validación constante y su incapacidad casi absoluta de hablar de
cualquier otra cosa que no fuera él mismo. Su paciencia y natura-

leza dócil le permitieron ascender a los 29 años al cargo más alto
en el área de comunicación de la Casa Blanca. Y fungía como jefa
de gabinete de facto. Trump no quería que su administración estuviera plagada de profesionales, sino de gente que lo atendiera y
cubriera sus necesidades.

Hicks —"Hopey" para Trump— era tanto la guardiana del presidente como su mantita reconfortante; así como también sujeto
frecuente de su interés lascivo. Trump prefería que los asuntos,
aun dentro de la Casa Blanca, fueran tratados como personales.
"¿Quién se está cogiendo a Hope?", exigía saber. El tema también
le interesaba a su hijo Don Jr., quien en varias ocasiones anunció
su intención de "cogerse a Hope". Ivanka, la hija del presidente, y
su esposo, Jared Kushner, ambos asesores sénior de la Casa Blanca,
mostraban una preocupación más fraternal por Hicks, e incluso en
algunas ocasiones le sugerían potenciales pretendientes.

Sin embargo, Hicks, quien parecía entender la naturaleza insu-
lar del mundo Trump, solo salía con hombres que estuvieran dentro de la burbuja, y elegía a los chicos más malos de todos: el jefe
de campaña Corey Lewandowski durante la campaña electoral y
el asesor presidencial Rob Porter ya en la Casa Blanca. A medida
que se iba gestando la relación entre Hicks y Porter en el otoño de
2017, tener conocimiento del amorío se volvió emblema de per-
tenencia al círculo privilegiado de Trump, que intentaba impedir
que dicho conocimiento llegara a oídos del posesivo presidente.
Por el contrario: otras personas que suponían que el idilio entre
Porter y Hicks desagradaría a Trump eran mucho menos discretas
al respecto.

* * *

En medio de la creciente animosidad en el interior de la Casa
Blanca de Trump, Rob Porter logró convertirse en la persona más

despreciada por todos, salvo quizá el presidente mismo. Porter, un tipo de quijada angulosa que parecía varado en los años cincuenta y podría haber sido modelo de la crema para peinar Brylcreem, era una caricatura de la traición y la perfidia: si *no* te había apuñalado por la espalda, te hacía ver que era porque te consideraba indigno. Como si fuera un personaje de comedia televisiva —"Eddie Haskell" lo llamaba Bannon entre risotadas, aludiendo al antiguo ícono de la insinceridad y la adulación que salía en la serie *Leave It to Beaver*—, Porter se acercó al jefe del gabinete, John Kelly, mientras que al mismo tiempo hablaba pestes de él con el presidente. El altísimo valor que Porter asignaba a sus responsabilidades en la Casa Blanca, aunado a las promesas que —según cacareaba— le hacía el presidente de asignarle un puesto entre los más altos rangos, parecía poner la administración y la nación entera directamente sobre sus hombros.

Sin haber cumplido cuarenta, Porter tenía dos exesposas amargadas, a una de las cuales al menos había golpeado y a quienes había sido infiel a niveles que llegaron al dominio público. Cuando trabajó para el Senado, Porter —que entonces estaba casado— sostuvo una relación extramarital con una pasante que le costó el trabajo. Su novia Samantha Dravis se mudó con él en el verano de 2017, mientras él veía a Hicks sin que Dravis siquiera se lo imaginara. "Te engañé porque no eres lo suficientemente atractiva", le dijo a Dravis tiempo después.

En una ruptura potencialmente ilegal del protocolo, Porter tuvo acceso a los informes primarios de acreditación realizados por el FBI y leyó las declaraciones de sus exesposas. Su segunda mujer también había escrito un blog acerca del presunto abuso que sufrió a manos de él, en el cual, aunque no lo mencionaba directamente, sin duda lo señalaba. Como le preocupaba la influencia negativa que pudieran tener sus exesposas en su reporte de seguridad, reclutó a Dravis para que lo ayudara a apaciguar las cosas con ambas mujeres.

Lewandowski, el exnovio de Hicks, se percató de la relación que ahora ella sostenía con Porter y empezó a maquinar para exponerla; según algunos informes, contrató a paparazzis para que la siguieran. Aunque el historial de abuso físico de Porter empezaba a salir a la luz como consecuencia de la investigación realizada por el FBI, la campaña de Lewandowski en contra de Hicks dio al traste con muchos otros intentos por cubrir las transgresiones de Porter.

En el otoño de 2017, Dravis se enteró de los rumores difundidos por Lewandowski sobre la relación entre Hicks y Porter. Tras encontrar el número de Hicks guardado entre los contactos de Porter bajo un nombre de hombre, Dravis lo confrontó y él de inmediato la echó a la calle. Después de volver a casa de sus padres, Dravis empezó a fraguar su propia venganza y a conversar abiertamente sobre los problemas de acreditación de seguridad de Porter, incluso con gente de la oficina del asesor legal de la Casa Blanca, a quien le dijo que Porter contaba con protección de altos cargos de la Casa Blanca. Después, junto con Lewandowski, Dravis ayudó a filtrar los detalles del romance entre Hicks y Porter al periódico *Daily Mail*, el cual publicó la historia el 1 de febrero de 2018.

Sin embargo, tanto Dravis como las exesposas de Porter se indignaron de que Porter saliera *bien parado* en el reportaje del *Daily Mail*, en donde lo presentaron como parte de una glamorosa pareja con mucho poder. Porter llamó a Dravis para mofarse de ella: "¡Y creías que podías destruirme!". Dravis y ambas exesposas decidieron entonces sacar a la luz todo el abuso del que fueron víctimas a manos de Porter. La primera esposa afirmó que él la pateó y la golpeó, e incluso reveló una fotografía en la que salía con un ojo morado. La segunda esposa les contó a los medios que había tenido que solicitar de urgencia una orden de protección en contra de Porter.

La Casa Blanca, o al menos Kelly —y posiblemente también Hicks—, había estado al tanto de estas acusaciones y, en efecto, las había encubierto. ("Generalmente, hay suficiente gente competente en la Casa Blanca como para poder expulsar a las manzanas podridas, pero era imposible ser así de quisquillosos en la Casa Blanca de Trump", comentó un republicano, conocido de Porter). La furia que desencadenaron Porter y su problemático historial de golpeador de esposas no solo irritó a Trump —"Apesta a publicidad dañina"—, sino que debilitó aún más a Kelly. El 7 de febrero, luego de que sus dos exesposas concedieran entrevistas a CNN, Porter renunció.

Hicks, quien procuraba mantenerse al margen de los medios —pues Trump valoraba a los colaboradores que no le robaban la oportunidad de estar bajo los reflectores—, de pronto descubrió que su vida amorosa estaba siendo examinada con lupa en la prensa internacional. Su amorío con el desacreditado Porter expuso su peculiar relación con el presidente y su familia, así como los manejos irregulares, las disfuncionales relaciones interpersonales y la falta generalizada de competencia política en el mundo de Trump.

* * *

Curiosamente, el amorío era el menor de los problemas de Hicks. Sin duda alguna, para Hicks el escándalo de Porter fue una cortina de humo tras la cual abandonar la administración quizás *mejor* que la que casi todos en el Ala Oeste suponían que era la verdadera cortina.

El 27 de febrero, Jonathan Swan, corresponsal del boletín de Washington *Axios* y mensajero de muchas filtraciones de la Casa

Blanca, dio a conocer que Josh Raffel abandonaría la Casa Blanca. Como parte de un acuerdo sin precedentes, Raffel había llegado en abril de 2017 como vocero exclusivo del yerno del presidente, Jared Kushner, y de su esposa, Ivanka, y tenía la capacidad de saltarse al equipo de comunicación de la Casa Blanca. Raffel, quien al igual que Kushner era demócrata, había trabajado antes para Hiltzik Strategies, la agencia de relaciones públicas neoyorquina que representaba a la línea de ropa de Ivanka.

Hope Hicks, quien también había trabajado para Hiltzik —agencia que quizás era más famosa por haber representado durante mucho tiempo al productor de cine Harvey Weinstein, quien en el otoño de 2017 se vio envuelto en un escándalo e intento de encubrimiento de incontables acosos y hostigamientos sexuales—, al principio también desempeñó el mismo papel que Raffel, solo que a mayor escala, pues era la vocera del presidente. En septiembre de ese año, Hicks fue ascendida a directora de comunicación de la Casa Blanca, y Raffel quedó como segundo al mando.

Los problemas habían surgido el verano anterior. Tanto Hicks como Raffel estaban en el Air Force One en julio de 2017 cuando salió la noticia de la reunión en la Torre Trump de Donald Trump Jr. con intermediarios del gobierno ruso durante la campaña presidencial, en la que le ofrecieron compartir información comprometedora sobre Hillary Clinton. En el vuelo de regreso a Estados Unidos después de la cumbre G20 en Alemania, Hicks y Raffel ayudaron al presidente a configurar una historia casi por completo falsa sobre aquel encuentro en la Torre Trump, con lo cual se volvieron parte del encubrimiento.

Aunque Raffel apenas llevaba poco más de nueve meses en la Casa Blanca, la nota de *Axios* aseguraba que su partida ocurría tras varios meses de discusiones. Pero eso era falso. Su salida fue abrupta.

Al día siguiente, de forma igualmente abrupta, Hope Hicks

—la persona más cercana al presidente en el interior de la Casa Blanca— también presentó su renuncia.

La persona que quizás sabía más que cualquier otra sobre los tejemanejes de la campaña presidencial y de la Casa Blanca de Trump se había ido de repente. La principal inquietud en la Casa Blanca devino entonces la sensata conjetura de que tanto Hicks como Raffel, quienes fueron testigos y partícipes de los esfuerzos del presidente por encubrir los detalles de la reunión que tuvieron su hijo y su yerno con los rusos, eran sujetos u objetivos de la investigación de Mueller o, peor aún, habían llegado a un acuerdo con el fiscal.

El presidente, que en público alababa de forma efusiva a Hicks, no intentó disuadirla. En las semanas posteriores se mostró abatido por su ausencia —"¿Dónde está mi Hopey?", preguntaba—; sin embargo, tan pronto cayó en cuenta de que Hicks podría estar hablando, quiso desligarse de ella y cambió la narrativa de forma significativa para degradar su estatus e importancia en la campaña y en la Casa Blanca.

No obstante, Trump encontró consuelo en un aspecto de su relación con Hicks: a pesar de haber sido instrumental para su presidencia, su trabajo en realidad solo había consistido en complacerlo. No podía ser artífice de grandes estrategias y conspiraciones. El equipo de Trump, a fin de cuentas, estaba conformado por actores secundarios.

* * *

Tal vez John Dowd era reacio a darle malas noticias a su cliente, pero comprendía a la perfección el peligro que implicaba un fiscal minucioso con recursos casi ilimitados. Cuanto más decidido esté un equipo de agentes del FBI a revisar, desmenuzar e inspeccionar minuciosamente información, mayor será la posibilidad de que descubran tanto delitos metódicos como casuales. Cuanto más exhaustiva sea la búsqueda, más inevitable será el resultado. El caso de Donald Trump —con su historial de bancarrotas, escamoteos financieros, relaciones dudosas y un sentido de impunidad— parecía ofrecerles a los fiscales una amplia gama de opciones para escoger.

Donald Trump, por su parte, seguía suponiendo que sus habilidades e instintos estaban al mismo nivel que la minuciosidad y variedad de recursos del Departamento de Justicia de los Estados Unidos. Incluso creía que aquella búsqueda exhaustiva lo beneficiaría. "Aburrido. Confuso para todos —decía mientras desestimaba los informes sobre la investigación que le proporcionaban Dowd y otros—. No se puede seguir el hilo. No engancha".

Una de las muchas peculiaridades de la presidencia de Trump era que él no creía que ser presidente, ni las responsabilidades o la visibilidad inherentes al cargo, fueran muy diferentes de su vida previa a la Casa Blanca. A lo largo de su carrera había soportado incontables investigaciones y había estado implicado en diversos tipos de litigios. Era un luchador que, con descaro y agresividad, se escabullía de aprietos que habrían arruinado a jugadores más débiles y menos astutos. Esa era, en esencia, su estrategia de negocios: lo que no me mata me hace más fuerte. Aunque lo hirieran una y otra vez, jamás se desangraba.

"Se trata de jugar el juego —explicaba en uno de sus frecuentes monólogos en los que contrastaba su superioridad personal con la estupidez del resto de la gente—. Soy bueno para esto. Quizás el mejor. En serio, tal vez soy el mejor. Creo que soy el mejor. Soy buenísimo. Muy sereno. Casi todo el mundo teme que pase lo peor. Pero eso no pasa, a menos que seas idiota. Y yo no soy idiota".

En las semanas posteriores a su primer aniversario en el cargo, octavo mes de la investigación de Mueller, Trump siguió creyendo que la indagación del fiscal especial era una mera competencia de

voluntades. No creía que fuera una guerra de desgaste, una reduc-
ción gradual de la fuerza y credibilidad del objetivo por medio del
escrutinio constante y el aumento gradual de la presión. Más bien
la consideraba una situación a confrontar, una iniciativa gubernamental espuria y vulnerable a sus ataques. Confiaba en que podía
hacer presión ante esa "cacería de brujas" —frase que solía tuitear
en mayúsculas— para lograr al menos un empate partidista.

No dejaban de irritarlo los intentos por convencerlo de que
jugara el juego al estilo habitual de Washington —con una defensa
jurídica disciplinada, por medio de negociaciones y procurando
reducir las pérdidas— en vez de hacerlo a su manera. Esto desconcertaba a mucha gente cercana a él, pero lo más alarmante era
ver cómo crecían la indignación de Trump y la creencia de que lo
estaban insultando en lo personal, así como su convicción de que
era inocente.

* * *

Para finales de febrero, además de los cargos que el gran jurado
de Mueller había determinado en contra de un grupo de ciudadanos rusos por actividades ilegales asociadas con los intentos de
interferencia del gobierno ruso en las elecciones estadounidenses,
Mueller había accedido a distintos niveles del círculo de Trump.
Entre los imputados, o los que se habían declarado culpables de
delitos, estaban el exdirector de campaña Paul Manafort, el exasesor de seguridad nacional Michael Flynn, el entusiasta asesor
junior George Papadopoulos, y el socio de Manafort y coordinador
de campaña, Rick Gates. Estos movimientos legales podían interpretarse de forma convencional como un acercamiento metódico
y puntual a la puerta del presidente. No obstante, desde la perspectiva de Trump podía ser visto como una redada de la caterva de
oportunistas y aduladores que siempre habían estado detrás de él.

Las dudas sobre la utilidad de los aduladores de Trump era una parte implícita de su verdadera utilidad: se los podía descartar o negar en cualquier momento, y eso fue justo lo que ocurrió a la primera señal de problemas. A los trumpistas que arrastró Mueller los tildaron de jugadores marginales y arribistas. El presidente jamás se había reunido con ellos ni los recordaba, o los conocía de forma circunstancial. "Conozco al señor Manafort. No he hablado con él en mucho tiempo, pero lo conozco", declaró Trump en tono displicente, recurriendo al "¿de quién me habla?" de su libro de jugadas.

La dificultad para demostrar la existencia de una conspiración radica en demostrar que hubo intención de por medio. Muchas de las personas del círculo cercano al presidente creían que Trump, la Organización Trump y, por añadidura, la campaña de Trump operaban de forma tan difusa, caótica y seudomafiosa que sería demasiado difícil establecer una tentativa de delito. Por si fuera poco, era tan evidente que los aduladores de Trump eran jugadores tan mediocres que la estupidez les servía para defenderse de las acusaciones de intención criminal.

Muchos en el círculo de Trump estaban de acuerdo con su jefe: creían que, cualquiera que fueran las idioteces que hubieran hecho los idiotas secuaces de Trump, la investigación sobre Rusia era demasiado complicada y de poca monta como para que finalmente se sostuviera. Al mismo tiempo, muchos (o quizás todos) estaban convencidos en privado de que un examen profundo —o incluso una inspección somera— del pasado financiero de Trump sacaría a relucir un sinfín de delitos flagrantes y quizás incluso un patrón constante de corrupción.

No era, por lo tanto, sorprendente que, desde que empezó la investigación del fiscal especial, Trump hubiera intentado trazar una raya entre Mueller y las finanzas de la familia Trump, llegando a amenazar abiertamente a Mueller para que ni siquiera intentara entrometerce en ellas. Trump suponía que el fiscal especial le temía y era consciente de hasta dónde llegaba su tolerancia. Confiaba en que el equipo de Mueller lograría entender cuáles eran los límites, ya fuera mediante indirectas o por medio de amenazas poco sutiles.

"Saben que no pueden venir por mí —le dijo a un miembro de su círculo de interlocutores telefónicos vespertinos— porque nunca estuve involucrado. No soy un objetivo. No tienen nada. No soy el objetivo. Ya me dijeron que no soy el objetivo. Y ellos saben lo que pasaría si me convirtieran en objetivo. Todos nos entendemos entre todos".

* * *

Había libros y reportajes periodísticos repletos de anécdotas turbias de los cuarenta y cinco años de carrera empresarial de Trump, y su llegada a la Casa Blanca no hizo más que resaltarlas y sacar a la luz algunas todavía más jugosas. A nivel mundial, la moneda de cambio favorita para lavar dinero eran los bienes raíces, y el negocio de bienes raíces de segunda categoría de Trump —que él publicitaba descaradamente como de súper lujo— estaba diseñado de forma bastante explícita para atraer a lavadores de dinero. Por si fuera poco, los problemas financieros del propio Trump y sus intentos desesperados por mantener su estilo de vida millonario, su prestigio y su viabilidad comercial lo obligaban a hacer maquinaciones frecuentes y poco discretas. Entre las ironías más notables está el hecho de que, cuando era estudiante de derecho —antes de conocer a Ivanka—, Jared Kushner escribió un ensayo en el que identificó las fuentes de potenciales denuncias de fraude en contra de la Organización Trump, como parte de cierta transacción de bienes raíces que estaba estudiando, cosa que en la actualidad divierte a quienes lo conocieron en aquel entonces. Para fines prácticos, Trump se ocultaba a plena vista, cosa que parecía estar descubriendo la investigación de los fiscales.

Por ejemplo, en noviembre de 2004, Jeffrey Epstein, el financiero que luego se vería envuelto en un escándalo de prostitución infantil, negoció la compra en remate por bancarrota y por 36 millones de dólares de una casa en Palm Beach, Florida, que llevaba dos años en el mercado. Epstein y Trump llevaban más de una década de amigos —o hermanos de juerga, por llamarlos de algún modo—, y Trump solía pedirle ayuda a Epstein para salir de sus caóticos problemas financieros. Poco después de negociar la transacción de la casa en Palm Beach, Epstein se la mostró a Trump y le pidió su opinión para cambiar la piscina de lugar. Sin embargo, mientras Epstein se preparaba para concluir la adquisición de la casa, descubrió que Trump, quien en ese entonces tenía muy poca liquidez, había ofrecido 41 millones de dólares por la propiedad y la había adquirido a espaldas de Epstein a través de una entidad llamada Trump Properties LLC, la cual estaba financiada por completo por Deutsche Bank, institución que gestionaba ya por entonces una cantidad considerable de préstamos problemáticos a la Organización Trump y al propio Trump.

Epstein sabía que Trump llevaba tiempo fungiendo como prestanombres en transacciones de bienes raíces y que, a cambio de comisiones sustanciales, actuaba como testaferro para ocultar al verdadero comprador en una transacción inmobiliaria. (En cierto sentido, era una variante del modelo básico de negocio de Trump, el cual consistía en alquilar su nombre a propiedades comerciales pertenecientes a otros). Epstein, furioso de que Trump estuviera actuando como pantalla de los verdaderos dueños, amenazó con sacar a la luz los verdaderos detalles de la transacción, que de por sí estaba recibiendo bastante cobertura en los medios de Florida. La batalla se volvió más amarga aún cuando, poco después de la adquisición, Trump puso la casa en venta por 125 millones de dólares.

No obstante, aunque Epstein supiera algunos de los secretos de Trump, este también conocía los trapos sucios de Epstein. Trump solía visitar a Epstein en la casa del financiero en Palm Beach y sabía que, desde hacía varios años, recibía casi a diario a jovencitas para que le dieran masajes que solían terminar en final feliz. Eran chicas a las que contrataba en restaurantes locales, clubes de strip-tease e incluso el club Mar-a-Lago de la familia Trump. Mientras aumentaba la hostilidad entre ambos hombres por la adquisición de la casa, la policía de Palm Beach empezó a investigar a Epstein. Y, mientras los problemas legales de Epstein iban en aumento, la casa, mínimamente remodelada, fue adquirida por 96 millones por Dmitry Rybolovlev, un oligarca que formaba parte del círculo de industriales rusos cercanos a Putin y quien, de hecho, nunca se mudó a la propiedad. Como por arte de magia, Trump ganó 55 millones sin invertir un céntimo, o más bien ganó una mera comisión por ocultar al verdadero dueño: un propietario en la sombra a través del cual posiblemente Rybolovlev canalizaba fondos por razones ajenas al valor de la propiedad. O quizá dueño y comprador eran el mismo. Es posible que Rybolovlev se hubiera comprado la casa para lavar los 55 millones adicionales que pagó por la segunda adquisición de la propiedad.

Así era el mundo inmobiliario de Donald Trump.

* * *

Como si empleara trucos para leer la mente, Jared Kushner se volvió experto en ocultar la inmensa frustración que le provocaba su suegro. Se mantenía inexpresivo —a veces incluso parecía una estatua— cuando Trump se desbordaba, armaba berrinches o proponía movimientos políticos o legislativos absurdos. Kushner, cual cortesano en una corte enloquecida, poseía una calma y compostura espeluznantes. Pero también se preocupaba mucho. Era sumamente desconcertante y ridículo que un simple tecnicismo —"Usted no es el objetivo, señor presidente"— le resultara tan reconfortante a su suegro.

Kushner entendía que Trump estaba rodeado de una serie de flechas mortales y que cualquiera de ellas podía matarlo: la acusación de obstrucción; la acusación de colusión; cualquier análisis de su largo y dudoso historial financiero; los problemas recurrentes con las mujeres; la posibilidad de una derrota republicana en las elecciones intermedias; la amenaza de juicio político o *impeachment*; la inconstancia de los republicanos, que en cualquier momento podían volverse en su contra; y los altos cargos que habían sido expulsados de la administración (Kushner había promovido la destitución de muchos de ellos) y que podían testificar en su contra. Tan solo en marzo, Gary Cohn, principal asesor económico del presidente; Rex Tillerson, secretario de Estado, y Andrew McCabe, director adjunto del FBI —cada uno de los cuales sentía un profundo desprecio por el presidente— habían sido expulsados de la administración.

Sin embargo, el presidente no estaba de humor para escuchar los consejos de su yerno. Kushner, en quien Trump nunca había confiado del todo —aunque ha de decirse que el presidente no confiaba en nadie, salvo quizás en su hija Ivanka, la esposa de Kushner—, se vio del lado erróneo de la franja roja de la lealtad hacia Trump.

Como miembro de la familia, Kushner pareció triunfar sobre sus antiguos rivales en la Casa Blanca en un juego de políticas cortesanas tan sanguinarias que, en otra época, habría incluido conspiraciones de asesinato. Pero, invariablemente, Trump atormentaba a cualquiera que trabajara para él, tanto como ellos lo atormentaban a él, sobre todo porque casi siempre creía que su personal se beneficiaba a costa de él. Estaba convencido de que todos eran ambiciosos y de que tarde o temprano intentarían arrebatarle lo que era suyo. Y cada vez parecía más evidente que Kushner podría ser como cualquier otro miembro del equipo que intentaba aprovecharse de Donald Trump.

Trump se había enterado hacía poco de que el prestigioso fondo de inversiones neoyorquino Apollo Global Management, dirigido por el financiero Leon Black, le había concedido a Kushner Companies —el grupo inmobiliario familiar que administraba Kushner mientras su padre, Charlie, cumplía condena en una prisión federal— un financiamiento de 184 millones de dólares.

Era algo problemático por distintas razones, y exponía a Kushner a más cuestionamientos acerca de los conflictos entre su negocio y su puesto en la Casa Blanca. Durante la transición, Kushner le había ofrecido al cofundador de Apollo, Mark Rowan, trabajo como director de la Oficina de Administración y Presupuesto. Al principio, Rowan aceptó el trabajo, pero lo rechazó cuando el presidente de Apollo, Leon Black, objetara con respecto a lo que habría que declarar sobre las inversiones de Rowan y de la compañía.

El presidente-electo se oponía por otra cosa: el hecho de que, en la búsqueda constante de financiamiento que suele caracterizar a las inmobiliarias medianas como la de Trump, Apollo jamás le había tendido la mano a la Organización Trump. Ahora parecía demasiado evidente que Apollo respaldaba a los Kushner únicamente por el vínculo que tenía esa familia con la administración. El constante cálculo mental de Trump sobre quién se beneficiaba de quién, y su creencia de que se le debía algo por generar circunstancias en las que todos podían beneficiarse eran cosas que, sin duda alguna, le causaban insomnio por las noches.

"¿Crees que no sé lo que está pasando? —le recriminó Trump a su hija, una de las pocas personas a quienes se desvivía por complacer—. *¿Crees que no sé lo que está pasando?*".

Los Kushner habían ganado. Él no.

La hija del presidente defendió a su marido y le habló a su padre del enorme sacrificio que tuvo que hacer la pareja para ir a Washington. ¿Y todo para qué? "Nuestra vida se vino abajo", dijo en tono melodramático, aunque tenía algo de razón. Pasaron de ser sofisticados *socialités* neoyorquinos a verse reducidos a potenciales acusados y hazmerreíres mediáticos.

Tras un año en que amistades y asesores le susurraran al presidente al oído que su hija y su yerno eran fuente del desasosiego en la Casa Blanca, Trump volvió a pensar que quizás jamás debieron acompañarlo. Tras un recuento histórico, les dijo a varios de sus visitantes nocturnos que *siempre* había pensado que la pareja no debía haberlo acompañado a la Casa Blanca. A pesar de las protestas amargas de su hija, se negó a interceder en los problemas de acreditación de seguridad de su yerno. El FBI seguía restringiendo la acreditación de Kushner, la cual el presidente podía aprobar a discreción, según le recordó su hija. Pero Trump se quedó con los brazos cruzados y dejó a su yerno flotando en el limbo.

Kushner, con paciencia y determinación sobrehumanas, esperó su oportunidad. El truco para manipular a Trump era lograr captar la atención del presidente, pues jamás se podía contar con que participara en conversaciones normales en las que había intercambios de ideas razonables. Los deportes y las mujeres eran temas confiables, pues ambos lo atrapaban de inmediato. Pero también lo eran la falta de lealtad y las conspiraciones. Y el dinero… siempre el dinero.

* * *

El abogado de Kushner era Abbe Lowell, un conocido fanfarrón de la asociación de penalistas de D. C. que se enorgullecía de manejar las expectativas y la atención de sus clientes a través de un amplio y actualizado menú de rumores e información sobre los trucos o estrategias que estaban por sacar los fiscales de la manga. La verdadera ventaja de un destacado litigante quizás no radicaba en sus habilidades en los juzgados, sino en la información privilegiada que manejaba en la trastienda.

Además de los informes que recibió Dowd, Lowell le advirtió a Kushner que los fiscales estaban a punto de incriminar de forma mucho más sustancial al presidente y su familia. Dowd seguía intentando sosegar al presidente, pero Kushner le comunicó la información que le suministró Lowell acerca de ese nuevo embate legal en su contra. Como era de esperar, el 15 de marzo salió la noticia de que el fiscal especial había solicitado examinar los archivos de la Organización Trump: era una orden exhaustiva y profunda que ahondaría en buena parte del pasado.

Kushner también le advirtió a su suegro que la investigación estaba a punto de trascender al equipo de Mueller, el cual se enfocaba casi por completo en la colusión rusa, para extenderse al distrito sur de la fiscalía de Nueva York —es decir, a la oficina de la fiscalía federal en Manhattan—, la cual no se limitaría al caso ruso. Era una alternativa para eludir la restricción del fiscal especial a cuestiones relativas a Rusia, pero también un esfuerzo por parte del equipo de Mueller para obstaculizar cualquier intento del presidente por desmantelar o restringir su investigación. Kushner le explicó a Trump que, al delegar algunas partes de la indagación a la fiscalía federal, Mueller se aseguraba de que la investigación sobre el presidente continuara incluso si él dejaba de ser fiscal especial. Mueller también estaba jugando un juego astuto para protegerse las espaldas, al tiempo que seguía procedimientos precisos: a pesar de concentrarse en los aspectos limitados de su investigación, estaba extrayendo también evidencias de otros posibles delitos y enviándolas a distintas jurisdicciones que ansiaban formar parte de la cacería.

Y eso no es lo peor de todo, le dijo Kushner a Trump.

El distrito sur de la fiscalía de Nueva York había estado dirigido por Rudy Giuliani, amigo de Trump y exalcalde de Nueva York. En los años ochenta, cuando Giuliani era el fiscal federal —y cuando, curiosamente, James Comey trabajó para él—, la fiscalía federal se convirtió en el principal contendiente de la mafia y de Wall Street. Giuliani promovió una interpretación draconiana —que muchos consideraron inconstitucional— de la ley RICO (ley de chantaje civil, influencia y organizaciones corruptas) en contra de la mafia y de los criminales de cuello blanco. En 1990 la amenaza de una acusación RICO, según la cual el gobierno podía incautar bienes de forma casi indiscriminada, acabó con el banco de inversiones Drexel Burnham Lambert.

Hacía tiempo que a Trump le inquietaba enfrentarse a la fiscalía federal. Después de las elecciones, tuvo una reunión inapropiada con Preet Bharara, el entonces fiscal federal para el distrito sur de Nueva York, que generó una impresión alarmante en todos sus asesores, incluyendo Don McGahn y el fiscal general entrante, Jeff Sessions. (El encuentro presagió otro que Trump tendría poco después con Comey, en el cual pretendió que este le jurara lealtad a cambio de seguridad laboral). La reunión con Bharara fue ineficaz: este no estaba dispuesto a complacerlo, e incluso poco después dejó siquiera de tomarle las llamadas. En marzo de 2017, Trump lo despidió.

Kushner le dijo que ahora, aun sin Bharara, la fiscalía federal estaba considerando tratar a la Organización Trump como empresa mafiosa; los abogados usarían las leyes RICO en su contra y perseguirían al presidente como si fuera un capo de la droga o un jefe de la mafia. Kushner señaló que las corporaciones no podían apelar a la Quinta Enmienda ni era posible otorgarles indultos. De igual modo, los bienes usados en un delito o derivados del mismo podían ser incautados por el gobierno.

En otras palabras, muchas de las más de quinientas compañías y entidades aisladas de las que Donald Trump había formado parte como ejecutivo hasta antes de llegar a la presidencia podrían ser decomisadas. Y una potencial víctima de una acción de confiscación exitosa por parte del gobierno era la joya de la corona inmobiliaria del presidente: la Torre Trump.

* * *

A mediados de marzo, un testigo con conocimiento sustancial de las operaciones de la Organización Trump viajó a Washington en tren para presentarse ante el gran jurado de Mueller. El FBI lo recogió en Union Station y lo llevó a los tribunales federales de distrito. Desde las 10:00 a.m. hasta las 5:00 p.m., dos fiscales del equipo de Mueller, Aaron Zelinsky y Jeannie Rhee, examinaron junto con el testigo la estructura de la Organización Trump, entre otras cuestiones.

Los fiscales le preguntaron al testigo acerca de la gente que solía hablar con Trump, con cuánta frecuencia se reunía con él y con qué fines. También inquirieron cómo se agendaban las reuniones con Trump y en dónde se llevaban a cabo. El testimonio sacó a relucir, entre otros datos útiles, un hecho indicativo: todos los cheques emitidos por la Organización Trump los firmaba personalmente Donald Trump.

Un tema de particular interés ese día fueron las actividades de la Organización Trump en Atlantic City. Al testigo lo interrogaron con respecto a las relaciones de Trump con conocidos miembros de la mafia; no preguntaron *si* había entablado ese tipo de relaciones, sino acerca de la naturaleza de esas relaciones que los fiscales sabían de antemano que existían. Los fiscales también querían saber acerca de la Torre Trump de Moscú, un proyecto que Trump estuvo gestionando durante varios años —e incluso siguió gestionando hasta bastante avanzada la campaña presidencial de 2016—, pero que jamás se materializó.

Michael Cohen, abogado personal de Trump y ejecutivo de la Organización Trump, fue otro de los temas centrales. Los fiscales hicieron preguntas acerca de la desilusión que experimentó Cohen al no ser incluido como parte del gabinete de Trump en la Casa Blanca. Parecían estar evaluando qué tan resentido estaba Cohen, por lo que el testigo infirió que querían estimar qué tan posible sería poner a Michael Cohen en contra del presidente si lo intentaban.

Zelinsky y Rhee estaban interesados en Jared Kushner, pero también en Hope Hicks.

Los dos fiscales ahondaron en la vida personal del presidente. ¿Con cuánta frecuencia le era infiel a su esposa? ¿Con quién? ¿Cómo se agendaban esos encuentros? ¿Cuáles eran los intereses sexuales del presidente? La investigación Mueller y su gran jurado se estaban convirtiendo en el centro de intercambio de información relativa al largo historial de infamias profesionales y personales de Trump.

Cuando por fin aquel largo día llegó a su fin, el testigo salió conmocionado de la sala del gran jurado, no tanto por lo que querían averiguar, sino por lo que ya sabían.

* * *

Para la tercera semana de marzo, el yerno de Trump contaba con toda la atención del presidente. El mensaje de Kushner era claro: "No solo pueden enjuiciarte y destituirte, sino también llevarte a la bancarrota".

Trump, agitado y furioso, presionó a Dowd para que le garantizara que todo estaría bien y lo responsabilizó por las frecuentes ocasiones previas en las que este intentó tranquilizarlo a pedido del propio Trump. Dowd se mantuvo firme: seguía creyendo que la batalla estaba en etapas muy iniciales y que Mueller seguía a la pesca de información.

Pero la paciencia de Trump había alcanzado su límite máximo. Decidió que Dowd era un tonto y que debía volver al retiro del cual —repetía sin parar— Trump mismo lo había rescatado. Dowd, quien se resistía a retirarse, intentó defender su causa y asegurarle al presidente que podía seguir siéndole de ayuda. Pero no sirvió de nada: el 22 de marzo Dowd renunció a regañadientes, convirtiéndose en otro extrumpista indignado.

2

SEGUNDA OPORTUNIDAD

El día del despido de John Dowd, Steve Bannon se encontraba sentado en la mesa del comedor intentando contener otra amenaza a la presidencia de Trump. Esta vez no se trataba de un fiscal implacable, sino de una base traicionada. Se trataba del muro inexistente.

Las casas adosadas de Capitol Hill, vestigios de la clase media decimonónica, son espacios angostos de techos elevados, salones modestos, rincones acogedores y pequeñas recámaras. Muchas de ellas funcionan como sede principal de ONGs y organizaciones que no pueden costear una típica oficina en Washington, e incluso algunas también hacen las veces de hogar de los líderes de dichas organizaciones. Se trata, sobre todo, de iniciativas amateurs o causas excéntricas, santuarios de esperanzas, sueños y revoluciones por venir. La "Embajada" de la calle A —una casa construida en 1890 y antigua sede de Breitbart News, el sitio web de noticias de

Bannon— era donde Bannon vivía y trabajaba desde que lo exiliaron de la Casa Blanca, en agosto de 2017. Era una combinación de fraternidad universitaria, guarida masculina y reducto seudomilitar; por doquier había, desperdigados, textos sobre teorías de conspiración. Muchos jóvenes serios y mal pagados —potenciales combatientes— merodeaban por los rincones.

La cualidad escalofriante y desalmada de la Embajada contrastaba mucho con el semblante alegre y sociable de Bannon. Quizás lo habían exiliado de la Casa Blanca de Trump, pero había sido un destierro entusiasta, estimulado por café o por otras cosas.

En las últimas semanas, había ayudado a instalar a sus aliados —que habían sido sus opciones prioritarias durante la transición presidencial—en cargos centrales de la administración de Trump. Recientemente, Mike Pompeo había sido nombrado secretario de Estado, John Bolton estaba por convertirse en asesor de seguridad nacional y Larry Kudlow había sido designado director del Consejo Económico Nacional. Los principales asesores políticos del presidente eran Corey Lewandowski y David Bossie, ambos aliados —si no es que acólitos— de Bannon que operaban fuera de la Casa Blanca y visitaban la Embajada con frecuencia. Buena parte de la pasarela diaria de defensores de la Casa Blanca en la televisión por cable —los interinos— eran gente de Bannon que transmitía tanto el mensaje de Bannon como el del presidente. Por si fuera poco, los enemigos que le quedaban en la Casa Blanca iban de salida, incluyendo a Hope Hicks, H. R. McMaster, el exasesor de seguridad nacional, y el círculo cada vez más reducido de aliados que respaldaban al yerno y la hija del presidente.

Bannon pasaba mucho tiempo de viaje. En Europa se reunía con grupos populistas de derecha que se encontraban en ascenso, y en Estados Unidos, con especuladores de fondos de inversión libre, ansiosos por entender la variable Trump. También buscaba cualquier oportunidad posible para intentar convencer a los liberales de que el populismo debía ser también su camino. A principios de año, Bannon viajó a Cambridge, Massachusetts, para reunirse con Larry Summers, antiguo secretario del tesoro de Bill Clinton, director del Consejo Económico Nacional durante la presidencia de Barack Obama y, por un tiempo, presidente de Harvard. La esposa de Summers se negó a abrir las puertas de su casa a Bannon, así que la reunión se llevó a cabo en las instalaciones de Harvard. Summers estaba mal rasurado y traía puesta una camisa a la que le faltaban uno o dos botones, mientras que Bannon ostentaba su habitual atuendo de doble camiseta, pantalones de paracaidista y chaqueta de cazador. "Ambos parecían tipos con Asperger", comentó alguien que estuvo presente en la reunión.

—¿Te das cuenta de la mierda que está haciendo tu estúpido amigo? —le gritó Summers, refiriéndose a Trump y su administración—. ¡Está jodiendo al país!

—A ustedes los demócratas de élite solo les importan los márgenes: los más ricos o los más pobres —contestó Bannon.

—Su galimatías comercial va a hundir al mundo en una *depresión* —rebatió Summers.

—¡Y ustedes exportaron los empleos estadounidenses a China! —declaró deleitado Bannon, quien siempre disfrutaba la oportunidad de rivalizar con un miembro del *establishment*.

Bannon era —o al menos creía ser— un *solucionador*, un mediador del poder y un hacedor de reyes sin cartera. Era una versión disparatada de Clark Clifford, aquella eminencia política y traficante de influencias de los años sesenta y setenta. O un sabio ubicado en el margen extremista de la política, si eso no fuera una contradicción gigantesca. O el cabecilla de un gobierno auxiliar. O quizás algo auténticamente *sui generis*: nunca alguien como Bannon había desempeñado un papel tan central en la vida política estadounidense o había sido una piedra tan grande en su zapato. En cuanto a Trump, con amistades como Bannon, ¿quién necesitaba enemigos?

Tal vez ambos hombres fueran esenciales el uno para el otro, pero se vilipendiaban y ridiculizaban entre sí. La constante crítica pública que hacía Bannon de la naturaleza desconcertante de Trump —tanto de su dimensión cómica como de la espeluznante, como si fuera el tío chiflado de la familia—, por no mencionar sus diatribas indiscretas sobre los desatinos de la familia Trump, lo alienaban cada vez más del presidente. No obstante, aunque ya no se dirigían la palabra, se mantenían siempre pendientes de lo que decía el uno del otro.

Independientemente de cómo se sintiera Bannon con respecto a Trump en distintos momentos —su ánimo fluctuaba entre el fastidio, la ira, la indignación y la incredulidad—, seguía creyendo que nadie en la política estadounidense era capaz de igualar la teatralidad carnavalesca de Trump. Sin duda alguna, Donald Trump había restablecido la *teatralidad* en la política estadounidense y le había quitado lo soporífero. Trump conocía bien a su público, aunque al mismo tiempo fuera incapaz de andar en línea recta. A cada paso que daba se veía amenazado por su siguiente tambaleo. Al igual que muchos grandes actores, su impulso innato hacia la autodestrucción entraba en conflicto permanente con su tenaz instinto de supervivencia. A algunas de las personas que lo rodeaban les bastaba con confiar en que el segundo ganaría al primero. Otras, a pesar de la constante frustración que implicaba el esfuerzo, entendían que el presidente necesitaba ser guiado por manos invisibles, siendo esencial la cualidad de invisibilidad.

Sin nadie que lo contradijera, Bannon continuó, invisible, dirigiendo los asuntos del presidente tras bambalinas, desde su comedor en la Embajada de la calle A.

* * *

Esa tarde, un Congreso bipartidista aprobó con extraordinaria facilidad el proyecto de ley de gastos por 1.3 billones de dólares para 2018. "En un momento de magnanimidad bipartidista singular —dijo Bannon, refiriéndose a los liderazgos republicano y demócrata en el Congreso—, McConnell, Ryan, Schumer y Pelosi embaucaron a Trump".

Ese logro legislativo fue consecuencia del desinterés de Trump y del esfuerzo coordinado de los demás. La mayoría de los presidentes ansían infiltrarse en los recovecos del proceso presupuestal, pero el desinterés de Trump fue casi absoluto. Debido a ello, los liderazgos republicano y demócrata —respaldados en este caso por los equipos legislativo y presupuestal de la Casa Blanca— lograron aprobar una enorme propuesta de ley de gastos que no financiaba el proyecto absolutamente indispensable de Trump, el santo grial de los muros, el ansiado monumento de dos mil millas que debía recorrer a todo lo largo la frontera entre Estados Unidos y México. En vez de eso, dedicaba apenas mil seiscientos millones de dólares para seguridad fronteriza. El proyecto de ley actual era, para fines prácticos, el mismo proyecto de ley presupuestaria que se había impulsado en septiembre del año anterior, en el cual tampoco se financiaba el muro. Ese otoño, Trump accedió a que el Congreso —entonces con mayoría republicana— votara para postergar el proyecto de ley de gastos de septiembre y amenazó con cerrar el gobierno si la *próxima* vez que se sometiera a discusión no financiaba el muro.

Hasta los trumpistas más empedernidos en el Congreso parecían aliviados de no tener que dejar el pellejo en la batalla por el financiamiento del muro, pues eso habría implicado aceptar, o al menos soportar, un cierre del gobierno que siempre era políticamente arriesgado. En cierto sentido, Trump también parecía comprender que el muro era más un mito que una realidad, una consigna más que un plan verdadero. Algo para dejar para otro día.

No obstante, no quedaba claro qué entendía el presidente en realidad. "Recibimos el presupuesto —le dijo en privado a su yerno cuando concluyeron las negociaciones presupuestales de marzo—. Tenemos el muro. Sin duda".

* * *

El miércoles 21 de marzo, un día antes de la votación definitiva, Paul Ryan, portavoz de la Cámara de Representantes, fue a la Casa Blanca para recibir la bendición del presidente con respecto al proyecto de ley de gastos.

"Obtuvimos mil seiscientos millones para empezar a construir el muro en la frontera sur. El resto está por venir", tuiteó el presidente poco después.

En un inicio, la Casa Blanca pidió 25 mil millones de dólares para el muro, aunque las estimaciones más elevadas del costo de construcción ascendían a 70 mil millones. En esas circunstancias, los mil seiscientos millones contemplados en el proyecto de ley de gastos no estaban pensados en realidad para el muro, sino para mejorar las medidas de seguridad fronteriza.

A medida que se acercaba la fecha de la votación, daba la impresión de que un acuerdo de caballeros se extendía hasta los últimos rincones del gobierno; incluso aparentaba tener el respaldo tácito de Trump o al menos la conveniencia de su distracción. La premisa era clara: sin importar el partido, los miembros del Congreso no reventarían el proceso de gasto gubernamental para financiar el muro.

También había republicanos como Ryan —con el respaldo de donantes republicanos como Paul Singer y Charles Koch— que ansiaban frenar, en la medida en que fuera posible, las implacables políticas y retórica antimigratorias. Ryan y otros habían diseñado un método sencillo para lograr este tipo de objetivo: aceptas lo que diga Trump y luego lo ignoras. Tenían conversaciones muy optimistas en las que Trump se implicaba, seguidas de pasos prácticos que le resultaban aburridos.

Aquel miércoles, Trump hizo una serie de llamadas para alabar el gran trabajo que habían hecho todos con el proyecto de ley. A la mañana siguiente, en una conferencia de prensa televisada para cerrar el trato, Ryan afirmó: "El presidente respalda la iniciativa de ley; no hay vuelta de hoja".

Pero había dos realidades paralelas. El muro era la manifestación más concreta de la personalidad, las políticas, las actitudes y las creencias trumpistas. Al mismo tiempo, el muro obligaba a todos los republicanos a conciliarlo con su propio sentido común, prudencia fiscal y flexibilidad política.

El asunto no era solo el costo y la poca practicidad del muro, sino el tener que entrar en una batalla campal para conseguirlo. El cierre del gobierno implicaría un encontronazo costoso entre el mundo Trump y el mundo fuera de Trump. Si eso ocurría, podría ser uno de los sucesos más dramáticos después de las elecciones de 2016.

Si los demócratas querían endurecer la división partidista y ansiaban encontrar un ejemplo —quizás la madre de todos los ejemplos— de la insensatez extrema de Trump, el cierre del gobierno provocado por la falta de presupuesto para el muro sería ideal. Si los republicanos querían desviar la atención del barbarismo de Trump a, digamos, el proyecto de ley fiscal que el Congreso acababa de aprobar hacía poco, el cierre del gobierno lo impediría.

La Casa Blanca, un tanto a espaldas del presidente, se empeñaba con uñas y dientes en que pasara el proyecto de ley de gastos y se evitara el cierre del gobierno. El vicepresidente le dio a Trump la misma garantía que le ofreció cuando se aprobó un presupuesto sin financiamiento completo para el muro: Pence le dijo que el proyecto de ley incluía un "anticipo" para el muro, frase cuyas implicaciones financieras debieron satisfacer bastante al presidente, pues la repetía con gran entusiasmo. Ese jueves, Marc Short, director de asuntos legislativos de la Casa Blanca, y Mick Mulvaney, director de la Oficina de Administración y Presupuesto, hicieron una aparición conjunta en la sala de prensa de la Casa Blanca y desviaron el debate del muro hacia el ejército. "Este proyecto de ley proveerá el incremento anual más grande para gastos de defensa desde la segunda guerra mundial —afirmó Mulvaney—. Es el incremento salarial más grande para nuestros hombres y mujeres uniformados en los últimos diez años".

* * *

El intento por distraer a la base trumpista con esas palabrerías fracasó en última instancia. La facción más dura insistía en forzar el tema del muro, y Bannon estaba encantado de ejercer como su general.

Poco después de que se aprobara el proyecto de ley presupuestal el 22 de marzo, Bannon empezó a hacer llamadas desde la Embajada. Contactó a los seguidores más fervientes de Trump con el objetivo de "avivarlos", y el efecto se sintió casi de inmediato: Trump, sin sospecharlo, empezó a escuchar el ruido proveniente de su propia banca, que parecía furiosa.

Bannon sabía qué motivaba a Trump. No eran los detalles. Tampoco los hechos. Más bien era la sensación de que le podían arrebatar algo valioso con inminencia lo que lo ponía en alerta inmediata. Si se lo confrontaba con la posibilidad de perder, daba un giro fulminante, esa era su única jugada. "No necesita ganar la próxima semana, ni el día o la hora siguiente —reflexionaba Bannon—. Necesita ganar al *instante*. Después de eso, se dispersa".

Para los trumpistas más empedernidos, esto implicaba volver a una línea fundamental del trumpismo: había que recordarle con frecuencia a Trump de qué lado se encontraba. Al mismo tiempo que Bannon organizaba la clamorosa protesta de parte de las bases del presidente, realizaba una evaluación de la realidad de Trump: "Nunca jamás habrá un muro si él no tiene que pagar el precio político de que no haya muro".

Si la construcción del muro no empezaba antes de las elecciones intermedias de noviembre, Trump quedaría como un mentiroso y, sobre todo, como alguien débil. El muro necesitaba materializarse. La ausencia del muro en el proyecto de ley de gastos se debía a que Trump no estaba poniendo atención. El mensaje más efectivo de Trump, el hilo más audaz de su narrativa —máxima agresión contra los inmigrantes ilegales—, había sido silenciado. Y ocurrió sin que él siquiera lo notara.

* * *

La noche del 22, los presentadores de Fox News —Tucker Carlson, Laura Ingraham y Sean Hannity— taladraron un único mensaje: traición.

Y empezó la batalla. El liderazgo republicano en el Congreso, junto con los donantes, mantuvieron la sobriedad y el pragmatismo frente a sus realidades políticas y la posibilidad de un gasto gubernamental casi ilimitado que ascendiera a miles de millones, sin siquiera la ilusión de que México pagara el muro. Del lado opuesto estaban los comentaristas justicieros de la cadena Fox, inquebrantables en su intento de apelar a la auténtica emoción del trumpismo.

La transformación personal de Trump en el transcurso de esa

tarde fue estremecedora. Los tres comentaristas se dedicaron a soltar descargas eléctricas, cada una más intensa que la anterior; Trump había vendido el movimiento o, peor aún, lo habían embaucado y burlado. Trump, herido y furioso, rugió al teléfono. Él era la víctima. No tenía a nadie de su lado. No podía confiar en nadie. Los líderes del Congreso: en su contra. La Casa Blanca: en su contra. ¿Traición? Casi todos en la Casa Blanca lo habían *traicionado*.

A la mañana siguiente, las cosas empeoraron. Pete Hegseth, el más servil de los aduladores de Trump en Fox, apareció al borde de las lágrimas en *Fox & Friends*, movido por la traición de Trump.

Entonces, de forma casi simultánea al lloriqueo de Hegseth, Trump cambió de postura de forma abrupta —y desconcertante—, y tuiteó que estaba contemplando vetar el proyecto de ley de gastos, ese mismo proyecto de ley que veinticuatro horas antes había celebrado.

Ese viernes en la mañana, bajó de su residencia y se dirigió al Despacho Oval en medio de un ataque de furia tan violento que, por un instante, el cabello se le desacomodó. Para sorpresa de todos los presentes, frente a ellos se plantaba un Trump casi completamente calvo.

El repentino cambio de opinión del presidente despertó el pánico en el Partido Republicano. Si Trump cumplía la amenaza de no firmar el proyecto de ley, provocaría aquello que tanto temían: el cierre del gobierno. Y culparía por ello a su propio partido.

Mark Meadows, jefe del grupo conservador House Freedom Caucus y aliado incondicional de Trump en el Congreso, llamó al presidente desde Europa para informarle que, después de la votación del jueves en la tarde, la mayoría de los miembros habían salido de la ciudad por el receso del Congreso. Eso significaba, entonces, que serían incapaces de revertir el voto del día anterior y el cierre del gobierno empezaría en cuestión de horas.

Mitch McConnell instó al secretario de defensa, Jim Mattis, a que actuara y le dijera al presidente que los soldados estadounidenses no recibirían su pago al día siguiente si el presidente no firmaba el proyecto de ley. Era casi un *déjà vu*: Mattis le había hecho una advertencia similar durante la amenaza de cierre del gobierno en enero.

"Nunca... nunca... nunca... más", gritaba Trump mientras daba golpes en la mesa cada vez que pronunciaba *nunca*.

De nuevo cedió y accedió a firmar el proyecto de ley, pero juró que si la próxima vez no se destinaban muchos miles de millones para el muro, cerraría el gobierno de verdad. Ahora sí. *En serio.*

* * *

Bannon había estado en esa posición muchas otras veces.

"Por favor, ¿no se da cuenta de que es Donald Trump?", dijo Bannon sentado a la mesa de la Embajada, con la cabeza entre las manos, el día después de que el presidente firmara el proyecto de ley.

Bannon no parecía confundido: él entendía con absoluta claridad que Trump podía ser un gran obstáculo para su propia visión y carrera. A pesar de las risas nerviosas de quienes lo rodeaban, Bannon creía que él era el encargado del destino populista, no Donald Trump.

La urgencia era genuina. Bannon creía ser el representante de los obreros en contra de la máquina tecnócrata, corporativa y gubernamental cuyo electorado tenía educación universitaria. En la visión romántica de Bannon, el obrero olía a cigarrillo, daba apretones de manos atronadores y era sólido como un ladrillo, y no por entrenar en el gimnasio. Ese anhelo del pasado, de un mundo nivelado (si acaso existió) en el que el obrero estaba orgulloso de su trabajo e identidad, estaba instigando —según creía Bannon— una furia mundial. Esa incomodidad y ese miedo mundiales, así

como la contradicción visible en las suposiciones liberales, eran
en sí una revolución que le pertenecía a él. Tenía la mirada clavada
en la hegemonía mundial. Él era el hombre detrás del escenario
—aunque bien podría haber sido el protagonista— que intentaba
arrebatar el mundo de manos de la alienación posmoderna y restablecer algo parecido a la política de coexistencia pacífica de 1962.

¡Y China! ¡Y el próximo apocalipsis final! Para Bannon, estas
eran cuestiones de *modus vivendi*. China era la Rusia de 1962, solo
que más inteligente, tenaz y amenazadora. Y quienes controlaban
los fondos de inversión de alto riesgo y respaldaban a China en
secreto, en detrimento de los intereses de la clase media estadounidense, eran la nueva quinta columna.

¿Cuánto de eso entendía Trump? ¿Hasta qué punto estaba comprometido con las ideas que motivaban a Bannon y, por una especie de ósmosis afectiva, a las bases? Trump llevaba más de un año
en la presidencia y no se había excavado ni una pala de tierra para
construir el muro. El muro y muchas otras cosas que eran parte
de la revolución populista de Bannon —cuyos detalles alguna vez
enumeró en las pizarras blancas de su oficina en la Casa Blanca
con la esperanza de ir tachándolos uno a uno— estaban a merced
absoluta de la falta de atención de Trump y de sus violentos altibajos emocionales. Desde hacía mucho, Bannon había aprendido
que a Trump "no le importa un carajo la agenda; ni siquiera sabe
cuál es la agenda".

* * *

A finales de marzo, después de que se hubiera dispersado la pe-
numbra que rodeó al proyecto de ley de presupuesto, hubo un
breve momento de optimismo en el círculo más cercano a Trump.

El jefe del gabinete, John Kelly, quien estaba harto de Trump
—al igual que Trump de él—, parecía ir de salida. Kelly llegó a la

Casa Blanca en agosto de 2017 para reemplazar a Reince Priebus, el primer jefe de gabinete de Trump, y se le encomendó imponer disciplina en la gestión de la caótica Ala Oeste. No obstante, a mediados del otoño, Trump empezó a eludir los nuevos procedimientos de Kelly. Jared e Ivanka —ante muchas de las nuevas reglas diseñadas para restringir su acceso indiscriminado al presidente— pasaban por encima de él. Para finales del año, Trump se burlaba en tono casual de su jefe de gabinete y de su afición por la eficiencia y los procedimientos estrictos. Ambos hombres despotricaban abiertamente el uno contra el otro, sin ser muy conscientes de la amplia audiencia que oía sus insultos. Para Trump, Kelly era un "gruñón" y un "endeble" al borde del "derrame cerebral". Para Kelly, Trump era un "desquiciado", un "loco" y un "estúpido".

Y el drama solo se fue haciendo cada vez más extraño.

En febrero, Kelly, general de cuatro estrellas retirado, interceptó al asesor de Trump, Corey Lewandowski, afuera del Despacho Oval y lo empujó contra la pared. "No lo mires a los ojos", le susurró Trump acerca de Kelly después de aquel incidente, mientras dibujaba círculos con el dedo a la altura de la sien. La confrontación desconcertó a todo el mundo; Trump le dijo a Lewandowski que no se lo contara a nadie, y Lewandowski les confesó a quienes sí se los contó que casi se mea en los pantalones.

Para marzo, Trump y Kelly prácticamente no se dirigían la palabra. Trump lo ignoraba; Kelly se enfurruñaba. O Trump lanzaba indirectas de que Kelly debía renunciar, y Kelly lo ignoraba. Todos daban por sentado que la cuenta regresiva había comenzado.

Varios republicanos —desde Ryan hasta McConnell y su adversario derechista Mark Meadows— emprendieron un plan junto con Bannon para proponer al líder de la mayoría en la Cámara de Representantes, Kevin McCarthy, como jefe de gabinete. Hasta Meadows, quien despreciaba a McCarthy, estaba totalmente de acuerdo. Por fin tenían una táctica: McCarthy, que era un excelente estratega, centraría el foco de atención de la dispersa Casa Blanca en una única misión: las elecciones intermedias. Todos los tuits, discursos y acciones estarían dirigidos a salvaguardar la mayoría republicana.

No obstante, Trump no quería un jefe de gabinete que lo obligara a enfocarse. De hecho, era evidente que Trump no quería un jefe de gabinete que le dijera *nada*. Trump no quería que la Casa Blanca tomara un rumbo que no implicara la satisfacción de sus deseos. Alguien mencionó de paso que John F. Kennedy no tuvo jefe de gabinete, así que Trump empezó a repetir como perico aquel dato presidencial.

* * *

Mientras el equipo de Mueller investigaba la posible intervención rusa, no dejaba de toparse con el historial financiero turbio de Trump, la madriguera de conejo en la que Trump le había advertido que no se metiera. Mueller, con cuidado de protegerse las espaldas, hizo lo imposible para garantizarles a los abogados del presidente que no era su intención ahondar en los negocios de este mientras les pasaba a otros fiscales federales las evidencias de los negocios y las cuestiones personales de Trump que había extraído durante su investigación.

El 9 de abril el FBI, por instrucciones de fiscales federales de Nueva York, hizo una redada en la casa y la oficina de Michael Cohen, así como en el cuarto de hotel que tenía en el hotel Regency de Park Avenue. Cohen, quien se jactaba de ser el abogado personal de Donald Trump, permaneció esposado durante horas en su cocina mientras el FBI realizaba el allanamiento e inventariaba y confiscaba cualquier dispositivo electrónico que encontraba.

Casualmente, Bannon también se hospedaba en el Regency en

sus frecuentes viajes a Nueva York, y a veces se encontraba a Cohen en el vestíbulo del hotel. Bannon conoció a Cohen durante la campaña, y la misteriosa implicación del abogado en cuestiones de la campaña solía inquietarlo. Al enterarse de las noticias sobre Cohen desde Washington, Bannon supo que otra de las piezas de dominó esenciales había caído.

"Aunque no sepamos dónde queda el final —dijo Bannon—, podemos suponer dónde puede estar el comienzo: en el hermano Cohen".

* * *

El 11 de abril, tres semanas después de que el presidente firmara el proyecto de ley presupuestal, Paul Ryan —uno de los políticos más poderosos del momento dada la mayoría republicana en Washington— anunció que planeaba abandonar su puesto como presidente de la Cámara y dejar el Congreso.

"Escuchen lo que está diciendo Paul Ryan —dijo Bannon, sentado a la mesa de la Embajada aquella mañana—. Se acabó. Punto final. Y Paul Ryan quiere bajarse como sea del tren Trump".

Siete meses antes de las elecciones intermedias, Ryan le contaba a quien quisiera escucharlo que los republicanos perderían entre cincuenta y sesenta escaños en la Cámara. Steve Stivers, lugarteniente de Ryan y presidente del Comité Legislativo Nacional Republicano, estimaba una pérdida de entre noventa y cien escaños. En momentos así de sombríos, parecía altamente probable que los demócratas cerraran la brecha de 23 escaños y obtuvieran una mayoría mucho más amplia que la que tenían los republicanos en ese momento. Y, a diferencia de los republicanos, el partido de los demócratas presentaría un frente unido, o por lo menos unido en contra de Donald Trump.

Ryan y Stivers no eran los únicos que vaticinaban ese resultado. Mitch McConnell les decía a los donantes de base que no perdieran su tiempo contribuyendo a las campañas por puestos en la Cámara. El dinero debía destinarse a la campaña por el Senado, en donde las posibilidades de que hubiera una mayoría republicana eran significativamente mayores.

Desde el punto de vista de Bannon, este era el momento más desesperado de la carrera política de Donald Trump, quizás incluso peor que la revelación que hizo *Access Hollywood* del video de "agarrarlas de la vagina". De por sí, Trump estaba contra las cuerdas legales por las persecuciones de Mueller y la fiscalía federal, pero la posibilidad de que los demócratas arrasaran por completo en las elecciones intermedias lo ponía también en un grave peligro político.

La efervescencia habitual de Bannon regresó al instante. Conforme hablaba, iba saliendo de la depresión hasta que lo inundó algo parecido a la alegría. Si el *establishment* —demócratas, republicanos y pensadores moderados de cualquier índole— creía que Donald Trump debía ser expulsado, a Bannon le entusiasmaba la posibilidad de defenderlo. Para Bannon, esa era una misión, pero también era un deporte. Se crecía ante la posibilidad de una derrota. Su propio salto al escenario mundial ocurrió porque la campaña de Trump estaba tan hundida en la desesperación que le permitieron tomar el control. Gracias a eso, el 9 de noviembre de 2016, contra toda probabilidad y expectativa, Trump, al frente de la campaña dirigida por Bannon —cuya supremacía pronto sería para Trump algo difícil de aceptar—, ganó la presidencia. Ahora, aunque casi todos los indicadores de las próximas elecciones eran desalentadores, Bannon creía que las pérdidas republicanas podían limitarse a menos de los 23 escaños necesarios para conservar la mayoría en la Cámara. No obstante, sería una batalla demoledora.

"Cuando Trump llama a sus amigos neoyorquinos después de

cenar y lloriquea y dice que no tiene amigos en el mundo, tiene algo de razón", dijo Bannon en tono mordaz.

Bannon consideraba que el caso en contra de Donald Trump era tan inherentemente político —sus enemigos estaban dispuestos a hacer lo que fuera necesario para derrocarlo— como esencialmente verdadero. No tenía duda alguna de que Trump fuera culpable de casi todo lo que se le acusaba. "¿De dónde sacó la pasta para las elecciones primarias y luego para las generales con sus problemas de 'liquidez'? —preguntó Bannon con las manos extendidas y las cejas en alto—. Mejor no especulemos".

Sin embargo, para Bannon la política estadounidense tenía dos lados; y no eran precisamente la izquierda y la derecha, sino el hemisferio cerebral derecho y el hemisferio cerebral izquierdo. El hemisferio cerebral izquierdo era el sistema legal, el cual era empírico y metódico, y se basaba en evidencias; si pudiera, este condenaría a Donald Trump de forma justa e inevitable. El hemisferio derecho era la política y, por ende, los votantes, emotivos, volátiles, febriles y ansiosos siempre de lanzar los dados. "Hay que enardecer a los 'deplorables' —dijo Bannon golpeando con fuerza sus manos para imitar el sonido de un trueno— y salvaremos a nuestro hombre".

Año y medio después de la toma de posesión de Trump, todos los problemas de 2016 seguían vigentes: la inmigración, el resentimiento del hombre blanco y el desprecio liberal por el hombre blanco de clase trabajadora (quizás desempleado). "Es una guerra civil", decía Bannon. Era un juicio optimista que solía repetir.

El problema que más resonaba era el propio Donald Trump: la gente que lo eligió se avivaría al ver que alguien intentaba arrebatárselo. A Bannon lo horrorizaban los intentos republicanos convencionales de basar la campaña en el recorte de impuestos reciente. "¿Es broma? No jodan. ¿Es broma?". En estas elecciones intermedias se decidía el destino de Donald Trump.

"Apelemos a una segunda oportunidad. Es lo que los liberales quieren. Que lo tengan. Hagámoslo. Por arriba o por abajo, con o sin Donald Trump".

No debían temer la posibilidad de un juicio político de destitución, sino abrazarla. "Para eso están votando: para enjuiciar a Donald Trump o para salvarlo de la destitución".

No obstante, la amenaza legal parecía avanzar más rápido que las eleciones. Y, desde el punto de vista de Bannon —quien conocía mejor que nadie los anhelos, los altibajos emocionales y los problemas del presidente para controlar sus impulsos—, era imposible conseguir un acusado más dependiente emocionalmente ni más indefenso que Trump.

* * *

Desde su llegada en el verano de 2017, el equipo legal del presidente —Dowd, Cobb y Sekulow— había comunicado el mensaje que su cliente insistía en escuchar: que él no era el objetivo de la investigación y que pronto lo exonerarían. Pero los abogados se excedieron un poco con su estrategia reconfortante.

Los presidentes que enfrentan investigaciones hostiles por parte de las otras ramas paralelas del gobierno —el Congreso y el poder judicial— invariablemente citan el privilegio ejecutivo como principio legítimo y como táctica dilatoria. Es una moneda de cambio inherente al sistema. No obstante, los abogados de Trump, animados por la cantidad de veces que tuvieron que asegurarle al presidente que no tenía nada que temer, respaldaron su valoración confiada, para deleite de Trump, sin apelar al privilegio ejecutivo y cumpliendo por voluntad propia con todas las solicitudes del fiscal especial. Trump, con su comportamiento sospechoso, se había convertido en un libro abierto. Por si fuera poco, el propio Trump, con su fe ciega en la fuerza de su encantadora personalidad, estaba ansioso por testificar, con el aparente respaldo de sus abogados.

Sin embargo, Bannon sabía que las cosas estaban mucho peor. Los abogados del presidente habían enviado más de 1.1 millones de documentos al fiscal especial con la simple ayuda de un austero equipo de producción de documentación conformado tan solo por Dowd, Cobb y dos asistentes sin mucha experiencia. En litigaciones así de importantes, los documentos se clasifican de forma meticulosa y se hacen referencias cruzadas para crear bases de datos eficientes y complejas. En este caso, enviaron buena parte del material como mero archivo adjunto y no llevaron el más mínimo registro de lo que enviaron. Pocos en la Casa Blanca sabían lo que los abogados habían entregado y lo que el fiscal especial tenía en su poder. Y esa falta de sistematización estratégica afectaba otros aspectos también. Dowd y Cobb no prepararon a muchos de los testigos que trabajaron en la Casa Blanca antes de que rindieran testimonio frente al equipo de Mueller, ni los interrogaron después de que testificaran.

A Bannon lo agobiaba la poca seriedad y estupidez de ese trato tan despreocupado hacia los fiscales federales, cuya reputación dependía de que pescaran al presidente. Trump necesitaba un plan, y Bannon lo tenía preparado.

Bannon aseguraba que no quería volver a la Casa Blanca, e incluso decía que jamás lo haría. Las humillaciones por haber trabajado en la administración de Trump habían destruido casi por completo la satisfacción que sintió Bannon al ascender de forma milagrosa a la cima del mundo.

No obstante, había a quienes no convencía con sus quejas. Creían que Bannon fantaseaba con que lo llamaran de nuevo al Ala Oeste para salvar a Trump y que, de forma nada incidental, sería su mejor venganza contra el presidente: salvarlo de nuevo.

Sin duda alguna, Bannon creía que él era el único capaz de realizar tan difícil rescate, lo cual reflejaba su convicción de que él era el estratega político más talentoso de su época y de que Trump estaba rodeado de zoquetes de todos los tamaños.

Según Bannon, Trump necesitaba un consejero de guerra. Y pensaba que, en caso de que Jared e Ivanka ahuecaran por fin el ala, entonces quizás… Pero no, insistía en que ni siquiera en ese caso.

Además, Trump sería incapaz de tolerarlo. Bannon entendía que solo Trump podía salvar el día, o al menos que eso *creía* Trump. No había ningún otro escenario posible. Preferiría perder o quizás incluso ir a la cárcel antes que compartir la victoria con alguien más. A nivel psicológico, el presidente era incapaz de aceptar no ser el centro de toda la atención.

A fin de cuentas, era más sencillo y productivo darle consejos a Trump desde lejos que de cerca. Era más seguro hacer lo que fuera necesario sin implicar a Trump o sin tenerlo al tanto de lo que se estaba haciendo.

La mañana en que Ryan anunció su retiro de la Cámara, Bannon estaba especialmente ansioso de hacerle llegar algunos consejos al presidente. Preparando un hábil tiro de banda, invitó a Robert Costa, reportero del *Washington Post*, a que lo visitara en la Embajada.

Bannon pasaba buena parte de sus días hablando con reporteros. A veces, quizás siempre, su voz anónima —oculta tras una típica atribución como "este recuento fue extraído de entrevistas con funcionarios actuales y antiguos"— ahogaba casi cualquier otra voz al discutir la crisis más reciente que estuviera devorando a la administración Trump. Funcionaba como el susurro de un apuntador en escena que Trump podía fingir no escuchar. De hecho, Trump siempre buscaba con desesperación los consejos de Bannon, pero solo si había el más mínimo indicio que le permitiera convencerse de que no provenían de Bannon. De hecho,

Trump estaba muy dispuesto a escuchar lo que Bannon decía en entrevistas para luego afirmar que se le había ocurrido a él.

Costa estuvo dos horas sentado a la mesa del comedor de Bannon, tomando nota de las recomendaciones que este le hacía para salvar a Trump de sí mismo.

La estupidez de Trump, según le explicó Bannon, en algunas ocasiones podía ser una virtud. La idea de Bannon era la siguiente: el presidente debía apelar al privilegio ejecutivo de forma retroactiva. *Yo no sabía. Nadie me dijo. Me asesoraron mal.*

Era difícil no ver la satisfacción que le causaba a Bannon la idea de un Trump abatido que reconociera su propia falta de astucia e ingenio.

Bannon entendía que acogerse al privilegio ejecutivo de forma retroactiva no tendría éxito, y ese no debería ser el plan; pero la mera audacia del intento podría retrasar unos cuatro o cinco meses los problemas legales. El retraso era su aliado, quizás el único. Aunque fuera una locura, podrían llevar esa demanda retroactiva de privilegio ejecutivo hasta la Corte Suprema.

Para que el plan funcionara, el presidente tendría que deshacerse de sus abogados ineptos. Ah, y también tendría que despedir a Rod Rosenstein, el fiscal general adjunto que supervisaba la investigación de Mueller. Bannon estuvo en contra del despido de Comey y, durante los meses posteriores a la designación del fiscal especial, combatió el impulso casi diario del presidente de despedir a Mueller y a Rosenstein, pues eso habría sido una invitación apremiante al juicio político. ("No presten atención a sus locuras", le dijo a toda la gente cercana al presidente). Pero ya no quedaban más alternativas.

"Despedir a Rosenstein es la única forma de salir de esto —le comentó Bannon a Costa—. Y no llegué a esta conclusión a la ligera. Lo supe tan pronto fueron tras Cohen… pues es lo que hacen en procesos contra la mafia para obtener una respuesta de su verdadero objetivo. Así que hay dos opciones: quedarse sentado y desangrarse (es decir, ser procesado, presentarse ante grandes jurados), o dar la pelea política. Es decir, salirse del sistema de la ley y el orden en el que estamos perdiendo y perderemos. Un nuevo fiscal general adjunto examinaría en dónde estamos parados, lo cual tomaría al menos un par de meses. Retrasar, retrasar, retrasar y dar un giro político. ¿Es posible ganar? No tengo la menor idea, pero sé que de la otra forma seguro perdemos. No es ideal, pero vivimos en un mundo imperfecto".

* * *

El artículo de Costa, publicado esa misma tarde en internet, describía la reunión con Bannon como "la exposición de un plan para que los ayudantes del Ala Oeste y los aliados legislativos pudieran frenar la investigación federal sobre la interferencia rusa en las elecciones de 2016, según cuatro personas familiarizadas con el tema". No obstante, aunque Costa hubiera hablado con mucha gente sobre las maquinaciones de Steve Bannon, lo importante era que había hablado directamente y durante largo rato con el propio Bannon, quien estaba usando el *Washington Post* para presentarle un plan al presidente.

El plan en tres pasos de Bannon para Trump llegó casi de inmediato al Despacho Oval. A la mañana siguiente, el presidente le explicó a Kushner que era indispensable despedir a Rosenstein, tratar de apelar de nuevo al privilegio ejecutivo y contratar a un abogado duro.

Kushner, que intentaba impulsar sus propias estrategias, instó a su suegro a ser cauteloso con respecto a Rosenstein.

"Jared tiene miedo —dijo Trump burlonamente al conversar por teléfono esa misma tarde con un confidente—. ¡Es una niñita!".

3

ABOGADOS

Había apuestas y concursos permanentes para identificar a la persona más infeliz de la Casa Blanca. Muchos habían recibido el reconocimiento, pero quizá uno de los ganadores más frecuentes era el asesor de la Casa Blanca Don McGahn. Era blanco constante de las humillaciones, burlas y parodias con voz de falsete del presidente, quien siempre menospreciaba su propósito y utilidad.

"Por eso no podemos tener cosas bonitas", murmuraba McGahn de forma casi obsesiva en voz muy baja. Era una cita de una canción de Taylor Swift que quedaba como anillo al dedo para describir cualquier atrocidad cometida por Trump ("… porque las rompes", continuaba la canción).

McGahn tenía amplia experiencia como abogado en elecciones federales. Su postura era, en general, favorable a más dinero y menos transparencia y, por lo mismo, estaba en contra —y no a favor— de la aplicación agresiva de las leyes electorales. Fue asesor de la campaña de Trump y estuvo quizás entre las personas más indiferentes hacia el cumplimiento de las leyes electorales en la historia reciente. Antes de unirse a la administración Trump, McGahn no había trabajado en la Casa Blanca ni para el ejecutivo. Tampoco había trabajado en el Departamento de Justicia ni en ninguna otra rama del gobierno. Tras haber sido abogado de una organización sin fines de lucro afiliada a los hermanos Koch, se le reconocía como un hiperpartidista: cuando Kathy Ruemmler, asesora de la Casa Blanca durante la gestión de Obama, le escribió para felicitarlo y tenderle la mano por si necesitaba información sobre cómo se habían estado haciendo las cosas en la oficina que ahora él ocupaba, McGahn ni siquiera le contestó el correo electrónico.

Una de las responsabilidades de McGahn consistía en coordinar la que quizás era la relación más complicada en la historia gubernamental moderna: él era el punto de contacto entre la Casa Blanca y el Departamento de Justicia. Parte de su trabajo consistía en soportar la furia constante del presidente, desconcertado de que el Departamento de Justicia lo persiguiera personalmente, y su incapacidad para entender que no había nada que hacer al respecto.

"Es *mi* Departamento de Justicia", le decía Trump a McGahn. Repetía con frecuencia esa afirmación más que cuestionable como parte de su tríada distintiva.

Nadie llevaba la cuenta de cuántas veces McGahn tuvo que amenazar con renunciar, más o menos en serio, si Trump cumplía su promesa de despedir al fiscal general o al fiscal especial. Curiosamente, una línea de defensa contra la acusación de que el presidente había intentado despedir a Mueller en junio de 2017 con la intención de poner fin a la investigación del fiscal especial —según afirmó el *New York Times* en un reportaje de enero de 2018— era el hecho de que Trump hablaba con demasiada frecuencia —incluso varias veces al día— de despedir a Mueller y a otros miembros del Departamento de Justicia.

La mano firme de McGahn había ayudado hasta el momento a evadir una crisis definitiva. Sin embargo, este dejó pasar, o simplemente ignoró, una serie de acciones desaforadas, tontas y entorpecedoras por parte del presidente que temía pudieran sentar las bases para cargos de obstrucción de justicia. McGahn, quien estaba muy involucrado en la agrupación de abogados conservadores Federalist Society y su campaña contra los jueces "textualistas", llevaba mucho tiempo soñando con convertirse en juez federal, pero, dado que trabajaba entre Trump y el Departamento de Justicia —por no mencionar los ataques casi diarios de Trump contra la independencia del Departamento, los cuales McGahn debía aceptar o condonar—, sabía que su futuro como jurista era inexistente.

* * *

A quince meses de la llegada de Trump a la presidencia, las tensiones entre la administración y el Departamento de Justicia habían derivado en un conflicto abierto. Se trataba de una guerra entre la Casa Blanca y su propio Departamento de Justicia.

Era una paradoja moderna post-Watergate: el Departamento de Justicia era una instancia independiente, a pesar de que —desde el punto de vista organizacional y estatutario— fuera un instrumento de la Casa Blanca y de que su misión, como la de cualquier otra agencia, pareciera ser impulsada por quien estuviera al frente de la presidencia. Al menos así se veía en papel. Pero también ocurría lo contrario. Había una clase gubernamental permanente en el Departamento de Justicia que creía que quien fuera electo presidente no debía tener injerencia alguna en cómo se conducía el Departamento. Este se encontraba fuera de la arena política y debía ser tan ciego como los tribunales. Desde ese punto de vista, el Departamento de Justicia, principal agencia de investigación y fiscalía del país, funcionaba como un inspector de la Casa Blanca y debía permanecer tan independiente de esta como las otras ramas del gobierno. (Y, en el interior del Departamento de Justicia, el FBI reclamaba su propia independencia de los amos del Departamento, así como también de la Casa Blanca).

Incluso entre miembros del Departamento de Justicia y del FBI que tenían un punto de vista más sesgado y que reconocían la naturaleza simbiótica de las relaciones entre el Departamento y la Casa Blanca, había una fuerte intuición sobre cuáles eran los límites que no se debían cruzar. Después de Watergate, el Departamento de Justicia y el FBI empezaron a rendirles cuentas al Congreso y a los magistrados. Cualquier intento vertical por influir en una investigación o cualquier evidencia de que se hubiera cedido a dicha influencia —asentada en un memorando o correo electrónico— podía arruinar carreras.

En febrero de 2018, Rachel Brand, la subsecretaria de justicia adjunta y exabogada de Bush, nominada por Obama como tercera al mando en el Departamento de Justicia, renunció para aceptar un puesto como abogada de Walmart. Si Trump hubiera despedido a Rosenstein durante la gestión de Brand, ella habría ascendido a fiscal general en funciones y habría estado a cargo de supervisar la investigación de Mueller. Ella le confió a algunos colegas que quería salir antes de que Trump despidiera a Rosenstein y le exigiera a ella despedir a Mueller. Prefería mudarse a Bentonville, Arkansas, donde están las oficinas centrales de Walmart, que quedarse en Washington, D. C.

Durante más de una generación, la relación de plena competencia entre la Casa Blanca y el Departamento de Justicia se había parecido más bien a un conflicto interminable entre campamentos militares. Bill Clinton detestaba a su fiscal general, Janet Reno, y no soportaba tener que enfrentar las consecuencias de sus decisiones: la confrontación letal entre preparacionistas y el FBI en Ruby Ridge; Waco, otro enfrentamiento fallido con un culto cristiano; y la investigación del doctor Wen Ho Lee, que motivó que al Departamento de Justicia se lo reprendiera por el ensañamiento con un presunto espía. Clinton estuvo a punto de despedir a Louis Freeh, director del FBI que lo criticó abiertamente, pero encontró la forma de tragarse la rabia. En otra ocasión, altos mandos de la Casa Blanca de Bush, el FBI y el Departamento de Justicia estuvieron a punto de agarrarse literalmente a golpes junto al lecho del convaleciente fiscal general John Ashcroft —fue James Comey quien se interpuso entre el fiscal y los representantes de la Casa Blanca que intentaban que Ashcroft renovara un programa de vigilancia nacional—, y al final la Casa Blanca tuvo que ceder. Durante el gobierno de Obama, Comey, quien para entonces era director del FBI, quería independizar más al FBI del Departamento de Justicia y decidió de forma unilateral cerrar y luego reabrir la investigación sobre los correos electrónicos de Hillary Clinton. Hay quienes aseguran que, al hacer eso, le regaló la elección al oponente de Clinton.

Entonces entró en escena Donald Trump, quien carecía de experiencia política y burocrática. Había dedicado su carrera a dirigir lo que, en esencia, era un pequeño negocio familiar diseñado para permitirle hacer lo que se le antojara y adaptado a su estilo de hacer negocios. Cuando ganó las elecciones, carecía de cualquier conocimiento teórico básico sobre el gobierno moderno y sus costumbres y reglas operativas.

Trump recibía constantes sermoneos sobre la importancia de "las costumbres y tradiciones" por parte del Departamento de Justicia. Como era de esperar, su respuesta era: "No quiero oír hablar de esa mierda".

Una asesora señaló que a Trump le hacía falta "una línea negra y gruesa. Sin una línea negra y gruesa que no pueda cruzar, seguirá cruzándola".

Trump creía lo que para él resultaba obvio: el Departamento de Justicia y el FBI trabajaban para él y estaban bajo su control y dirección. Por ende, debían hacer exactamente lo que él les exigía y mover cielo, mar y tierra por él. "¡Él me rinde cuentas a mí! —repetía el irascible e intransigente Trump al principio de su presidencia, tanto sobre el fiscal general, Jeff Sessions, como sobre el director del FBI, James Comey—. ¡Soy su jefe!".

"Podría haber nombrado fiscal general a mi hermano —insistía Trump, aunque en realidad no se hablaba con su hermano Robert (un empresario retirado de 71 años)—. Igual que Kennedy". (Seis años después de que John F. Kennedy nombrara a su hermano Robert fiscal general, el Congreso aprobó el estatuto federal antinepotismo, también conocido como "ley Bobby Kennedy", precisamente para prevenir ese tipo de acciones en el futuro; sin embargo eso no le impidió a Trump contratar a su hija y a su yerno como asesores principales).

Los esfuerzos de cualquiera que intentara explicarle a Trump los detalles de la relación entre las diversas ramas del gobierno solo lograban que se frustrara e insistiera en su honestidad y legitimidad. Tenía la constante sensación de que la gente se unía en su contra, lo cual lo hacía enfurecer aún más. Como le había ocurrido tantas otras veces, los abogados buscaban perjudicarlo. No se lo podía sacar de la cabeza: Comey, Mueller, Rosenstein y McCabe formaban parte de un club al que él no pertenecía. "Hablan entre ellos todo el tiempo —decía Trump—. Están todos juntos en esto".

Si la relación típica entre el presidente de los Estados Unidos y su fiscal general solía ser fría, o incluso tensa, Trump la había empeorado más allá de lo imaginable. La humillación pública de Jeff Sessions —uno de los primeros en respaldarlo en el Congreso— transformó a este último en el aborrecedor número uno de Trump. El presidente no solo se burlaba de Sessions, sino que lo amenazaba o presionaba de forma incisiva para que renunciara o revirtiera su recusación. En varias ocasiones, el presidente dio instrucciones a McGahn para que presionara a Sessions para que anulara su recusación. Trump instó a muchos de sus asistentes —si no a todos— a que lo apoyaran en este esfuerzo. Poco después de que Sessions se recusara de cuestiones relativas a Rusia, el presidente reclutó a Cliff Sims —un joven empleado del Ala Oeste que se había congraciado con el presidente ("una comadreja que se abrió paso a rastras", según Bannon) y que, como Sessions, era originario de Alabama— para que fuera a la casa del fiscal general un sábado por la mañana y le exigiera que anulara su recusación. En dicha ocasión, Bannon revocó las órdenes que Sims había recibido del presidente.

Si había un mundo en el que el fiscal general designado por el presidente podía usar su autoridad para reducir tan solo un poco la tensión entre el presidente y los fiscales del Departamento de Justicia, Jeff Sessions, quien se tragaba los maltratos del presidente casi a diario, no era parte de él. En un momento de mucha tensión, Sessions le mandó a decir a Trump que, si insistía en amenazarlo y acosarlo, renunciaría y recomendaría que lo sometieran a juicio político.

* * *

En los días posteriores a la redada en el hogar y la oficina de Michael Cohen, el presidente estuvo furioso. El Departamento de Justicia no solo estaba en su contra, sino que estaba conspirando para golpearlo en su parte más vulnerable: su abogado. Importaba poco que en algunas ocasiones Michael Cohen se hubiera presentado como "abogado personal" de Trump y Trump hiciera la aclaración hostil de que "él solo se encarga de mis relaciones públicas".

¿Cómo obtuvo el Departamento de Justicia una orden para ir contra Cohen? Por un lado, Trump insistía en que la redada no

tenía nada que ver con él, sino que se debía al negocio de taxis de
Cohen; además, declaró que a Cohen le habían puesto una trampa.
Por otro lado, creía que la redada demostraba que el Departamento
de Justicia estaba usando cualquier pretexto para tender una red
de escuchas telefónicas entre personas a través de las cuales el
Estado profundo (*deep state*) pudiera capturar las conversaciones
de Trump. En esta visión del mundo centrada en Trump, su propio
gobierno —la subestructura permanente de personas con intereses
similares que de algún modo eran leales tanto a Barack Obama
como a George Bush— lo perseguía.

En una inversión de papeles total y peculiar, muchos conservadores que antes respaldaban por reflejo la aplicación de las leyes
empezaron a sospechar de forma casi paranoica que el gobierno
los vigilaba y supervisaba. A medida que la investigación de Mueller progresaba, la convicción de que existía el Estado profundo y
de que su misión era atrapar a Trump se fue afianzando en la cultura de la derecha; incluso, muchos republicanos convencionales la
adoptaron, aunque a regañadientes. Se había convertido en uno de
los temas de conversación principales de Sean Hannity —una de
las estrellas de Fox News—, tanto en televisión como en llamadas
telefónicas privadas. "Sean está loco —señaló Bannon—, pero son
buenas historias para contarle al presidente antes de dormir".

De igual modo, muchos liberales que antes antagonizaban con
el FBI, los fiscales y los servicios de inteligencia ahora contaban
con que los investigadores del gobierno persiguieran a Trump y
su familia de forma incansable para impedir que la democracia se
desplomara. Para la cadena MSNBC, los agentes del FBI se convirtieron en dioses. En esa nueva visión liberal del mundo, los actores
encargados del cumplimiento de la ley que alguna vez fueron des-
preciados ahora eran recibidos con los brazos abiertos. Personas
como James Comey, cuya investigación sobre Hillary Clinton con-

tribuyó a sentar las bases para la presidencia de Donald Trump, se habían convertido en héroes de la resistencia.

* * *

El 17 de abril se publicó el libro de James Comey, *A Higher Loyalty*. Comey y Stephen Colbert, un comediante de programa nocturno, brindaron con copas de vino (que en realidad eran vasos de papel) en televisión nacional.

Entre las revelaciones contenidas en el libro había quizás dos detalles que debieron ser particularmente preocupantes para Donald Trump: el tema subyacente del comportamiento mafioso de Trump y el hecho de que Comey no dijera nada sobre la Organización Trump. Si el exdirector del FBI dice que te comportas como un capo de la mafia, eso enciende focos de neón. Y si no menciona la organización que ocupa el eje de tus negocios y vida familiar, entonces el mensaje es claro: la organización es uno de los objetivos del FBI.

Aunque la Casa Blanca sabía que el libro estaba por salir, por desgracia no se había preparado en absoluto para ello, ni mucho menos para la reacción excesiva de Trump. Kellyanne Conway fue enviada de inmediato a desmentir el libro, pero se enfocó en el manejo que hizo Comey de los correos electrónicos de Clinton, con lo que implicó que Comey había inclinado la balanza electoral hacia Trump. Eso es algo que jamás se debía decir en la Casa Blanca, puesto que la elección no podía haber sido otra cosa que una victoria fulminante por parte de Donald Trump.

Una característica predominante de la presidencia de Trump era que casi todos los conflictos se volvían personalizados. En ese sentido, Comey, consumido por el rencor después de que lo despidieran de forma tan malintencionada, era un adversario digno.

"Comey cree que soy idiota. Le demostraré qué tan idiota soy. Soy tan idiota que los voy a joder a todos; así de idiota soy", declaró Trump con peculiar satisfacción durante una llamada nocturna a una amistad neoyorquina. El libro de Comey, que estaba plagado de justificaciones personales, confirmaba felizmente la creencia de Trump de que todos los federales estaban fuera de control y, sobre todo, de que lo estaban persiguiendo. "Sé cómo funciona su mente —continuó Trump bajo la premisa de que a sus enemigos los motivaba la misma rapacidad que a él—. Lo entiendo. Es lo mismo de siempre. Hay que pescar al pez más grande. Lo entiendo".

En cierto sentido, Trump veía a los federales no solo desde su posición de presidente, encargado de defender las leyes nacionales, sino también como empresario que en cualquier momento podía atraer su atención y entrar en confrontación con ellos. A lo largo de su carrera inmobiliaria, los federales siempre habían representado un peligro para él y la gente como él. Los fiscales federales "son como el cáncer, como el cáncer de colon", le dijo alguna vez a un amigo que estaba teniendo problemas con el Departamento de Justicia.

No obstante, aclaró que eso no significaba que, como muchos de sus conocidos, le temiera al Departamento de Justicia. Existía una especie de juego que él creía dominar a la perfección. Simplemente se trataba de ser más intimidante que ellos. "Si *creen* que pueden *atraparte*, lo harán. Si *creen* que vas a *jodértelos*, no lo harán", dijo para resumir su teoría legal.

Una de sus peores desilusiones fue descubrir que como presidente no podía controlar las instancias de orden público federales. Le resultaba casi incomprensible que ahora que era presidente los federales fueran una molestia y una amenaza *mucho mayor*.

No obstante, consideraba que la culpa no era suya, ni tampoco del sistema o de las estructuras del gobierno. Trump culpaba directamente a Jeff Sessions, su fiscal general, y repetía con frecuencia que debió darle ese trabajo a Rudy Giuliani o a Chris Christie, los únicos dos verdaderos amigos de Trump en la política, "porque ellos sí saben jugar este juego".

Por si acaso, Trump culpó a Bannon —aliado histórico y defensor de Sessions— por el nombramiento de Sessions. "Me jodió de nuevo. Me jodió, me jodió, *me jodió*. Una y otra y otra y otra vez".

* * *

Tras la partida de John Dowd, Trump volcó su ira sobre Ty Cobb, el segundo de los abogados vetustos que la Casa Blanca había reclutado en verano de 2017, después de no haber podido contratar un equipo legal prestigioso. Trump ejerció incontables maltratos contra el abogado de 68 años, incluso por el hecho de que Cobb tenía bigote. A Trump le molestaban todos los bigotes; pero este, con los extremos peinados con cera, le resultaba particularmente detestable. (De forma burlona, aunque un tanto ilógica [o quizá por mera senilidad], Trump llamaba a Cobb —quien se llama igual que un gran beisbolista— Cy Young, que es el nombre de otro gran beisbolista). Y, para rematar, el presidente estaba convencido de que Cobb no estaba al nivel del equipo de Mueller.

A principios de abril, Trump empezó a tener a diario incontables interacciones de pregunta y respuesta en las que hablaba de despedir a Cobb. "¿Qué debería hacer? Creo que debería despedir a Cobb. ¿Crees que debería despedir a Cobb? Yo creo que sí".

Necesitaba un abogado sanguinario, y a todo el mundo le preguntaba al respecto: "¿Dónde está mi abogado sanguinario?". Entonces hubo otro intento por encontrar un bufete de abogados prestigioso que tuviera los recursos para enfrentar al gobierno estadounidense. Sin embargo, los bufetes tienen comités ejecutivos que evalúan con detenimiento las ventajas y desventajas de aceptar clientes difíciles como Donald Trump. En este caso, la desventaja

—la posibilidad de que te despidiera públicamente y te dejara colgando con la factura— era demasiado grande.

De cualquier forma, Donald Trump no quería un gran bufete de abogados. Quería un abogado sanguinario. "Ya saben —decía, como para ser más específico—: sanguinario".

Para él, la ley no era la ley, sino un campo de batalla teatral. Y sabía exactamente qué clase de actor sanguinario quería.

Desde hacía varios meses, la estrella porno Stormy Daniels, con quien Trump sostuvo una relación y a quien supuestamente Michael Cohen le pagó a cambio de su silencio, había estado saliendo en las noticias. A Trump no le interesaba mucho Daniels y le mentía burdamente a todo el mundo —cosa de la que todos se daban cuenta— diciendo que el amorío con ella jamás había ocurrido.

Sin embargo, lo que sí lo tenía en vilo era el nuevo abogado de Stormy Daniels: Michael Avenatti. El tipo era sanguinario. Y, por si fuera poco, se manejaba magníficamente en televisión. Ese era el tipo de abogado que quería.

"Es una estrella —decía Trump. Era lo que necesitaba para enfrentar ese tipo de presión y esa clase de ataques—. Consíganme una estrella así".

La conclusión era que sus pequeños problemas se convertían en grandes problemas porque no tenía un abogado como Avenatti, alguien que hiciera hasta lo imposible con tal de salvarlo. Esa forma de pensar se convirtió al poco tiempo en sombría autocompasión: Trump se convenció de que, por alguna razón, todos los abogados sanguinarios le estaban siendo negados.

* * *

"Dershowitz —anunciaba Trump una y otra vez— es el abogado más famoso del país. —Y luego agregaba—: Consíganme a Dershowitz".

Aunque Alan Dershowitz pasó muchos años impartiendo cátedra en la Escuela de Derecho de Harvard y se había retirado en 2014, muchos en su profesión lo veían menos como profesor de derecho o como practicante meticuloso que como un tipo listo y alborotador. Se había inmiscuido en gran variedad de debates públicos y casos muy mediáticos, incluyendo los de Patty Hearst, Mike Tyson y O. J. Simpson. No obstante, si los libros que escribía y la atención que atraía —gracias a sus apariciones en televisión y representaciones en películas— no mejoraban su reputación como académico, al menos sí lo rodeaban de cierto tipo de fama que le servía para otras cosas. Su agresividad, erudición, teatralidad y grandiosidad lo habían convertido en uno de los abogados más famosos del país. Sin embargo, nada de eso implicaba que en realidad fuera un buen abogado. "Si te recomienda algo, haz justo lo contrario", comentó un excliente famoso que no quedó satisfecho con Dershowitz. Pero era un hecho que Dershowitz estaba entre los abogados televisivos más listos y exitosos del país, y Trump quería, por encima de todas las cosas, alguien que pudiera representar el papel de abogado en televisión. Desde su punto de vista, el histrionismo era la habilidad legal más importante y sustancial.

En fechas recientes, Dershowitz había captado la atención de Trump al argumentar en una serie de apariciones televisivas que el presidente de Estados Unidos estaba por encima de la ley o que al menos ocupaba cierto estatus especial y majestuoso. A principios de abril, Dershowitz recibió una invitación a cenar en la Casa Blanca para conversar sobre la posibilidad de representar al presidente. Era el tipo de abogado que el presidente creía necesitar: un defensor agresivo que sería capaz de abogar por él en televisión.

Durante la cena, Dershowitz solicitó un anticipo de un millón de dólares.

Trump, quien siempre había creído que parte del juego legal implicaba no pagarles a los abogados, le dijo a Dershowitz que ya lo llamaría. Y ese fue el fin de la conversación. Jamás, ni en un millón de años, le pagaría a un abogado un millón de dólares por adelantado.

* * *

Rudy Giuliani, el hombre que alguna vez fue conocido como el "Alcalde de América", había dejado el gobierno hacía diecisiete años. Durante ese periodo, fue candidato presidencial fallido, orador errante, maestro de ceremonias, máquina de hacer dinero, consultor y todólogo por una cuota de al menos seis cifras. Según Roger Ailes, expresidente de Fox News y cliente y amigo de toda la vida, Giuliani estaba desesperado por volver a ser protagonista.

Los primeros dos matrimonios de Giuliani fueron mal, pero el tercero fue una pesadilla. Para sus amistades, era un tema que generaba constante incredulidad y mofa. Judy Giuliani hostigaba y humillaba sin tregua al exalcalde de Nueva York.

"Pobre Rudy, jamás he visto un caso tan desastroso", dijo ni más ni menos que su amigo Donald Trump. Trump sentía un desprecio particular por Judy Giuliani y exigía que la mantuvieran alejada de él.

Desde el punto de vista del asombrado Ailes, la desesperación del matrimonio llevó a Giuliani a debatir durante horas en apariciones televisivas, tras la revelación del video de "agarrarlas de la vagina".

"Está dispuesto a lo que sea con tal de estar fuera de casa", comentó Ailes.

Pero su lealtad hacia Trump era genuina. Giuliani creía —con una sinceridad que quizá nadie más siente con respecto a Trump— que le debía la vida al empresario. Después de que el segundo matrimonio de Giuliani se desplomara en 2000 tras una ruptura pública particularmente espantosa, los hijos de Giuliani rechazaron a su padre. De hecho, el pleito con su hijo Andrew parecía no tener solución. Pero Andrew era un apasionado del golf, e incluso soñaba con volverse profesional. Trump, que rara vez se caracterizaba por su empatía, quería devolverle a Giuliani los incontables favores que este le hizo cuando fue alcalde de la ciudad en la que Trump era un activo promotor inmobiliario, así que hizo un gran esfuerzo e invitó a Andrew a jugar con él en sus campos de golf. Trump defendió al padre frente al hijo con cierto impacto positivo. Mucho después, Trump llevó a Andrew a la Casa Blanca y lo nombró director adjunto de la Oficina de Relaciones Públicas, además de brindarle —junto con poco más de una docena de personas— acceso al Despacho Oval sin necesidad de escoltas.

La lealtad del exalcalde, aunada a su voluntad de desafiar la credulidad y la lógica con tal de defender a Trump, generó una deuda que inclinó a Trump a ofrecerle a Rudy Giuliani un puesto en la nueva administración. Durante la transición, esta inclinación se convirtió en un problema grave para quienes rodeaban al presidente electo. Según la opinión general —incluyendo a veces la de Trump—, Rudy tenía algo raro. "Demencia", declaró Bannon. "Además, bebe demasiado", agregó Trump, quien más de una vez durante la campaña le reclamó a Giuliani abiertamente que "estaba perdiendo la cabeza".

Curiosamente, esa rareza que veían en Giuliani era irónica, pues guardaba una similitud casi estremecedora con la histeria, grandiosidad y tendencia a decir lo que le viniera a la mente del propio Trump.

Para muchos de los asistentes de alto rango que trabajaron en el equipo de transición, haber podido excluir a Giuliani, a sus setenta y cuatro años, de un alto puesto administrativo fue uno de sus mayores logros. "Al menos esquivamos esa bala", afirmó el primer jefe de gabinete de Trump, Reince Priebus.

Giuliani —supuestamente instado por su esposa, que alguna

vez se visualizó como la primera dama de la nación— cooperó en aquel intento por negarle un lugar en la administración, insistiendo en que el único trabajo que aceptaría sería el de secretario de Estado. Hasta Trump era capaz de vislumbrar que quizás Giuliani no era lo suficientemente diplomático para el puesto; en vez de eso, lo exhortó a aceptar el de fiscal general. "Estoy demasiado viejo para volver a practicar la abogacía", le dijo un desilusionado Giuliani a Bannon, cuando este le dio la noticia de que el puesto de secretario de Estado no estaba disponible.

Sin embargo, surgió una nueva oportunidad y el 19 de abril Giuliani se convirtió —a pesar de estar lejos de ser la primera opción—, para asombro y espanto de casi toda la gente cercana a Trump, en una versión disparatada del abogado sanguinario que el presidente había estado buscando. Fue una de esas historias que acaparan titulares, digna de los relatos de "aunque usted no lo crea": Giuliani, el exjefe de James Comey, regresaría protagonizando una historia en la que se enfrentaría tanto a Comey como a Mueller.

Y el precio era ideal: por supuesto, lo haría gratis, le dijo Giuliani a Trump.

En múltiples llamadas confusas, Trump —de quien Giuliani dijo a sus amigos que había "llorado al teléfono", mientras que Trump dijo que Giuliani le había "suplicado que le diera el trabajo"— intentó convencerlo de que necesitaba "estar a la altura de Avenatti".

Una vez que Giuliani llegó a la Casa Blanca, su plan era reunir a un grupo de asociados de su bufete, Greenberg Traurig, que junto con su socio de litigación Marc Mukasey (hijo del exfiscal general de Bush, Michael Mukasey) formarían el equipo legal del presidente. Giuliani sería el rostro público de la defensa de Trump, mientras que el grupo de Greenberg Traurig planearía en detalle los movimientos legales del presidente desde sus oficinas.

Greenberg Traurig, donde Giuliani ejercía, más que como abogado activo, como procurador de oportunidades de negocios, no estaba del todo de acuerdo. Al igual que otros bufetes, el comité directivo de Greenberg Traurig creía que defender a Trump implicaría un gran riesgo de imagen para el bufete, además de que los socios dudaban de que el presidente fuera a saldar sus facturas.

Giuliani —decidido a aceptar el trabajo (o quizás desesperado por hacerlo)— decidió abandonar el bufete y defender al presidente a título personal.

4

SOLO EN CASA

La ira y los deseos de venganza de Trump parecían ser una presencia constante, pero la realidad es que solían eclipsarlos la pereza, la falta de interés y la autosatisfacción del presidente, esa cualidad que le permitía al hombre de 71 años examinar plácidamente su propio desempeño y sus logros extraordinarios.

"Quizá parezca malo, muy malo, pero también puede ser feliz como una perdiz", dijo Ivanka Trump al describirle a una amistad el temperamento de su padre en la Casa Blanca.

Así era la burbuja Trump. El presidente era incapaz de reconocer sus vulnerabilidades en cualquier circunstancia. No reconocía que su Casa Blanca podía estar en problemas ni que él mismo estaba quizás en peligro. Nadie en su amplio círculo de conocidos y colegas lo había oído expresar arrepentimiento, dudas o deseos de haber actuado distinto a como lo hacía. Cuando la burbuja Trump se abría y entraba algo que no fuera adulación, era indispensable culpar —y probablemente despedir— a alguien.

No obstante, en general la burbuja permanecía cerrada. Un efecto de las incontables dificultades legales de Trump era que cada vez más personas, por temor a verse expuestas a esos problemas, evitaba hablar con él sobre ellos. Muchos de sus amigos inmobiliarios de parranda —Richard LeFrak, Steven Roth y Tom Barrack, todos los cuales actuaban en cierta medida como voces de la realidad y la practicidad— temían que los convocara Mueller. La burbuja de Trump era cada vez más pequeña e impenetrable: por las noches se quedaba solo en cama, comiendo sus chocolates favoritos —Three Musketeers— y conversando con el servil Sean Hannity en busca de validación.

Trump solo podía ser parte de una organización que lo atendiera con devoción pura; no se imaginaba que pudiera ser de otra manera. Insistía en que la Casa Blanca debía operar más como la Organización Trump, una empresa dedicada a su satisfacción y a dar seguimiento y cobertura a sus intereses peripatéticos e impulsivos. Las prácticas gerenciales de Trump eran egocéntricas, en lugar de orientadas a las tareas o basadas en las necesidades de la organización. No le preocupaba ni intentaba mirar hacia afuera, ni hacia ningún otro lugar en realidad.

Salvo que hubiera sufrido algún agravio nocturno, Trump llegaba siempre tarde a la oficina y casi a diario celebraba reuniones con un grupo o una persona en el Despacho Oval o el Salón Roosevelt, orquestadas con el único propósito de lisonjearlo, felicitarlo y distraerlo. Y, como bien sabía su gabinete para entonces, si Trump se mantenía distraído, Trump estaba feliz.

Cuando se desinteresaba, la Casa Blanca y el resto de los miembros del ejecutivo también estaban felices. En ese entorno favorable, los políticos y burócratas podían avanzar en cuestiones que a Trump lo tenían sin cuidado, tomando en cuenta que la mayoría de lo que hacían lo tenía sin cuidado.

* * *

Si bien Trump tendía a estar más contento cuando estaba distraído, también solía estar de buen humor cuando estaba encandilado por alguien. Aunque tales deslumbramientos no eran duraderos, en el momento eran muy potentes. Michael Flynn fue uno de ellos. Bannon también. Rob Porter y hasta Paul Ryan también fueron disfrutaron de sus cinco minutos de gloria.

El contraalmirante Ronny Jackson, médico de la Casa Blanca, también formó parte de ese grupo. Jackson llegaba al borde del delirio con tal de halagar al presidente. Al hacer una evaluación del estado de salud del presidente en enero de 2018, expresó su opinión personal en los siguientes términos: "Hay personas que tienen excelentes genes. Le dije al presidente que, de haber llevado una dieta más saludable en los últimos veinte años, podría vivir hasta los doscientos años".

A finales de marzo, Trump despidió a David Shulkin, director de Asuntos de los Veteranos, y nominó a Jackson como su reemplazo. Fue una elección peculiar —Jackson no tenía experiencia administrativa ni ningún tipo de vínculo profesional con cuestiones relacionadas a los veteranos—, pero era un gesto congruente con el deseo de Trump de recompensar a sus amigos y simpatizantes. En las semanas siguientes, Trump apenas fue consciente de que una cuadrilla en el interior de la Casa Blanca, que surgió en la oficina del vicepresidente, había empezado a gestar una campaña sofisticada para socavar a su nominado.

Hasta ese entonces, Trump no había logrado encariñarse con su vicepresidente; de hecho, Mike Pence le pareció irritante desde las primeras semanas de la administración. (Pence fue gobernador de Indiana de 2013 a 2017; y durante los doce años previos, formó parte del Congreso). Trump exigía servilismo, pero cuando lo obtenía, sospechaba de quien se lo proveía. Entre más se doblegaba Pence, más se esforzaba Trump por descifrar sus intenciones ocultas.

"¿Por qué me mira así? —preguntaba Trump cuando Pence se le quedaba viendo con absoluto embelesamiento—. Es un loco religioso —concluía Trump—. Quería reelegirse como gobernador e iba a perder cuando le ofrecí el trabajo. Así que supongo que tiene buenos motivos para amarme. Pero dicen que era el más estúpido en el Congreso".

En junio de 2017, Bannon ayudó a consolidar a Nick Ayers —un joven y disciplinado operador político republicano que intentaba encontrar su lugar en el mundo— como jefe de personal de Pence. Pence, "nuestra segunda opción" —en palabras de Bannon—, "quien la mitad del tiempo no tiene idea ni de dónde está", claramente necesitaba ayuda. El resultado fue que la oficina de Pence, liderada por Ayers, se convirtió en la dependencia más eficiente de todo el Ala Oeste.

Claro que eso no era mucho decir. Para la primavera de 2018, muchos de los feudos individuales alrededor de Trump estaban al borde del colapso. Dada la constante aversión de Trump hacia Kelly, la oficina del entonces jefe de gabinete era quizás la más débil de la historia. Las diversas iniciativas de Kushner y los centros de poder de la Casa Blanca —en especial la oficina de innovación estadounidense de la Casa Blanca— se habían desplomado. H. R. McMaster, asesor de seguridad nacional que finalmente renunció en marzo, fue considerado durante casi seis meses persona *non grata* en el Ala Oeste, y Trump solía imitarlo (con voz áspera y respiración dificultosa) para burlarse de él. Por otro lado, desde el contratiempo con la ley de gastos, el presidente empezó a evitar a Marc Short y la oficina de asuntos legislativos.

Y el Departamento de Comunicaciones era un caos absurdo. Las tres personas clave —Mercedes Schlapp, directora de comunicaciones estratégicas de la Casa Blanca; Sarah Huckabee Sanders, secretaria de prensa (para Trump, la "chica Huckabee"); y Kellyanne Conway, cuyas responsabilidades en materia de comu-

nicación eran un misterio para casi todo el mundo— intentaban
meterse el pie entre sí hora tras hora, mientras Hope Hicks, una
voz "de fondo" en los medios, incordiaba a sus excolegas desde
fuera de la Casa Blanca. "Es una pelea de gatas", afirmó Trump con
cierta aparente satisfacción, mientras se encargaba de buena parte
de la labor de prensa desde su propio teléfono celular.

La era de Reince Priebus, quien fue jefe de gabinete durante
los primeros siete meses de la administración y bajo cuya dirección la Casa Blanca de Trump pareció convertirse en una comedia
de enredos, ahora se parecía a la IBM de los años cincuenta, en
comparación con la actual disfunción. En medio del desplome, la
oficina de Pence podía encargarse de los asuntos de la Casa Blanca
gracias a dos personas: Nick Ayers y Karen Pence, la esposa de
Mike.

Al principio de la presidencia, un artículo publicado en la
revista *Rolling Stone* citó a Pence refiriéndose a su esposa como
"madre", y el apodo se quedó. Desde entonces, a la señora Pence
se la conocía en el Ala Oeste como Madre, pero no de forma afectuosa. Se la consideraba la mano que mece la cuna detrás del trono
vicepresidencial, una estratega astuta, incansable y con voluntad
de hierro que maneja a su desdichado esposo.

"Me da escalofríos", decía Trump sobre la señora Pence y evitaba tener contacto con ella.

Junto con George Conway —esposo de Kellyanne Conway e
importante abogado de Wall Street que se burlaba del presidente
en Twitter—, Karen Hernest —esposa de John Kelly, dada a la tarea
de contarle a gente prácticamente desconocida lo mucho que su
esposo odiaba al presidente— y la exactriz Louise Linton —esposa
de Steven Mnuchin, que solía fingir arcadas de repulsión al hablar
de Trump—, Madre era una cónyuge más que miraba al presidente
con suspicacia.

Mientras Pence realizaba sus actos cotidianos de obediencia a Trump y mostraba una lealtad despreciable y casi insoportable, Ayers y Madre anticipaban lo peor para la presidencia de Trump y ubicaban a Pence como el aterrizaje sin sobresaltos en caso de que se iniciara un proceso de juicio político y destitución, o que Trump renunciara, eventualidad que Madre solía predecir frente a sus amistades en una proporción de 60/40. Para abril de 2018, tanto Ayers como Madre creían que la Cámara se iba a empantanar en noviembre y que hasta la mayoría en el Senado estaba en riesgo, lo que dio lugar a una nueva ambición jactanciosa en la órbita de Pence.

No obstante, Trump parecía seguir ignorando la perfidia de Pence (o más bien de la familia Pence). No tenía idea de que la nominación del almirante Jackson pondría a prueba la fuerza de la dupla Madre-Ayers (y, por ende, de Pence) y la debilidad del presidente.

Jackson —quien se desempeñó como doctor del presidente durante la administración de Obama y ahora lo era en la Casa Blanca de Trump— era el médico de cabecera del presidente, los miembros del gabinete y el personal de alto rango. Además, supervisaba la unidad médica *in situ* de la Casa Blanca. Jackson era una persona popular y afable, entre otras cosas porque era muy laxo al momento de prescribir medicamentos. Siempre mantenía al presidente bien aprovisionado de Provigil (modafinilo), un estimulante que el médico neoyorquino de Trump le había prescrito hacía mucho tiempo. Otros caracterizaban a Jackson como una fuente de Ambien (zolpidem) que se llevaba especialmente bien con los hombres, no así con las mujeres; era un "bebedor de antaño", según una descripción.

En Madre encontró una enemiga.

Durante el primer año de la presidencia de Trump, Karen

Pence lo consultó por un problema ginecológico. Jackson, quien participaba de la ridiculización generalizada de la esposa del vicepresidente, no fue discreto al respecto. Madre no tardó en enterarse de la indiscreción y su mortificación e ira se tornaron casi de inmediato en ansias de venganza.

Muchos de los chismes sobre la forma de beber de Jackson, su ligereza al momento de prescribir medicamentos y las acusaciones de acoso en su contra —de las cuales Trump culpaba a los demócratas y otros enemigos, y que empezaron a formar parte del ciclo noticioso diario sobre el presidente a mediados de abril— provenían de Madre y de Ayers. Al poco tiempo, la nominación se estancó y Jackson se retiró de la candidatura el 26 de abril.

"Ha sido una de las maniobras más impresionantes que he visto en el Ala Oeste: arremeter contra el almirante —comentó Bannon—. Aniquilaron al hijo de perra".

* * *

Lo de Jackson podía interpretarse menos como oposición a Trump o deslealtad que como una estrategia para sacar adelante las cuestiones apremiantes, a expensas de él. Solía parecer que Trump —quien se mantenía ajeno a las operaciones técnicas del gobierno y pasaba demasiado tiempo frente a la televisión, obsesionado por los desafíos e insultos, que cambiaban a cada instante— en realidad no se involucraba con su propia Casa Blanca. Madre y Ayers emprendieron una venganza política porque pudieron. Y, aunque Ronny Jackson fuera la opción del presidente, era una opción frívola. Jackson no era parte de ningún plan maestro de Trump y, por si fuera poco, había ofendido a Madre, así que, ¿por qué no sacarlo de la jugada?

No obstante, a pesar de la falta de atención de Trump, la debacle de Jackson lo hizo empeñarse más en tener la capacidad de nombrar a quien le diera la gana. Los nombramientos eran siempre un tema candente; la oposición a sus elecciones personales implicaba un desafío directo. Dado que a Trump lo confundía que el poder presidencial tuviera sus limitaciones, terminó por considerarlas como propias, como señales de su propia debilidad. La oficina de Asuntos de los Veteranos era una responsabilidad intrascendente, así que, ¿por qué no podía nombrar a quien se le antojara? La Casa Blanca interfería en su camino. Washington interfería en su camino. La hercúlea burocracia le negaba su respaldo.

A pesar de tales emociones, a muchas de las personas que lo rodeaban les sorprendió su reacción inesperada: no se mostró paranoico ni a la defensiva, sino autocompasivo y melodramático. La negatividad y la traición siempre lo sobresaltaban. Pero, en realidad, el narcisismo es lo opuesto a la paranoia: Trump creía que la gente lo protegía y que era su responsabilidad hacerlo, por lo que lo sorprendió e hirió profundamente darse cuenta de que debía cuidarse por sí solo.

Al igual que con el proyecto de ley de gastos, este fue un momento de enseñanza amarga. Ni el lameculos de Mike Pence lo respaldaba. Cuando Ivanka le explicó cuál era el problema exacto —que Jackson le faltó al respeto a la señora Pence—, Trump prefirió evitar el tema incómodo. En su lugar, siguió rumiando la cuestión de los límites de su poder. Él era el presidente de Estados Unidos. ¿Por qué no podía obtener todo lo que quisiera?

* * *

El problema era la Casa Blanca misma. Sus múltiples personalidades y centros de poder requerían cierta inteligencia, cortesía, diplomacia y astucia —es decir, la voluntad de trabajar con otras personas— que Trump no estaba dispuesto a reunir ahora, contrario a lo que sucedía en otros aspectos de su vida. Las oficinas vacías de la Casa Blanca estaban así por falta de candidatos y porque Trump no se sentía motivado a contratar a nadie.

La situación de los últimos quince meses no era la de un presidente intentando fortalecer su equipo en la Casa Blanca, sino las bajas de un equipo relativamente débil que Trump se había visto obligado a aceptar. Casi todos los cargos más altos en la administración de la Casa Blanca habían desaparecido en poco más de un año. Flynn, Priebus, Bannon, Cohn, Hicks, McMaster... todos, y muchos más, se habían ido. De cierto modo, Trump no tenía jefe de gabinete, no tenía Departamento de Comunicación, no tenía Consejo de Seguridad Nacional, no tenía una operación política, no tenía oficina de asuntos legislativos, y apenas tenía una erosionada Oficina de Asesoría Legal para la Casa Blanca.

Quienes se quedaron o se unieron después parecían entender mejor las reglas: trabajaban para Donald Trump, no para el presidente de los Estados Unidos. Para sobrevivir, no debían pensar en una relación institucional; más bien, debían aceptar que estaban a merced de los caprichos de un jefe completamente idiosincrático para quien todo era personal. Hasta ese momento, Mike Pompeo tenía éxito porque al parecer había apostado en grande que su futuro dependería de ser servil con Trump, y parecía suponer que su estoicismo y contención algún día le permitirían llegar a ser presidente. Por su parte, Larry Kudlow, quien reemplazó a Gary Cohn en el Consejo Económico Nacional, y John Bolton, quien reemplazó a H. R. McMaster, eran sustitutos perfectos porque ambos necesitaban el trabajo con desesperación; Kudlow había perdido su programa en la cadena CNBC y Bolton se había quedado estancado desde hacía mucho en la selva de la política exterior y tenía pocas opciones para escapar de ella.

Dejando de lado esos pocos reemplazos, a más de un año de iniciada la presidencia de Trump muchos de los puestos en la Casa Blanca permanecían desiertos. Los potenciales costos legales eran demasiado altos, el dolor de trabajar con Trump era demasiado intenso, y la mancha que provocaría en la carrera profesional era demasiado evidente.

En ocasiones, el Ala Oeste estaba casi vacía. Y Trump estaba más solo que nunca.

* * *

Sin embargo, ¿en realidad importaba? El único espectáculo que le había funcionado a Donald Trump a lo largo de su vida había sido el unipersonal.

La cena de corresponsales de la Casa Blanca, una reunión anual de celebridades durante la cual el presidente suele burlarse de una amplia gama de políticos y personalidades de los medios, y en la cual un comediante popular suele hacer mofa del presidente también, estaba programada para el 28 de abril. Quizás para Trump esa cena era el máximo ejemplo no solo de cómo los medios se empeñaban en unirse en su contra, sino también de la exigencia constante de que él fuera deferente con ellos.

"No soy un lameculos. Trump no lambisconea. No sería Trump si lambisconeara —le contestó a un amigo que decía que tal vez le haría bien asistir a la cena y contar unos cuantos chistes sobre sí mismo. Pero Trump se negó y respondió—: Ya nunca nadie va a esa cosa. Está muerta".

Conforme se acercaba la fecha de la gala, Trump buscó formas de eclipsarla —o al menos de competir con ella— por medio de un acto electoral, tal y como lo hizo en 2017. Decidió entonces viajar a Washington, Michigan. Una vez que programó el evento, los asistentes y asesores del presidente cayeron en cuenta de que el mitin sería un suceso político de inmensa importancia, ya que funcionaría como inicio extraoficial de la campaña para las elecciones intermedias de 2018. Trump, quien no le había prestado gran atención al tema de las intermedias, ahora se posicionaba como figura central de la carrera.

La noche del 28 de abril, la comediante Michelle Wolf lanzó escarnio, sorna y crueles burlas *ad hominem* sobre el presidente, frente a una multitud considerable y bastante aprobatoria en el hotel Hilton de Washington. Mientras tanto, en Michigan, Trump habló durante más de una hora en un mitin estridente en la arena Total Sports Park de Washington Township. Su principal objetivo era respaldar a Bill Schuette, fiscal general de Michigan, quien competiría contra el actual gobernador, el teniente Brian Calley, que cometió el imperdonable pecado de retirarle su respaldo a Trump justo antes de la elección de 2016. El presidente mencionó a Schuette al comienzo de su discurso y luego empezó a divagar, de una manera tan vívida como demencial, acerca de todo lo que tenía que enfrentar por sí solo.

Después de parlotear sobre varios de sus temas favoritos —la bandera estadounidense, el muro, China, el mercado de valores, Corea del Norte—, Trump dirigió su desprecio hacia Jon Tester, el senador de Montana a quien señalaba como culpable de sabotear la nominación de Ronny Jackson para director de Asuntos de los Veteranos.

"Se los digo, lo que Jon Tester le hizo a este hombre es una desgracia. El almirante Jackson empezó a estudiar y a esforzarse mucho. Yo se lo sugerí. Ya saben, es un héroe de guerra, un líder, uno de los grandes, ya saben, es almirante, un tipo genial, genial, de cincuenta años, y empezó a estudiar, y luego lo atacaron con rumores atroces, muy atroces, y el Servicio Secreto me dijo: 'Acaba de llegar esto, señor. Investigamos todas estas cosas, señor, y son falsas'. Son falsas, así que están intentando destruir al hombre.

"Lo están haciendo con nosotros también; están haciendo hasta lo imposible, pero eso, con un poco de… Quiero agradecer, por cierto, al Comité de Inteligencia de la Cámara, ¿de acuerdo?

Con nosotros también lo hacen. La colusión rusa. Ya saben, se los garantizo, soy más firme con Rusia de lo que cualquiera creía. De hecho, ¿han oído… saben de esa abogada, una mujer que durante un año dijo 'Yo no sé nada' y de pronto resulta que supuestamente está involucrada con el gobierno? ¿Saben por qué? Si lo hizo, fue porque Putin y el grupo dijeron: 'Ya sabes, este Trump nos está matando. ¿Por qué no dices que estás involucrada con el gobierno para que podamos ir y hacer la vida en Estados Unidos más caótica? ¡Miren lo que ocurrió! Miren cómo todos esos políticos cayeron en esa mierda. Colusión rusa… ¡por favor!

"Se los digo, la única colusión es la de los demócratas con los rusos, y los demócratas con muchas otras personas. Miren las agencias de inteligencia, y ¿qué hay de, eh… qué hay de Comey? ¿Lo han visto en entrevistas? 'Ah, ah, ah… '. ¿Qué hay de Comey? ¿Qué hay de Comey? ¿Qué hay de eso? Ese tal Comey, ¿qué hay de él? La otra noche dijo, sobre el sucio informe falso, la otra noche dijo en Fox, dijo, muy enfáticamente: 'No, yo no sabía que lo pagaron los demócratas y Hillary Clinton'. No sabía, no sabía, ¿cómo ven eso? Empiezan algo basados en un documento que fue financiado por el Partido Demócrata y Hillary Clinton. En serio, amigos, se los digo, se los digo en serio, es una desgracia. Tenemos que volver al ruedo. Es una desgracia lo que está pasando en nuestro país, y ellos lo hicieron, ellos se lo hicieron al almirante Jackson. Se lo están haciendo a muchas personas.

"Puras insinuaciones. Ya saben, en los viejos tiempos, cuando los periódicos solían escribir, ponían nombres. Hoy dicen: 'Las fuentes dicen que el presidente Trump… '. ¡Fuentes! Nunca dicen quiénes son sus fuentes. No tienen fuentes. Esas fuentes no existen en muchos casos. No tienen fuentes, y en muchos casos ni siquiera existen las fuentes. Son gente muy deshonesta, la mayoría de ellos. Son gente muy, muy deshonesta. Noticias falsas, muy deshonestas. Pero ven a Comey, y luego ven la forma en que miente, y luego tiene estos memorandos. Me pregunto cuándo los escribió, ¿cierto? Tiene estos memorandos y luego los deja de lado. Miren la forma en la que miente, es lo más impresionante…

”Por cierto, por cierto, por cierto, ¿verdad que esto es mejor que la ridícula cena de corresponsales de la Casa Blanca? ¿Verdad que es más divertido? Podría estar allí esta noche, sonriendo, como si me encantara ver dónde los golpean a ustedes, golpe tras golpe. Esa gente los odia a ustedes, los odia a muerte, dispara en su contra, y se supone que yo debo… [sonríe]. Y ya saben, hay que sonreír. Si no sonríes, dicen: 'Se portó fatal, no lo aguantó'. Si sonríes, entonces dicen: '¿Por qué sonreía tanto?'. Ya saben, no hay forma de ganar…".

Trump, desatado y muy a gusto consigo mismo, siguió así durante ochenta minutos.

5

ROBERT MUELLER

Con frecuencia, Trump estaba a punto de despedir a Mueller, pero siempre recapacitaba. Más que un gesto de autocontención, era el juego del gato y el ratón: amenazar con despedirlo y luego no despedirlo era la estrategia legal de Trump. Su teoría legal era que eso lo intimidaría sí o sí. De hecho, varias rondas de historias sobre distintos inminentes despidos de Mueller provenían de chismes filtrados por el propio Trump. "Hay que jugar con su mente", explicaba.

A medida que continuaba la investigación hermética —su silencio era sumamente aberrante en medio de la aberración que era el Washington de Trump—, el fiscal especial se fue convirtiendo en una especie de holograma en el Ala Oeste que siempre estaba ahí, pero sin estar. Aunque la presencia constante de la investigación de Mueller solía irritar a Trump, su cualidad fantasmal y amorfa también parecía alentarlo. Trump creía que si hubieran encontrado algo ya lo habrían filtrado, sin lugar a dudas.

"Lo que tienen son estupideces —le dijo Trump a un amigo por teléfono poco después de finalizar su primer año en la presidencia—. Estupideces, estupideces, estupideces. Cuando digo que es una cacería de brujas —el apodo que usaba casi a diario para referirse a la investigación de Mueller— quiero decir que es una estupidez".

Trump creía saber lo que estaba haciendo. A fin de cuentas, había enfrentado problemas legales interminables toda su vida profesional. Tenía amplia experiencia en conflictos legales y creía que podía asustar a su contraparte. Mueller era el tipo de oponente que Trump siempre había despreciado —el que siempre hace las cosas con rectitud— y sabía cómo manejarlo. El resto del mundo podía creer que la rectitud de Mueller era su principal virtud, pero Trump la consideraba su debilidad.

"Recuerda —le dijo a McGahn— que Mueller no quiere que lo despida. ¿Qué le pasó al tipo al que Nixon despidió? Masacre del sábado por la noche, sin duda. Pero ¿te acuerdas de él? No lo creo".

En palabras de Trump, Mueller era un "fraude", una "broma", un tipo que "se cree listo, pero no es listo", con lo cual se refería a que le faltaba astucia para la vida diaria y no estaba dispuesto a hacer todo lo que fuera necesario. "Conozco a esa clase de tipos; actúan como si fueran rudos, pero no lo son".

* * *

Curiosamente, Mueller y Trump tenían historias de vida paralelas. Sin embargo, eran opuestas.

Trump nació en 1946 en Nueva York; Mueller nació en 1944 en Nueva York. Ambos descendían de inmigrantes alemanes que llegaron a Nueva York en el siglo XIX. Ambos crecieron en los años de la posguerra y sus padres eran miembros de la exclusiva y respetable alta burguesía.

Hasta ahí las similitudes. Por otra parte, Trump era hijo de cierto tipo de arquetipo estadounidense: Fred, su padre, operaba con instintos animales en un mundo que consideraba un despiadado juego de suma cero y creía en ganar a toda costa. Desde muy joven, Trump se planteó el objetivo de superarlo. Mueller era hijo de un tipo de hombre distinto: su padre, un enfocado ejecutivo de cuello blanco, trabajaba para DuPont y, en el espíritu de los años cincuenta, operaba en un mundo en el que el éxito estaba ligado inevitablemente a no agitar las aguas. Y Mueller, desde muy joven, se planteó el objetivo de seguir el ejemplo de su padre.

Robert S. Mueller III, de la clase del '66 de Princeton, era miembro de la última generación de republicanos egresados de las universidades pertenecientes a la Ivy League: republicanos moderados, de clase alta y pertenecientes al *establishment*. Desde los años sesenta, la Ivy League se había transformado inevitablemente en un club cultural de izquierda, pero en la memoria moderna su verdadera identidad se asocia a la familia Bush y otras familias de alta sociedad. Su versión más digna era la familia Mueller: anglosajones blancos protestantes y poco emotivos que rechazaban la vanidad personal y no se preciaban de ser superiores. Bob Mueller era atleta y alumno destacado —el antiquo ideal que combinaba inteligencia con musculatura— en la escuela St. Paul, en Concord, New Hampshire, donde se desempeñó como capitán de un equipo deportivo cada temporada. Era el tipo de personaje presente en varias novelas y relatos de los años cuarenta, cincuenta y sesenta: *Una paz solo nuestra*, de John Knowles, publicada en 1959, en donde el sentido de clase y propiedad va de salida; las novelas de Louis Auchincloss sobre el dolor y las desilusiones de la aristocracia estadounidense; o los relatos publicados en esa época en el *New Yorker* sobre el estoicismo pedante y las restricciones a la vida sentimental.

Al igual que su compañero de St. Paul, John Kerry —futuro

senador, candidato presidencial y secretario de Estado—, Mueller
fue a Vietnam en 1968 tras salir de la universidad. El movimiento
antibelicista no tardó en coartar la tradición de soldados egresados
de escuelas de la Ivy League, y Kerry alcanzaría gran prominen-
cia política como portavoz antibelicista, además de construir su
carrera en la política liberal. Por su parte, Mueller, con una carrera
paralela en el gobierno, logró mantenerse al margen durante los
siguientes cuarenta años de agitación política y cultural. "Estaba
por encima o por fuera de ello; no era fácil saber en dónde", dijo
uno de sus colegas del Departamento de Justicia.

Con apenas un círculo limitado de amistades íntimas, poca
gente sabía lo que sentía, lo que creía o lo que, en ciertos casos,
quería expresar en realidad. Aunque había quienes afirmaban que
su hermetismo se podía interpretar como señal de sabiduría y
genialidad, otras personas sospechaban que simplemente no tenía
nada que decir. Era quizás el director del FBI más importante en
la historia moderna, pues aceptó el cargo unos cuantos días antes
del 11 de septiembre de 2001 e hizo que el FBI dejara de ser una
organización enfocada solo en perseguir delitos estadounidenses para transformarla en una instancia enfocada en combatir el
terrorismo a nivel mundial. Aun así, Garrett Graff, cuyo libro *The
Threat Matrix* hace una crónica de la guerra contra el terrorismo
y la construcción del nuevo FBI, observó que el perfil público de
Mueller era tan discreto que no parecía ser más que un "personaje
secundario".

La aguda sospecha sobre la falta de personalidad de Mueller se
convirtió en su personalidad. Era un fiscal en el antiguo sentido
de que representaba a la burocracia; operaba siguiendo las reglas y
jamás promovía su propia independencia, a diferencia de Giuliani.
No tenía aptitudes para, ni interés en, presentarse ante los medios,
y le resultaba casi incomprensible y moralmente problemático que
hubiera quien sí lo hiciera. Según la antigua nomenclatura, era

un hombre de familia decente, se casó con su novia de la escuela secundaria y tuvo dos hijos con ella. En pocas palabras, era un gran tradicionalista, y lo siguió siendo a pesar de que la cultura estadounidense enviara a los tradicionalistas al basurero de la historia. Curiosamente, de forma inesperada esto lo convirtió en un héroe de la facción estadounidense afiliada a la izquierda, culturalmente en onda y opositora a Trump.

En un notorio cambio de prácticas, en el 2011 Barack Obama aumentó su periodo de diez años como director del FBI un par de años más. Según reportan asistentes de Obama, ambos hombres se entendieron de maravilla por su forma similar de concebir el trabajo gubernamental y la virtud personal, así como por su visión analítica de los problemas y la aversión hacia los dramas personales y profesionales.

Es difícil imaginar alguien más opuesto a Mueller que Donald Trump. Es probable que no haya dos hombres de la misma edad y entorno social similar que hayan resultado ser tan distintos en cuanto a perspectivas, temperamento, comportamiento personal y bases morales. Es probable que no haya dos hombres que ilustren mejor la diferencia entre el peso de la ley y las reglas institucionales, y la astucia individual, la inclinación hacia los riesgos y la arrogancia. Pero quizá no se trataba tanto un choque cultural como de una mera incompatibilidad: simetría *versus* asimetría, honestidad *versus* perturbación, contención *versus* apostarlo todo.

"No sabe jugar", le dijo Trump a un amigo, refiriéndose a Mueller.

Cuando Steve Bannon se presentó frente al fiscal especial en enero de 2018 —quince agentes del FBI y ocho fiscales se embutieron en la sala con tal de ver a Darth Vader—, Mueller llegó justo antes de que comenzara el interrogatorio. Fue directo hacia Bannon, lo saludó como un caballero y dijo algo que lo tomó desprevenido: "Creo que a Maureen le gustará West Point".

Maureen, la hija de Bannon y capitana del ejército, acababa de aceptar un puesto militar en West Point, sin que ni sus amistades más cercanas lo supieran. Al respecto, Bannon recuerda: "Pensé: '¿Qué carajos?'".

Durante el receso, Bannon consultó con su abogado, Bill Burck: "¿Qué crees que haya querido decirme?".

"Yo sé qué quiso decirte —contestó Burck—. Te está diciendo: no olvides que tu hija es uno de los nuestros. Te está diciendo que *tú* eres uno de los nuestros".

* * *

Casi inmediatamente después de su nombramiento, en mayo de 2017, Bob Mueller reclutó a Andrew Weissmann, jefe de la división de fraude criminal del Departamento de Justicia y fiscal experto en criminales de cuello blanco. De hecho, muchos creían que Weissmann era el fiscal más despiadado contra los crímenes de cuello blanco en el país.

Donald Trump creía saber todo sobre Weissmann. Era un desastre y un perdedor, según Trump. Weissmann enjuició a Arthur Andersen, uno de los cinco bufetes contables más importantes del país, en el caso Enron. Weissmann logró la condena y mandó a la quiebra a una de las empresas más grandes del mundo, la cual empleaba a 85 000 personas. Pero luego la condena fue anulada. Según Trump, eso fue una tragedia empresarial que ameritaba que a Weissmann se lo expulsara de la barra de abogados. El presidente lo apodaba "Arthur Weissmann".

A pesar de lo mucho que dañó a Weissmann el caso Andersen, también reforzó su reputación como alguien dispuesto a desatar sanguinarias guerras. Para Weissmann, extralimitarse era parte de una creencia filosófica: desde su punto de vista, los criminales de cuello blanco intentaban derrotar al sistema, de modo que el sistema debía derrotarlos a ellos. Y la vida y carrera enteras de Donald Trump siempre habían estado dedicadas a derrotar al sistema.

Para marzo de 2018, el equipo de Mueller estaba contemplando una maniobra audaz. Como parte de una iniciativa dirigida por Weissmann, la oficina del fiscal especial preparó un acta de acusación contra el presidente. La acusación propuesta proveía un mapa virtual del primer año de la presidencia de Trump.

Había tres cargos en el esbozo de "ESTADOS UNIDOS DE AMÉRICA contra DONALD J. TRUMP, acusado". El primer cargo, basado en el Título 18 del Código Federal de los Estados Unidos, sección 1505, acusaba al presidente de influir, obstruir o impedir —ya fuera por amenazas de fuerza o comunicativas— procesos pendientes dentro de un departamento o agencia de Estados Unidos por medio de maniobras corruptas. El segundo cargo, basado en la sección 1512, acusaba al presidente de interferir con un testigo, víctima o informante. El tercer cargo, basado en la sección 1513, acusaba al presidente de tomar represalias contra un testigo, víctima o informante.

Según la acusación esbozada, el plan de Donald Trump para obstruir la justicia comenzó el séptimo día de su administración. Dibujaron la línea de la obstrucción desde las mentiras que le dijo el asesor de seguridad nacional, Michael Flynn, al FBI acerca de sus contactos con representantes rusos, hasta los intentos del presidente de que James Comey protegiera a Flynn, el despido de Comey, los esfuerzos del presidente por interferir en la investigación del fiscal especial, su intento por encubrir la reunión que tuvieron su hijo y su yerno con agentes del gobierno ruso, y sus maniobras para interferir en el testimonio de Andrew McCabe, director adjunto del FBI, así como para tomar represalias contra él. La acusación también describía el tema que el fiscal especial consideraba que era central para la presidencia de Trump: desde el principio de su gestión, Trump había hecho lo imposible por protegerse de escrutinio y responsabilidad legales, así como para desacreditar a los organismos oficiales que investigaban sus acciones.

Desde Watergate —hace cuarenta y cinco años—, la cuestión de si los fiscales pueden arrastrar a un presidente en funciones a los tribunales y juzgarlo como un ciudadano ordinario por transgredir la ley ha rondado la teoría constitucional y los escándalos en la Casa Blanca. La poco conocida Oficina de Asesoría Legal, adjunta al Departamento de Justicia, ofrece asesoría legal al fiscal general y, durante Watergate y después del escándalo Clinton-Lewinsky, opinó que el presidente en funciones no podía ser procesado. Aunque distara mucho de ser una prohibición legal o un fallo judicial en contra de imputar a un presidente, se convirtió en la postura predeterminada, en especial porque nadie había intentado jamás enjuiciar a un presidente.

En algunos círculos constitucionales, la cuestión de si se podía enjuiciar al presidente generó un debate bastante candente. Dadas las objeciones de muchos liberales, Ken Starr, el fiscal independiente que investigó a Bill Clinton, argumentó que la Constitución no le otorgaba fuero al presidente y que este, al igual que cualquier otro ciudadano o funcionario federal, podía ser sujeto a acusaciones penales y juicios. Hubo quienes dijeron entonces que la postura de Starr era extralimitada.

* * *

Para finales de marzo, el equipo de Mueller no solo tenía los detalles de la propuesta de acusación contra el presidente, sino que esbozó un memorando de derecho para oponerse a la moción anticipada del "acusado" —es decir, Donald Trump— de desestimar la acusación.

El memorando contradecía explícitamente la opinión emitida

por la Oficina de Asesoría Legal y argumentaba que en ninguna parte la ley decía que no se podía procesar al presidente o le otorgaba al presidente un estatus legal diferente al de otros funcionarios del gobierno. Eso significaba que a todos se los podía acusar, sentenciar y destituir. La Constitución dejaba muy claro qué clase de inmunidad otorgaba, y no había ninguna provista para el presidente.

"La cláusula del proceso de juicio político, la cual es igualmente aplicable a todos los servidores públicos, incluido el presidente, considera que se puede procesar y destituir de su cargo a un servidor público; no obstante, a la parte acusada se la someterá, sin excepción, al proceso de imputación, juicio, sentencia y castigo, según la ley", argumentaba el informe.

"La cláusula del proceso de juicio político da por sentado… que un funcionario puede ser sujeto a acusación y juicio antes de ser procesado por un tribunal político. Si no fuera así, la cláusula daría inmunidad a los servidores públicos, cosa que sus autores rechazaban".

Era un argumento claro y básico: la ley no proveía excepciones estatutarias para el presidente; de hecho, ocurría lo contrario, ya que el marco constitucional dejaba claro que el presidente no estaba por encima de la ley bajo ninguna circunstancia. El juicio político era un remedio que se podía usar contra cualquier funcionario estadounidense, pero no los protegía de las acusaciones; por ende, la cláusula de juicio político no debía proteger al presidente de acusaciones penales. El presunto argumento equilibrante —que la carga del proceso criminal contra el presidente interferiría con su capacidad para llevar a cabo sus funciones ejecutivas— era engañoso porque el peso no sería mayor que el peso significativo que implica un proceso de juicio político.

El argumento expuesto en el memorando había sido formulado

de forma muy cuidadosa, pero no dejaba de ser un argumento. La prueba de fuego llegaría si el fiscal especial decidía seguir adelante con la acusación propuesta.

* * *

Sin embargo, Bob Mueller no había llegado a la cima del gobierno federal malinterpretando los límites del poder burocrático. De hecho, era uno de los actores más destacados del gobierno.

Casi a diario, Mueller y su equipo evaluaban las probabilidades de que el presidente los despidiera. La mera existencia de la investigación del fiscal especial se había convertido en cierto modo en el tema central de la investigación misma. Frenarla, retrasarla o dañarla era —irónicamente, por desgracia— lo que se esperaba del presidente o del representante que eligiera, dado el caso de obstrucción que Mueller estaba forjando en su contra.

Durante el invierno y la primavera de 2018, mientras armaban las piezas del caso de obstrucción contra el presidente, la oficina del fiscal especial estaba intentando ponerse al tanto con respecto a esa potencial maniobra de obstrucción máxima. Y lo que descubrieron no fue reconfortante.

"¿Puede el presidente Trump ordenarle a Sessions que revoque las regulaciones del fiscal especial (y despedirlo si no lo hace)?", preguntaba uno de los memorandos que circulaban a nivel interno.

"En pocas palabras: sí", concluía la investigación del equipo. Aunque el fiscal general Sessions se recusó de la investigación, podía derogar las regulaciones del fiscal especial y abrirle la puerta a Trump para que despidiera a Mueller directamente.

Lo único que parecía interponerse en el camino de una maniobra tan drástica era el temor a repetir la masacre del sábado por la noche de Nixon; era posible que el despido del fiscal especial desatara un dramático efecto dominó de renuncias y despidos que sería contraproducente, a pesar de la mayoría republicana en el Congreso, y que, a su vez, afectara las probabilidades republicanas en las elecciones intermedias. De hecho, Mitch McConnell, quien estaba dispuesto a hacer cualquier cosa con tal de proteger la mayoría en el Senado, enviaba ominosas advertencias a la Casa Blanca de que no contara con que el Senado respaldara al presidente si emprendía acciones imprudentes en contra de Mueller.

No obstante, era impensable que el miedo al drama o a las consecuencias indeseables (o al nerviosismo de McConnell) inquietara a este presidente en particular. Por si fuera poco, era factible contener el drama si Trump lograba calmar los temores y vacilaciones de los demás y solo despedía a Mueller directamente. ¿Se podía hacer eso?

De hecho, sí era posible, o al menos eso concluía la investigación de Mueller: "El presidente podría despedir directamente al fiscal especial y justificar esa acción con el argumento de que las regulaciones del fiscal especial son inconstitucionales en la medida en que limitan la capacidad del presidente de despedir al fiscal especial". Según argumentaba la investigación, era probable que se determinara que eso excedía la autoridad presidencial. Sin embargo, "hay al menos cierta probabilidad de que se ratifiquen las acciones del presidente durante una revisión judicial, sobre todo porque las regulaciones relevantes [que rigen la oficina del fiscal especial] nunca fueron decretadas por el Congreso como parte del Código Federal de los Estados Unidos".

Eso significaba que, en realidad, la figura del fiscal especial era un constructo extrañamente frágil y cuestionable.

Otro de los memorandos existenciales del equipo de Mueller planteaba la siguiente pregunta: "¿Qué ocurrirá con la oficina, el personal, los registros, las investigaciones pendientes y los jurados que están revisando la evidencia presentada si despiden al fiscal especial o si, en última instancia, se descontinúa su investigación?".

La respuesta, en pocas palabras: "Esa interrogante no se presta a una respuesta concluyente basada en estatutos o jurisprudencia". Y luego la investigación dio el martillazo: "Para bien o para mal, no hay estatuto ni jurisprudencia autoritativa que defina puntualmente el efecto que el cese tendría… en esta oficina, personal, investigaciones pendientes y materiales de investigación".

Aun así, habría una ventana de tiempo en la cual el fiscal especial podría "compartir materiales del gran jurado con otros fiscales con la finalidad de hacer cumplir la ley penal federal". De hecho, ese proceso —trasladar parte de la investigación, como el caso de Michael Cohen, al distrito sur de Nueva York— ya había comenzado, tanto para proteger el caso en el supuesto de que a Mueller lo despidieran como para anticiparse a cualquier crítica de extralimitación por parte del fiscal especial.

Por otro lado, estaba también el inminente plazo del 1 de julio. Era la fecha en que se definiría la solicitud presupuestal de Mueller, noventa días antes de que iniciara el año fiscal 2019. El fiscal general —o, dada su recusación, el fiscal general adjunto— tenía el derecho unilateral de rechazar esta solicitud presupuestal y poner fin a las investigaciones del fiscal especial a partir del 30 de septiembre de 2018.

El fiscal general adjunto Rod Rosenstein le había dicho al Congreso que no acataría una orden presidencial de destituir al fiscal especial Mueller sin "razones justificadas", bajo la perspectiva esperanzadora de que se "preocuparía por las repercusiones políticas que acompañarían" la decisión de quitarle el financiamiento a esa oficina. Sin embargo, el presidente también amenazaba frecuentemente con despedir a Rosenstein.

Pero ¿qué ocurriría si se *rechazaba* la solicitud presupuestal y se ponía fin a la investigación? "Si se cierra la oficina del fiscal especial, es posible —y quizás hasta probable— que el mandato de cualquier jurado especial convocado por el fiscal especial Mueller expire y dé lugar a que la corte lo destituya". E igual de posible era que el producto de su trabajo pasara por la trituradora de papel y terminara en la basura.

Aun así, la investigación describía un escenario más esperanzador: "También es posible que otro 'fiscal autorizado por el gobierno', probablemente un fiscal federal, continúe la investigación del gran jurado, en cuyo caso la corte no necesariamente destituiría al gran jurado".

¿Y si pasaba lo peor? ¿Y si el presidente despedía al fiscal especial? ¿O si había una masacre sistemática de la cadena de mando responsable de la investigación? ¿Podía alguien contraatacar? La investigación del fiscal especial concluía que ni el fiscal general ni el fiscal general adjunto podían evitar su propia destitución porque ambos habían sido designados por el presidente.

Las preguntas no paraban. Dado que el fiscal especial no había sido designado por el presidente, ¿podía aquel disputar su propio despido? Era casi un hecho que no, dado que "no existe derecho privado de acción" según las regulaciones del fiscal especial. Con algo de suerte, podría denunciar que su despido era una instancia de obstrucción de justicia que violaba la Constitución. Asimismo, según la investigación del fiscal especial, en teoría los miembros del Congreso tendrían capacidad para interponer una demanda. Quizás también los miembros del personal de la oficina del fiscal especial podrían demandar. O quizás habría una "intervención de un tercero" —como el Colegio de Abogados de los Estados Unidos o la agrupación conservadora Judicial Watch—; es decir, había motivos para invocar una cláusula de excepción a la regla de que el denunciante no puede demandar para hacer valer los derechos de otros. Pero para llegar a ese punto había apenas una reducida gama de posibilidades, según sugería la investigación, y en su mayoría eran escenarios tortuosos.

Incontables páginas de investigación exploraban los distintos escenarios que involucraban cualquier intento de acabar con el fiscal especial y su operación. Pero la verdad era bastante clara: siempre y cuando el presidente contara con el apoyo continuo del partido mayoritario en el congreso, tenía las de ganar.

* * *

El 2 de mayo, después de tomar unas copas en un restaurante de Manhattan, Rudy Giuliani se presentó en *The Sean Hannity Show* —el programa de comentario político de Sean Hannity— en una de las apariciones televisivas más peculiares en la política moderna. Durante los dieciocho minutos que duró la entrevista, Giuliani combinó la insensatez con la incoherencia. Lucía como un abogado aficionado presentando la estrategia legal del presidente.

"Conozco a James Comey. Conozco al presidente. Lo siento, Jim, pero eres un mentiroso, un mentiroso lamentable —le dijo Giuliani a Hannity—. Habría sido bueno para Dios si Dios te hubiera impedido llegar a la dirección del FBI".

En ese tono continuaron sus divagaciones: "Mira lo que está pasando con Corea del Norte. Le dije al presidente: te van a dar el premio Nobel de la Paz".

Y luego: "Yo creo, yo creo que el fiscal general Sessions, mi buen amigo, y Rosenstein, a quien no conozco, yo creo que deberían velar por los intereses de la justicia y ponerle fin a esta investigación".

Y luego: "No permitiré que mi cliente, mi presidente, mi amigo, un presidente que ha logrado más en un año y medio, contra todo pronóstico, de lo que cualquiera tenía derecho a esperar, no permitiré que lo traten peor que a Bill Clinton, quien definitivamente mintió bajo juramento… Digo, lo están tratando mucho peor que a Hillary Clinton… No voy a permitir que lo traten peor que a Hillary Clinton".

Y luego: "Lo siento, Hillary, sé que estás muy decepcionada porque no ganaste, pero eres una delincuente".

A Bannon lo horrorizó la actuación de Giuliani.

—Hombre, no puedes hacer eso —le dijo Bannon a Hannity más tarde—. No puedes permitirle salir en televisión así.

—No soy su niñera —contestó Hannity.

—Es Rudy. Tienes que serlo.

Pero Giuliani no había terminado. Pocos días después de su aparición en *Hannity*, lo entrevistó George Stephanopoulos, de la cadena ABC. Giuliani negó la relación de Trump con Stormy Daniels mientras que, al mismo tiempo, reconoció que Trump le pagó por su silencio.

"Son dos cosas las que me importan —le dijo Giuliani a Stephanopoulos—. Hay dos cosas legales relevantes aquí, y de eso se trata mi trabajo. La primera: no fue una contribución a la campaña porque se habría hecho de cualquier forma. Es el tipo de cosas que he hecho por celebridades y otras personas famosas. Todos los abogados que hacemos ese tipo de trabajo lo hemos hecho. Y, la segunda: aunque se considerara dinero de la campaña, fue reembolsado en su totalidad con fondos personales; pero no creo que lleguemos siquiera a esto, porque con la primera basta. Así que… caso cerrado; cerrado para Donald Trump".

Tras ver el programa, Bannon señaló que Stephanopoulos casi fue gentil con Giuliani. "Stephanopoulos podría haberlo destruido, pero se da cuenta de que es un paralítico. ¿Quién se atrevería a patear a un paralítico?".

Bannon meneó la cabeza, pensativo. "Dejando de lado lo de la bebida, la gente sabe que Rudy es incapaz de sostener una conversación de verdad. Se lo ve en los tics faciales, los ojos desorbitados y las digresiones: parece que está hablando para sus adentros cuando te suelta bombas informativas. Por Dios, la esposa de Rudy, la futura Primera Dama, o al menos la consorte del secretario de estado, como se veía a sí misma, no se irá de aquí hasta que sepa que ya exprimió el limón por completo. Es alucinante".

* * *

Hasta a Trump desconcertaba Rudy.

Le alegraba ver que Giuliani hubiera acogido las teorías legales invalidantes con las que Alan Dershowitz impresionaba al presidente en sus múltiples entrevistas para televisión por cable: *No se podía atribuir responsabilidad penal a un presidente que ejercía sus poderes constitucionales, sin importar la razón por la cual los ejerciera. Si el presidente decidía despedir a alguien, la Constitución le daba la autoridad para hacerlo. Punto. Incluso, si el presidente despedía a esa persona como parte de, digamos, un esquema de encubrimiento, no era un problema. Los poderes presidenciales absolutos eran absolutos.*

Pero la teoría de Dershowitz sobre la impunidad presidencial sonaba extraña viniendo de boca de Giuliani. Como fiscal federal del distrito sur de Nueva York, se forjó cierta reputación —y luego una carrera política— basada en casos y procesos del orden público en contra de los ricos y poderosos. Giuliani, famoso por su estrategia de no dar tregua, era lo opuesto a un abogado defensor habilidoso, intelectualmente ágil y moralmente relativista. Pero ahora, de pronto, parecía desesperado por representar ese papel.

Trump, quien solía obsesionarse con los detalles físicos, reproducía una y otra vez las apariciones televisivas de Giuliani y señalaba su "mirada desquiciada". También hacía comentarios sobre su peso, el cual se acercaba a las 300 libras, así como sobre su andar inestable. "Parece un paciente psiquiátrico", decía Trump.

Para casi cualquiera en la Casa Blanca —en especial para Don McGahn—, la defensa que hacía Giuliani del presidente era tan descabellada como alarmante. Trump se encontraba en la inusual posición de intentar tranquilizar a Giuliani, así como de ayudarlo a moderar su consumo de alcohol.

Sin embargo, de algún modo, cuanto más parecía desquiciarse, más locuazmente se desviaba de las estrategias legales convencionales y más parecía menoscabar al fiscal especial e inclinar la balanza a favor de Trump. La mera fuerza de las aseveraciones del presidente, en conjunto con la confusión irracional generada por los comentarios descabellados de Giuliani, abrió un nuevo frente, pero esta vez no legal, sino televisivo. Por un lado estaba el fiscal especial: discreto, diligente, conservador, poco imaginativo, totalmente adscrito al *establishment*. Por el otro lado estaban Rudy y Trump: improvisados, impredecibles, descarados, siempre dramáticos. ¿Cómo predecir lo que haría ese par de lunáticos?

Surgió de pronto en la Casa Blanca un nuevo aprecio por el genio inexplicable de Giuliani. Si bien estaba loco, era una locura que funcionaba. Rudy estaba sintonizado a la perfección con Trump y armó una defensa maníaca que no tenía lógica, pero era extravagante, fatua e hiperbólica. Sin embargo, en cuanto a teatralidad pura, superaba y menoscababa los recovecos técnicos de la ley. En la amplia experiencia de Trump como litigante, la bravuconería y la confusión siempre habían rendido frutos sustanciales. Y ahora Rudy ejecutaba alegremente esa estrategia.

El fiscal silencioso, que trabajaba desde el anonimato, estaba a la defensiva. Quizás al fiscal especial lo despedirían, cosa que podía ocurrir en cualquier momento. Como le gustaba decir a Trump para generar suspenso: "¿Quién sabe qué va a ocurrir?".

Según la interpretación novedosa de la ley hecha por Giuliani, ocurriría exactamente lo que el presidente quería que ocurriera. El presidente —según el descarado, displicente y charlatán de Giuliani— tenía todas las cartas en la mano y decidiría cuándo y cómo jugarlas.

Y, de hecho, Mueller veía la situación más o menos de la misma manera.

* * *

En un mundo en donde todos desconocían las reglas —o, en todo caso, desconocían quién ostentaría el poder para dictarlas después de las elecciones intermedias— casi cualquier reclamo era potencialmente válido.

Marc Mukasey, exsocio y compinche de Giuliani, supo del plan para procesar al presidente. Bastaba con que Rod Rosenstein, en su papel de supervisor de la investigación, lo aprobara. Para ello, el fiscal general adjunto tendría que desautorizar la opinión de la Oficina de Asesoría Legal del Departamento de Justicia de que no se podía enjuiciar al presidente.

No obstante, no se podía exagerar cuánto abominaba Rosenstein a Trump. El fiscal les dijo a sus amistades que Trump era un estafador y un mentiroso, y que no estaba capacitado para la presidencia.

Sin embargo, el 16 de mayo, basado en un razonamiento que nadie parecía ser capaz de dilucidar o en una línea directa con Dios que nadie sabía que tenía, Giuliani declaró que no habría acusación contra el presidente. Y no se detuvo ahí, afirmó que —sin prestar atención a los documentos de acusación ya esbozados— la oficina del fiscal especial le había comunicado que reconocía la opinión operante del Departamento de Justicia de que al presidente no se lo podía procesar.

Eso lo afirmó el Giuliani deschavetado o ebrio. O quizás fue el Giuliani astuto y asimétrico. O quizás una combinación de ambos.

La estratagema de Giuliani —anunciar públicamente la presunta postura legal del fiscal especial— funcionó como una especie de mofa. Ahora Mueller debía tomar una decisión: discrepar en público con el abogado del presidente y, por ende, abrir la puerta del debate político; o quedarse callado, seguir haciendo su trabajo y dejar que la gente supusiera, por ende, que Giuliani había dicho la verdad. Durante los meses siguientes, casi todos los comentaristas especializados y medios informativos aceptaron insulsamente que el presidente no estaba en riesgo de ser procesado.

* * *

Así como Andrew Weissmann ansiaba procesar al presidente, Bob Mueller no quería quedarse sin trabajo. Y, a pesar de que los abogados de Trump deseaban creer que al presidente no se lo podía procesar, reconocían que su cliente bien podía ser la excepción.

Postergar se convirtió en la táctica de ambas partes.

Desde el punto de vista de Trump, si la administración llegaba a las intermedias —que él seguía asumiendo sin preocupación que los republicanos y él ganarían— sin que Mueller hubiera actuado en su contra, entonces podría despedir al fiscal especial sin problemas. El equipo de Mueller creía que, si llegaban a las intermedias sin que los despidieran, y los demócratas obtenían la mayoría en la Cámara, entonces su investigación estaría libre de peligro.

En una conferencia telefónica con los abogados de Trump, hacia finales de abril, los miembros del equipo de Mueller esbozaron las áreas de interés en las cuales planeaban cuestionar al presidente. Jay Sekulow transformó los puntos planteados por el fiscal especial en una lista de preguntas específicas… y luego las filtró, como si en realidad fueran las preguntas que el fiscal especial haría.

Aunque eso hizo ver que se avecinaba un enfrentamiento, en cierto sentido estaba diseñado —tanto de parte de los fiscales como de los abogados de Trump— para tener el efecto contrario: amonestar a Trump e impedirle seguir avanzando a toda velocidad. Para ambas partes, plantear la posibilidad de que el presidente testificara —y la absoluta certeza de todos, salvo del presidente, de que un interrogatorio irrestricto lo hundiría— era una táctica de postergación.

Si la lista de preguntas no disuadía a Trump, al menos lo pausaría. A pesar de eso, el presidente —decidido, locuaz e hiperconfiado— creía que no había lugar alguno en el que su presencia y poderes de persuasión no pudieran influir. Por si fuera poco, nunca, bajo ninguna circunstancia, reconocía que sentía temor. Quizás sus abogados temían, pero él jamás. En su mente, él era un excelente vendedor, un seductor ingenioso, el hombre más encantador sobre la faz de la Tierra. De ser necesario, no dudaría en emplear tácticas de adulación para lograr sus objetivos. Era capaz de convencer a cualquiera de lo que fuera.

Tal vez esa estrategia le funcionó de maravilla en Nueva York, donde la moneda de cambio era el arte de vender. Pero en Washington, en las mil instancias en las que Trump había intentado poner en práctica su encanto irresistible, nunca tuvo éxito, según estimaciones de Bannon.

Ésos eran los términos de la tregua *de facto*: siempre y cuando el fiscal especial y su gente no lo presionara demasiado, el presidente seguiría sin confrontarlos. Y siempre y cuando Trump siguiera teniendo el poder para cumplir sus amenazas de aniquilar al equipo de Mueller, este no lo confrontaría. El limbo funcionaba… por el momento.

6

MICHAEL COHEN

Bannon contaba a menudo, siempre sorprendido, sobre las muchas veces que el presidente lo había "mirado a los ojos y mentido", y cómo invariablemente lo hacía con absoluta sangre fría y aplomo.

El episodio del video de la lluvia dorada fue una buena lección.

El 6 de enero de 2017, dos semanas antes de la toma de posesión, los jefes de inteligencia de los Estados Unidos habían ido a la Torre Trump para informarle al presidente electo sobre algunos de los secretos clave de la nación. James Comey, el director del FBI, se quedó un poco más y lo previno sobre la existencia del expediente Steele, un informe preparado por Christopher Steele, un agente de inteligencia británico, y financiado en gran parte por los demócratas. El informe —un archivo en bruto de rumores y especulación que ya estaba circulando entre varias agencias de noticias estadounidenses, una o más de las cuales era probable que lo publicara pronto— decía que los rusos tenían información que

podría comprometer a Trump. Eso supuestamente incluía grabaciones de audio y video de escenas que habían ocurrido en la habitación en la que se había quedado en 2013 en el hotel Ritz-Carlton
de Moscú, durante el certamen Miss Universo; en particular, imágenes de prostitutas orinando en la cama *king size*, la misma en la
que Barack y Michelle Obama habían dormido cuando visitaron
Moscú.

No mucho tiempo después de la sesión informativa, Trump,
enojado y decidido, hizo sentar a Bannon. Con una seguridad
poderosa y franca, y viéndolo directamente a los ojos, Trump
declaró que todo eso era indignante y, de hecho, imposible. La
razón era sencilla: él no había pasado la noche en el hotel. Después
de que su avión aterrizara aquel día, él —junto con Keith Schiller, su asistente de seguridad— había ido del aeropuerto al Ritz-
Carlton a cambiarse, luego al certamen, a la cena y de vuelta al
avión.

"Me contó ese cuento como diez veces, tal vez más, palabra por
palabra, y nunca cambió ni un detalle —recordaba Bannon—. Solo
después descubrí que era cierto, excepto por una pequeña diferencia: habían llegado un día antes. Llegaron la mañana del viernes,
no del sábado, estuvieron ahí un día entero; fue entonces cuando
les mandaron a las chicas, y Keith, en la historia corregida, las
envió de vuelta".

En la lista de embustes que llevaba Bannon estaba la declaración de Trump de que nunca había pasado una noche con la estrella porno Stormy Daniels. "Eso no pasó nunca", le dijo a Bannon.
También mintió sobre el pago por el silencio de Daniels: no tenía
idea. En poco tiempo, ambas negaciones harían implosión.

Bannon llegó a comprender que sus mentiras eran compulsi-
vas, persistentes, y que no tenían el menor anclaje en la realidad.
Una vez, negando lo innegable sin perturbarse, Trump le dijo al
presentador de Fox News Tucker Carlson que de hecho no era él

el del video de "agarrarlas de la vagina": eso había sido un truco para hacerlo quedar mal.

Entender que el presidente era un mentiroso descarado dejó a sus asistentes con una sensación casi continua de alarma y mal augurio. Pero ese rasgo también ayudó a definir la fortaleza de Trump: mentir era un arma poderosa en su arsenal. Los políticos y la gente de negocios disimulan y tergiversan y tuercen y corrompen y adulteran la verdad, pero prefieren evitar la mentira cabal. Tienen un poco de vergüenza o, por lo menos, les da miedo que los descubran. Pero mentir terca y obstinadamente, sin angustia ni arrepentimiento, y sin importar las consecuencias, puede ser una defensa sólida, incluso impenetrable. Resulta que siempre habrá alguien que te crea. Engañar a algunas personas todo el tiempo definió a las bases duras de Trump.

Las mentiras constantes de Trump obligaron a la gente a su alrededor a volverse cómplices o, como mínimo, a ser espectadores avergonzados. Sarah Huckabee Sanders, la secretaria de prensa de la Casa Blanca, desarrolló una expresión particular, dolida e inflexible, para cuando le pedían que repitiera y defendiera las mentiras del presidente.

Kellyanne Conway, por otro lado, asumió una postura literal, casi de principio moral. Si el presidente decía algo, el solo hecho de que lo hubiera dicho implicaba que esa declaración merecía ser defendida. Así, como una abogada (y sí era abogada), podía defender la declaración porque su cliente no le había dicho que no era verdad.

Conway, de hecho, perfeccionó el arte de satisfacer a Trump mientras huía de él. Había llegado a la Casa Blanca profesando su deseo de "estar en el cuarto en el que pasaba todo", pero sobrevivió no estando nunca en ese cuarto, porque entendió que allí era donde te mataba Stalin.

La defensa que hacía Kellyanne Conway de las mentiras del

presidente también pareció empujarla a una confrontación pública
con su esposo, George Conway, socio del despacho de Wall Street
Wachtell, Lipton, Rosen & Katz, uno de los más ricos y prestigio-
sos del país. Conway sintió una enorme presión de su bufete para
distanciarse de Trump y sus mentiras; lo logró, al parecer a costa
de su esposa, en Twitter, donde hacía comentarios constantes sobre
las falsedades y tergiversaciones del presidente sobre su situación
jurídica. El flujo de tuits de Conway se convirtió en una suerte de
nuevo género político: el comentario del cónyuge.

De hecho, algunos conocidos y colegas creían que el desacuerdo público de los Conway era en sí mismo una mentira en la
que la pareja había conspirado para distanciarse de las falsedades
de Trump. "Están de acuerdo sobre Trump", dijo un amigo de la
pareja. "Lo odian". El esposo plantaba cara para proteger su propia reputación y su calidad de socio del despacho, mientras que la
esposa, quien en privado confesaba estar horrorizada de Trump,
seguía defendiendo a su cliente. Los Conway tenían una casa de
ocho millones de dólares, del tamaño de un hotel, cerca del barrio
Kalorama, en Washington, no muy lejos de la casa de Jared e
Ivanka, una mansión que le gustaba mucho a la pareja. El barrio,
decididamente anti-Trump, les declaró la ley del hielo a Jared e
Ivanka. Las objeciones públicas que hacía George Conway contra
el presidente ayudaban a mantener contentos a los vecinos.

De todos modos, aunque las falsedades tercas de Trump per-
turbaran a sus asistentes, también los tranquilizaban. Ni la lógica
ni la evidencia podían obligar al presidente a admitir nada. Se
aferraba como lapa a sus mentiras.

Muchas personas en la Casa Blanca sentían un miedo constante, incluso tenían la seguridad, de que alguna evidencia irrefutable saldría a la luz tarde o temprano y causaría un daño severo,
tal vez fatal. ¿Y si, por ejemplo, alguien hiciera una copia del *pee*

tape? No hay de qué preocuparse, decían los que lo conocían mejor: incluso en un predicamento así, Trump no solo lo negaría, sino que convencería a buena parte de su electorado de que creyera su negación. Sería su palabra contra un video falso.

Nunca se iría de la lengua. Podías contar con él: sin importar las circunstancias, Trump nunca se sometería. Era su palabra contra la de, a veces, todos los demás, pero era su palabra y nunca iba a alejarse de ella.

Se podría decir que el oficio de Trump —de hecho, su principal estrategia de negocios— era la mentira. La Torre Trump, Trump Shuttle, Trump Soho, la Universidad Trump, los Trump Casinos, Mar-a-Lago… todas esas empresas dejaron una estela de demandas y litigios que contaban una historia consistente que rayaba en el fraude y a veces caía por completo en él. En bancarrota en la década de 1990, de algún modo recuperó su estatus de multimillonario —qué carajo multimillonario, ¡billonario!—, o por lo menos así lo cuenta él. Era un estafador, pero eso no era lo sorprendente. Lo sorprendente era que Trump, enfrentado a algo tan obvio, pudiera negar con tanto aplomo la insistencia de otra gente sobre sus tratos turbios y actividades ilícitas. Casi nada en él era real, y aún así lograba que suficientes personas le creyeran por lo menos a medias para poder seguir con la estafa.

En eso realmente brillaba: nunca se salía del personaje. Cuando alguien que se encuentra bajo varias investigaciones mantiene una apariencia despreocupada, el efecto es extraordinario. Esa frialdad bajo fuego explota, hasta un grado casi inimaginable, el concepto de "inocente hasta que se pruebe lo contrario". Trump creía que nunca iban a probar que era culpable; por lo tanto, era inocente. Y mostraba la absoluta confianza y hasta la serenidad del inocente, o por lo menos de alguien que sabe lo difícil que es establecer la culpa de quien no admite nada, de quien no flaquea nunca. El hecho de que nunca hubiera entrado a una cárcel demostraba, de una manera impresionante para algunos, lo fácil que era ganarle al sistema. Desde ese punto de vista, puede que sí sea un genio.

Contra viento y marea, Trump se mantuvo indomable. Podía quejarse de que las acusaciones en su contra eran indignantes, pero nunca pareció menos que optimista en cuanto al resultado.

"Yo siempre gano —declaraba a menudo—. Sé cómo manejarlo".

Y otra frase favorita: "Nunca parpadeo".

* * *

De lo que no cabe duda es de que Trump manejaba su negocio como si fuera una empresa criminal. En la Organización Trump, la verdad tenía que estar contenida en un círculo estrecho: ese era el ingrediente secreto. Trump medía la lealtad, esa importante moneda de su negocio y de su estilo de vida "salvaje", a partir de cuánto dependías de él y, teniendo en cuenta cuán expuesto estaba Trump, de cuán dispuesto estarías a mentir por él.

Su modelo era la vida de la mafia. Trump no solo conocía mafiosos y hacía negocios con ellos, sino que los idealizaba. Los mafiosos se divertían más. Él no se iba a adaptar a la conducta que exigía ser respetable; se esforzaba por *no* ser respetable. Trump era el Dapper Don, como llamaban a John Gotti, una broma que le encantaba. Su Nueva York, su época de vida nocturna y peleas de boxeo —con Roy Cohn, el patrón oro de los abogados mafiosos, a su lado—, había sido el apogeo de la mafia.

De ahí la naturaleza particular de su círculo íntimo en la Organización Trump. Todos eran *suyos*: su asistente ejecutivo (con el título de vicepresidente) Rhona Graff; su contador, el director financiero de la Organización Trump, Allen Weisselberg; sus abogados Michael Cohen y Marc Kasowitz; su jefe de seguridad, Keith Schiller; su guardaespaldas, Matt Calamari, luego ascendido a director de operaciones de la Organización Trump; sus hijos. Más tarde, en la Casa Blanca, Hope Hicks se uniría a su círculo de confianza, al igual que Corey Lewandowski.

* * *

Alguien que fue parte de ese organismo desde doce años antes de que Trump fuera electo presidente fue Erik Whitestone, un joven ingeniero de sonido de Nueva York. Whitestone trabajaba para Mark Burnett, el productor televisivo que en 2004 estrenó *The Apprentice*, el *reality show* que presentaba a Trump, en ese entonces prácticamente en bancarrota, como un hombre de negocios exitoso, y que le dio fama mundial. Durante la primera semana de producción, a Whitestone le encargaron ponerle el micrófono en la camisa a Trump. Dada la proximidad física que requería ese trabajo —tenía que meterle la mano bajo el saco y la camisa—, el resto del equipo de producción lo había rechazado. Trump, con su tamaño, estatura y ceño fruncido, no solo era desagradable; sin razón aparente se desabrochaba los pantalones y se los bajaba a medias para enseñar los calzones. "Era como meter la cabeza en las fauces del león", dijo Whitestone, a quien le endilgaron el trabajo.

No mucho tiempo después de que arrancara la producción, Whitestone, que tenía el encargo permanente del micrófono de Trump, se tomó un día libre y le encargaron la tarea a alguien más, un técnico de sonido afroamericano. Trump se volvió loco.

Burnett, frenético, encontró a Whitestone en su casa. Trump se había atrincherado en el baño. "Donald no va a continuar hasta que vengas", dijo Burnett. "¡Así que ven ya!".

Una hora después, Whitestone llegó corriendo y se encontró a

Trump gritando desde el otro lado de la puerta del baño. "Erik, qué carajos, trataron de joderme... Me pusieron dedos sucios en el cuello, trataron de joderme la corbata".

Cuando terminó el día de filmación, Burnett se llevó a White-stone aparte. "Amigo, de ahora en adelante tu trabajo es lidiar con Donald", dijo Burnett, y convirtió a Whitestone en el domador oficial de Trump en *The Apprentice*.

Después de eso, cada mañana de la temporada de filmación, durante los siguientes catorce años, Whitestone se presentaba en el departamento de Trump para ver a Keith Schiller, con lo que se convirtió en una sombra constante en la vida de Trump: "Había pasado incontables horas sentado en su departamento", como dice él.

Al reflexionar sobre la experiencia, Whitestone dijo: "Pasaba tanto tiempo con él, de una manera tan íntima, que se ponía sentimental: 'Erik, eres como un hijo para mí y tengo un hijo que se llama Eric; qué raro, ¿no?'".

Era una intimidad sin intimidad. Trump le regalaba cosas que había conseguido gratis, como productos de The Art of Shaving, una línea kitsch de productos para hombres. Trump convertía a todo el mundo en parte de su familia, y a la vez comentaba sin tregua los defectos de su familia. "No dejaba de decir cuánto deseaba no haberle dado a Don Jr. su nombre, y cómo desearía poder quitárselo", recuerda Whitestone.

Una vez, en su limusina, Trump tuvo una inspiración repentina. " 'Erik, le voy a escribir una carta a tu padre sobre lo maravilloso que eres'. Y una semana después, Rhona me llamó para pedirme la dirección de mis padres. Y dos semanas después me llama mi padre y me dice: 'Me llegó una carta magnífica del Sr. Trump sobre lo maravilloso que eres. Creo que le voy a contestar'. El programa terminó y no vi a Trump en unos cuatro meses. Y luego entro un día a su oficina y me dice: 'Erik, me llegó una carta de tu papá'.

Y recitó palabra por palabra la carta que le había llegado cuatro meses atrás. 'Tu papá está de acuerdo en que eres genial' ".

Trump le hizo favores a Whitestone. O, por lo menos, hizo que otras personas se los hicieran. Michael Cohen, por ejemplo, inscribió al hijo de Whitestone en una escuela privada en Nueva York.

Whitestone se convirtió en lo que se tenían que convertir todos los que estuvieran cerca de Trump, un abnegado, porque Trump siempre estaba listo para un ataque de furia. "No es tu culpa", dijo Whitestone. "Solo es tu turno, así decíamos".

"¿Cómo está el clima?" era el código para preguntar por el humor del jefe.

Pero Trump era una máquina sencilla. Whitestone entendió sus intereses particulares —deportes y mujeres— y aprendió que podía usarlos como distracciones confiables.

"Si estaba de mal humor y caminábamos de la oficina a la sala del consejo, para lo cual teníamos que pasar por el vestíbulo de la Torre Trump, lleno de turistas de Europa del Este mirando la cascada ("el urinal de Dios", le decía), buscaba una mujer atractiva. 'Ey', le decía a Trump, 'a las seis' ".

La constante eran las chicas. " 'Erik, ve por ella y me la subes'. Y yo: 'Al Sr. Trump le gustaría saber si usted querría subir a ver la sala del consejo'. Las abrazaba, las manoseaba y las despedía".

Cuando iba en la limusina, "Bajaba la ventana y les decía '¿Qué tal?' a las mujeres. 'Hola, señoritas…' a dos chicas que están buenas. 'Qué divertido', decía, 'recuérdame que lo haga otra vez' ".

Una vez, de regreso de Chicago, una joven y atractiva diseñadora de interiores que estaba tratando de venderle un proyecto a Trump se subió a su avión con ellos. "Él se la llevó a la recámara con techo de espejo… Ella sale media hora después, a tropezones, con el vestido desajustado, y se sienta en su asiento… Luego sale él, sin corbata, desfajado, y dice: 'Compadres… acabo de coger' ".

Trump siempre tenía una asistente con él en el coche. "Todas sus asistentes ejecutivas estaban buenísimas. 'Acompáñanos', le ordenaba a alguna al salir hacia la limusina. Se sentaban uno al lado del otro y él trataba de manosearla, y ella lo bloqueaba como lo había hecho cientos de veces".

De cierta forma, toda la gente cercana a Trump, todos en su círculo íntimo, se convertían en su asistente personal. "Teníamos que volar a Chicago y el avión de Trump no funcionaba, así que tuvimos que usar otro avion pequeño y me tuve que sentar frente a él —con nuestras rodillas casi tocándose—, y estaba todo molesto porque su avión se había descompuesto. Saqué un libro para evitar mirarlo a los ojos. Era *DisneyWar*. Pero no lo puedes ignorar. Necesita hablar. '¿Qué libro es ese... de qué trata... salgo yo? Léemelo'. Le digo que en el libro sale Mark Burnett proponiendo el proyecto de *The Apprentice*. '¿Cómo me hace quedar?'".

Tenías que adaptarte a una criatura idiosincrásica y bastante alarmante, comentó Whitestone. "No puede bajar escaleras... no puede bajar pendientes. [Tiene] bloqueos mentales... No puede con los números... para él no significan nada".

Su transparencia era tan horrible como fascinante: "Una vez estábamos un montón de gente y Don Jr. sugirió que como Trump había ido a dos partidos de los Yankees seguidos en los que habían perdido, a lo mejor su padre traía mala suerte. Él se volvió loco. '¿Por qué carajos dirías algo así frente a esta gente? Esta puta gente va a salir y decirle a todo el mundo que Trump trae mala suerte'. Don Jr. prácticamente se echó a llorar. 'Perdón, papá. Lo siento mucho, papá'.

"Y en el hospital, cuando nació su nieto, el hijo de Don Jr., dijo: '¿Por qué carajos tengo que ir a ver a ese niño? Don Jr. tiene demasiados jodidos niños'".

Toda la gente cercana a Trump acababa involucrada en sus estafas. Durante el principio de la campaña presidencial, Whitestone se volvió parte del equipo de medios, sobre todo porque no era caro. "Tiene un plan. Voy a hacer sus comerciales de campaña: 'Quiero que uses nuestra sala del consejo y consigas a un montón de árabes vestidos de árabes y le ponemos un letrero a la mesa que diga «OPEP» y que hagan: «Hoooluuuuluuuhooo, hoooluuulyylooood», y le ponemos de subtítulo: «Muerte a los estadounidenses» o «Nos vamos a joder a los estadounidenses», y luego yo entro y digo un montón de tonterías presidenciales... y lo hacemos viral. Llama a Corey Lewandowski —este es su teléfono— y organízalo' ".

Como Whitestone sabía, el Trump desatado, al que los empleados de The Apprentice estaban expuestos a diario, estaba capturado en miles de horas de tomas eliminadas. Esos videos legendarios todavía existen, pero ahora los controlan Burnett y MGM. "Como el arca de la alianza en Indiana Jones, [están] en algún lado, en una tarima, envueltos en cinta, en un desierto a las afueras de Los Ángeles. El material de dieciocho cámaras filmando casi veinticuatro horas al día está guardado en DVDs... No teníamos discos duros".

Tal vez sea el archivo histórico más rico que se haya hecho de un hombre antes de su presidencia: catorce años preservados de The Apprentice. Whitestone recordaba ciertos momentos con una claridad particular.

"Alguien dijo 'coño' y alguien más dijo: 'No puedes decir coño en televisión', y Donald dijo: '¿Por qué no puedes decir coño?', y agregó: 'Coño, coño, coño, coño. Ya está, lo dije en televisión. Ahora tú también lo puedes decir' ".

Y: " 'Eres muy bonita, párate, ven acá, date vuelta'. [Había un] diálogo constante sobre quién tenía las mejores tetas y luego amargas peleas con los productores sobre por qué no podían usar esto para el programa. '¿Por qué no podemos?', decía. 'Es de lo mejor. Es televisión de primera' ".

Hablando de Trump en términos más generales, Whitestone dijo: "Un niño de doce años en el cuerpo de un hombre; todo el tiempo humilla a la gente por su apariencia física: chaparro, gordo, calvo, lo que sea. No había productores que pudieran decir: No digas eso... Solo lo hacíamos entrar al estudio y apretábamos el botón de Grabar... Es como estar en el asiento trasero de un coche que maneja alguien muy borracho... Dios santo. En ese entonces era igual de incoherente... ni más ni menos... que ahora, repetía pensamientos y frases raras... Eso que hace de olisquear ('Tengo alergia al polen')... Siempre estaba comiendo salchichas Oscar Mayer... [una vez] sacó una salchicha y me la metió a la boca...'".

* * *

Michael Cohen entró en el círculo de Trump en 2006. Cohen era un judío de Long Island, de clase media alta, hijo de un cirujano. Impresionado por un tío que era dueño de un restaurante en Brooklyn, un lugar de reunión de mafiosos, Cohen se reinventó como aspirante a rudo. Se casó con una chica ucraniana cuya familia había inmigrado a Brooklyn, se graduó de la Escuela de Derecho Thomas M. Cooley de la Universidad de West Michigan (la escuela de derecho peor calificada del país, según el sitio legal Above the Law), se convirtió en abogado y acumuló una flotilla de taxis. Su suegro ayudó a que conociera a Trump, y este le llamó mucho la atención: era un modelo deslumbrante de prácticas de negocios fáciles y rápidas, y del glamur de los ricos y famosos.

Tener una carrera exitosa en la Organización Trump dependía de obtener la atención y la gracia de Trump. Cohen, al igual que Trump, jugó a ser mafioso hasta convertirse en uno. Mientras más vulgar, chabacano y descortés pudieras ser, mejor; ese tipo de comportamiento afirmaba tu puesto ante el jefe. La orden frecuente de Trump: "No me traigas problemas, tráeme soluciones", era un permiso y un mandato para hacer lo que fuera necesario por la causa de Trump.

Sam Nunberg, al testificar ante el gran jurado de Mueller, dijo que cuando trabajaba en la Torre Trump años antes de la campaña, vio a Cohen con sacos de dinero en efectivo. Cohen era para Trump un "intermediario" que se encargaba de las mujeres y otros asuntos fuera de registro.

En el mundo de la Organización Trump, sus lugartenientes recibían gran parte de sus prestaciones en tratos paralelos. Michael Cohen se presentaba ante el resto del mundo como si hablara por Trump: trataba de negociar tratos lucrativos y aprovechar "oportunidades de *branding*". Ese esfuerzo pronto le ganó la hostilidad de Ivanka y sus hermanos, porque eso era precisamente lo que se suponía que estaban haciendo ellos. Para ellos, el abogado era un competidor más por la atención de Trump.

Durante la campaña de 2016, Cohen no dejó de tratar de entrar por la fuerza en la operación; siempre iba de las oficinas de la Organización Trump en la Torre Trump al piso que alojaba la campaña. Por fin, en agosto de 2016, Bannon le prohibió la entrada a las oficinas políticas. En algún punto, Cohen trató de "arreglar" las elecciones por su cuenta, al negociar con una de las miles de personas que decían tener los 33 mil correos electrónicos perdidos de Hillary Clinton. Se sorprendió cuando no lo llamaron para reemplazar a Corey Lewandowski como jefe de campaña; Cohen creía haber acordado la jugada con Don Jr., pero le dieron el trabajo a Paul Manafort. Y se sorprendió otra vez cuando no acudieron a él para reemplazar a Manafort. Le dieron el trabajo a Bannon.

Para los medios, Cohen era un soplón confiable sobre Trump y la campaña. Los asistentes de campaña más importantes luego lo consideraron una voz central en el libro que la corresponsal de la NBC Katy Tur escribió sobre la campaña, a pesar de la antipatía que Trump sentía hacia ella.

Después de la inesperada victoria de Trump, Cohen siguió apuntando alto: esperaba ser jefe de gabinete. Mantener a Cohen fuera de la Casa Blanca requirió el esfuerzo dedicado del círculo presidencial de Trump. Que lo excluyeran fue una amarga decepción para el abogado.

Cohen no tenía más apoyo que el del propio Trump, el cual era, como siempre, superficial y fugaz. "Se supone que es un amañador", dijo Trump de él, "pero arruina muchas cosas".

Toda la gente de Trump veía que Cohen era un letrero de peligro iluminado. Según Bannon, tenías que circunscribir con cuidado tus sospechas sobre "las locuras que ha hecho con Trump todos estos años. No tienes idea de qué clase de cosas… ni idea".

Después de la redada en la oficina de Cohen, a Trump seguía sin preocuparle la lealtad de Cohen hacia él. Pero muchas personas en el círculo del presidente opinaban distinto: sabían que Cohen no solo se sentía despreciado por Trump, sino engañado. Cohen grabó en secreto algunas de sus reuniones con Trump, por lo menos en parte para tener registro de sus acuerdos financieros de pura palabra. Pero era tan probable que Cohen estuviera tratando de estafar a Trump como que estuviera intentando complacerlo. De cualquier manera, estaban en eso juntos.

El pago por el silencio de Stormy Daniels fue una típica operación de Cohen, diseñada tanto para complacer a Trump como para resolver un problema en particular. Marc Kasowitz, el abogado externo de Trump, había rechazado la idea de hacer cualquier tipo de pago. A fin de cuentas, la historia de Daniels ya era pública: el *Wall Street Journal*, en reportes de otro amorío en 2006 y 2007 con Karen McDougal, también había mencionado ese. Bannon se encogió de hombros diciendo que, después del video de "agarrarlas de la vagina", un artículo sobre otro amorío de Trump no cambiaría ningún voto. Pero Trump, como hacía a menudo, ignoró el consejo de sus asesores y animó a su amañador más leal a que arreglara el asunto.

* * *

A Trump lo ofendió personalmente la conducta del FBI durante la redada de la casa y oficina de Cohen. Citó las "tácticas de la Gestapo" que usaron contra su abogado, en las cuales reconoció la mano dura del Departamento de Justicia. Pero también se mostraba extrañamente optimista. "Tengo negación creíble", repetía, lo que no tranquilizaba a nadie.

La verdad era que nadie sabía qué sabía Michael Cohen. La Organización Trump era un organismo de autónomos, en el que todos actuaban a capricho de Donald Trump, a nombre de Donald Trump o tratando de satisfacer anticipadamente los impulsos de Donald Trump.

Y de cualquier manera, Trump creía que no importaba lo que Cohen supiera, no iba a hablar al respecto porque Trump siempre podría indultarlo; eso, tanto para Trump como para Cohen, era pájaro en mano. De hecho, Trump se sentía particularmente protegido por su poder de indulto, y particularmente poderoso por eso. Pero, en razonamiento trumpista, pasó de considerar su poder de indulto como herramienta para protegerse a considerarlo una gracia que podía conceder. Y, con el mismo poder, también podía amenazar con no concederlo.

Trump vio cada vez con más disgusto que, no mucho después de la redada del FBI, Cohen empezó a aparecerse regularmente en el café exterior cerca del Regency, en la esquina de la Calle 61 y Park Avenue, en Manhattan. Otra vez parecía ávido de posar como mafioso, usando un café del Upper East Side como su versión de un club social de Brooklyn. Fumaba puros frente a los *paparazzi* y parecía no preocuparle nada en el mundo.

La visibilidad de Cohen era su manera de enviarle su mensaje incisivo y amenazador al presidente: aquí estoy, a la vista de todos. Y, tan importante como el indulto, también esperaba que Trump cubriera sus gastos legales. Porque si no lo hacía…

Pero el mensaje que recibió Trump no fue tanto una amenaza, algo que sí podría haber entendido. Más bien vio a un hombre robándose los reflectores. El factótum, el lamebotas, estaba tratando de llamar la atención. ¡Y aun peor, quería el dinero de Trump!

Ivanka también estaba obsesionada y ofendida por la fanfarronería de Cohen, lo que la empujó a enseñarle la cuenta de Instagram de la hija de Cohen a su padre. Trump adquirió un interés desmesurado en seguir a Samantha Cohen, cuyas publicaciones daban una bitácora de los costosos viajes que hacía la chica de 19 años, que no habían disminuido a partir de las cuitas de su padre. La adolescente parecía sentir un placer particular al posar en una gama casi infinita de bikinis y ropa de playa.

Al avanzar abril, Trump se obsesionó con lo que era probable que Cohen obtuviera de toda esa atención. Estaba tratando de convertirse en estrella, dijo Trump. "Tiene una estrategia mediática", declaró con sorpresa evidente. Empezó a comparar a Cohen desfavorablemente con Manafort, quien "mantenía un perfil bajo".

Fue una pausa extraña y potencialmente peligrosa en la ética de la mafia. Mientras que una estrategia más convencional se habría concentrado, sensatamente, en cuidar de y alimentar a Michael Cohen, entendiendo la intersección de sus intereses con los de Trump, este, como en muchas otras situaciones, parecía no ser capaz de alinear causa y efecto. En vez de eso, pareció esforzarse por contrariar a su antiguo abogado, ninguneándolo e insultándolo en público.

También se ensañó con su hija, y con su bitácora de viaje en Instagram. "Anda por ahí meneando las tetas", le dijo a un amigo. "Sin el menor respeto por la situación".

Trump, al insistir en la absoluta falta de importancia de Cohen, creó justo la situación contraria: después de años de lamer botas y llevar paquetes para la Organización Trump, después de atender y preocuparse incesantemente por Donald Trump, después de idolatrar a un hombre que no le agradeció en absoluto, era el momento de Michael Cohen. De pronto, él y Trump tenían el mismo peso y poder, sus nombres aparecían casi a diario en el mismo párrafo en las notas periodísticas. Sus destinos estaban unidos, como siempre había soñado Cohen.

7

LAS MUJERES

El 7 de mayo, el presidente salió con pesadez al Jardín de las Rosas. Después de saludar al vicepresidente, ya sentado en la primera fila de una reunión sobre el césped, Trump se sentó en una silla plegable.

Una gran pantalla empezó a mostrar un video. La esposa del presidente, en voz en *off*, hablando en su inglés cuidadosamente enunciado, con acento extranjero, presentó los temas en los que se concentraría como primera dama. Durante diecisiete meses, la Casa Blanca no había estado segura de cuál sería el mensaje ni la función de Melania Trump. Ahora lo presentaban: lucharía a favor de los niños, alertaría a la gente sobre el peligro de las redes sociales y ayudaría a llamar la atención sobre la epidemia de opiáceos. La iniciativa de la primera dama se llamó, con un extraño énfasis en su inglés constreñido, "Be Best".

Una semana después, Melania entró al Centro Médico Militar Nacional Walter Reed. La Casa Blanca casi no se había preparado para el suceso. Nadie parecía haber planeado cómo anunciar ni caracterizar su hospitalización, o cómo lidiar con las preguntas naturales que podían surgir ante lo que se describió como un "padecimiento renal benigno", una etiqueta que no satisfizo a nadie.

Las primeras damas siempre son noticia. La hospitalización de una primera dama inunda el lugar de reporteros. El manual estándar de la Casa Blanca es claro: hay que tener respuestas a todas las preguntas. El misterio y los secretos abren la puerta a la especulación, el enemigo inevitable de la Casa Blanca. Pero con pocas respuestas verosímiles, pronto se desató la especulación sobre la salud de Melania. ¿Por qué estuvo la primera dama casi una semana en el hospital por un padecimiento que, tal como lo describieron, no debería haber requerido más de una noche, o por el que incluso pudo haber salido el mismo día? No tardaron en surgir cientos de teorías, desde las conspiratorias hasta las macabras.

Al final, la culpa de la falla en la comunicación parecía recaer, lógicamente, en dos sospechosos: el irremediablemente disfuncional equipo de comunicaciones de la Casa Blanca o el irremediablemente disfuncional matrimonio del presidente. El presidente prefirió el primero. Era un berrinche frecuente: los idiotas de su equipo de comunicaciones. Pero casi todo el resto de la Casa Blanca prefirió culpar a su matrimonio.

Todos los matrimonios presidenciales son un misterio. ¿Cómo justificas, y compensas, la pérdida de la razón misma de un matrimonio: tener una vida privada? Sin embargo, en este caso —por lo menos según casi todos los que podían ver de cerca su relación— la situación era más clara. Habían hecho un trato. "Es un trato estilo Katie Holmes-Tom Cruise", era lo que se daba por hecho. El misterio era si iban a poder mantenerlo.

* * *

Conforme la campaña de Trump ganaba altura en 2016, las preguntas sobre el matrimonio se volvieron más serias. Ivanka, para nada aficionada a su madrastra, no dejaba de dar señales de alarma. Causaba mucha preocupación el pasado de Melania como modelo de Europa del Este, al igual que las preguntas sobre cómo se había conocido la pareja. ¿Quién era Melania Knavs (o, como prefería el presidente, en su variante alemana, Knauss)? Pero lo más problemático, por lo menos en términos políticos tradicionales, era que durante bastante tiempo los Trump habían parecido llevar vidas abiertamente paralelas.

Otras personas cercanas, preocupadas por las preguntas que sin duda surgirían y por la falta de respuestas preparadas, trataron de sacar el tema con Trump. Entre ellas estaban Keith Schiller, el jefe de seguridad de Trump, y Tom Barrack, su amigo empresario más cercano. La respuesta de Trump fue de desdeño: su situación era como la de Kennedy. Cuando le dijeron que en estos días JFK no sería una buena fachada para su vida personal disoluta, Trump hizo una mueca: "*No sean maricas*".

Cuando el *Daily Mail* sugirió, en agosto de 2016, que la carrera de Melania como modelo a veces había cruzado la línea de modelo a escort, la solución de Trump fue contratar a un abogado. Charles Harder, quien había ganado la demanda de Hulk Hogan contra el sitio de chismes Gawker por publicar un video sexual hecho en privado por Hogan y se había convertido por ello en el abogado preferido de las celebridades que se quejaban de difamación, demandó al *Mail* de parte de Melania. La demanda se presentó en el Reino Unido. Harder demandó bajo las leyes británicas de difamación, más favorables, con la esperanza de un resultado que sin duda no habría obtenido en Estados Unidos, donde un presidente y su familia, como figuras públicas, se enfrentan a obstáculos insuperables ante una demanda por difamación o invasión de la privacidad. Finalmente, la demanda se retiró a cambio de una retractación, una disculpa y una compensación por los daños sufridos cuyo monto no fue especificado. La disposición de Trump a demandar, y a buscar sitios fuera de Estados Unidos con leyes sobre difamación que lo favorecieran, junto con la reputación de Harder a partir del caso Gawker, ayudaron a limitar la cobertura del pasado de Melania y del matrimonio Trump.

Melania, en realidad, no se convirtió en una esposa política hasta el momento, el 8 de noviembre de 2016, aproximadamente a las 8:45 EST, en que quedó claro que, casi de milagro, su esposo —o, según algunos, su distanciado esposo— sería el presidente de Estados Unidos. Con el tiempo, una esposa política desarrolla hábitos, racionalizaciones y una armadura para lidiar con la pérdida de su privacidad e identidad, y con la imagen a veces alarmantemente pública del hombre con el que se casó; Melania no tenía ninguna de esas defensas.

La vida de "no pregunto y no me cuentas" que habían tenido los Trump —con ayuda de la distancia física considerable que les permitían sus abundantes propiedades, incluyendo por lo menos una casa cerca de su club de golf en los suburbios de Nueva York que Trump tuvo el cuidado de esconderle a su esposa— ya no era posible. Cualquier trato cortés que hubieran tenido antes de la campaña se había desplomado en octubre con el video de "agarrarlas de la vagina". No solo se oyó esa horrible vulgaridad en público, sino también los testimonios públicos que varias mujeres hicieron a partir de ella, reclamando que Trump había abusado de ellas. Pero cuando su esposo resultó electo, Melania quedó más expuesta de lo que nunca se habría imaginado.

* * *

"Sucesos exógenos" era el término que usaba Steve Bannon para las perturbaciones inesperadas que parecían acompañar a Trump a todos lados. En lo alto de una lista bastante larga de sucesos exógenos que Bannon creía que podían acabar con la presidencia de Trump estaban dos: si alguien presentaba pruebas de que Trump había pagado por un aborto o si su esposa se separaba de él en público.

Tal vez la negación estilo Trump podría funcionar incluso con un aborto. Pero sin importar cuántas mentiras descaradas dijera, Trump no podría negar un conflicto público con una esposa que no le tuviera misericordia. Y Bannon creía que no sería tanto el escándalo de un rompimiento en público lo que lo tumbaría, sino el dolor de su humillación pública.

Una noche de 1996, su segunda esposa, Marla Maples, fue descubierta con un guardaespaldas de Trump en la playa cerca de Mar-a-Lago, bajo la caseta del salvavidas. Bannon sabía que había sido un golpe duro para Trump.

"Casi todo lo que hace es para evitar que lo humillen —dijo Bannon—. Y siempre está cerca. Le atrae. Si lo atrapas con las manos en la masa, te domina con la mirada. Tiene un don psicológico. Su padre lo humillaba. Esa humillación quebró a su hermano. Pero él aprendió a soportarla. Pero esa es la ruleta rusa que juega, esperando la humillación que sí lo pueda quebrar".

Trump parecía totalmente incapaz de admitir siquiera que tenía una vida personal, mucho menos que necesitara cualquier tipo de concesión emocional. De hecho, su vida personal tan solo requería el mismo tipo de "arreglos" que su vida de negocios. Cuando Marla Maples se embarazó a principios de la década de 1990, antes de que se casaran, Trump debatió con un amigo sobre cómo podía librarse de la boda y del bebé. Las ideas incluían empujar a Maples por las escaleras para causarle un aborto.

Para Trump, el matrimonio era, en el mejor de los casos, un problema intermitente. Para sus consejeros, eso se convirtió en un reto político grave, porque Trump, demostrando una vez más no estar preparado para la presidencia, no quería —o no podía— permitir la discusión de cómo su vida personal iba a entrar en los mensajes básicos de su administración, o en la imagen de la Casa Blanca. "Nunca vi muestras de un matrimonio", dijo Bannon al hablar de su época en la Casa Blanca. Cada vez que se mencionaba a Melania, Trump parecía extrañado, como diciendo: "¿Y ella qué importa?".

* * *

Trump entró a la Casa Blanca con un hijo de diez años. Tener hijos chicos suele ser una parte humanizante y agradable de la biografía de un presidente, pero Trump apenas tenía relación con Barron.

Al principio de la administración, un asistente, recién llegado al círculo de Trump, le sugirió que lo fotografiaran jugando golf con su hijo. El asistente le habló emocionado del vínculo especial que los papás forman con sus hijos al jugar golf, hasta que quedó claro que Trump le estaba aplicando su ley del hielo: esa habilidad de pretender que no existes y al mismo tiempo dejar claro que podría matarte si existieras.

En contraste, la única preocupación de Melania era su hijo. Juntos, madre e hijo ocupaban una burbuja dentro de la burbuja de Trump. Protegía con diligencia a su hijo del distanciamiento de su padre. Siempre desdeñados por los hijos adultos de Trump, Melania y Barron eran la no familia dentro de la familia Trump.

Melania a veces hablaba en esloveno con Barron, sobre todo cuando sus padres estaban de visita —lo que sucedía con frecuencia—; eso hacía que Trump enfureciera y saliera a trancos de donde estuvieran. Pero la zona residencial de la Casa Blanca era mucho más pequeña que su hogar en la Torre Trump, por lo que a Trump y su esposa les era más difícil escapar uno del otro.

—No encajamos aquí —les repetía ella a sus amigos.

Y así era: como su esposo le había asegurado varias veces durante la campaña que no tenía posibilidad de ganar, al principio Melania, desconsolada, se había negado a mudarse a Washington.

Y, de hecho, la primera dama en realidad no estaba en la Casa Blanca. Le había tomado casi seis meses mudarse oficialmente de Nueva York a Washington, pero eso era prácticamente solo de dientes para afuera. Además de tener cada quien su propia recámara en la Casa Blanca —fueron la primera pareja presidencial desde JFK y Jackie en alojarse por separado—, Melania pasaba gran parte de su tiempo en una casa en Maryland en la que había instalado a sus padres y establecido lo que en efecto era una vida propia.

Ese era el acuerdo. Para Trump, funcionaba; para Melania, mucho menos. Maryland estaba bien —se había involucrado bastante en la escuela de Barron allá, la Escuela Episcopal St. Andrews, en Potomac—, pero sus deberes en la Casa Blanca se volvieron cada vez más onerosos conforme la relación de Trump con su hijo se volvía cada vez más difícil.

A lo largo del último año, Barron, quien cumplió doce años en marzo de 2018, se había vuelto más distante con su padre. No se trata de una conducta inusual en un chico de su edad, pero Trump reaccionó con hostilidad. Lo ignoraba cuando tenían que estar juntos; también se esforzó por evitar cualquier situación en la que tuviera que verlo. Cuando aparecía con su hijo en público, hablaba de él en tercera persona: casi nunca con él, sino acerca de él.

Trump tenía un fetiche con ser la persona más alta del lugar; para 2018, Barron, tras un estirón repentino, ya se acercaba a los seis pies de estatura. "¿Cómo atrofio su desarrollo?" se convirtió en una broma cruel crónica que Trump hacía sobre la estatura de su hijo.

Los amigos de Trump, incluyendo Keith Schiller, le dijeron a Melania que Trump siempre había tratado así a sus hijos, en particular a los varones. Ignoraba a su hijo Eric cuando estaban juntos. Parecía ensañarse en ridiculizar a Don Jr. y a la vez elogiar a su rival en el círculo político trumpista, Corey Lewandowski. Casi nunca mencionaba a Tiffany, su hija con su segunda esposa, Marla Maples, mientras que le daba a Ivanka, su hija preferida oficial, un trato digno del Rat Pack. "Hola, nena", le decía al saludarla.

Trump veía el mundo a través del filtro de las debilidades ajenas. Veía a la gente con el lente de sus defectos físicos e intelectuales, o sus particularidades en la forma de vestir o de hablar. Se defendía ridiculizando a los demás. A veces parecía que su única opción, aparte del franco desdén, era volver invisible a Barron.

Melania, mientras tanto, parecía hacer todo lo posible por vivir su vida aparte y proteger a su hijo de la mala leche de su padre.

* * *

En el otoño de 2017, mientras el *New York Times* y el *New Yorker* se concentraron devastadoramente en el largo historial de depredación sexual de Harvey Weinstein, Trump lo defendía con ahínco. "Es un buen tipo", decía de Weinstein, "un buen tipo". Estaba seguro de que, al igual que la investigación sobre Rusia, se trataba de una caza de brujas. Lo que es más, él conocía a Harvey, y Harvey se saldría con la suya. Eso era lo especial de Harvey, decía Trump: siempre se salía con la suya. ¡Era el sofá de la oficina de casting, el sofá de casting! Por cada chica que ahora estaba enfadada, decía Trump, había cincuenta más, cien más, ansiosas por su turno. En Trumplandia, había pocas maneras positivas de contestar a tales declaraciones, quizás ninguna, así que la mayoría de la gente simplemente fingió no haber oído lo que dijo.

El #MeToo como fenómeno cultural y como variable política ocupó un sitio de negación nerviosa en la Casa Blanca de Trump. Por supuesto, nunca se mencionó en el contexto de la conducta de Donald Trump hacia las mujeres. Que Trump pudiera ser la causa directa de esta rebelión mediática, cultural, legal y corporativa que tumbaría a montones de hombres poderosos y prominentes, sin duda no se discutió nunca.

Trump mismo no tenía ni la menor pizca de la nueva sensibilidad acerca de las mujeres y el sexo. "Yo no necesito Viagra", declaró ante la mortificación del resto de los asistentes a una cena en Nueva York durante la campaña. "Necesito una pastilla para aplacarme la erección".

Como no se podía hablar del tema, nadie en la Casa Blanca podía abordar los "qué pasaría si" del escándalo.

Sin embargo: ¿Qué pasaría si el escándalo lo alcanzaba? Bannon —quien había desempeñado el papel político central durante el escándalo del video de la vagina y aún no podía creer que lo hubieran sobrevivido— comparó el #MeToo con un episodio del viejo programa de detectives *Columbo*, en el que el detective implacable, metódico e inquisidor invariablemente encontraba el camino que lo llevaba a la puerta del culpable. Según Bannon, el #MeToo no estaría satisfecho hasta que llegara a la Casa Blanca.

Nadie sabía cuántas mujeres podrían tener razones para alzar la voz y acusar a Trump de acoso o abuso. Bannon a veces mencionaba la cifra de cien chicas, pero otras veces, mil. El abogado de Trump, Marc Kasowitz, llevaba la cuenta, pero a veces Trump le encargaba los asuntos de mujeres a Michael Cohen. O quizás fuera al revés y Cohen fuera el verdadero "intermediario" de esos asuntos y de lo que ahora se entiende por abuso sexual, mientras que Kasowitz lidiaba con lo que se le escapara. De cualquier manera, nadie sabía a qué se enfrentaban.

Un año antes de lo de Weinstein, cuando se desató el video de "agarrarlas de la vagina", Trump se enfrentó a varias mujeres que de pronto presentaron una gama de casos. Según las cuentas de Bannon, hubo "25 mujeres, con el arma cargada y lista para disparar". En ese entonces, todos los casos de alguna manera se conglomeraron en una demanda confusa, casi indistinta. Pero desde entonces la naturaleza misma de las acusaciones por acoso y abuso sexual había cambiado. Cada una incluía un relato emocional, cada una representaba un ataque y una herida singulares. Cada acusadora tenía nombre y cara. Encima, las negativas de Trump sobre Stormy Daniels y Karen McDougal habían sido desmontadas detalle a detalle, hasta quedar sin fundamento. Él lo había descartado y rebatido todo, pero todo había resultado cierto. No solo se había convertido en el depredador sexual arquetípico, también se había convertido en el negador modelo, el principal ejemplo de por qué había que creerles a las mujeres.

Cuando se desató el #MeToo, en la Casa Blanca surgió una pregunta agobiante: ¿Qué pasó con las mujeres cuyas acusaciones había descartado y rebatido Trump en 2016? ¿Cuándo resurgirían? Y no solo esas mujeres… también otras.

"Condensamos a todas esas mujeres", dijo Bannon sobre las acusadoras del periodo de campaña. "La gente no lo pudo analizar. Lo negamos todo. Lo pusimos todo en el mismo montón y lo negamos. Le pregunto a todo el mundo sobre las mujeres, pero nadie se acuerda. Pues yo sí me acuerdo: les seguí el rastro a todas. Se me aparecen en sueños. ¿Se acuerdan de la chica del China Club? Yo sí. Kristin Anderson. Dice que le metió dos dedos en la vagina, en el bar. Ahora tiene cuarenta y tres, cuarenta y cuatro años, y uno de estos días va a mirar directo a la cámara en *Good Morning America* y decir: 'Entró a la parte trasera del bar cuando yo tenía dieciocho años y me metió dos dedos en la vagina… en la vagina… en la vagina'. Y vas a oír eso a las 8:03 de la mañana y va a empezar a llorar. Y luego, dos días después, va a aparecer la siguiente… y la siguiente. Va a ser un asedio. Esta hoy, déjala cocer, luego saca otra y ponla en la plancha. Tenemos veinticinco o treinta o cien. O mil. Las vamos a ver una por una, y todas las mujeres del país van a decir: 'Espera, ¿qué le hizo, por qué está llorando?'".

Frente al gran jurado, abogados de la oficina del fiscal especial escarbaron en los detalles de la conducta sexual de Trump: dónde, cómo, qué tan seguido, con quién y de qué índole. Eso fue, especuló un testigo que describió las "actividades perversas" en su testimonio, una manera tanto de sesgar al gran jurado contra Trump el maleante, como de ayudar a hacer el historial de las relaciones —como las que tuvo con Daniels y McDougal— que resultaron en un pago por su silencio, y de ahondar en las acusaciones del expediente Steele. Igualmente, el Comité Selecto de Inteligencia del Senado, que también intentaba corroborar el expediente Steele y verificar qué tanta evidencia tenían los rusos contra Trump, había tomado, en secreto, la declaración de un individuo que acompañó a Trump a Moscú en 1996. Ese individuo también presentó como evidencia para el registro confidencial fotografías de Trump con escorts durante el viaje.

* * *

Si hubiera acusaciones nuevas o renovadas, nadie podría predecir qué tan bien se mantendrían las negaciones sistemáticas de Trump, en especial con sus bases. Pero por malas que fueran esas posibles situaciones, el escenario adverso definitivo sería que las nuevas acusaciones hicieran que Melania se separara de él.

No ayudó que, bajo el mando de Michael Avenatti, la relación de Trump con la estrella porno Stormy Daniels se convirtiera en una saga diaria en la primavera de 2018. La primera dama lo pasó bastante mal tratando de proteger a su hijo de los recuentos constantes. Pero la peor ofensa para Melania fue el sexo sin protección. Y Michael Avenatti lo repitió casi como si fuera un escarnio personal. Según su descripción, Trump y su clienta no solo habían tenido sexo, habían participado en una categoría específica del sexo, el "sexo sin protección".

La gente de Trump había desarrollado un alto respeto por Melania: mantenía sus cartas cerca y las jugaba bien. Al final, quizás fuera la mejor negociadora de la familia Trump. Dejaba claras sus ventajas y pactaba lo más favorable que podía obtener. Pero los parches y nuevos acuerdos constantes escondían volatilidad en ambos bandos. Nadie descartaba la posibilidad, como todo un género de historias y teorías aseguraban, de que el video del elevador de Trump golpeando a Melania sí existiera, de que no fuera solo un rumor. En el interior de la Casa Blanca, la opinión era que, si el video existía, el incidente había ocurrido en Los Ángeles, probablemente en 2014, tras una reunión con abogados organizada precisamente para negociar una revisión de su acuerdo marital.

El pacto siempre fue dejar que Donald Trump fuera Donald Trump. "Yo solo cojo con chicas hermosas, *tú* eres testigo", le dijo a un amigo de Hollywood que estaba de visita en la Casa Blanca. (Una vez le dejó un mensaje de voz a Tucker Carlson, quien había criticado su pelo: "Es verdad que tienes mejor pelo que yo, pero yo me tiro a más mujeres"). Ser Donald Trump —*el* Donald Trump, sin restricciones— era lo que más le importaba en el mundo. Y estaba dispuesto a compensar a Melania con creces por permitírselo.

Pero tanto lo que estaba en juego como el poder de negociación de Melania habían aumentado astronómicamente desde que Trump entró en la Casa Blanca.

* * *

Nadie en el Ala Oeste creía la explicación de la hospitalización de la primera dama. Melania entró al Walter Reed el lunes 14 de mayo y durante 24 horas apenas si hubo el intento de dar una historia coherente. Era pura evasión. *Yo no veo nada. Yo no sé nada.* Y luego, cuando la credulidad se estiró hasta el límite, las especulaciones agitadas en el interior de la Casa Blanca reflejaron, o quizás dieron lugar a, las especulaciones de fuera. ¿Cirugía plástica? ¿Una confrontación física? ¿Una sobredosis? ¿Una crisis nerviosa? ¿Una maniobra en una negociación financiera?

Era el Ala Este —donde la asistente de Melania, Stephanie Grisham, era considerada particularmente protectora de la primera dama— contra el Ala Oeste, la cual, siguiendo el ejemplo del presidente, se comportaba como si Melania importara poco. Y conforme pasaba la semana, nadie podía decir con exactitud cuándo iba a regresar Melania.

Tan notable como la ausencia de Melania era lo imperturbable que estaba Trump. Al aumentar las preguntas, John Kelly pidió información mucho más detallada. "¿Qué tiene exactamente?", preguntó. El presidente retrocó: "Solo a los medios les importa. Es la primera dama, no el presidente". Como había hecho con todas sus crisis existenciales, que llegaban tan rápido como cualquiera en la historia política, le dio la vuelta. Él estaba bien. Melania estaba bien. Su matrimonio estaba bien. Perfectamente bien. El mundo a su alrededor era el tóxico, cruel, malvado, obsesivo, mentiroso.

De hecho, el consenso era que Trump no reconocía que estuviera pasando nada fuera de lo cotidiano, ni en su matrimonio ni, en general, en su vida personal. Quizás su matrimonio fuera un pueblo Potemkin, pero eso es lo que se suponía que debía ser. ¡Ese era el trato!

Se trataba de una lógica perversa. *No había* matrimonio; por lo menos, nadie había visto que hubiera uno. ¿Entonces, cómo podía haber un problema con él?

Para varios espectadores, esa era la distinción de la que dependían sus carreras y futuros. ¿Era Donald Trump un maestro del cinismo que decía "¿Preocupado, yo?" para salirse con la suya? ¿O era simplemente inconsciente sobre la aterradora fragilidad de su mundo, e ignoraba totalmente la posibilidad muy real de que este se le podía desplomar encima en cualquier momento?

El sábado 19 de mayo, la primera dama regresó a la Casa Blanca o, más bien, poco después regresó a su casa, con sus padres, en Maryland. Nueve días después, no asistió a la ceremonia anual de colocación de coronas fúnebres en el Día de Conmemoración de los Caídos, en el Cementerio Nacional de Arlington. El 1 de junio, Trump hizo un singular viaje a Camp David con toda la familia —incluyendo a Tiffany—, pero sin Melania ni Barron. El 4 de junio, por fin reapareció la primera dama; la ocasión fue un evento anual de la Casa Blanca en honor a familias Gold Star. No se la había visto durante veinticuatro días, desde su aparición del 10 de mayo, justo después de su debut en "Be Best".

El 21 de junio, durante un viaje sorpresa a un refugio para niños inmigrantes en Texas, la fotografiaron usando una chaqueta de Zara con la leyenda: I REALLY DON'T CARE, DU U? (EN REALIDAD NO ME IMPORTA, ¿Y A TI?)

El presidente insistió en que se refería a las noticias falsas de los medios.

8

MICHAEL FLYNN

A principios de junio, el equipo de Mueller se preparó para oponerse a lo que creía que vendría pronto: el indulto presidencial a Michael Flynn, el engreído y fugaz exasesor de seguridad nacional al que habían acusado de mentirle al FBI.

Un tema frecuente de Trump era a quién podría indultar. Su lista incluía personajes contemporáneos e históricos. Sus asistentes recibieron instrucciones de dar ideas sobre quién podría añadirse a la lista. Jared intentó que se indultara a su padre, Charlie Kushner; fue un esfuerzo vano (Trump no era admirador de Charlie Kushner). Pero el alguacil Joe Arpaio, un personaje antinmigración y partidario de Trump, recibió el indulto. También Scooter Libby, quien había filtrado información de la administración de Bush y a quien el presidente Bush, un blanco frecuente de las burlas de Trump, no había querido indultar. Y también Dinesh D'Souza, el autor derechista. Martha Stewart era una posibilidad. También el corrupto exgobernador de Illinois Rod Blagojevich, quien era descarado y arrogante en un estilo muy trumpista. Los indultos de Trump no eran correcciones judiciales ni actos de templanza y bondad, sino declaraciones de desafío.

Pero Trump necesitaba recordar constantemente qué tanto poder tenía. Quería saber qué tan "absoluto" era en realidad. Sus abogados se esforzaban por asegurarle que su poder era, sin duda, absoluto. Lo tranquilizaban con la idea de que tenía el control definitivo de su destino: en un aprieto, incluso podría indultarse a sí mismo. Al mismo tiempo, le rogaban que no quemara sus cartuchos, por lo menos, no aún. Ahora todo el mundo entiende, le decían, que usted tiene el poder del indulto y que está dispuesto a usarlo, y así manda el mensaje que usted quiere mandar.

"En serio es una carta de 'Salga de la cárcel gratis'", se maravilló Trump, orgulloso, al teléfono. "Me dicen que no hay nada que pueda hacer nadie si indulto a alguien. Estoy totalmente protegido. Y puedo proteger a quien sea de lo que sea. Y claro que me puedo indultar a mí mismo. En serio". La persona con la que hablaba dijo que Trump volvía al tema con frecuencia.

Para Trump, los indultos se habían vuelto como las grabaciones de Nixon. Era un tema del que tenía opiniones fuertes: si Nixon tan solo hubiera quemado las cintas, no habría habido problema. De igual manera, si Trump simplemente indultaba a todo mundo, no habría problema.

Al oír esa clase de conjeturas, a Don McGahn le preocupaba la delgada línea por la que andaba. ¿Tan solo le estaba explicando el poder del indulto al presidente, o le estaba aconsejando cómo usarlo para obstruir la justicia? Los indultos se convirtieron en otro tema tabú en la Casa Blanca: todos sabían que no querían tener que relatar una conversación sobre indultos ante un gran jurado o un comité del congreso.

* * *

Trump siguió convenciéndose a sí mismo de que Mueller era un insulto, pero no una amenaza. Los altos cargos de la Casa Blanca, en contraste, le tenían mucho miedo a Mueller. En la oficina había apuestas sobre si el mejor caso de Mueller sería por obstrucción, colusión, perjurio, fraude electoral o crímenes financieros conectados con las ambiciones rusas de Trump. A los asistentes con más experiencia los asustaba Mueller sobre todo porque los asustaba Trump: nadie podía estar razonablemente seguro de que no hubiera violado la ley en varias circunstancias, ni tenían razón para creer que hubiera limpiado sus rastros, de haberlo hecho. Otra vez el elemento clave de su presidencia: nadie que trabajara para Trump se hacía ilusiones sobre él. "Es Donald Trump" era la explicación general de su mundo surrealista y de la amenaza existencial a la que se enfrentaban a diario.

Igual de alarmante era que seguía sin haber un proceso formal que le permitiera a la Casa Blanca lidiar con todo lo que implicaría una investigación contra el presidente. El equipo de Mueller empezó a trabajar en mayo de 2017; había pasado un año y el presidente seguía sin tener abogados reales. No había un equipo legal dedicado al asunto, un grupo especializado en litigios trabajando en el caso, o casos, en su contra. Ty Cobb —quien, tras la destitución de John Dowd, cargaba con toda la culpa, en la mente del presidente, por la investigación en curso— fue despedido a principios de mayo. Ahora a Trump solo le quedaban Jay Sekulow, un abogado defensor, de derecha, no asociado a ningún despacho, y Rudy Giuliani, su defensor designado para la televisión. E incluso Trump parecía entender que, sin importar la ventaja en relaciones públicas que pudiera darle la audacia de Giuliani, era probable que se desdijera casi de inmediato, ebrio de atención, o ebrio a secas. Estaba claro que Trump no confiaba en ninguno de sus abogados. De hecho, seguía pidiéndole consejo a todo el mundo y, por lo tanto, convirtiendo a todo el mundo en cómplice.

Todos los días eran campos minados. Trump no dejaba de pensar en voz alta. Tal vez no tuviera pensamientos exclusivamente privados, y sin duda carecía de un mecanismo de edición a la hora de expresar lo que tenía en mente. Todos, por lo tanto, estaban potencialmente incluidos en una amplia conspiración. Todos estaban al tanto de los detalles de un encubrimiento.

Los miembros del personal incluso temían que sus argucias para evitar formar parte de un encubrimiento —"Yo no oí nada" o "Definitivamente no quieres entrar a esa reunión"— podrían interpretarse como un encubrimiento. Por lo tanto, desarrollaron una red extraoficial de abogados en común. Bill Burck, por ejemplo, representaba a Don McGahn, Steve Bannon y Reince Priebus. Como consecuencia, los tres podían comunicarse bajo la protección del secreto profesional de su abogado.

Cada quien estaba por su cuenta. Para la primavera de 2018, el personal había entrado en la clase de pánico que solo ves cuando todas las vías y opciones se han agotado, cuando el último clavo está en el ataúd. Todos reconocían la posibilidad real de que la presidencia de Trump cayera y se llevara a mucha gente con ella. ¿Podría ser una probabilidad de 50/50? Ésa era la cifra que Kelly a veces les daba a sus amigos; su mujer murmuraba que era aún más alta. El ánimo casi apocalíptico empujó a prácticamente todos los jugadores con experiencia en el Ala Oeste a trazar planes de contingencia: ¿Cuándo sería razonable salir? Don McGahn, en una depresión profunda, se sentía atrapado porque su honor lo obligaba a no dejar el puesto hasta que alguien más aceptara tomarlo… y estaba siendo difícil lograr que alguien lo hiciera.

Acudieron a un abogado tras otro para que se uniera a la oficina del Asesor Legal de la Casa Blanca, anticipando un juicio político. Emmet Flood, uno de los abogados con mayor experiencia en el exclusivo ámbito de defensa de políticos de cuello blanco, había rechazado el trabajo a principios de año después de exigir la clase de autonomía que Trump no quería o no podía darle. Una sucesión de rechazos —combinada con otra amenaza más de renuncia— por fin le dio a McGahn el poder de negociación necesario para insistir en que Trump cumpliera las exigencias de Flood. En mayo, Flood reemplazó a Cobb, después de que le aseguraran que, mientras cumpliera su responsabilidad de proteger los intereses de la presidencia, tendría la autonomía necesaria.

A espaldas del presidente, a finales de 2017 McGahn había empezado a cooperar con la investigación de Mueller. Bannon, al tanto de la jugada de McGahn, no cabía en sí de contento ante la ironía. Trump estaba obsesionado con John Dean, el empleado de la Casa Blanca que había expuesto la presidencia de Nixon; pero no parecía estar consciente de que Dean era, al igual que McGahn, el asesor legal de la Casa Blanca. Y Trump parecía ignorar lo mucho que McGahn había llegado a odiarlo; "un odio negro", comentó un amigo de McGahn.

Por cortesía de McGahn, el equipo de Mueller empezó a sospechar que Trump, aunque le hubieran aconsejado que se contuviera, intentaría indultar a Flynn para privar así a la investigación de un testigo importante.

* * *

Bannon, de hecho, creía que Mueller estaba en una posición mucho más débil de lo que suponía la alta Casa Blanca. Creía que los instintos de Trump, hasta entonces distraídos con eficacia, eran correctos: Mueller le tenía más miedo a Trump del que Trump necesitaba tenerle a Mueller. Donald Trump quizás fuera el blanco de la oficina del fiscal especial —un blanco jugoso—, pero también era una amenaza letal para ella.

Trump llevaba la ventaja, por lo menos de momento. El presidente aún tenía al Congreso bajo su control, y por lo tanto gozaba de impunidad. Con la mayoría republicana en la Cámara, Mueller era un tigre de papel. Tal vez fuera una bala apuntada hacia el presidente, pero no tenía gatillo. Tenía una posición moral ventajosa, pero no podía aprovecharla.

Además, Bannon, tras su testimonio ante el fiscal especial ese mismo año, había empezado a dudar de que Mueller tuviera pruebas. Aparte de descubrir que allá, en el bando de Trump, estaba la gente más torpe, poco sofisticada y estúpida del planeta —quienes, para decir lo menos, tenían poca o nula sensibilidad "a, digamos, querer aceptar ayuda extranjera", en palabras de Bannon—, ¿qué tenían los investigadores? O, en otras palabras, ¿a *quién* tenían? ¿A Roger Stone, Carter Page, George Papadopoulos, Julian Assange?

Bannon no se sentía intimidado: "No hay forma de que destituyan al presidente por esos piojosos". Eran escoria y desechos sin futuro.

¿Obstrucción? "Por favor".

Con un Congreso republicano, lo que Mueller necesitaba era algo que socavara a Trump ante el casi 35 por ciento de los votantes que se habían vuelto sus partidarios fanáticos. Mientras se mantuviera ese apoyo, Bannon creía que el congreso republicano se mantendría también.

Lo que Mueller necesitaba era algo que impactara y asombrara. Tenía que darles a los "deplorables" —Bannon había adoptado el término despreciativo de Hillary Clinton como una etiqueta afirmativa y afectuosa— una buena razón para poner en tela de juicio a Trump. Es decir, tenía que mostrar un cuchillo mucho más ensangrentado de lo que se creyera que Trump era capaz, y eso era poner la vara muy alta. El fiscal especial no iba a lograr nada si tan solo confirmaba que Trump sí era lo que la gente ya sabía que era. ¡Díganme algo que no sepa!

Bannon siguió abogando por despedir a Rosenstein y por lo tanto tenderle una emboscada a Mueller. Preparó a su coro griego:

Lewandowski, Bossie, Hannity y Mark Meadows, el congresista republicano y líder del Freedom Caucus. También instó a la defensa de Trump a seguir el modelo de la Casa Blanca de Clinton, que había identificado popularidad con virtud. Aunque fuera verdad que la aprobación de Bill Clinton siempre había superado el 50 por ciento y la de Trump estaba más bien cerca del 40 por ciento, la base de Trump era fanática. Según Bannon, Trump era el presidente más querido de su época... aunque también fuera el más odiado. Mueller, un aliado de la gente que odiaba a Trump, estaba tratando de desafiar la voluntad del pueblo que amaba al presidente. Bannon creía que ese debería ser el estandarte de batalla.

Pero la Casa Blanca —Rudy Giuliani en particular— parecía incapaz de presentarse como virtuosa. La defensa de Giuliani era, en el mejor de los casos, un arma de doble filo. De hecho, el argumento que elaboraba era: Sí, quizás el presidente sea culpable, pero como es el presidente, tiene *permiso* para ser culpable. (Era una variante del propio lema trumpista: sí, quizás fuera un hijo de puta, pero era un hijo de puta exitoso). En vez de desacreditar la investigación, la Casa Blanca, con su ambivalencia, parecía encogerse de hombros y reconocer una vez más que Donald Trump era, para bien o para mal, Donald Trump. Pienses lo que pienses, comentó Bannon, había una dosis fuerte de realismo en la Casa Blanca de Trump, aunque no la hubiera en el presidente.

Incluso los trumpistas más dedicados admitían que había muchas lagunas en el asunto de Rusia. Creían que Trump tenía un aprecio perdurable por Putin, parecido a lo que sentía por todos los hombres cuyo éxito admiraba y cuyo dinero era más cuantioso que el suyo. Reconocían que Trump ansiaba que Putin lo respetara y podría esforzarse por complacerlo. También entendían que Trump, un prestatario poco confiable en la gran era del capital ruso, por lo menos habría tenido que hacer la vista gorda ante detallitos legales para beneficiarse de esa bonanza financiera. Y sin duda sabían que Trump no se sentía inclinado ni era capaz de trazar una línea meticulosa entre la esfera privada y la pública.

Lo que todavía les costaba trabajo creer era que hubiera un plan, un complot, un panorama más amplio. Quizás Donald Trump había hecho muchas cosas que, ante el sentido común y la ley, no debió haber hecho. Pero con su corto período de atención, su incapacidad para trabajar con más de una variable, su concentración exclusiva en sus necesidades inmediatas y su indiferencia general ante cualquier consecuencia, pensar en endilgarle una gran conspiración parecía exagerado.

No, contrargumentaban los trumpistas, los liberales y Mueller estaban tratando de aprovecharse de que Trump fuera Trump, un hombre que siempre era su propio peor enemigo. Y podías defender que Trump fuera Trump porque era el tipo —incluso con sus socios turbios, exageraciones fantasiosas, poco amor a la verdad y siempre al borde de la ilegalidad— que había ganado las elecciones, con todos sus defectos a la vista.

* * *

Por lo tanto, el que estaba conspirando no era Trump, sino… Obama.

En la primavera de 2018, la exótica teoría del "estado profundo" que el presidente enarbolaba desde hacía mucho por fin se asentó de forma más o menos convincente. Los demócratas creían que Trump había conspirado con los rusos para amañar las elecciones. Bueno, pues los trumpistas creían que la administración de Obama había conspirado con la comunidad de inteligencia para que *pareciera* que Trump y su gente habían conspirado con los rusos para amañar las elecciones. Los que habían logrado robarse las elecciones no eran Trump y los rusos; más bien, los que habían tratado de robárselas (sin éxito) habían sido Obama y sus secuaces.

La conspiración en contra de Donald Trump, tal como la contaban los trumpistas más fervientes, empezó en 2014, cuando el director de la Agencia de Inteligencia de la Defensa (DIA, por sus siglas en inglés) bajo Obama, el general retirado Michael Flynn, se presentó en una junta de espías en Cambridge. (Los trumpistas comentaban sombríamente que Christopher Steele, el del expediente Steele, había sido reclutado para espiar a Rusia precisamente en Cambridge). La mayoría de los espías que se reunieron a cenar en un salón de actos universitario eran guerreros fríos, preocupados por la disposición de Flynn a tolerar a los rusos, si no es que a recibirlos de brazos abiertos, porque creía que Irán era el verdadero demonio geopolítico. A partir de entonces, según los trumpistas, Flynn había estado bajo vigilancia. De hecho, había sido Flynn quien ayudó a Trump a apreciar la voluntad de los rusos de ayudar a oponerse al azote del islamismo radical. Ese era el quid del caso de colusión, tal como existía, contra Trump y compañía: era la comunidad de inteligencia de la vieja escuela, obsesionada con los rusos, contra gente como Flynn y Trump que reconocían a nuestros nuevos enemigos: la camarilla terrorista internacional. Como en el contraespionaje, el mundo de los espías, aprovechándose de la disposición favorable que tenía el mundo de Trump respecto a Rusia, había empujado a los trumpistas hacia ella.

A finales de mayo, tratando de desacreditar a Mueller, los republicanos en el Congreso presionaron al Departamento de Justicia para que revelara exactamente cómo había decidido investigar la campaña de Trump. El nombre de Stefan Halper salió a la luz, probablemente filtrado por la Casa Blanca.

Según la teoría republicana, Halper, un estadounidense que vivía en Cambridge, Inglaterra y tenía contactos en el MI6, la agencia de inteligencia exterior británica, había reclutado, bajo instrucciones de la administración de Obama por medio del MI6, a dos aduladores de Trump, Carter Page y George Papadopoulos, para un plan para acercarse a los rusos. Ese era el nuevo discurso del bando trumpista: el bando de Obama les había tendido una trampa.

De párpados caídos y con una gabardina a la que le urgía un reemplazo, Halper, de setenta y cuatro años, era un espía más en Cambridge, a donde "llevan todo los mundos", según el resumen críptico de Bannon. (Bannon conocía bien Cambridge: él y Halper habían recorrido las mismas calles como miembros del personal administrativo de Cambridge Analytica, la turbia empresa tecnológica con la que Bannon estaba asociado y que había adquirido, casi sin escrúpulos, vastas cantidades de metadatos electorales). De hecho, Stefan Halper *sí* era un espía, un peso pesado en el mundo del espionaje Estados Unidos-Reino Unido, que había estado casado con la hija del legendario personaje de la CIA, Ray Cline, quien se había encargado de la Crisis de los Misiles en Cuba. Y Halper también era un reclutador de espías profesional: un atrapamoscas en Cambridge. Ahora, convenientemente Halper emergía del fondo del *estado profundo* para reclutar a varios trumpistas sin talento.

Según Bannon, la Casa Blanca de Obama y la comunidad de inteligencia sin duda habían tenido a Trump en la mira durante la campaña. Trump había sido sospechoso durante años; ¿cómo podrían las partes responsables *no* alarmarse ante su presencia repentina en el escenario mundial? No había manera de que resultara electo —como indicaban todas las encuestas y Obama les había asegurado con toda confianza a los donantes demócratas durante el otoño de 2016—, así que, incluso como nominado de uno de los partidos principales, no había que tratarlo como candidato serio. Pero en su calidad de candidato parecía salido de *El embajador del miedo:* un maleante de poca monta que había crecido de forma sospechosa. Así que claro que lo monitoreaban clandestinamente.

Ahí estaba, casi bajo nuestras narices: la administración de

Obama conducía una investigación de contrainteligencia contra un candidato presidencial, aunque fuera un candidato más falso que real.

Y aunque sería sensato conducir una misión de inteligencia modesta que monitoreara a un maleante con conexiones turbias con Rusia —quien, por una suerte ridícula, era el candidato a la presidencia de uno de los partidos principales—, la operación sería mucho más difícil de defender si el blanco era electo presidente. Lo que había parecido prudente y responsable durante la campaña, parecería *a posteriori* pérfido y antidemocrático.

"Uno creería que el fiscal general adjunto de nuestros Estados Unidos podría sacar su pluma y garabatear una nota que dijera: 'Por supuesto que no hay documentos relacionados con la vigilancia de una campaña presidencial ni de la transición del presidente legítimamente electo de Estados Unidos', firma, Rod Rosenstein —dijo Bannon para resumir el caso—. Pero —y Bannon aplaudió de pronto—, no pudo, por razones obvias. ¡Lo descubrimos!".

Se trataba de nuevo de la paradoja de la presidencia de Trump: era tan inapropiado, si no es que inapto, para el puesto, un ataque tan abierto contra el orden establecido, que quien defendiera ese orden establecido se sentía obligado a protegerlo de él. Pero luego ganó las elecciones, lo que le confirió la legitimidad del orden establecido. O por lo menos él creía que se la habían conferido.

Sin embargo, Trump no era lo bastante astuto, templado o paciente para demostrar y afianzar esa legitimidad. Más bien, simplemente insistía en que la tenía. La misma persona que la mayoría de los votantes consideraba ilegítima antes de las elecciones ahora exigía, pataleando, que la admitieran como legítima. Su argumento era una inversión simple: el *establishment* —el estado profundo— me considera ilegítimo y violó sus principios para negarme la Casa Blanca. Pero yo *gané*. Por lo tanto, ellos, no yo, son los ilegítimos.

Devin Nunes, el entonces presidente del Comité de Inteligencia de la Cámara, se convirtió en el Quijote republicano para la iniciativa de exponer al Estado profundo, y exigió que el Departamento de Justicia violara sus protocolos y revelara los detalles de su reciente investigación contra Trump. Su esperanza, o su jugada desesperada, era poder demostrar que los actos del Departamento de Justicia, influido por la Casa Blanca de Obama, formaban parte de una conspiración para amañar las elecciones, o por lo menos de una estrategia sucia para enturbiar las aguas, cuyos detalles Sean Hannity describía obsesivamente. Eso incluía, además de a Halper, a dos agentes del FBI, Peter Strzok y Lisa Page (amantes que habían dejado un rastro revelador de mensajes sobre el desdén que sentían por Trump); el exdirector del FBI, James Comey; el exdirector de la CIA, John Brennan; y el exdirector de Inteligencia Nacional, James Clapper. A esa conspiración también habían contribuido los supuestos abusos del Tribunal de Vigilancia de Inteligencia Extranjera (FISC) y el expediente Steele, que los republicanos consideraban un acto de prestidigitación y de infundios conspiratorios demócratas, y la base corrupta sobre la que se construía la mayor parte del caso contra el presidente.

Hasta cierto punto, los trumpistas tenían razón. A las autoridades les había horrorizado Trump como persona, y la conducta peculiar y perturbadora de su campaña, y habían reaccionado en su contra de manera tan visceral, que se habían comportado de formas en las que nunca lo habrían hecho ante un candidato respetable (o ante alguien que creyeran que podría ganar). Pero eso no cambiaba el hecho de que Trump seguía siendo Trump, y prácticamente todo en él pedía a gritos que lo investigaran.

El círculo íntimo de trumpistas dedicados —Bannon, Lewandowski, Bossie, Hannity— no dejaba de instar a McGahn y la Casa Blanca a que se unieran a Devin Nunes e insistieran que Rod Rosenstein hiciera públicos todos los archivos relacionados con las acciones que había tomado la administración de Obama para investigar la conexión Trump-Rusia. Rosenstein podía retrasar y evadir peticiones parlamentarias de manera casi indefinida, pero no podría ignorar a su jefe, el presidente. Emitan la orden, presionaban los trumpistas, y luego, si no la acata, despídanlo.

McGahn, quien ya era testigo de Mueller, se resistió. Le preocupaba que se publicaran globalmente documentos confidenciales de inteligencia, así como los efectos de una confrontación entre la Casa Blanca y el Departamento de Justicia.

Más o menos en ese punto, en la cumbre de la contraconspiración, Lewandowski y Bossie se apresuraban para terminar su segundo libro sobre la administración de Trump, que se concentraba en los esfuerzos del Estado profundo por socavar al presidente. Lewandowski y Bossie contrataron a Sara Carter, colaboradora de Fox News y colega cercana de Hannity, como escritora fantasma, y la enviaron a la Embajada para que consiguiera más detalles sobre la conspiración de boca de Bannon. Bannon, uno de los provocadores conspiracionales más diestros de la era Trump, expuso la trama narrativa actual con detalles convincentes.

Aún así, Bannon se sintió obligado a advertirle a Carter sobre el relato que se convertiría en la espina dorsal del libro de Lewandowski y Bossie: *Trump's Enemies: How the Deep State Is Undermining the Presidency* (*Los enemigos de Trump: Cómo el Estado profundo está socavando la presidencia*). "Te darás cuenta", dijo Bannon, "de que nada de esto es verdad".

* * *

La importancia de Michael Flynn para la investigación de Mueller radicaba en que, a pesar de sus escasos veinticinco días en el puesto, era un actor clave (en un mundo en el que Trump no le permitía a nadie, más que a sí mismo, ser un actor clave). Quizás no hubiera nadie con quien Trump hubiera formado un vínculo tan profundo como con él. De hecho, Flynn fue, durante los primeros días de la transición, una de las primeras contrataciones oficiales de la inminente Casa Blanca de Trump.

Pero ahora Flynn aparecía cada vez más como una prueba irrefutable. Bajo órdenes directas de Trump o Kushner —o, probablemente, de ambos— Flynn había acudido al embajador ruso durante la transición y negociado un acuerdo que ignoraba las sanciones de la administración de Obama, o por lo menos eso parecía indicar el equipo de Mueller en su acusación de obstrucción contra Trump. Muchos demócratas lamentaban que Nixon hubiera logrado salir indemne tras prometerles a los negociadores norvietnamitas que estaban trabajando en un tratado de paz en París que obtendrían un mejor acuerdo si esperaban a que su administración entrara en vigor. Trump y Flynn parecían estar tramando trucos igual de sucios.

Aún peor, el aparente intento de Trump por obstruir la justicia había empezado con Flynn. Al tratar de desviar la investigación que el FBI estaba llevando a cabo contra Flynn, Trump había tenido que despedir a Comey, chispa que encendió la llama de la investigación de Mueller.

* * *

Si llegaba el indulto, el fiscal especial estaba listo para acudir a la corte federal y pedir una orden judicial que vetara a Trump de indultar a Flynn. Sin embargo, el problema era que el poder de indulto del presidente, como le habían asegurado a Trump, era, en términos prácticos, a prueba de balas.

"Parece probable", concluía la investigación del fiscal especial sobre el tema, "que el presidente pueda indultar a sus parientes y

colaboradores cercanos incluso para impedir una investigación".
Cuando se han puesto a prueba, las cortes han sostenido que el
poder de indulto del presidente es "pleno y absoluto, con pocas
excepciones". Y parecía que, de hecho, el presidente probablemente
podía indultarse a sí mismo. Podría ser "inapropiado" según cualquier comprensión sensata de las normas básicas de la lógica y la
propiedad, pero "un autoindulto no está explícitamente prohibido en la Constitución... Si el presidente no tuviera el poder de
indultarse a sí mismo, sostiene la interpretación *expressio unius
textualist*, los constituyentes habrían añadido un fragmento que
restringiera específicamente la capacidad de autoindulto del presidente".

Pero tras concluir que el poder de indulto era prácticamente
inatacable, el equipo legal de Mueller creía que Trump podría
cumplir con varias excepciones que limitaban ese poder.

La primera era que, según el argumento legal expresado en el
Artículo II, Sección 3, Cláusula 1 de la Constitución que confiere el
poder de indulto, este tiene dos limitaciones específicas. En primer
lugar, el poder de indulto solo aplica a la ley federal, lo que signi-
fica que cualquier cargo estatal está exento. En segundo, el poder
de indulto excluye cualquier cosa que tenga que ver con un juicio
político. El presidente no puede evitar un juicio político, ni el suyo
ni el de nadie más, ni tampoco puede evitar que el Senado condene
a un funcionario federal después de su juicio político y por lo tanto
lo retire de su cargo. Pero eso es todo: en cuanto a lo demás, el
poder de indulto es muy amplio.

La segunda era que, según un caso de la Corte Suprema de
1974, *Schick v. Reed*, aunque el poder de indulto era amplio, había
una restricción: el ejercicio de ese poder es legítimo si "no es una
ofensa a la Constitución de ninguna manera". Y en un caso de 1915,
Burdick v. Estados Unidos, la Corte invalidó un indulto porque el
presidente Woodrow Wilson —quien había indultado a un editor

de periódico de cualquier crimen federal que hubiera cometido—
había usado ese poder explícitamente para negarle al editor los
derechos recogidos en la Quinta Enmienda y forzarlo a testificar.
La Corte, por consiguiente, consideró que el indulto era una violación de los derechos constitucionales del editor. La investigación
comentaba, sin embargo, que *Burdick* era la *única* instancia en la
que la Corte había anulado un indulto.

La tercera circunstancia era que el presidente podría emitir
un indulto legal, pero al hacerlo, argumentaba el equipo jurídico,
podría estar cometiendo un crimen. El fundamento se basaba
en un artículo de opinión del *New York Times* del 21 de julio de
2017. Sus autores, Daniel Hemel y Eric Posner, escribieron: "Si un
presidente vendiera indultos a cambio de efectivo… eso violaría
el estatuto federal sobre sobornos. Y si un presidente puede ser
procesado por intercambiar indultos por sobornos, entonces la
naturaleza amplia e inapelable del poder de indulto no escuda al
presidente de responsabilidad penal por abusar de él".

Y, finalmente, el fiscal especial examinó, durante sus maquinaciones legales, lo que podría considerarse la madre de todos los
indultos indignos: el que le concedió Bill Clinton, horas antes de
dejar el puesto en 2001, al financiero Marc Rich, que había huido a
Suiza para evadir cargos por fraude financiero, crimen organizado
y evasión fiscal, y quien, no por coincidencia, había hecho copiosas
contribuciones a su campaña. Al indultar a Rich, Clinton apenas
si evitó que lo procesaran a él por posible obstrucción, soborno,
lavado de dinero y otros cargos. La lección, aunque pareciera exa-
gerada, era que después del indulto de Rich los fiscales federales
estuvieron a punto de concluir que podían acusar a Clinton de
abusar de su poder de indulto. Al final, el Departamento de Justicia prefirió no seguir esa vía. (El indulto de Rich parecía también
estar involucrado en *quid pro quos* diplomáticos con Israel, donde
Rich era un probable agente de la Mossad). Pero el hecho de que lo

hubieran considerado sugería que desafiar a un presidente por un indulto interesado no estaba fuera de lo posible.

* * *

De cualquier manera, indultar a Flynn —o a cualquiera cuyo estado legal podría llevarlo a testificar contra el presidente— sería una instancia clara del uso de la autoridad presidencial para alejarse del brazo de la ley. Tal indulto, según la frase clave de *Schick v. Reed*, sería "una ofensa a la Constitución". En pocas palabras, el poder absoluto de indulto presidencial chocaba con esa otra garantía constitucional: nadie está por encima de la ley.

Ese era el argumento, la ofensa a la Constitución, que pocos —si es que alguien—, de los abogados constitucionales y del Departamento de Justicia informados sobre esta estrategia creían que tenía oportunidad de triunfar. Pero el esbozo del informe del fiscal especial que buscaba disuadir el indulto presidencial de Michael Flynn trató de presentar ese argumento sin reservas:

"El indulto que pretende otorgar el presidente Trump es singular y sin precedentes", decía el esbozo. "Nunca antes un presidente ha tratado de obstruir una investigación en curso de manera tan descarada, indultando a un acusado que está cooperando activamente con las fuerzas del orden. Lo que vuelve el indulto presidencial más singular, y lo aleja más de los límites de la conducta permitida por la Constitución, es que el presidente mismo es objeto de la investigación que está tratando de obstruir al indultar a este testigo cooperativo clave.

"El poder presidencial de indulto, aunque amplio, no es absoluto. Está limitado tanto por el texto de la Cláusula del Indulto, que prohíbe el ejercicio del poder de indulto en casos de juicio político, como por la Constitución como un todo, que prohíbe cualquier acto que la viole u ofenda, incluyendo el invadir indebidamente otras ramas del gobierno o el socavar el interés popular por acto o intención. El intento de indulto del presidente Trump claramente viola ambas prohibiciones constitucionales".

En el mejor de los casos, se trataba de una estrategia arriesgada, pero había que trabajar con lo que tenían a la mano.

9

ELECCIONES INTERMEDIAS

En mayo, seis meses antes de las elecciones intermedias de noviembre, en tres juntas distintas le recalcaron al presidente la importancia de veinticinco contiendas para la Cámara. Luego prepararon un informe sobre cada una. Todas serían en distritos reñidos, y todas —por lo menos según algunos asesores— merecían una visita del presidente. Otra opinión, defendida a ultranza por Jared Kushner con bastante apoyo de la dirigencia republicana, era que el presidente debía mantenerse lo más alejado posible de la campaña por las elecciones intermedias.

En cierta forma, no importaba. Trump, en cada una de las juntas, se puso inquieto y perdió la concentración en pocos minutos. Su comportamiento era igual al que exhibía durante las presentaciones militares. Prácticamente analfabeto para los números, le aburrían las cifras y la logística (o peor aún, le daban dolor de cabeza). No absorbía nada.

Había demasiados escaños en la Cámara. No podía recordar

sus nombres. Ponía los ojos en blanco histriónicamente cuando le decían de dónde eran. "Estados de paso", decía. "Vendedores del departamento para caballeros".

No ayudaba que sus consejeros le estuvieran dando dos mensajes contradictorios. El primero era que las elecciones intermedias para la Cámara podían ser el Apocalipsis para su presidencia. El segundo era que las intermedias eran las intermedias, y que en noviembre iba a pasar lo mismo de siempre.

Lo mismo de siempre era que las intermedias siempre resultan en contra del partido en control de la Casa Blanca. Otra cosa que afectaba las expectativas del Partido Republicano era que una cantidad abrumadora de republicanos —muchos de los cuales simplemente se daban por vencidos con Trump y sus políticas— estaba dejando sus cargos por voluntad propia. A esto había que añadir los dolorosos resultados de varias elecciones fuera del calendario, en las que la participación demócrata, tradicionalmente exigua, había arrasado frente a la de los republicanos. Ahora, con el cierre de las primarias y la campaña de verano a punto de comenzar, eran pocas las vías que les permitirían a los republicanos mantener la Cámara. De todos modos, tanto Obama como Clinton habían perdido sus mayorías en sus primeras elecciones intermedias y aun así los dos habían logrado ser reelegidos.

Según la perspectiva apocalíptica, las cifras sugerían que Trump podía estar ante una presidencia de dos años. Si ahora tenían una ventaja de veintitrés escaños, los republicanos perderían treinta, cuarenta, cincuenta o incluso sesenta escaños el 6 de noviembre. En un momento político tan polarizado, el país podría estar eligiendo un Congreso favorable a un juicio político de destitución. Y si el Senado caía ante los demócratas, el país podría estar eligiendo un Congreso a favor de una sentencia penal.

Era cierto que lo más probable era que los republicanos mantuvieran el Senado. Pero Bannon, por ejemplo, estaba convencido de que el resultado de las elecciones en la Cámara sería binario. Si los republicanos mantenían la Cámara, la presidencia de Trump y su agenda seguirían siendo viables; el presidente mantendría a raya a las huestes en su contra. Pero si el Partido Republicano perdía la Cámara, Trump no podría soportar un Congreso hostil, uno que disfrutaría excavando a fondo en *todos* sus asuntos. Aún peor, esa reacción inevitable —Bannon aseguraba que sería "psicopática"— incluso socavaría su apoyo entre los republicanos del Senado.

Y si caía la Cámara, habría un Partido Republicano furioso. Cinco mil empleados republicanos perderían sus empleos. Las firmas de *lobby* republicanas podrían pasar fácilmente de facturar 10 millones de dólares al año a tan solo 1.5 millones. Una catástrofe —una catástrofe causada por Trump— en el aparato político de Washington.

Si ocurría lo mismo de siempre, una pérdida de entre treinta y sesenta escaños sería, en una interpretación crítica, un regalo para Trump, por lo menos si los republicanos mantenían el Senado. Al igual que había hecho campaña contra Washington en 2016, podría hacerlo de nuevo en 2020. Trump brillaba al máximo cuando tenía un enemigo: necesitaba a los demócratas como una oposición rabiosa e histérica. Y no había mejor enemigo que Nancy Pelosi como presidenta de la Cámara.

Molestar a Pelosi le daba energía a Trump. Ponerla en ridículo le proporcionaba un placer especial. Y era un beneficio extra que fuera mujer. ¿Juicio político? Adelante. Como tenía respaldo en el Senado, todo era un espectáculo, *su* espectáculo.

El mano a mano era la especialidad de Trump. Ayudaba a sacarlo de sus distracciones constantes. Kushner sentía que luchar contra el Congreso sería una causa noble; también sentía que, en general, lo mejor era mantener a Trump fuera de la confusa refriega de las intermedias. Eso era parte del cálculo si ocurría lo mismo de siempre: si tienes un presidente impopular —y las cifras de Trump estaban entre las más bajas en la historia de las intermedias—, no tienes por qué mandarlo a hacer una campaña torpe en contiendas indecisas.

Y luego estaba la opinión del propio Trump: le resultaba muy difícil preocuparse por los problemas políticos ajenos. La idea de un partido, de que el presidente fuera un soldado en una empresa más grande que él, no significaba nada para él. Incluso imaginarse dar un discurso sobre alguien más —*elogiar* a alguien más— significaba un esfuerzo demasiado grande.

Las minucias de los distritos de la Cámara eran un problema más. Tal vez toda la política sea local, pero lo local era desagradable y de poca monta para Trump. La danza incómoda de los candidatos que querían su respaldo pero a la vez independencia le resultaba particularmente fastidiosa. Necesitaba y exigía la máxima deferencia y atención. Pero a lo que más le temía era a los perdedores. Todas las discusiones sobre las elecciones intermedias se habían concentrado en contiendas cincuenta-cincuenta, lo que implicaba que cada uno de esos candidatos era un perdedor en potencia y, por lo tanto, alguien cuyo estatus de perdedor se le podría pegar, como una peste.

* * *

Mitch McConnell no solo le estaba diciendo a la gente que la Cámara estaba perdida. Se estaba aprovechando de la situación, usando la Cámara condenada como argumento para recaudar fondos para el Senado. Estaba seguro de que mantendrían la mayoría republicana en el Senado: había veintiséis escaños demócratas en pugna, contra nueve republicanos. Además, creía que los republicanos podrían robarse dos o hasta tres escaños. Trump estaría

seguro en el Senado, aseguraba McConnell. Ahí era donde se rea-
gruparían para contener la embestida. McConnell cementaba así
su reputación de superviviente, el único actor político real de su
generación, con la mira puesta en el 2020, cuando el Senado sería
considerablemente más difícil de defender.

Bannon creía que la disposición de McConnell a dejar ir la
Cámara —una decisión estratégica que había tomado en contu-
bernio con una camarilla de donadores importantes— era casi una
conspiración. Si los demócratas estaban en una guerra franca y
mortal contra Trump, la dirigencia republicana, o por lo menos
McConnell y Ryan, estaban en una guerra mortal secreta contra
el presidente. La de estos era una lucha por el control del partido.

El desdén de McConnell por Trump no conocía límites. No
solo era el presidente más estúpido con el que había lidiado, también era la persona más estúpida que había conocido en la política, y eso ya eran palabras mayores. Él y su esposa, Elaine Chao, la
secretaria de transporte, se burlaban de Trump y lo imitaban, un
acto cómico que montaban ante sus amigos.

Si los republicanos de alguna manera lograban mantener la
Cámara en 2018, sería, según la idea de una segunda oportunidad de Bannon, una victoria repetida para Trump. El resultado de
las elecciones anómalas de 2016, ganadas con un comodín, sería
incontrovertible. No obtener el control de la Cámara tendría un
efecto brutal entre los demócratas, pero una defensa exitosa de la
mayoría republicana tendría un efecto casi igual entre los republicanos. Aún más que la victoria de Trump en 2016, significaría la
muerte del *establishment* republicano.

Pero si la calamidad azotaba la Cámara, si la Cámara pasaba
a manos demócratas, entonces Mitch McConnell tendría prácticamente todas las cartas. Trump, quien en su propio acto cómico
ninguneaba y se burlaba de McConnell, estaría, sin una Cámara
republicana, a disposición del líder de la mayoría en el Senado.

Esa, para McConnell, era la vía para arrebatarle el partido de vuelta a Trump. Una Cámara demócrata implicaría que lo único que se interpondría entre Trump y su juicio político sería McConnell. Trump sería su prisionero.

Bannon creía que McConnell había usado ese escenario maquiavélico para enlistar a muchos de los donantes más importantes del partido. McConnell *quería* que los republicanos perdieran la Cámara. Estaba trabajando para ese fin.

* * *

Trump, por decir lo menos, no tenía un don para la táctica política. Su comprensión de las organizaciones era limitada. Era prácticamente incapaz de reconocer la finalidad y el talento ajenos. Sus instintos políticos eran daltónicos. Y actuaba casi exclusivamente con reacciones viscerales.

En 2016, en la Florida, estado que había que ganar a toda costa, una operadora política de nombre Susie Wiles había ayudado a Trump a ganar suficientes votantes. Pero cuando, durante la campaña, conoció a Wiles —a quien describió como "un refrigerador con peluca"— había exigido que la despidieran. (No lo hicieron y Trump ganó la Florida).

En la primavera de 2018, con la Casa Blanca expurgada de cualquiera que pudiera decirle lo que él no quería oír —entre las muchas clases de personas a quienes rehuía estaban los que estimaban las intenciones políticas del electorado—, Trump estuvo feliz de poder dejar de concentrarse en las indispensables elecciones intermedias.

Kushner, ansioso por distraer a su suegro de las intermedias, adoptó la estrategia trumpista de "hagamos grandes cosas". Quizás la Cámara estuviera perdida, pero la nueva apertura hacia Corea del Norte iba a ser algo grande. Según Kushner, mientras más se concentrara Trump en Corea del Norte, menos iban a empeorar las cosas en las contiendas intermedias.

En un momento en el que la Casa Blanca debía haberse estado preparando para las intermedias, los tres asesores políticos más cercanos a Trump estaban todos fuera de ahí: David Bossie, Corey Lewandowski y Sean Hannity. Cada uno tenía una noción muy clara de lo que un noviembre funesto podría implicar para Trump. Pero los tres entendían que su relación con él dependía de que reforzaran lo que él ya creía. "Se trata de dejar que Trump sea Trump", explicó Hannity. "Hay que dejarlo ir a donde vaya y animarlo a que llegue allá".

Además, los tres hombres veían el mundo desde el interior de un búnker. Eran guerreros. Eran mártires. Si los republicanos perdían la Cámara en noviembre, estarían en la posición que mejor conocían, defendiendo a Trump del asalto. No eran operadores, eran creyentes, que era lo que Trump quería.

En cuanto a la sensata idea de que el personal de comunicaciones de la Casa Blanca debería buscar un tema político que pudiera unir a la Casa Blanca y al partido en una causa común para Noviembre, ni modo. Aparte de la escasez de liderazgo y talento en comunicaciones —y la guerra territorial entre Sanders, Conway y Mercedes Schlapp—, el trabajo del personal de comunicaciones no era mirar hacia afuera: su misión era mirar hacia adentro y complacer a Trump, defenderlo para obtener su aprobación. Eso, por supuesto, era imposible: *nunca* lo complacían. Por lo tanto, planear algo coherente y ponderado para cualquier otra cosa que no fuera la necesidad de confirmación del jefe —por mucho que fuera una causa perdida— era algo que nunca iba a suceder.

Afuera de la Casa Blanca, el partido ya había acordado una estrategia propia, una que no tenía nada que ver con las supuestas virtudes de Donald Trump. El Comité Nacional Republicano, los operadores electorales republicanos para la Cámara y el Senado, y de hecho la mayoría del *establishment* republicano, apoyados por Ryan y McConnell, decidieron hacer campaña basados en las virtudes de la reforma fiscal que habían pasado a finales de 2017. "Es la reforma fiscal, estúpido", había tomado la costumbre de decir McConnell, queriendo dejar lo más claro posible que la reforma fiscal era un logro del congreso conseguido con pocas contribuciones de la Casa Blanca de Trump.

* * *

Conforme se calentaban las contiendas intermedias, era difícil saber si la misión principal de Bannon era frustrar a McConnell o salvar a Trump. También, por supuesto, estaba tratando de posicionarse. Estaba convencido de que había un movimiento que superaba a Trump —en el que él podría ser la sombra detrás del rey, o el rey mismo— y de que la clave consistía en vencer al *establishment* republicano. Por lo tanto, si lo que opinaba de Trump era, como mínimo, equívoco, creía que, a ojos de los "deplorables", tenía que ser el último en abandonar el barco que se hunde.

El *establishment* republicano, al igual que mucha gente dentro de la Casa Blanca, odiaba a Bannon tanto como él los odiaba a ellos. "¿De dónde saca dinero Steve?", era una pregunta frecuente en 2018. Los Mercer —Bob, el multimillonario de los fondos de inversión libre, y su hija, Rebekah— habían apoyado a Bannon y Breitbart News durante mucho tiempo. Pero eso se había terminado, o por lo menos su apoyo público había terminado, a principios de 2018, a causa de una mala prensa lacerante y amenazas personales contra los Mercer que, la familia creía, se debían a su asociación con Trump, Bannon y Breitbart.

Después de dejar la Casa Blanca en agosto de 2017, Bannon, al igual que muchos otros emprendedores políticos de todo el espectro ideológico, fundó su propia organización sin fines de lucro tipo 501(c)(4), con la que podía recaudar fondos de manera anónima. Durante los meses posteriores a su salida de la administración, Bannon cortejó, con gran disciplina y atención, a todos los donantes importantes de Trump.

Esa campaña silenciosa fue extremadamente exitosa, lo que provocó irritación en la Casa Blanca. No les gustaba que algunos de los donantes del presidente pudieran estar apoyando a Bannon, incluso a expensas de Trump. Era un vínculo sencillo: muchos de los partidarios ricos de Trump admiraban la mayoría de sus políticas, pero a casi todos les desagradaba Trump. Bannon se convirtió en el domador de las ambivalencias de Trump. No se trataba de Trump, argumentaba. Se trataba de a dónde nos llevaría Trump. Lo que importaba era el destino, no quién nos llevara allá. La propuesta de Bannon no cayó en oídos sordos. Había una camaradería cómplice entre la gente a la que Trump le parecía ridículo, pero que necesitaba apoyarlo.

De todos modos, Bannon necesitaba una premisa organizadora, una sensación de urgencia. La urgencia del momento era salvar a Trump de sí mismo. Así que su C4, a la que parecían no faltarle fondos, iba a apoyar un operativo electoral que, aunque no rivalizara con el de la Casa Blanca, lo ignoraría, y eclipsaría el esfuerzo republicano por apropiarse de las elecciones.

Para mayo, Bannon ya había reunido el personal y empezado a coordinar sus esfuerzos con conferencias telefónicas matutinas. Trabajando desde la Embajada, pronto desarrolló un mensaje consistente, un operativo sustituto que diariamente llevaba invitados a programas de radio y televisión, y un proceso de encuestas para monitorear las sesenta o más contiendas que estaban en disputa.

No era la reforma fiscal, estúpido. Era Trump.

Bannon estaba convencido de que Trump tenía que aparecer en la boleta en todas las contiendas. Se suele acusar a políticos y estrategas de querer siempre repetir la última contienda que ganaron, y para Bannon esa era la de 2016. Solo Trump podía encender a las bases con la suficiente pasión para que los "deplorables" se presentaran a contiendas parlamentarias sin identidad propia. Necesitaban votar por *él*.

* * *

La pandilla estaba reunida otra vez.

Llegaron Sam Nunberg, David Bossie, Corey Lewandowski, Jason Miller y varios más: a todos los había acogido Bannon durante la campaña.

La cosa con la pandilla de Bannon era que sí era *su* pandilla, con solo una lealtad secundaria, casi siempre problemática, hacia Trump. Como Bannon, creían que Trump era la pieza incomprensible, confusa, muy irritante pero indispensable y central de sus vidas. Trump era su obsesión. Los corroía.

Una parte central del discurso sobre Trump, y no del positivo, venía de ese grupo, empezando por Bannon, pero acompañado constantemente, *sotto voce* y de otras maneras, por el resto. Trump el payaso, Trump el idiota, Trump el demente. El Trump de "me importa un carajo", el de "¿Preocupado, yo?", el de "No me puedo poner los pantalones". La ópera bufa de Trump provenía de esa camarilla.

Incluso si los compinches de Bannon trabajaban para apoyar a Trump, traían a la campaña sentimientos encontrados, si no es que atormentados. Eso tenía que ver en parte con su cercanía a Trump: a todos los había acogido y quemado Trump. Pero también tenía que ver con la naturaleza misma de la gente que Trump atraía a su órbita. Todos vivían en algún nivel de absurdo trumpmundista e inversión emocional; Trump tan solo era parte de su montaña rusa personal.

Jason Miller, un operador político y ejecutivo de relaciones públicas muy sufrido, había entrado a la campaña de Trump de mano de Ken Kurson, el editor del periódico de Kushner, *The New York Observer*. Miller se había vuelto un diestro domador de Trump —su paciencia estoica le había sido útil— y parecía destinado a que lo nombraran director de comunicaciones de la Casa Blanca. (Durante la campaña, Miller era el primero que llamaba a Trump por la mañana. Su tarea era edulcorarle la mala prensa de la noche y la madrugada). Luego llegaron las noticias de la relación de Miller con otra empleada de la campaña de Trump, una unión que resultó en un embarazo al mismo tiempo que su esposa quedó embarazada también. Eso le negó el trabajo de director de comunicaciones, lo que ya era malo. Pero lo peor fue que su amante durante la campaña, A. J. Delgado —quien se fue a vivir con su madre en la Florida y dio a luz y crio a su hijo—, inició una guerra legal y mediática con el fin de hundirlo en la bancarrota y la deshonra. Durante ese proceso, Miller se convirtió en el defensor a sueldo de Trump para CNN, lo que hizo que Trump comentara: "Me toca la gente que nadie más quiere".

Corey Lewandowski, hasta entonces un operador político republicano menor, consiguió el trabajo de jefe de campaña porque nadie más lo quería. Cuando Trump estaba buscando personal de campaña en 2015, sus llamadas eran papas calientes incluso entre los operativos que sin duda necesitaban el trabajo. David Bossie, quien a último minuto se negó a conocer a Trump, le pasó el trabajo a Lewandowski. Lewandowski era conocido por su temperamento volátil, déficit de atención y necesidad de conseguir trabajo. En poco tiempo se volvió totalmente fiel a Trump. Corey, decía

Bannon sin que fuera un cumplido, pondría la mano en el fuego y vería incinerarse sus dedos antes de volverse contra Trump.

Para Trump, Lewandowski era "como mi hijo real" (lo que, sin embargo, no prevenía que se burlara de él como "lamebotas"). Eso causó problemas fuertes con los hijos reales de Trump y abrió una grieta entre la familia Trump y Lewandowski, hasta que Don Jr. y Kushner lo forzaron a irse en junio de 2016. Desde entonces, Lewandowski había intentado, casi siempre con éxito, reinsertarse en la familia política de Trump.

Bannon, quien ya había trabajado con David Bossie en varias películas provocadoras de propaganda derechista, lo metió en la campaña en septiembre de 2016. (Bossie, de hecho, los había presentado a Bannon y a Trump en 2011, reunión tras la cual Bannon inequívocamente descartó la seriedad de Trump como candidato presente o futuro). Bossie era la única persona en el equipo con un verdadero talento para la organización política. Se concentró en desarrollar un robusto operativo de puerta en puerta, un concepto nuevo para la campaña de Trump. Pero Trump no acababa de confiar en él: Bossie le parecía "sospechoso… no me puede mirar a los ojos". Bossie, al igual que Chris Christie, tendía a acercarse demasiado a Trump, a asfixiarlo físicamente. "Son toros, son toros, no se me quitan de encima", se quejaba Trump. Kushner consideraba que el trabajo derechista anterior de Bossie —como investigador anti-Clinton durante los años del escándalo Whitewater y como uno de los principales organizadores de la demanda de Citizens United que permitió contribuciones de campaña corporativas ilimitadas— eran "cosas muy de conspiración derechista". Durante la transición, congelaron la posibilidad de un trabajo en la Casa Blanca para Bossie.

Sam Nunberg, quizás más que nadie, personificaba el peligro y el absurdo que acarreaba tener una relación con Trump. Nunberg, un hombre de 36 años con cara de bebé, era hijo de abogados prominentes, y apenas si había conseguido un título de abogado barato. Con magras expectativas de una carrera legal importante, cayó en el voluntariado político y luego en un puesto con Roger Stone, el amigo y asesor de Trump. Stone era un operador político pasado de moda, de la época de Reagan; le parecía ridículo prácticamente a todo mundo excepto a Trump, e incluso este lo trataba como a un perro que no dejaba de meterse en la casa. Por medio de Stone, Nunberg llegó a trabajar de tiempo completo para Trump.

A partir de 2011, Nunberg fue el asesor y asistente político intermitente de Trump, leal y persistente durante los años en los que Trump era, en el mejor de los casos, un circo político. "No habría presidente Trump sin Sam Nunberg", declaró Bannon. "Todo lo que convirtió a Trump en un discurso político incluso medianamente legítimo lo inventó Nunberg".

Así que, por supuesto, Trump lo despidió. "Vive con sus papás", se quejó.

Lewandowski fue el reemplazo de Nunberg. Durante la campaña, Trump y Nunberg se enzarzaron en una amarga disputa, como si nadie los estuviera viendo.

Incluso después de su despido, Nunberg nunca se alejó mucho de la órbita de Trump. Eso era en parte porque después de Trump no había muchos trabajos a la vista, pero también porque Nunberg —como repositorio primordial de memoria institucional y única persona que conocía bien a Trump— no dejaba de sentirse atraído por el mundo Trump.

Nunberg también era una fuente principal, casi siempre astuta y siempre disponible, para prácticamente todos los reporteros que cubrieran a Trump. Sin duda se podía contar con él para que confirmara cualquier anécdota negativa sobre Trump. Cuando Trump criticaba a los medios, en muchas ocasiones estaba criticando a Sam Nunberg.

Nunberg a menudo era el tejido conector entre los rumores sobre Trump y las noticias sobre Trump. Cuando recibía un rumor, Nunberg de inmediato se lo pasaba como hecho incontrovertible a una o más fuentes, con lo que aumentaba su utilidad, aunque no su credibilidad. "Pienso en Maggie Haberman" —la reportera del *New York Times* encargada de cubrir a Trump— "como en mi abuela", dijo Nunberg. "Siempre acudo corriendo a ella".

Sin embargo, al igual que los demás, estaba casado con Trump, sin importar lo malo que fuera el matrimonio.

A finales de febrero, citaron a Nunberg a testificar ante el gran jurado de Mueller. Poco antes de la cita, recibió noticias de un comentario mordaz que Trump había hecho sobre él. Muy herido —otra vez muy herido—, se consoló con un fin de semana de cocaína y prostitutas. La mañana del lunes, sin dormir y drogado, decidió negarse a presentarse a su cita ante el gran jurado. Anunció y confirmó su negativa —que revertiría ese mismo día— en no menos de once programas de televisión y radio, uno tras otro, un melodrama trumpista en tiempo real y un descarrilamiento de dolor, recriminación y abuso de sustancias. También fue toda una hazaña mediática. En 1998, el abogado de Monica Lewinsky, William H. Ginsburg, apareció en los cinco *talk shows* del domingo por la mañana el mismo día. La hazaña se conoció como una "Ginsburg completa" ("full Ginsburg"). La "Nunberg completa" superó a la de Ginsburg por bastante, y después de un fin de semana de juerga.

"Todo el mundo decía: 'No puedes contratar a ese tipo, se puso hasta arriba de coca y salió en once programas' —dijo Bannon—. ¿Pero cómo podía *no* contratarlo? Pasó el fin de semana inhalando del trasero de un montón de chicas y luego se levantó y fue a once programas. Todo tiene un nivel de 'a la mierda', y su 'a la mierda' fue de la mejor calidad".

* * *

No se podía no ver la codependencia. Los colaboradores clave de Trump trabajaban para él porque nadie más los quería.

Para Bannon, amargado por muchas razones, pero a sus 64 divirtiéndose como nunca, que eligieran a Trump fue su manera de decir "a la mierda". Parte de su misión era que eligieran a Trump precisamente para sorprender e indignar a toda la gente que no quería en absoluto que ganara. "¿Qué caso tiene la democracia si no hay derrotas sorpresivas?", preguntaba. El hecho de que Trump fuera Trump era algo aparte; sí, era un arma imperfecta, pero era el arma que tenía a la mano.

Para Bannon, la campaña y la presidencia de Trump en parte eran un desafío. Agárrenme si pueden… y si no pueden, se merecen a Trump. Su desdén por los demócratas no estaba dirigido hacia los demócratas *per se*, sino a los mediocres que producían: un conjunto de prescindibles que no tenían el talento político necesario. Los enumeraba al hilo: Hillary Clinton, Elizabeth Warren, Cory Booker, Kamala Harris, Kirsten Gillibrand. "¿Eso es lo que tienen? ¿A *esos* tienen? ¡Un momento! Me muero de risa".

Aun así, mantener el Congreso era algo que solo podía suceder a pesar de Trump. Esa era la verdad: Trump no podía dirigir ni ganar sus propias elecciones. Era incapaz de un buen desempeño, por decir lo menos. Trump era tan solo un símbolo, aunque fuera uno extraordinariamente poderoso. De ahí la necesidad de Steve Bannon.

Durante la campaña presidencial, la meta no había sido ganar, sino reducir el margen de 17-20 puntos a unos más respetables 6 puntos. Para Bannon, esa habría sido una prueba de concepto adecuada: habría demostrado el poder de la causa populista. Y entonces Trump ganó, lo que produjo toda una dinámica nueva, con sus propios problemas.

Ahora, en las intermedias, una pérdida cerrada funcionaría mejor para Bannon. Perder 25 escaños —dos más de lo necesario para perder la mayoría— implicaría que Trump necesitaría a todos sus amigos, incluyendo a Bannon. Quizás más que nada a Bannon.

"Creo que sí es posible que nos salga y mantengamos la Cámara —dijo Nunberg—. Es posible, en serio. Pero, si no, va a ser divertido ver a Trump retorcerse. Pagaría por ver eso".

10

KUSHNER

Mientras Trump dirigía su amenaza de "fuego y furia" contra Corea del Norte en comentarios dispersos luego de un almuerzo en su club de golf en Bedminster, Nueva Jersey, en el verano de 2017 su yerno iniciaba una conversación muy distinta.

Los chinos —ayudados por Henry Kissinger y muy preocupados por la obsesión de Trump con Corea del Norte, aunque también conscientes del poder de negociación que eso les daría— acudieron a Jared Kushner. El joven, sin ninguna experiencia obvia, se había establecido silenciosamente ante muchos líderes mundiales y, de igual forma, ante su suegro como el cerebro, si es que lo había, detrás de la política exterior trumpista.

El presidente había amenazado varias veces con "desechar" a su secretario de Estado, Rex Tillerson, quien había caído pronto en desgracia, y remplazarlo con Kushner. Kushner les decía a sus amigos que creía que era demasiado pronto; Kissinger le había aconsejado que esperara, que primero pusiera su nombre en una iniciativa importante.

Aquel verano, los chinos pusieron a Kushner en contacto con Gabriel Schulze, un inversionista estadounidense. Schulze formaba parte de una nueva clase de cazadores de fortuna internacionales que trabajaban conectando mercados financieros internacionales y regímenes problemáticos, incluyendo a Corea del Norte. Las relaciones personales, sobre todo en partes del mundo con gobernantes autócratas, eran la moneda más valiosa. Desde que había llegado a la Casa Blanca, Kushner había trabajado duro para desarrollar su propia relación con líderes que, con una palabra, podían alterar la escena mundial. Esa clase de hombres podía hacer que las cosas sucedieran rápido, y tanto Kushner como Trump querían aventajar el paso lento y cauteloso del orden mundial.

Schulze fue el emisario de la apertura de una puerta trasera, fomentada por los chinos, con el líder norcoreano Kim Jong-un. Trump había declarado un combate a muerte virtual contra el joven déspota. Pero los chinos vieron una oportunidad: durante la reunión de abril de 2017 en Mar-a-Lago entre Trump y el presidente Xi —una reunión promovida por Kissinger y Kushner— habían quedado asombrados ante la apertura, caprichos y falta de información básica de Trump.

Los chinos creían que no había que tomarse en serio las opiniones que había declarado Trump. De hecho, la iniciativa Schulze representaba una sofisticada comprensión de la nueva realidad diplomática de Trump. En el Washington de Trump, era posible evitar al Departamento de Estado, al *establishment* de política exterior, a la comunidad de inteligencia y prácticamente a todos los demás procesos y restricciones diplomáticos normales. El principal atajo a la diplomacia institucional era Kushner, el autoproclamado experto en política exterior. La broma en la Casa Blanca, que contaban llevándose la palma a la frente con asombro, era que Kushner era un Metternich contemporáneo.

Durante el otoño e invierno de 2017, Kushner urgió en silencio a su suegro a que cambiara de opinión sobre Corea del Norte. Le dijo que, si hacía las paces, podría ganar el Premio Nobel de la Paz, igual que Obama.

Así, el 10 de junio de 2018, poco menos de un año después de que Schulze acudiera a Kushner, el presidente llegó a Singapur a reunirse con Kim Jong-un. El verano anterior, totalmente inconsciente de los problemas involucrados en el largo *impasse* con Corea del Norte, Trump había amenazado con la guerra. Ahora, apenas mejor informado, le ofreció al líder norcoreano uno de los abrazos más serviles y peculiares de la historia diplomática.

* * *

No mucho después de que eligieran a su suegro, Kushner —animado por Rupert Murdoch, de quien se había hecho amigo cuando eran vecinos en un edificio marca Trump en Park Avenue— acudió a Henry Kissinger en busca de consejo. Kushner había decidido que tomaría un puesto oficial en la Casa Blanca de Trump y que, dados sus vínculos familiares, podría forjarse un papel de conducto directo al presidente. Así, se imaginaba que su toque personal traería claridad y eficiencia a los asuntos más urgentes del mundo. No parecía importante que supiera poco más de esos asuntos que lo que leía en el *New York Times*.

Kushner creía que Kissinger era clave para su gran salto adelante. El hombre mayor —entonces tenía 94 años— se sentía halagado por la atención del joven. Kushner no solo era deferente y solícito, sino que adoptó con entusiasmo la doctrina Kissinger: la creencia de que los intereses compartidos deberían formar la base de jugadas sagaces en el tablero de ajedrez internacional, todo en busca de una ventaja definitiva.

Kushner, sin ilusiones sobre la falta de interés de su suegro en cuestiones de política exterior, creía ser, tal como Kissinger había creído serlo, el consejero sabio y concentrado de un presidente poco sofisticado. Y mientras que otras personas creían que Kissinger se había convertido en un viejo flatulento —y que seguía siendo un trepador social desvergonzado—, Kushner creía que podría darle una ventaja especial en su nuevo mundo en Washington.

Kushner soltaba el nombre de su nuevo amigo sin ningún pudor: "Henry dice...". "Estaba hablando con Henry y...". "Me gustaría saber qué opina Henry de eso...". "Hay que preguntarle a Henry...".

"El tío Henry de Jared" era como lo llamaba Ivanka, quizás sin aprobación.

Para Kissinger —todavía trotamundos, todavía trabajando en Kissinger Associates casi todos los días, todavía trepando en el escalafón social— la oportunidad sorprendente a su avanzada edad era convertirse en el consejero principal de uno de los actores en política exterior más importantes, quizás del *más* importante actor en política exterior del gobierno de los Estados Unidos. Y el punto esencial, les explicaba Kissinger a sus amigos, era que Kushner, con nula experiencia en relaciones internacionales, era una hoja en blanco.

Durante las semanas posteriores a las elecciones, Kissinger se esforzó por elogiar la disposición de Jared a escucharlo y la rapidez con la que aprendía. Kushner, por su parte, elogiaba su agudeza firme y su renovada relevancia en un mundo complejo. Kushner incluso sugirió a la presidencia que Kissinger fuera secretario de Estado, y luego se lo comentó al propio Kissinger.

Trump le decía a la gente que Kissinger apoyaba por completo su esperanza de una nueva amistad con Rusia, porque veía a Vladímir Putin con "un respeto fantástico, lo ama".

Durante gran parte del primer año de la nueva administración, Jared siguió acudiendo a Kissinger. Incluso cuando la política exterior trumpista empezó a desviarse hacia regiones inexploradas —hacer casuales repiqueteos de sable, amenazas de aranceles diarias, acogida servil de personajes déspotas—, Kissinger, quien estaba disfrutando de su prestigio aumentado, siguió siendo templado y comprensivo, y tranquilizaba a su amplio y preocupado círculo de expertos en política exterior y empresarios internacionales diciendo que el drama y los tuits eran irrelevantes, que un reflexivo Kushner estaba conteniendo al impulsivo Trump.

Pero, a principios de 2017, Kissinger, luego de que Kushner le solicitara que escribiera un encomio del joven para la lista anual de las cien personas más influyentes del *Times*, se sintió obligado a equilibrar sus inclinaciones a buscar un mayor estatus con la falta de *bona fides* en política de Kushner. Escribió:

> Como parte de la familia Trump, Jared está familiarizado con lo intangible del presidente. Como graduado de Harvard y de la Universidad de Nueva York, tiene una educación amplia; como empresario, sabe de administración. Todo esto debería ayudarle a triunfar en el intimidante papel que le ha tocado de volar cerca del sol.

La sutil evasiva incluida en su apoyo a Kushner no pasó desapercibida para los profesionales en política exterior en la nueva administración de Trump.

* * *

Durante gran parte de su primer año en Washington, Jared e Ivanka parecían arrepentirse a menudo de haber aceptado puestos oficiales. El presidente también parecía estar pensándoselo mejor. Se percibía que Kushner, apabullado, había sido culpado por su suegro por una miríada de malas decisiones, incluyendo el despido de Comey. Al joven también lo había apaleado Steve Bannon, cruelmente en público y sanguinariamente en privado. En poco tiempo, Kushner se había vuelto uno de los personajes que menos simpatía provocaba en la política moderna. (Don Jr. se había convertido en un sustituto de su padre en los círculos derechistas, mientras que el esfuerzo por mejorar la imagen pública de Jared había terminado muy pronto). A ojos de muchos, la otrora pareja de oro había perdido sin remedio su distinción social. Incluso sus vecinos les aplicaban la ley del hielo. "No sé si alguien va a lograr entender nunca por lo que estamos pasando", les contaba Ivanka a sus amigos.

Pero durante el segundo año de la administración empezó a haber otra percepción de lo que Rex Tillerson, entonces secretario de Estado, llamaba "el curioso caso de Jared Kushner". Tillerson había acabado por detestar a Kushner por sus intromisiones, filtraciones y agenda personal. Sin embargo, él y otros funcionarios habían comenzado a percatase de que el imberbe Jared Kushner, antes una víctima obvia de su propia ineptitud y soberbia, parecía estar siguiendo ahora un plan mucho mejor calculado.

La riqueza personal de Kushner dependía de un negocio inestable cuyos precarios cimientos financieros yacían sobre préstamos menos que solventes. Se trataba del tipo de préstamos asegurados mediante relaciones personales y, casi siempre, el intercambio de favores e influencias. A menudo los obtenía en países con normas laxas.

El padre de Kushner, Charlie, famosamente malévolo y burdo, había acabado en una prisión federal por fraude fiscal y manipulación de testigos: había tratado de chantajear a su propio cuñado con una prostituta. Pero se asumía que los pecados del padre —a quien Trump desdeñaba por ser un maleante sin dinero— no habían tenido influencia en el temperamento de Jared, infinitamente modulado y sobrio.

Sin embargo, el carácter de Jared no cambiaba el hecho de que el negocio familiar se hubiera expandido demasiado. Suele ocurrir con los negocios de desarrollo de bienes raíces, pero el salto de la familia Kushner de constructora de condominios horizontales en Nueva Jersey a propietaria de una torre en Manhattan y arrendadora en la Ciudad de Nueva York había sido particularmente precipitado, y eso había sucedido en gran parte bajo el liderazgo de Jared, mientras su padre estaba en la cárcel. Cuando comenzó la administración de Trump, los Kushner se enfrentaban al inminente refinanciamiento de su propiedad principal, el edificio 666 de la Quinta Avenida, y a un mercado saturado para su plan de construir un centro tecnológico en los vastos metros cuadrados que tenían en Brooklyn.

La decisión de Jared de entrar a la Casa Blanca dejó el negocio de la familia Kushner mucho más expuesto al público. Peor, puso a su suegro en una posición horrible. Los hombres poderosos, invariablemente, son vulnerables a través de sus familias. Ahora Trump no solo tenía un sinfín de problemas propios, también tenía los de los Kushner.

De todos modos, lo que al principio había parecido ingenuidad y mal juicio comenzó a parecer la jugada de un apostador de alto riesgo. Quizás lo que parecía ecuanimidad y recato en Kushner tan solo fuera una cara de póker. En la primavera de 2018 se podría decir lo que fuera sobre la Casa Blanca de Trump, pero lo cierto es que Jared la había navegado casi siempre con éxito. Y era la única persona, aparte de su esposa, en haberlo logrado. Además, en cuanto a los contactos con los que contaba para asegurar su riqueza, había tenido un impacto singular.

* * *

Fuera de las democracias occidentales, la mayor parte de la política exterior mundial era transaccional. El enriquecimiento personal y qué tanto pudiera mantener el poder un individuo eran preocupaciones dominantes en todos los estados y regiones excepto los más estables. Eso se había vuelto más pronunciado conforme las fortunas privadas competían con los gobiernos o colaboraban con ellos. El mundo de los oligarcas multimillonarios —en Rusia y China, en el Sureste Asiático y los estados del Golfo Pérsico— tenía sus propias misiones diplomáticas. Personas con el dinero para dar sobornos, que sostenían como principio que cualquiera podía ser sobornado y que tenían una influencia externa sobre las estructuras legales que podrían restringir el soborno, se habían vuelto actores de política exterior importantes en partes clave del mundo.

Durante décadas, Estados Unidos había frustrado una y otra vez los esfuerzos diplomáticos transaccionales e independientes. El gobierno era demasiado grande, sus instituciones estaban demasiado arraigadas, su burocracia era demasiado poderosa y su *establishment* de política exterior era demasiado influyente. El mundo internacional de operadores y amañadores, bajo el eufemismo de "inversionistas" y "representantes", tenía que esforzarse bastante para que su voz llegara a Washington.

Y entonces llegó Jared Kushner.

Casi inmediatamente después de las elecciones, Kushner se convirtió en el contacto buscado por cualquier gobierno extranjero que prefiriera tratar con una familia en vez de con una serie de instituciones. En vez de depender de una vasta y casi siempre indolente burocracia para que arbitrara y procesara sus preocupaciones, se podía acudir directamente a Kushner, y Kushner podía acudir al presidente electo. En cuanto Trump tomara posesión de su cargo, a través de Kushner se tendría una línea casi directa con el presidente.

Los acuerdos por debajo de la mesa, las presentaciones personales, los *quid pro quos*, los agentes y subagentes engendraron pronto una fuerza diplomática paralela, una legión de personas que presumían de tener una relación directa con el presidente. Michael Cohen, el abogado personal de Trump, abrió negocio y empezó a recolectar dinero de personajes y regímenes dudosos. Chris Ruddy, quien manejaba un sitio web de noticias conservador que publicitaba suplementos vitamínicos y era confidente del presidente en Palm Beach, de pronto, en mayo de 2018, obtuvo una oferta de inversión de 90 millones de dólares proveniente de Qatar. David Pecker, el amigo del presidente que manejaba el tabloide de supermercado *National Enquirer*, invitó a un alto intermediario saudí a la Casa Blanca, y de pronto estaba hablando con los saudíes para que apoyaran su quijotesco, si no es que chiflado, plan para comprar la revista *Time*.

Pero el contacto más eficiente era el yerno de Trump. La estrategia diplomática rusa, china y del Medio Oriente se concentraba en Kushner. La europea, canadiense y británica no lo hacían, y parecían estar sufriendo las consecuencias.

En un acuerdo por debajo de la mesa sin precedentes en la historia diplomática moderna, intermediaros del vicepríncipe heredero de Arabia Saudita, Mohamed bin Salman (MBS), acudieron a Kushner durante el periodo de transición antes de que Trump entrara a la Casa Blanca. El asunto clave para la Casa de Saúd era financiero; en específico, los precios del crudo en declive y una familia real en crecimiento perpetuo y con más exigencias, mantenida por la producción de petróleo. La solución del vicepríncipe heredero, de 31 años, era la diversificación económica. La financiaría volviendo pública la compañía petrolera Aramco, propiedad de los Saúd, que se esperaba que fuera valuada en 2 billones de dólares.

Pero primero el plan tenía que superar un obstáculo nada desdeñable: la JASTA, o Ley de Justicia Contra Patrocinadores de Terrorismo, que había sido redactada expresamente para que las víctimas del 11 de septiembre pudieran demandar a Arabia Saudita. Si Aramco cotizara en una bolsa extranjera, sería particularmente vulnerable ante cualquiera que aprovechara la brecha abierta por la JASTA; de hecho, la deuda de Aramco sería prácticamente ilimitada. Y entonces, ¿quién invertiría?

No había problema: Kushner estaba al tanto. Si MBS podía ayudar a Jared con una serie de cosas, incluyendo presionar a los palestinos, Jared ayudaría a MBS. De hecho, MBS, para consternación del Departamento de Estado —que apoyaba a su primo, el príncipe heredero Muhammed bin Nayef (MBN)—, sería una de las primeras visitas de estado a la Casa Blanca. Tres meses después, sin ninguna objeción por parte de la Casa Blanca, MBS derrocó a su primo y se convirtió en príncipe heredero y, con eso, en el líder cotidiano de Arabia Saudita.

Fue el primer golpe de Estado de la administración de Trump.

Para ganarse el favor de Kushner, los ricos estados del Golfo —Qatar, los Emiratos Árabes Unidos y Arabia Saudita— competían entre sí o se asociaban. Kushner resultó ser, o se posicionó para ser, uno de los actores esenciales en una de las reservas de flujo de efectivo desregulado más grandes del mundo.

* * *

La Casa Blanca de Trump había designado a China, casi de manera formal, como el enemigo número uno, en reemplazo de Rusia y la antigua Unión Soviética. Trump sentía una antipatía personal por los chinos: no solo eran el "terror amarillo", también hacían competencia injusta. Eso complementaba la teoría de campos unificada de Bannon sobre el siglo XXI: China era a la vez la potencia en ascenso que abrumaría a Estados Unidos y la burbuja económica que reventaría y arrastraría al mundo hacia un vórtice aterrador.

La postura de Kushner estaba mucho menos clara.

Un contacto clave de Kushner era Stephen Schwarzman, director ejecutivo de Blackstone Group, uno de los fondos de inversión privada más grandes del mundo, cuya visión de negocios dependía considerablemente del crecimiento continuo del mercado de consumidores en China. Kushner llevó a Schwarzman a la Casa Blanca como jefe de uno de sus grupos de asesores de negocios; como consecuencia, Schwarzman se convirtió en el contacto de negocios de primer orden más importante de Trump.

Kushner y Schwarzman, junto con otros personajes de Wall Street en la administración, formaron la oposición a Bannon y los arquitectos de la política comercial de Trump Peter Navarro y Robert Lighthizer. El grupo antichino proponía una guerra comercial total contra China. El grupo de Kushner, con sus vínculos profundos y crecientes con China, buscaba un trato más suave.

A principios de 2017, agentes de inteligencia estadounidenses informaron secretamente a Kushner sobre la exesposa de Rupert Murdoch, Wendi Deng. Una década antes, Deng había facilitado la relación de Kushner tanto con Murdoch como con Ivanka, una de las amigas íntimas de Deng. Las relaciones Murdoch-Deng y Kushner-Trump siguieron floreciendo cuando eran vecinos en el edificio de Trump en Park Avenue. Ahora, en la Casa Blanca le decían a Kushner que había buenas razones para creer que Deng era una espía china. Constantemente les brindaba información obtenida mediante sus contactos políticos y sociales a funcionarios y empresarios chinos, le informaron.

Resultó que su exesposo le contaba lo mismo a casi cualquiera dispuesto a escucharlo: Wendi trabajaba para los chinos, y era probable que siempre lo hubiera hecho. ("Lo sabía", declaró Trump). Kushner descartó la conclusión de la inteligencia y dijo, confiado, que Murdoch se estaba poniendo un poco senil.

Ocho días después de las elecciones, Kushner, con ayuda de Deng, había cenado con Wu Xiaohui, el director de Anbang Insurance Group, el conglomerado financiero chino. Wu, quien se había asociado con Schwarzman en varios tratos, era cercano a la dirigencia china: la esposa de Wu era la nieta del ex líder chino Deng Xiaoping. Uno de los magnates globales más exitosos de la era financiera actual, en tan solo diez años Wu había hecho crecer a Anbang de una compañía con una facturación anual de unos cuantos millones de dólares a una con 300 mil millones en acciones.

La familia Kushner, a lo largo de los primeros meses de la administración, negoció con Wu y presionó por un rescate financiero para el 666 de la Quinta Avenida. En marzo de 2017, tras recibir publicidad negativa sobre el trato, ambas partes dieron marcha atrás. En junio, el gobierno chino retiró a Wu de la compañía y lo sentenció a prisión por cargos de corrupción financiera.

* * *

En la Casa Blanca, Kushner y Bannon representaban las tendencias opuestas del globalismo liberal y el nacionalismo de derecha. Bannon, por lo menos, creía que Kushner mostraba el verdadero rostro del globalismo liberal, profundamente egoísta. La necesidad desesperada de dinero de la familia Kushner estaba convirtiendo a la política exterior estadounidense en un fraude de banca de inversión para refinanciar su deuda. No era raro que servir en el gobierno aceptara los engranajes de la carrera y riqueza privadas futuras, pero Bannon creía que Kushner lo estaba llevando a niveles sorprendentes de beneficio personal.

La sangrienta riña personal e ideológica entre Bannon y Kushner había continuado incluso después de que sacaran a Bannon de la Casa Blanca. De hecho, muchos creían que este solo estaba esperando a que expusieran y exiliaran a Kushner, lo que le abriría las puertas para el regreso. Pero Bannon había llegado a la conclusión de que no se podía separar a Jared del presidente, y de que Jared ahora era un punto vulnerable más para Trump. "Los dos con gusto se empujarían uno al otro frente a las ruedas de un autobús", dijo Bannon, "pero están tan inmiscuidos en los negocios del otro que, si atropellan a uno, cae el otro también".

La telenovela de la familia Trump-Kushner se veía expuesta en varios niveles, incluso más allá de la búsqueda de oportunidades de negocios. Estaba el exgobernador de Nueva Jersey, Chris Christie, quien había procesado a Charlie Kushner. Jared e Ivanka, instados por Charlie Kushner, habían bloqueado la nominación que Christie esperaba a un puesto alto en la administración de Trump. Christie, bien versado en las prácticas de negocios de la familia Kushner, estaba hablando con ansias y sin piedad con excolegas del Departamento de Justicia sobre los puntos de presión que podrían aplicarse a la familia y a su principio —o por lo menos eso creían las fuerzas pro- y anti-Jared—. Christie también les estaba dando a los periodistas los detalles de su investigación sobre la familia Kushner de cuando era fiscal federal.

* * *

Jared se consideraba a sí mismo un solucionador de problemas. Era lúcido y metódico. El éxito era cuestión de vencer retos. *Sé claro con lo que quieres. Sé claro con lo que puedes obtener. Concéntrate en donde puedas marcar la diferencia.* "El vocabulario de autoayuda y liderazgo empresarial de Jared fue una de las cosas por las que Ivanka se sintió atraída hacia él", dijo un amigo de la pareja.

Sin embargo, para la primavera de 2018 Jared Kushner se había convertido en otro frente en los problemas legales del presidente. Era objeto de la investigación del fiscal especial; lo estaban observando los fiscales federales tanto en el Distrito Sur como en el Distrito Este de Nueva York (el Distrito Este estaba reclamando prioridad en "todo lo relacionado con Kushner"), y el fiscal de distrito de Manhattan estaba buscando participar en el juego.

Un aspecto curioso de la investigación sobre Kushner involucraba a Ken Kurson, un compinche y lugarteniente de Kushner que en 2013 había entrado a editar el periódico de Kushner, *The New York Observer*, después de que una serie de editores se hubieran enfrentado a Kushner por su deseo de usar el periódico para apoyar los intereses financieros de su familia. Tiempo después, Kushner había ayudado a Kurson a obtener una nominación al consejo de asesores de la Fundación Nacional para las Humanidades. La revisión de antecedentes que hizo el FBI sobre Kurson durante la primavera de 2018 se había concentrado en una serie de alegatos tras el final de su matrimonio en 2013-2014, incluyendo violencia doméstica, acoso e intimidación a la mejor amiga de su esposa, una doctora en el Hospital Mt. Sinai. La doctora tenía correos electrónicos y otra información digital que podría dañar a Kurson, no solo relacionada con el matrimonio, sino posiblemente con el *New York Observer* y con Kushner.

El tema de Kurson luego se convirtió en un problema para el propio Kushner tras la revisión de antecedentes para su acreditación de seguridad. El Distrito Este y el FBI estaban rastreando informes de que Kushner había tomado medidas extremas para ayudar a su amigo. La doctora del Mt. Sinai tenía un departamento en el mismo edificio en el que vivía Kushner, un edificio de Trump. (La presencia de la doctora en el edificio la había facilitado la esposa de Kurson, en días mejores, por medio de Kushner). Los fiscales y el FBI habían oído que Kushner, usando una llave maestra del edificio, había entrado al departamento de la doctora con la intención de llevarse su computadora.

La misión de atrapar a Kushner se había vuelto casi tan intensa como la misión de atrapar a Trump. Además de revisar el trato con Anbang, los fiscales estaban mirando en detalle un préstamo por 285 millones de dólares que el Deutsche Bank le había hecho a Kushner y a su padre en 2016, y una petición directa de rescate financiero hecha al ministro de finanzas de Qatar en 2017.

Para entonces, un tema constante de discusión entre mucha gente de los medios y los demócratas, para no hablar de todos los hombres de Trump, excepto los más reservados, era una posible imputación contra el yerno del presidente. Y si llegaba, ¿lo haría antes o después de la acusación contra el hijo del presidente, Don Jr.?

El abogado de Kushner, Abbe Lowell, un chismoso reconocido, especuló con sus amigos sobre lo que podría convertirse en un dilema exquisitamente difícil: tener que elegir entre tu padre y tu suegro, quien también era el presidente. Lowell parecía deleitarse ante esa elección diabólica. Al mismo tiempo, Lowell parecía estar diciendo en todos lados que Kushner estaba fuera de peligro… y adjudicándose el crédito por ello. Lowell se había vuelto uno de los asesores clave no solo en cuanto a los problemas legales de los Kushner, sino también con respecto a la estrategia política más amplia de Jared e Ivanka.

Para Kushner, el objetivo a largo plazo era la campaña de 2020. Estaba convencido de que los republicanos perderían la Cámara en noviembre de 2018; no había remedio. Pero, sin importar quién fuera el nominado de los demócratas en 2020, lo más probable es que fuera una contienda electoral muy cerrada. Esa perspectiva podría ser una ventaja durante la campaña: los votos ajustados ayudarían a mantener al partido bajo control. Mientras el Partido Republicano se mantuviera unido, podría bloquear el veneno demócrata. Y con una mayoría en el Senado, el juicio político era una amenaza sin dientes.

El modelo de Kushner, les contó a sus amigos, era el primer ministro israelí y amigo de la familia "Bibi" Netanyahu. Bibi, siempre atento a sus bases, podría esquivar cualquier cargo que levantaran en su contra porque siempre podía contar con que ganaría las siguientes elecciones. A principios de 2018, Kushner había instalado a su aliado Brad Parscale —quien había manejado el equipo de datos para la campaña presidencial de 2016— como jefe de campaña para 2020. Kushner planeaba tomar las riendas de la campaña él mismo, en el momento apropiado.

Lo que se interponía entre ese momento y las próximas elecciones era la volatilidad de su suegro. Solo en la intimidad de la familia Kushner, especialmente en conversaciones con su hermano y su padre, comentaba Jared los retos extraordinarios de trabajar con Trump y tratar de controlarlo. El análisis de Kushner era el mismo que el de casi todo el que hubiera pasado suficiente tiempo con el presidente. Era un niño, y un niño hiperactivo. No había una razón clara de por qué algo atrapaba su atención, ni había manera alguna de predecir su reacción o modular su respuesta. No tenía capacidad de distinguir lo importante de lo menos importante. No parecía haber una realidad objetiva para él.

El hermano de Kushner, Josh, un ferviente antitrumpista, siempre estaba tratando de explicarles a sus amigos el involucramiento de su hermano en la administración de Trump. *Opina lo mismo que todos los demás*, hacía hincapié Josh. *Lo ve tan claro como todo el mundo.*

Pero el futuro de Jared dependía de que pudiera controlar a Trump. Tendría que lograr algo casi imposible, y de hecho creía que sí podría lograrlo. Las desventajas eran muchas, pero las ventajas también. Él y su esposa veían un futuro en el que podrían aprovechar su momento bajo el sol internacional para obtener grandes beneficios.

Ese era un atributo medular de la Casa Blanca de Trump. Para entender por completo el deseo de avance de la pareja, había que apreciar su creencia en que ante ellos tenían el camino a su *propia* Casa Blanca. La Casa Blanca de Trump apenas era su trampolín.

* * *

Aunque Kushner hubiera sido un actor principal en el despido de Comey —la maniobra que había precipitado casi todas las crisis subsiguientes—, se había vuelto un ferviente partidario de que no despidieran a Mueller ni a Rosenstein. Bajo tutela de Abbe Lowell —"A Jared le encanta tener tutor", dijo un amigo— había aprendido a considerar el proceso legal como uno de contención y administración.

Lo que no se debía hacer era volver claros los problemas, y las constantes distracciones de Trump eran de gran ayuda para eso. Pero tampoco querías aumentar el nivel del conflicto, que era la reacción natural de Trump ante cualquier problema. En la mente de Kushner, la batalla de su padre por desvirtuar la investigación llevada a cabo por fiscales federales se convirtió en el modelo de qué *no* hacer.

"No hay que romper nada", se convirtió en el consejo constante de Jared al elefante en la cristalería que era su suegro.

Mientras que Bannon creía, cada vez más, que la longevidad de la administración de Trump dependería del resultado de las elecciones intermedias, Kushner creía que la fortuna de su suegro —y la suya también— dependía de que se preparara y participara con éxito en la campaña de 2020. Solo había que llegar, seguir empujando a Trump.

La clave para controlar a su suegro —como sabían todos en la familia Trump, la Organización Trump, *The Apprentice* y, ahora, en la Casa Blanca— era distraerlo. Mientras más lo persuadiera, por ejemplo, a involucrarse en política exterior, menos se obsesionaría con sus problemas políticos y legales más inmediatos. Eso también confirmaba la creencia de Kushner de que sí podía motivar a su suegro, de que él, más que nadie en la Casa Blanca, podía entender y aprovechar los verdaderos deseos y agenda de Trump. O, con más astucia aún, convertir *su* agenda en la de Trump.

* * *

A principios de 2018, conforme Kushner refinaba su estrategia para desviar la atención de Trump de sus problemas presentes, su forma de pensar reflejaba el consejo que había recibido de Kissinger, quien había sido el asesor de seguridad nacional y secretario de Estado de Nixon. Las excursiones de política exterior habían distraído a Nixon de sus problemas legales, y, Kissinger recalcó, también a los medios.

Durante el almuerzo en Bedminster poco después de Año Nuevo, Kushner le dijo a su suegro que debería replantear por completo su estrategia con Corea del Norte. Kushner esbozó las consecuencias favorables: no solo cambiaría la opinión del mundo respecto a su presidencia, sino que podría restregarle su logro en la cara a mucha gente que lo odiaba. Tomar una de las situaciones más volátiles en el mundo y revertirla era una decisión obvia de relaciones públicas.

Sería como cuando Nixon fue a China, le dijo Kushner al presidente, un suceso histórico importante. *Para los libros de historia*, frase y principio favoritos de Trump.

Kushner le aseguró a su suegro que podría declarar victoria en su campaña contra Corea del Norte y proclamar la paz. Kushner había oído —o por lo menos eso le dijo a su suegro— que Kim no solo estaba dispuesto a pactar, sino que admiraba a Trump. Los halagos no dejaban de llegar por vías extraoficiales.

Durante el curso de aquel almuerzo —comieron hamburguesas—, la campaña de un año de Trump basada en confrontar, demonizar y provocar a Corea del Norte, una empresa personal que nadie apoyaba en la Casa Blanca, fue dejada de lado por completo.

* * *

Bannon creía que los chinos estaban engañando a Kushner y a Trump. Tenía bajo la mira los viajes en tren que Kim hacía de Pyongyang a Beijing, y concluyó que el Estado satélite chino le daría a Trump una gran oportunidad de relaciones públicas, pero también le daría más poder de negociación a China. Después de negociar un trato endeble y darle la mano a Kim, Trump quedaría en las garras de los chinos, a quienes necesitaría para que los norcoreanos cumplieran sus promesas, fueran las que fueran.

Las noticias de la cumbre propuesta con Kim salieron a principios de marzo. El equipo de política exterior de Trump —Tillerson, Mattis, McMaster, incluso el leal Pompeo— se sentía aliviado de que el presidente ya no estuviera mandando amenazas imprudentes, pero confundido y en shock porque, en vez de retar, pareciera dispuesto a cederlo todo. Sin ninguna revisión de la política, sin ningún cambio en nada más que la música de fondo, Trump había aceptado un cambio radical en la postura del país respecto a Corea del Norte.

Se dice que fue Mattis quien identificó la teoría de *Escándalo en la Casa Blanca* invertida. En 1998, la administración de Clinton envió ataques aéreos contra supuestos campos de entrenamiento de Osama Bin Laden, una operación sin sentido que, acusaban los críticos, solo había sido pensada para distraer la atención del escándalo de Monica Lewinsky, y que reflejaba inquietantemente la trama de una película que se acababa de estrenar, *Escándalo en la Casa Blanca*. La maniobra con Corea del Norte podría funcionar igual de bien: ofrecería una paz falsa que distraería a los medios y a la oposición. Pero eso no era todo. El equipo de política exterior de Trump llegó a la conclusión de que, aunque no hubiera ningún cambio real en las capacidades de amenaza de Corea del Norte, su régimen hostil sí podría convertirse en uno mucho menos hostil. Sería un triunfo diplomático patas arriba, pero significativo.

Una nueva teoría, en la que Kushner parecía estar involucrado, empezó a circular en la Casa Blanca. El miedo de que Trump pudiera declarar la guerra —de que en un berrinche o un ataque de megalomanía desatara el asombroso poder del ejército de los Estados Unidos— era infundado. La guerra moderna dependía de datos; declarar la guerra requería un árbol de decisiones con puntos de datos cada vez más complejos, lo que implicaba no solo muchas horas, sino muchos meses de juntas y presentaciones en PowerPoint. Pero Trump no tenía paciencia para tantas juntas. Desde que había empezado a vituperar contra Corea del Norte, nadie había logrado que pasara más que unos cuantos minutos en la matriz bien estudiada de las causas y efectos de lo que podría pasar si hubiera una movilización militar contra Corea del Norte.

El problema no era que pudiera actuar precipitada e imprudentemente porque no entendiera las consecuencias. El problema era que no podía comprender las decisiones que tenía que tomar para actuar; de hecho, ni siquiera podía quedarse en la sala el tiempo suficiente como para decidir nada. La niebla de la guerra lo perdería antes de que pudiera dar la primera orden.

* * *

Durante las semanas anteriores al gran viaje a Singapur, lo difícil que era informar al presidente se convirtió en una preocupación crítica y en tema de burlas. No había un solo dato —ni geográfico ni económico ni militar ni histórico— que pareciera comprender. ¿Podía siquiera identificar la península coreana en un mapa?

Pero, conforme se acercaba el viaje, Trump estaba cada vez más lleno de confianza y bríos. Se comportaba como comandante. Estaba metido en su papel. Parecía no sentir un ápice de duda respecto a cómo actuaría, incluso si, como parecía opinar toda la Casa Blanca, no supiera absolutamente nada de la situación.

La incredulidad de Mattis competía contra la indignación. Empezó a decirle a la gente que dudaba de que pudiera contribuir en términos de cómo contener al presidente o cómo empujarlo.

Trump estaba prometiendo la "desnuclearización", mientras la gente de la Casa Blanca y de política exterior trataba de averiguar el proceso, inexistente, para lograr tal objetivo, así como los términos para alcanzar el estatus desnuclearizado en algún punto en el futuro. Luego, desafiando las normas y supuestos más básicos de Corea del Norte y del Sur —o, quizás, solo para jugar con la gente de política exterior, y en especial con Mattis, quien lo fastidiaba cada día más—, Trump empezó a hablar de improviso de retirar tropas estadounidenses de la península coreana. Es decir, quizás a cambio de nada, podría darles lo que más querían China y Corea del Norte: el cambio transformador que quitaría a los Estados Unidos de la ecuación de poder en la región. Detener en seco ese desastre se convirtió de pronto en el objetivo principal del equipo de política exterior. Una cumbre exitosa sería la que no permitiera que China y Corea del Norte lograran una victoria absoluta.

En los anales de la política exterior estadounidense, quizás ese sea uno de los momentos más peculiares. El pendenciero presidente de Estados Unidos había empezado de pronto a sonar pacifista; no tardaría en abrazar a su enemigo mortal y, quizás, hablar de poner la otra mejilla. Los medios, que habían criticado amargamente a Trump por su postura beligerante, confundidos, parecieron decidir que tenían que elogiarlo por su repentino discurso de tolerancia, paciencia, tranquilidad e incluso afecto.

* * *

El presidente llegó el 10 de junio a Singapur. Mike Pompeo, John Bolton, John Kelly, Stephen Miller, Sarah Huckabee Sanders y Matt Pottinger, asistente del Consejo de Seguridad Nacional, lo acompañaban. Trump había invitado a Hannity; sería algo así como el locutor oficial de la cumbre. Casi tan pronto como empezó, el viaje fue totalmente festivo, solo estropeado por las quejas de Trump por tener que conocer al primer ministro de Singapur, Lee Hsien Loong, el día después de su llegada.

"Como usted sabe, tenemos una reunión muy interesante mañana —dijo Trump en sus comentarios públicos al primer ministro Lee—. Tenemos una reunión particularmente interesante mañana, y creo que va a salir muy bien".

"El presidente está bien preparado para la interacción de mañana con el presidente Kim", declaró Pompeo ante los reporteros, aún cuando les había dicho a sus amigos, en privado, que Trump había evitado cualquier cosa que no fuera una preparación muy superficial.

El 12 de junio, el presidente Trump y el presidente Kim se reunieron poco después de las nueve de la mañana.

"Me siento muy bien —dijo Trump durante una sesión de fotos con Kim antes de la reunión—. Vamos a tener una buena conversación y, yo creo, un éxito tremendo. Va a ser tremendamente exitosa. Y me siento honrado. Y tendremos una relación genial, no lo dudo".

"Bueno, no fue fácil llegar hasta aquí —dijo Kim por medio de su intérprete—. El pasado era como grilletes en nuestros miembros, y los viejos prejuicios y prácticas eran obstáculos en nuestro camino. Pero los superamos todos y aquí estamos hoy".

Se reunieron durante 38 minutos.

No fue una cumbre en la que la relación entre dos naciones se convirtiera en la letra chiquita de algún acuerdo. Más bien, esa reunión marcó el inicio de una nueva relación invertida entre dos hombres, ninguno de los cuales hablaba el idioma del otro. Antes de la cumbre, eran enemigos acérrimos; después, se convertirían en amigos con un respeto sincero. Cualquier discusión de política, incluso entre asistentes, se descartó. Los dos hombres solo querían ratificar su nueva relación y su estatus de líderes definitivos.

"Es brillante —dijo Bannon al apreciar el momento de Trump—. Logra una presencia de mando total. Esto es algo de lo que no tiene idea. No lo pueden informar porque no entiende nada. Así que se rinden. Le dicen que lo nuclear es lo peor con la esperanza de que comprenda. Pero tiene presencia de mando. Está bien caracterizado".

En ese momento, cualquier pretensión de política exterior ordenada, estructurada, según causas y efectos, concertada por expertos, guiada por procesos, se fue por la borda. Y también fue el momento en el que Trump perdió a Jim Mattis, el último puente que conectaba a la administración con la forma de pensar del *establishment.*

Mattis había empezado a creer que Trump era su capitán Queeg.

11

HANNITY

Para la segunda semana de junio, agentes del Servicio de Inmigración y Control de Aduanas (ICE) estaban arrancando bebés de los brazos de sus madres. Las imágenes de las separaciones del ICE se convirtieron muy pronto en la cara diaria del trumpismo.

"Cuando ese niñito apareció ahogado en la playa griega [Alan Kurdi, de tres años, un niño sirio capturado en una foto de 2015 que atrajo la atención internacional] no fue el momento en el que la repulsa de los quejicas progresistas apeló a la moral del mundo", dijo Bannon, tratando de explicar las virtudes de la nueva política trumpista de separar a los padres de sus hijos cuando las familias cruzaban la frontera sur de los Estados Unidos. "Fue cuando el resto del mundo dijo que esto de la inmigración es una locura y se tiene que detener. Si votaste por Trump, cada fotografía de un migrante mexicano, padre o hijo, juntos o separados, te confirma ese voto".

Al igual que la inmigración había sido el problema abrumador en 2016, Bannon esperaba que fuera el tema rentable de Trump en las elecciones intermedias de 2018. La inmigración no solo era el *sine qua non* del trumpismo, sino el pilar intelectual que cualquier idiota podía entender. "Hay siete mil millones de personas en el mundo, y seis mil millones quieren entrar a Estados Unidos y Europa", dijo Bannon. "Hagan las cuentas".

La investigación interna indicaba que la inmigración también se había vuelto el tema de horario estelar con el éxito más consistente en Fox News. Si Fox usaba el cebo de noticias sobre inmigrantes —noticias de miedo—, podía confiar en que mantendría a su inquieta audiencia en sus asientos. El cambio de canal disminuía drásticamente durante los segmentos sobre inmigración.

En privado, o no tanto, Bannon creía que Trump, si sobrevivía a su primer mandato, se habría hartado de la presidencia para 2020. "Míralo. Solo tienes que verlo", decía Bannon, quien tampoco se veía nada bien. En caso de que Trump no se lanzara para 2020, Bannon —con renovado entusiasmo gracias a las sacudidas, catástrofes y oportunidades perdidas de la presidencia de Trump— se consideraba a sí mismo el candidato presidencial para el movimiento populista-nacionalista y su plataforma inmigratoria radical. Veía a Sean Hannity como su compañero de boleta.

Hannity, desdeñoso, con grandes ambiciones propias, insistía en que ese escenario era ridículo. *Él* encabezaría la planilla, con Bannon, "si tiene suerte", en el segundo sitio.

* * *

Hannity ahora era uno de los hombres más ricos de los noticieros de televisión. En 2017, Roger Ailes, su exjefe y quien lo había promovido de un trabajo televisivo de 40 mil dólares anuales, estimaba su fortuna neta entre 300 y 400 millones. Desde sus primeros días con el gran salario de la cadena, Hannity había invertido en propiedades de alquiler por todo el país. "Quizás sea dueño de todas las propiedades más baratas de los Estados Unidos", dijo Ailes, con cariño. Bannon, a quien nunca se le escapaba la broma obvia, se preguntaba: "¿Cuántos ilegales vivirán en propiedades de Hannity?".

Durante veinte años, Hannity, al igual que casi todos en Fox News, operaba no solo con lealtad y gratitud hacia Ailes, sino bajo el entendimiento inequívoco de que Ailes era el cerebro de la operación, el árbitro indiscutible del *Zeitgeist* político conservador. En el funeral de Ailes, en Palm Beach, en mayo de 2017, Hannity, quien había llevado a un grupo de colegas y amigos de Ailes en su avión, descubrió que su plan de regresar a casa para ver el partido de uno de sus hijos se retrasaba por los muchos encomios en el funeral. Se alejó para hablar por teléfono con su hijo decepcionado y le dijo: "Lo siento, lo siento. Pero, oye, espérame un momento. ¿Te gusta nuestra vida? Pues todo se lo debemos al Sr. Ailes. Así que me voy a quedar hasta que se acabe este funeral".

Cuando despidieron a Ailes de Fox en julio de 2016 por cargos de acoso sexual, la cadena necesitaba una nueva razón de ser y una misión unificadora. Durante dos décadas, Ailes había creado los mensajes, el tono y muchas de las personalidades del Partido Republicano. Fox se había convertido en la marca republicana, dramatizando y monetizando la política de una manera inédita. Con ganancias anuales de mil quinientos millones de dólares, el canal Fox News era la parte más valiosa del imperio de Rupert Murdoch. Pero, sin Ailes para crear el discurso y nutrir el talento, ocurrió un realineamiento significativo. Ailes había advertido durante mucho tiempo sobre el peligro de que la cadena se convirtiera en vocera de la Casa Blanca: el valor y la primacía de Fox se debían a que dirigía, en vez de seguir. Y, de hecho, el Partido Republicano y las Casas Blancas republicanas habían estado en deuda con Fox. Pero ahora Fox estaba en deuda con Trump, la mente maestra del nuevo *Zeitgeist*.

Tras la salida de Ailes, la familia Murdoch, siempre consumida por la confrontación diaria del padre y sus dos hijos sobre quién tenía el control real, asumió la dirigencia de Fox. Rupert mismo, tras 65 años como el periodiquero más agresivo y exitoso del planeta, seguía sin sentir gran interés por las noticias televisivas; sus hijos, Lachlan y James, eran moderados en política y soñaban con formar parte de la sociedad liberal, por lo que Fox los avergonzaba a diario. Sin embargo, toda la familia apreciaba el raudal de dinero que traía la cadena y, por lo tanto, de momento estaban atados al punto de vista de la programación de Fox. Lo que agravó el vacío de liderazgo y la ambivalencia de la marca durante los meses posteriores a la partida de Ailes fue que los dos presentadores más prominentes y con mayor *rating* de Fox, Megyn Kelly y Bill O'Reilly, dejaron la cadena. A Kelly la despreciaban muchas de las estrellas y jefes de la cadena por haber alzado la voz contra Ailes; O'Reilly se vio obligado a salir tras su propio escándalo por acoso sexual.

La operación diaria de la cadena recayó en los asistentes leales pero indiscernibles de Ailes, quienes estaban todos acostumbrados a cumplir con las instrucciones de Ailes y tenían poca visión propia. La programación multimillonaria del horario estelar de Fox quedó en manos de tres figuras: Hannity, el rival más débil ante O'Reilly y Kelly; Tucker Carlson, un presentador segundón de reemplazo; y Laura Ingraham, una locutora de radio conservadora que nunca había tenido éxito en televisión y que había llegado a Fox tras un intento fallido por obtener un programa de concursos.

Hannity desdeñaba a Murdoch y a sus hijos, sin duda porque estaba bastante seguro de que él les parecía despreciable a ellos. Creía que lo iban a despedir pronto. Pero era optimista: creía que su futuro estaba con Trump, y poco después de la toma de posesión de Trump empezó a decirle a la gente que solo se quedaba en Fox para "luchar por Donald J. Trump". Esa estrategia de programación —lealtad abyecta a Donald Trump—, apuntalada por advertencias obsesivas contra los males de la inmigración ilegal, de pronto convirtió a Hannity en el oro de la televisión por cable.

Carlson, un exredactor de revista, había migrado a Fox luego de estar en CNN y MSNBC, donde había batallado en el papel del joven vejestorio conservador de corbatín. Cuando los canales liberales callaron hasta a sus voces conservadoras meramente simbólicas, tuvo un final predecible. En Fox, donde Ailes consideraba a Carlson el tipo de conservador que prefieren los liberales —útil para la cadena, pero no imprescindible— les calentó el asiento a las verdaderas estrellas que disfrutaban los conservadores de línea dura. Cada semana viajaba a Nueva York desde Washington para filmar programas de fin de semana de menor *rating*.

Detrás de cámaras, Carlson era un autoproclamado libertario, gracioso y templado. Disfrutaba de las pandillas amistosas de Washington, y almorzaba a diario en el Club Metropolitan (a solo dos cuadras de la Casa Blanca, el Metropolitan era uno de los clubes más desaliñados y conspiradores de la ciudad). Al pasar los años, Carlson había llegado a conocer bien a Trump, y cuando hablaba en privado era un guía ingenioso del surrealismo y la demencia del mundo Trump. Cuando heredó, más bien por defecto, el sitio de Kelly en la alineación del horario estelar, Carlson —con problemas fiscales y financieros, y ahora cerca de la cincuentena— vio su última oportunidad real de triunfar en horario estelar. Entendía que la lucha por Donald J. Trump y la defensa de "Estados Unidos Primero" eran una bendición en términos de discurso y una vía clara hacia mayores *ratings*. Con una nueva tenacidad y un conjunto de expresiones faciales propias del hombre común —absoluta incredulidad ante la estupidez e hipocresías de la izquierda— se convirtió, por fin, en un conservador que a los liberales les encantaba odiar.

Ingraham, una de los oradores en la Convención Nacional Republicana de 2016, quizás fuera la más desesperada de los tres. Al mismo Trump le parecía deficiente: "Nunca ha tenido éxito en televisión. Yo me pregunto: '¿Por qué?'. Y les contesto: 'A la gente no le cae bien'. A mí me cae normal. Pero no me encanta". Se quejó con Murdoch y Hannity: "Tienen que conseguirme a alguien mejor". En cierto modo, su puesto en la cadena dependía de una audiencia de una persona.

Fox, como cadena coherente —el trabajo de Ailes era famoso por ser jerárquico, con sus temas y mensajes del día coordinados en todos los programas—, ahora transmitía mensajes contradictorios y caos. Pero ninguno de los tres presentadores de la noche estaba confundido: se concentraron en el mensaje de Trump.

La marca ya no era Fox. Ahora Trump era la marca.

Y el discurso de la marca Trump fue una genialidad televisiva. Los cuadros del *establishment* —las élites, los medios, el Estado profundo, la gran conspiración liberal— estaban tratando de tumbar a Donald Trump. En Fox, ese era un mensaje de gran *rating*: había que defenderlo. Y había que apoyar sus instintos más trumpistas, en especial los relacionados con la inmigración, a menos que él se retractara.

Cada uno de los presentadores de horario estelar reconocía en privado que, si Trump caía, ellos caerían también. Cada uno reconocía que, si Fox cambiaba de curso, y suponían que lo haría en algún momento, ellos quedarían fuera. Estaban atados a Donald Trump, no a Fox.

Los tres juntos —con la jueza Jeanine y Lou Dobbs, también en Fox— formaban una suerte de grupo de expertos, asesores y animadores presidenciales que hasta entonces se había mantenido fuera de vista. Era algo nuevo: el equipo de Fox servía como canal público entre las bases de Trump (la audiencia de Fox) y la Casa

Blanca de Trump. De igual manera, muchos de los mensajes del bando de Bannon en el partido de Trump se entregaban por medio de la programación del horario estelar de Fox. El más consistente y sucinto era el de la inmigración. Y todo eso se alimentaba y reforzaba constantemente con las incesantes llamadas telefónicas entre Hannity y Trump.

Dos de los acólitos de Bannon en la Casa Blanca, Stephen Miller y Julie Hahn, el equipo de expertos trumpistas antimigración, hacían *lobby* ante Trump por medio de Hannity. De hecho, el trabajo de Hahn ahora se dividía entre política y comunicaciones: era el contacto directo con Hannity. Eso le daba a Hannity acceso no solo a la postura de la Casa Blanca, sino también a la de Bannon-Miller-Hahn, que Hannity reciclaba de vuelta hacia Trump.

* * *

Hannity y el presidente hablaban hasta seis o siete veces al día. Las llamadas a veces duraban más de treinta minutos. John Kelly, asombrado de que hubiera días en que el presidente pasara hasta tres horas hablando con Hannity, había tratado de limitar las llamadas. Pero Hannity tenía una influencia tranquilizadora en Trump: era una distracción y a la vez una audiencia dispuesta a escuchar sus interminables quejas contra casi todo el mundo. Además, Hannity le brindaba a Trump un reporte constante de los *ratings* televisivos, una de las pocas cosas que podía mantener su interés sin falla. Como siempre, Trump era muy sensible a cualquier palabra o acto que le diera mejores *ratings*.

Hannity creía que las charlas diarias eran una oportunidad profesional singular; también las consideraba un deber patriótico. Aceptaba la volatilidad de Trump y trataba de evitar que el tipo perdiera los estribos.

"Yo lo calmo", le explicó Hannity, con una modestia solemne, a un grupo de gente de Fox sobre sus conversaciones con el presidente.

Bannon opinaba distinto: "Las teorías de Hannity son más dementes que las de Trump", decía, "así que Trump se convierte en la voz de la razón".

Hannity presionaba al presidente para hacer y decir cosas que, al repetirlas en las noticias, inflarían el *rating* de Hannity y, como solía suceder, el de casi todos los demás. Que Trump volviera al muro, en sus tuits, casi siempre era obra de Hannity. Era política elemental, sí actuar de manera que pudiera complacer al electorado. Pero el otro matiz —que un presentador de televisión le dijera al presidente que hiciera lo que más atrajera a una audiencia televisiva— llevaba el juego a otro nivel.

En parte, era la fórmula de Ailes que los políticos hicieran lo que la televisión, y en específico una determinada audiencia televisiva, necesitaba. Pero Hannity estaba aprovechando a Trump como ningún presidente había sido aprovechado. "Trump es la estrella", decía. Hannity, el mayor partidario de dejar a Trump ser Trump, creía que su trabajo, tanto en televisión como en política, era mejorar el desempeño de Trump, alentar a Trump para que fuera lo más trumpista posible. Gran parte de sus conversaciones eran sobre cómo esta o aquella declaración, tuit, insulto o gruñido de Trump había resultado en televisión. Trump, nunca estudioso de nada, estudiaba con paciencia lo que resultaba bien.

Escuchaba a Hannity en parte porque creía que su propio Departamento de Comunicaciones era particularmente incapaz de darle buen consejo. Eran "unos ignorantes". Además, se veían muy mal. Hannity apoyaba con gusto el desprecio que Trump sentía por su propio equipo. El Departamento de Comunicaciones debía haberse interpuesto entre Hannity y el presidente; en vez de eso, Hannity se interponía entre el presidente y su equipo de comunicaciones. En esto lo acompañaba Bannon, quien se consideraba director de comunicaciones en la sombra (además de todo lo demás que hacía en la sombra). Los dos disfrutaban inmensamente de los abusos que el equipo de comunicaciones recibía de parte de Trump. Si Trump abusaba de la prensa, abusaba mucho más de su propio equipo de prensa. Soltaba críticas constantes acerca de la apariencia, vestido, cabello y pasión con que lo defendían las mujeres del equipo de prensa. "¿Dejarías que tu vida dependiera de Kellyanne Conway, Mercedes Schlapp o la chica Huckabee?", era la pregunta retórica de Bannon. "Menudo equipo de expertos".

En junio, Hannity aprovechó la oportunidad para imponerse en el puesto más alto de comunicaciones. Bill Shine, a quien Hannity llevaba casi un año insistiéndole a Trump que contratara, había sido la mano derecha de Ailes y el productor de Hannity. A sus 54 años, había pasado la mayor parte de su carrera en Fox, casi siempre cumpliendo las órdenes de Ailes. También fue despedido durante los escándalos sexuales de Fox en 2017. El argumento de Hannity era que Shine, quien se unió oficialmente a la Casa Blanca el 5 de julio, no solo podría ser tan buen productor para Trump como lo había sido para él —"Iluminación, iluminación, necesito mejor iluminación", despotricaba Trump—, sino que básicamente podría controlar Fox desde la Casa Blanca. Sería un conducto directo hacia la cabina de control. Cuando Shine entró a trabajar en el Ala Oeste, y Hannity lo dijo explícitamente, dio inicio al nuevo modelo de negocios de la cadena: Fox era la cadena trumpista.

Lo único que faltaba era… el muro.

El muro era el elemento de *branding* clave. Trump había teorizado algunas veces sobre alternativas al muro: rejas sofisticadas, torretas, puestos de guardia desmilitarizados, o quizás incluso un muro invisible, un campo de fuerza que diera una descarga eléctrica como las de los perros. Pero para Hannity el muro era literal, y creía que también lo era para las bases trumpistas. El muro tenía que hacerse de cemento, "nada de mierdas virtuales", decía Hannity. Tenía que ser la manifestación física de "Hacer Estados Unidos Grande de Nuevo" (MAGA).

El mantra era sencillo: sin muro no había Trump. Detener la inmigración era el discurso trumpista. La inmigración era su pasión. No había una mano demasiado dura contra la inmigración. Y mientras más duro fuera Trump, más oportunidad tendría de ganar en noviembre.

* * *

Sean Hannity tenía razón: Rupert Murdoch y sus hijos apenas lo aguantaban. Pero, de cierta forma, Hannity solo era parte del efecto Trump en la familia Murdoch. Trump había ayudado a convertir los últimos años de Murdoch, un personaje de 87 años encumbrado en la política conservadora, en una amarga experiencia. Murdoch había tenido que mostrarse servil ante Trump, a quien consideraba un charlatán y un idiota, y sus hijos lo culpaban por haber participado en su ascenso al poder.

Murdoch creía que Trump y Hannity eran caricaturas de tabloide. Eran la suerte de personajes que poblaban sus periódicos (seguía pensando en términos de periódico en vez de televisión); entretenimiento para las masas. En el mundo de Murdoch, no eran la gente que detentaba el poder. El poder lo detentaban hombres que entendieran sus intereses más amplios —y los intereses más amplios de otros hombres que detentaran el poder— y que no lo pusieran en riesgo. Las élites de las que se mofaba Trump, por lo menos las conservadoras, eran exactamente la gente a la que respetaba Murdoch.

La volatilidad era enemiga del poder. Murdoch creía que Trump y Hannity eran actores, payasos, los dos. Hannity le era útil;

Trump, antes de las elecciones, no era más que alimento para su *New York Post*.

Es común que a los hombres poderosos les entretengan los logros menores de hombres menores con ambición de poder. Para Murdoch y Ailes, Trump y Hannity habían sido un espectáculo compartido de incredulidad, una medida de qué tan lejos se podía llegar con mucha ambición y poco cerebro.

En 2016, Murdoch se había negado a considerar la posibilidad de Trump en la presidencia y le había ordenado a Ailes que inclinara la cobertura de la cadena hacia Clinton, la candidata favorita. Pero después de las elecciones, Murdoch, siempre un hombre práctico, se obligó a relacionarse con el nuevo presidente, quien, a su vez, apenas podía creer que Rupert Murdoch por fin lo estuviera tomando en serio.

"No puedo lograr que cuelgue este idiota", le dijo Murdoch a uno de sus asistentes cuando Trump ya estaba en la Casa Blanca, mientras sostenía el auricular y la voz del presidente divagaba por el aire.

Mientras tanto, como resultado de su fácil acceso a Trump y los crecientes *ratings* de Fox, Murdoch, quien en teoría ahora manejaba la cadena, permitió que sus presentadores de horario estelar se dedicaran a Trump. Su hijo James, a quien le asqueaban Trump y la alineación de horario estelar, se opuso amargamente a la maniobra. Cada vez bebía más y confrontaba más seguido a su padre. ("Su hijo es un borracho", decía Trump, y rara vez perdía la oportunidad de comentarlo). La esposa de James, Kathryn, era particularmente franca sobre su odio hacia Fox News y, de hecho, hacia gran parte de la política empresarial de Murdoch. Padre e hijo se pelearon a gritos por Hannity y Trump. La familia Murdoch se había convertido en colaboradora, declaró el joven Murdoch. El mundo lo recordaría. El futuro de la compañía estaba en juego.

Pero Murdoch estaba atado, no sin agonía, al hecho de que su cadena dependiera cada vez más de lo lucrativo que era Trump. La gente a su alrededor creía que, por primera vez en su carrera, las necesidades de su negocio y el oportunismo político podrían estar causándole una crisis de conciencia. No podía renunciar a Trump, pero tampoco podía soportarlo. Culpaba a Trump del creciente distanciamiento de su hijo James. Era una secuela shakespeariana: Trump, como resultado último de Fox, estaba despedazando a la familia Murdoch.

Como no encontró ninguna manera de controlar la discordia dentro de su familia —para entonces Murdoch apenas hablaba con James, quien desde hacía mucho había sido el heredero designado—, seis meses después del inicio de la presidencia de Trump Murdoch empezó a planear vender su compañía. Su acuerdo con Disney, anunciado en diciembre de 2017, incluía la mayor parte de los activos de la compañía, excepto Fox News, que Disney no quería, y la cadena Fox Network y las estaciones de televisión locales, que habrían causado problemas con las normas en la materia. James saldría de la compañía y los activos restantes serían manejados por el hijo mayor de Murdoch, Lachlan, hasta que también pudieran venderse.

Pero habría pocos compradores corporativos para Fox, y según los Murdoch quizás ninguno, si Sean Hannity seguía siendo una parte vital del trato. La conspiranoia de Hannity era no solo absurda, sino intolerable: con su partidismo trumpista abierto con frecuencia estaba al borde de violar los lineamientos de la Comisión Federal de Comunicaciones. Y cuando Trump cayera, el valor de Hannity, y el de la cadena, también lo harían.

En mayo de 2018, Fox intentó atacar a la celebridad televisiva Kimberly Guilfoyle, que tenía vínculos románticos con Donald Trump Jr. y, antes, con Anthony Scaramucci, el efímero director de comunicaciones de la Casa Blanca de Trump. (Guilfoyle también habló sin recato sobre las veces que Trump había intentado seducirla). Guilfoyle, quien pronto sería despedida de la compañía, estaba siendo investigada por, entre otros problemas de conducta, circular fotografías de penes entre sus colegas. Lachlan Murdoch vio una oportunidad: creía que Sean Hannity podría estar involucrado en las cuestiones comprometedoras que estaban en el teléfono de Guilfoyle, lo que podría darle al joven Murdoch la razón que necesitaba para persuadir a su padre de que despidiera a Hannity.

Pero Hannity se quedó. En el interior de Fox se creía que Trump había intercedido por él ante Murdoch. Los Murdoch sentían náuseas de solo pensar en Hannity, pero siguió siendo la estrella de sus *ratings*.

* * *

A Hannity y a Bannon les preocupaba que Fox insistiera en disminuir el tema de la inmigración, sin importar que fuera combustible de *rating*; los dos oyeron reportes de que Murdoch decía ya basta. Murdoch, australiano, creía en los beneficios económicos de un mercado laboral mundial. Era, como Bannon le decía seguido a Trump, un globalista estándar. El periodiquero conservador que había hecho fortuna promoviendo la xenofobia de clase mundial en muchos países, de hecho era un hombre de Davos.

Pero lo más crucial era que Hannity y Bannon dudaban que Trump fuera a seguir concentrado en la inmigración, o por lo menos no les costaba imaginárselo cediendo en los detalles. El muro se volvería un muro invisible, o un muro tan lejano en el futuro que solo sería un muro teórico. No dudaban de la opinión de Trump sobre el tema —parecía sentir un asco y una suspicacia visceral por los inmigrantes, ilegales o no—, ni tampoco creían que estuviera buscando un punto medio favorable a todos los bandos. Pero, como en todo, le aburrían los detalles. Por lo tanto, era extremadamente susceptible a la última persona que le vendiera un paquete diferente de detalles. En particular, Trump era objeto de un esfuerzo concertado de su hija y su yerno, y de la dirigencia en el Congreso, para que modificara y suavizara los detalles de su política migratoria.

Eso se convirtió en un esfuerzo constante de Hannity, una suerte de catecismo en sus llamadas diarias con Trump. Una y otra vez, Hannity reiteraba y reforzaba la tolerancia cero de la política. Eso, por supuesto, lo disfrazaba con elogios efusivos hacia Trump. Solo él tenía las agallas para detener el flujo interminable de inmigrantes en nuestras fronteras. Solo él tenía el valor para construir el muro.

Trump, motivado, de pronto exigía una nueva orden ejecutiva que financiara el muro y detuviera la inmigración en cadena y la ciudadanía por nacimiento. "Háganlo todo", dijo. Cuando le dijeron que la orden no pasaría por la Oficina de Asesoría Legal, reflexionó: "Si yo la firmo, la gente sabrá mi postura. No me van a culpar por las leyes".

* * *

Sin embargo, para mediados de junio el papel de animador de Hannity se había empezado a desgastar, y Trump comenzó a volverse en su contra. La desorganización masiva de la separación de familias conforme a la tolerancia cero —niños perdidos, instalaciones que parecían campamentos de carpas, la falta de perspectiva sobre qué hacer con los niños y menores detenidos— debía recaer en una Casa Blanca inepta que actuaba sin un plan, pero él le echó la culpa a Hannity.

Una vez más, Ivanka persuadió a su padre de que debía matizar su severidad instintiva. Con la misma facilidad lo habían convencido —y lo volverían a hacer— de que la dureza draconiana en el tema de la inmigración lo había vuelto presidente y lo mantendría en el puesto. Pero ahora, sobre todo cuando escuchaba a su hija, creía que Hannity le había vendido un mal trato.

A pesar de sus halagos, a pesar de su ferviente dedicación al presidente, Trump había acabado por desdeñar a Hannity casi en la misma medida. En parte era normal. Tarde o temprano, Trump sentía desdén por cualquiera que le mostrara demasiada devoción. "Como él se odia a sí mismo, aprende a odiar a cualquiera que parezca quererlo", lo analizó Bannon. "Si parece que lo respetas, cree que te engañó, así que eres un tonto". Otros creían que se trataba de la idea de poder de Trump. Exigía servilismo de la gente a su alrededor y luego los humillaba por su debilidad.

Y además estaba la cuestión del dinero. Trump invariablemente odiaba a cualquiera que lucrara a costa suya sin compartir con él las ganancias. Para Trump, los altos *ratings* de Hannity en realidad eran suyos; por lo tanto, le estaba robando.

Dentro del círculo de Trump, Hannity era jocoso, gracioso y generoso —había una oferta abierta para que usaran su avión—, y le inyectaba una dosis de energía y optimismo al mundo trumpista, casi siempre abrumado. A la vez, prácticamente todos, incluyendo a la mayoría de los personajes más trumpistas del mundo Trump, creían que Hannity era alguien de una estupidez e incoherencia extrañas. Incluso Trump le gritaba a su televisión: "Eso no se sigue, Sean, no se sigue".

También Bannon, a pesar de su afecto por Hannity y su avión, se sorprendía a menudo con la extraña dirección que tomaban sus monólogos, que se hacían eco del contenido de algunos de los foros de conspiración en línea más extremos. "Amigo, amigo, no te me vuelvas loco", murmuraba Bannon mientras veía una emisión vespertina.

El nuevo chiste interno era que —igual que Karl Rove como cerebro de Bush y Steve Bannon como cerebro de Trump— ahora

Sean Hannity se había convertido en el genio residente de Trump. Trump había acabado con alguien incluso más estúpido que él. Pero encajaba, porque Trump resentía que alguien sugiriera que necesitaba depender de la perspicacia o inteligencia de otro. En realidad, le dolía que pudiera haber alguien más listo que él. Pero con Hannity de compinche podía sentirse seguro de que nadie iba a pensar que dependía de alguien más inteligente. (Eso, de hecho, era un debate interno frecuente: ¿Quién era más tonto, Hannity o Trump?).

Luego, sin embargo, tras firmar una orden ejecutiva el 20 de junio para revertir la política de separar familias, Trump cayó de nuevo en un bajón, culpando a todo mundo —aunque, curiosamente, no a su hija— de hacerlo parecer débil.

Pero el 26 de junio el guion se invirtió de nuevo: la Corte Suprema revocó fallos anteriores y ratificó la prohibición de viaje dictada por el presidente, la misma que había sido tan polémica y parecido excéntrica al principio de su administración. Ahora Trump despotricaba que, si no hubiera firmado la orden ejecutiva sobre la separación de familias, habría tenido un triunfo doble. "Habría tenido el toque mágico", le dijo a uno de sus asistentes. "Mi magia".

De hecho, aunque se sabía que el caso de la prohibición de viaje sería uno de los últimos que trataría la Corte antes de su descanso de verano, nadie en la Casa Blanca estaba preparado para la decisión. Incluso cuando les dieron la victoria pasó un día antes de que emitieran un comunicado de prensa, y antes de eso una tormenta de correos electrónicos, tratando de decidir quién iba a escribir el comunicado en el Departamento de Comunicaciones.

Cansado ya del tema de inmigración, de pronto Trump pareció ilusionado el 27 de junio con la noticia del retiro del juez Anthony Kennedy de la Corte Suprema, lo cual abría un nuevo puesto para otro juez conservador. La inmigración se convirtió, de un día para otro, en un asunto olvidado, y Hannity, en una molestia. "Ilegales, ilegales, ilegales. Hay más cosas en el mundo", le dijo el presidente por teléfono a alguien que lo había llamado. "Alguien debería decírselo a Sean".

12

TRUMP EN EL EXTRANJERO

En su ya habitual forma improvisada de proceder, ante la repentina insistencia de Trump la Casa Blanca añadió dos paradas posteriores a la tan planeada reunión de la OTAN del 11 y 12 de julio en Bruselas: una en Gran Bretaña, para reunirse con la reina, y luego una rápida cumbre en Helsinki con el presidente Putin.

En la mañana del 10 de julio, habló un momento con los medios antes de abordar el avión hacia Bruselas. "Así que está la OTAN, está el Reino Unido; es una situación agitada. Y está Putin. Francamente, Putin puede ser lo más fácil de todo".

La parada en el Reino Unido era la que más le preocupaba a Bannon. Había usado cualquier canal disponible para mandar el mensaje de que esa parada sería un desastre seguro. Podía haber un millón de personas en las calles abucheando a Trump. Incluso antes de que iniciara el viaje, se instó a Trump a quedarse lo más lejos posible de Londres por las protestas esperadas. Y la audiencia con la reina, a quien Trump se moría por conocer, sería una fría acogida más que otra cosa: el resto de la familia real estaría "fuera de la ciudad". Jared e Ivanka, más sensibles a los matices que el presidente, captaron el insulto real y se echaron para atrás anulando el viaje a última hora.

Sin embargo, Trump quería jugar golf, además de conocer a la reina. Y quería darle a su campo de golf en Escocia, Trump Aberdeen, un empujón de relaciones públicas. Además, la Casa Blanca lo estaba alentando constantemente a salir de la ciudad y, de preferencia, del país. "Lejos y ocupado", dijo un enfático John Kelly.

Pero Bannon pensó que la visita podía ser un fracaso. Trump podía "arruinarlo por completo. No quieres que vaya a que lo humillen". Bannon, que en la década de 1990 había pasado varios años yendo y viniendo de Londres como banquero de inversiones, algo sabía sobre el desdén de la clase alta británica, que bien podía encontrar su última expresión en un desaire a Donald Trump. Por otro lado, además, estaba la ira de la izquierda británica, que difícilmente encontraría un objetivo más jugoso que Trump.

Bannon tenía sus propias razones para no querer que Trump sufriera un derrumbe en Europa. Durante los últimos meses, Bannon había expandido ampliamente el alcance de sus ambiciones populistas, y promovía a Trump como el nuevo portaestandarte para la derecha europea. Si Bruselas era el símbolo, aunque no muy vibrante, de una Europa globalista unida, Trump era el símbolo de una nueva Europa de derecha cohesionada. De cualquier forma, ese era el mensaje de Bannon, o su ungüento milagroso. Lo que había hecho por Trump podía hacerlo por los partidos europeos de derecha, siempre rezagados.

Así que, si Trump "enloquecía" en una visita a Europa, no sería lo mejor para los asuntos de Bannon. Y hasta entonces, los asuntos de Bannon —exportar el milagro Trump, que daba pruebas positivas de que los partidos marginales de derecha realmente podían tomar las riendas del poder, con ayuda de la consciencia populista de Bannon— marchaban perfectamente bien.

Probablemente —desde su punto de vista— Bannon fuera el ingrediente secreto detrás del Brexit. A inicios de 2016, Bannon, buscando formas de ayudar a su amigo Nigel Farage y su Partido de la Independencia del Reino Unido (UKIP, por sus siglas en inglés), lanzó un Breitbart británico. El UKIP y el Brexit necesitaban una plataforma, y "Farage sabe", declaró Bannon, "que Breitbart hizo la diferencia".

En la primavera de 2018, Bannon estaba moviendo los hilos de la política en Italia. La certidumbre operativa en Italia era que su electorado fragmentado aseguraría la eterna prevalencia de algún tipo de coalición de centro pactada e ineficaz. Pero Bannon se había hecho amigo de Matteo Salvini, el líder de la Liga nacionalista de derecha (antes llamada Liga Norte; su nombre cambió recientemente), y tras un predecible resultado dividido en las elecciones italianas de marzo, Bannon irrumpió en la escena y ayudó a negociar una coalición entre la Liga y el Movimiento 5 Estrellas (un partido populista de izquierda con fuertes inclinaciones de derecha). Ni Salvini ni Luigi Di Maio, de 5 Estrellas, en la formulación de Bannon, reclamarían el cargo de primer ministro, pero juntos podrían acordar una maniobra para retenerlo. Esta, para Bannon, era la unión perfecta de la extrema derecha y la extrema izquierda.

Ahora que se avecinaba el viaje de la OTAN, Bannon necesitaba que Trump interpretara el papel del hombre fuerte estadounidense, y no que se comportara como un bebé con berrinche. Eso podía espantar a los clientes europeos de Bannon.

* * *

El presidente y la primera dama llegaron la noche del 10 de julio a una Bruselas fresca. A la mañana siguiente, Trump tenía muchas quejas: no había dormido; le habían perdido una camisa; la comida era mala. Parecía que él y su esposa no se hablaban en absoluto.

Esa mañana desayunó con el secretario general de la OTAN, Jens Stoltenberg. Rodeado de los altos cargos de su administración —el secretario de Estado Mike Pompeo, el secretario de defensa James Mattis, el jefe de gabinete de la Casa Blanca John Kelly, el embajador de los Estados Unidos ante la OTAN Bailey Hutchison— Trump hizo sus primeros comentarios raros: acusó a los alemanes de conspirar con los rusos. "Creo que es muy triste que Alemania haga un trato enorme de petróleo y gas con Rusia… Se supone que nos estamos protegiendo de Rusia y Alemania va y le paga miles y miles de millones de dólares anuales a Rusia… Se supone que te estás protegiendo de Rusia, pero ellos le están pagando miles de millones a Rusia y creo que es muy inapropiado… Alemania está totalmente controlada por Rusia".

La OTAN, no paraba de repetir Trump a la gente que lo acompañaba, "me mata de aburrimiento". Ciertamente, la OTAN era una enorme y complicada estructura burocrática, un equilibrio de intereses meticuloso y desigual. La urgencia de Trump de perturbarla debía deberse a su renuencia a los detalles de poca importancia —informes oficiales, contextualizaciones de datos, eternas discusiones para formar coaliciones—, así como a cuestiones políticas y operativas. Necesitaba pasar la conversación de lo pequeño a lo grande. El enfoque pequeño, calibrado, de cosa por cosa, lo enfurecía. Lo veía incluso como un juego de poder en su contra, pues suponía que la gente sabía que no podía absorber detalles.

"Están tratando de hacer que me caiga dormido sobre mi plato —se quejaba—. Quieren esa foto".

El otro aspecto de las cumbres de la OTAN que lo irritaba era que consistía en reuniones grupales. Casi siempre le entusiasmaban las reuniones personales con líderes mundiales —sin importar el tema ni el líder— y se inquietaba ante las reuniones colectivas. Le preocupaba que lo acorralaran; sospechaba que había complots en su contra.

Sus encantos —más bien adulación melosa— no funcionaron con Angela Merkel, la líder más a su altura. (Él no lo creía, pero otros sí). En encuentros previos, había tratado de halagarla, pero a cambio solo había obtenido el evidente desagrado de Merkel. Así que regresó a su acercamiento básico: si el halago máximo no funciona, si no logras hacer un trato de esa forma, entonces "cágate en ellos". Practicó decir "Angela Merkel" correctamente, con una *g* fuerte, pero en su versión la *g* era burlona y afeminada.

A Trump no le gustaba compartir el escenario con un grupo de supuestos pares. Pero, si tenía que hacerlo, creía que tal situación le exigía eclipsar al resto. Su método estándar para sobresalir era la negatividad en el discurso y el lenguaje corporal. Como le dijo un día a un amigo al explicarle su estrategia durante los debates de las primarias republicanas entre diecisiete candidatos: "Quieres que parezca que todos los demás huelen feo".

Su objetivo declarado en la cumbre era convencer a los estados miembro de la OTAN de que elevaran sus contribuciones financieras. Esa era una queja conservadora de hacía tiempo: las alianzas y la ayuda extranjera hacían poco más que asegurar trampas a Estados Unidos. Fue Lou Dobbs 101, dijo Bannon. "Elocuencia de primaria. Es sencillo: ha estado viendo a Lou Dobbs durante treinta años. Es el único programa que ve de principio a fin".

Otros percibieron algo más extraño y más oscuro. Trump quería minar la OTAN. Trump quería minar Europa en su conjunto. En su mente, aunque quizás también en algún acuerdo oculto, Trump había realineado el eje de poder de Europa hacia Rusia, y ahora estaba tratando de debilitar a Europa en favor de los intereses de Rusia, si no es que a pedido de ese país.

Aunque Trump no beba, hubo una especie de ebriedad en su participación en la cumbre de la OTAN: canceló reuniones con los líderes de Rumania, Azerbaiyán, Ucrania y Georgia; llegó tarde, sin avisar, a una de las sesiones clave; despotricó en público y en privado, incluso amenazó con abandonar unilateralmente la alianza, de 69 años de antigüedad. Con respecto a la política, no pudo pasar de su único punto, que anuló a todos los demás y no se le salió de la cabeza: los europeos deberían pagar más. Su infelicidad por la resistencia a su demanda parecía haberse endurecido hasta transformarse en una enemistad profunda. Parecía ver a la OTAN como un territorio hostil: la OTAN, que se pasaba de lista, era el enemigo.

Así, una vez más se puso en contra de sus propios asesores de política exterior, sobre todo de su secretario de defensa. Mattis, tratando de actuar como la única voz estadounidense de tranquilidad y razón en la cumbre, les decía a sus contrapartes europeas que estaba a punto de explotar.

* * *

Mientras Trump alteraba —o se portaba mal en— la cumbre de la OTAN, Bannon se juntó con Hannity para ir a Londres, con la esperanza de que lo llevara en su avión. Bannon sabía que estar cerca de Hannity era estar cerca de Trump. El programa de radio diario de Hannity, que durante el viaje se transmitiría desde Europa, servía casi tanto como hablar directamente con el presidente. De cierta forma, era mejor, porque alguien más hablaba y Trump tenía que escuchar. La voz de Bannon, vía el programa de Hannity, estaría en la mente de Trump.

Fue una de las maniobras activas de Bannon: la conversación que estaba teniendo con el presidente. Cuando le preguntaron, no dijo que le estuviera hablando a Trump, pero tampoco dijo que no lo estuviera haciendo. O, si dijo que no, se puede interpretar de manera razonable, dados los parámetros de confidencialidad, que de hecho sí lo estaba haciendo. Pero, incluso aunque no le estuviera hablando directamente a Trump, Bannon confiaba en que Trump estaría escuchando absolutamente todo lo que tenía que decir. En este sentido, Bannon podía razonablemente decirles a sus clientes, o insinuar hábilmente, que de verdad tenía la atención de Trump.

Lo que es más, Bannon, en modo campaña, ahora creía que las tendencias para las elecciones intermedias de noviembre se estaban volviendo positivas. Llevaba cincuenta o sesenta contiendas de congresistas en la cabeza, con un sentido casi en tiempo real del movimiento en los distritos reñidos (*swing districts*). Si lograba que Trump se concentrara y pusiera atención —"Apenas puedo creer que dije eso", se rio Bannon— y que fuera a cada distrito clave una o más veces en septiembre y octubre, los republicanos podrían conservar la Cámara.

A pesar de su mal presentimiento, Bannon empezó a considerar regresar a la Casa Blanca. Había algo en esa idea que parecía… obra del destino. Pero no.

Bannon entendió que, si los republicanos se quedaban con la Cámara en noviembre, Trump nunca podría llevarlo de regreso como *recompensa* por ganar. Eso significaría que Trump aceptaba que Bannon lo había ayudado a ganar la Cámara. Pero tampoco podía llamarlo si perdían la Cámara, pues eso sería aceptar que lo necesitaba.

Lo que es más, Trump siguió culpando a Bannon por hacer que apoyara al "abusador de menores": Roy Moore, de Alabama, el candidato perdedor al Senado, a quien Bannon había respaldado. (Más precisamente, Trump había dicho que Bannon lo había convencido de apoyar "al perdedor abusador de menores"). Habían descubierto que Moore había recorrido los centros comerciales de

Alabama en busca de niñas adolescentes, revelación que hundió su candidatura.

Así que, no, no había un escenario posible en el que Bannon y Trump se pudieran alinear equitativamente. No obstante, Bannon siguió imaginándose escenarios en los que lo reconocían como maestro de la táctica política, el visionario de la causa nacionalista-populista mundial, la persona que volvió a atraer hacia sí a un Trump suplicante.

En Londres, instalado en una suite de 4 500 dólares la noche en el Hotel Brown's en Mayfair, Bannon jugaba al gato y al ratón. Moviéndose cuidadosamente entre la masa de reporteros plantados fuera de su hotel, calculaba con quién debía ser visto y con quién no. En particular, sabiendo que Trump siempre estaba monitoreando sus jugadas, no quería ser captado con nadie que pudiera irritar al presidente.

* * *

La suite de hotel de Bannon fue la locación de esa semana para la actividad de la extrema derecha en Europa. Su estrategia a largo plazo era crear una tormenta en las elecciones del Parlamento Europeo en mayo de 2019. La UE, con la resistencia de todos los partidos de derecha europeos en mayor o menor medida, estaba controlada por el Parlamento Europeo. Entonces, ¿por qué no hacerse cargo de la UE y reformarla —o deshacerla— por esa vía? Ahí estaba Bannon, el operador político. Bannon sabía que las elecciones del Parlamento Europeo siempre eran poco concurridas: nadie iba a votar. Por lo tanto, era fácil influir en el voto. "Las elecciones más influenciables del mundo", declaró, "con el menor costo por voto".

Aun así, si Bannon calificaba a Italia como su máximo éxito y veía la desagradable cara de Viktor Orbán de Hungría, cuya atención tenía, como un poder creciente, eso era solo el inicio. Italia y Hungría no eran exactamente los líderes históricos de Europa; necesitaba a Francia.

Bannon convirtió varias habitaciones adicionales del Brown's en sede de seminarios para el Frente Nacional de Francia. Louis Aliot —el "esposo-compañero" de Marine Le Pen, quien había heredado el Frente de su padre, de tendencias nazis— había ido a Londres con una delegación. Al estilo de banquero de inversiones, Bannon revisaba los estados financieros del Frente línea por línea, como si fuera a vender las acciones del partido al público.

El problema era que los principales inversionistas del Frente eran mafiosos rusos que probablemente actuaban como fachada de Putin. Desde hace varios años, los rusos han estado respaldando a los Le Pen y a su partido. El escenario no era bueno, por no mencionar la desconcertante realidad política. Si el Frente iba a ayudar a tomar el control del Parlamento Europeo en 2019, eso significaba que Putin, u otros rusos peores que él, se convertiría en un poder significativo en la política interna europea.

En el sombrío mundo de supuestos esfuerzos de los rusos por influir en Occidente, este es un dato real: los rusos estaban financiando a partidos de oposición. Muchos de los partidos de derecha europeos habían aceptado ayuda rusa. Tal apoyo se escondía solo vagamente, y aunque no hubiera nada específicamente ilegal al respecto, el financiamiento planteaba una pregunta obvia: si los rusos estaban apoyando al Frente Nacional y a casi cualquier otro partido de derecha que lo solicitara, ¿por qué no apoyar al partido de Trump que, en la figura de Steve Bannon, apoyaba a su vez al Frente Nacional? Era un círculo que llevaba a la influencia rusa.

La posición de Bannon frente a la colusión rusa era simple: sea lo que sea que hubiera pasado, él no estaba involucrado. Él —y a veces confesaba que *solo* él— nunca estuvo en contacto con los rusos durante la campaña o durante la transición. Aun así, estaba en perfecta sincronía con los objetivos rusos de usar a la derecha europea para minar la hegemonía europea. Sin embargo, incluso para Bannon, involucrarse abiertamente con Rusia, por decir lo menos, "no estaba bien visto".

Ahora su objetivo era pagarles a los rusos el préstamo de 13 millones hecho al Frente Nacional (que a mediados de 2018 se renombró Agrupación Nacional) y reubicar la deuda del partido hacia un simpatizante más aceptable. (Curiosamente, buscaba a judíos de derecha y defensores de Israel para que fueran propietarios de un partido que hasta entonces había sido neonazi). Para conseguirlo, necesitaba entender las desastrosas finanzas del Frente. La delegación del Frente parecía, en el mejor de los casos, entender apenas sus propias operaciones y a quién le pagaban, para qué y cómo.

"Necesito conocer todos los depósitos y pagos —dijo Bannon el banquero, ante miradas principalmente indiferentes—. De verdad, tenemos que ir línea por línea en esto".

Bannon trató de contener la frustración con sus clientes. Y con razón: mientras Bannon hablaba, esos ministros potenciales de una futura Francia de derecha se lanzaban miradas de aparente preocupación e incomprensión. Si ese era el futuro de Europa, era de evidente mala calidad, estilo Ruritania.

Nigel Farage —que también estaba en el Brown's para una reunión con Bannon y en busca de una ginebra mañanera— también parecía estar poniendo a prueba el autocontrol de Bannon. Bannon creía que había desempeñado un papel central al expandir la influencia del UKIP y promover a Farage, pero tras la victoria del Brexit Farage se había desentendido casi por completo del partido, y el apoyo al UKIP había regresado a cifras de un dígito. ("¿Cómo que renuncias?", despotricaba un Bannon incrédulo. "¡Esto apenas empieza!"). La experiencia le confirmó a Bannon la holgazanería fundamental de la derecha europea, resultado de las pocas recompensas materiales que daba la política en Europa.

En Rusia, bromeaba Bannon, la política sí paga. Ciertamente, paga mejor que en Estados Unidos, razón por la cual los rusos estaban tomando las riendas.

* * *

Como Bannon predijo —y no titubeaba para recordarle a todo mundo su predicción—, se desencadenó la catástrofe Trump en Gran Bretaña.

Lo más comentado en los medios fue el globo gigante que pronto sobrevolaría Londres: Trump como un bebé naranja en pañales. La acusación de que se comportaba como un bebé era un certero punto de tensión para Trump, así como la cantaleta: "¡No soy un bebé! ¿Creen que soy un bebé? ¡*Tú* eres un bebé, yo no!".

Trump llegaba al Reino Unido con un mensaje pro-Brexit, con poca o ninguna noción de la cuerda floja en la que el Brexit había puesto al Reino Unido. Tampoco le importaba: a Trump la controversia del Brexit le causaba una impaciencia desdeñosa. Obviamente estaba bien. Obviamente Inglaterra —no hizo distinción entre Inglaterra y el resto del Reino Unido— no quería ser parte de Europa. Entonces pasó a hablar de Churchill, la Segunda Guerra Mundial y la "relación especial" entre Gran Bretaña y los Estados Unidos. Inglaterra, anunció, no necesariamente en broma, debía convertirse en el estado 51.

El 12 de julio, justo antes de las 2:00 p.m., Trump aterrizó en Londres, donde lo recibió su viejo amigo y compinche neoyorquino Woody Johnson. El embajador de Trump ante la Corte de St. James, Johnson era el heredero de Johnson & Johnson, dueño de los Jets de Nueva York, y un hombre de mundo y de fiesta bastante ridiculizado en Nueva York. ("No empecemos", dijo Bannon.

"En la larga lista de gente no calificada, él es el menos calificado").
Cuando Trump llegó con Johnson a Winfield House, la residencia
del embajador, a orillas del Parque Regent's, sonaba *We Can Work
it Out* de los Beatles, en competencia con los abucheos y cantos de
los manifestantes.

Pronto Trump dio una entrevista para el tabloide *Sun*, propiedad de Murdoch. Bajo solicitud de Murdoch, Jared e Ivanka habían
acordado la conversación. El *Sun* había prometido una entrevista
con un giro positivo, uno que evadiera el Brexit y se enfocara en la
relación especial. Pero el humor de Trump, que venía de Bruselas,
era una mezcla trumpista de combatividad, autocomplacencia e
insomnio.

Quizá, como cualquier otra entrevista de Trump —y había para
escoger—, esa conversación con el *Sun* fue descuidada y sin filtros.
Parecía genuinamente contento de poner todo sobre la mesa. Era
el jefe despreocupado que se sentía perfectamente cómodo con su
autoridad incuestionada, el extraordinario fanfarrón que rara vez
contestaba sin salirse del tema. No le rendía cuentas a nadie.

En el transcurso de la entrevista, Trump abordó con singular despreocupación la situación más volátil en la política británica reciente. Cada punto que tocaba era una joya típica, aunque
impactante, de Trump:

Si el Reino Unido lleva a cabo el Brexit como lo plantea el
gobierno de Theresa May, bueno, pues no —ahí pareció encogerse
de hombros—, no hay trato comercial. Sí, eso acabaría con una
importante relación comercial con Estados Unidos.

Él habría negociado con la UE de forma muy distinta a como
lo había hecho May. Se lo dijo, pero ella no lo escuchó. Él habría
estado dispuesto a irse. "Le di mi opinión sobre lo que debería
hacer y cómo negociar. Pero no me hizo caso. Está bien… pero
está muy mal lo que está pasando".

El acuerdo del Brexit que proponía ahora la primera ministra "era un acuerdo muy distinto del que votó la gente. No era el acuerdo que estaba en el referéndum". (De hecho, no había acuerdo en el referéndum, solo la salida no especificada de la UE). El acuerdo, como se proponía ahora, "afectaría definitivamente el comercio con Estados Unidos, desafortunadamente, de forma negativa".

Entonces elogió profusamente a uno de los principales antagonistas de May en el Partido Tory, Boris Johnson, que acababa de renunciar como ministro de relaciones exteriores del gabinete de May a causa del plan más cauteloso para el Brexit. Al comentar sobre las especulaciones de que Johnson pronto iniciaría una lucha de liderazgo contra May, Trump dijo: "Creo que sería un muy buen primer ministro. Creo que tiene lo que se necesita".

Sobre el gasto británico en defensa: tiene que duplicarse.

La inmigración hacia Europa era "una lástima; cambió el tejido europeo". Y "nunca volverá a ser el mismo, y no lo digo positivamente... Creo que están perdiendo su cultura".

Sobre el alcalde de Londres, Sadiq Khan, el musulmán con el cargo más alto en el Reino Unido: "Lo ha hecho fatal. Vean bien lo que está pasando en Londres. Creo que lo ha hecho fatal... Toda la inmigración... todos los crímenes que están trayendo". Y "no es hospitalario con un gobierno muy importante". Así que, dijo, "Si no te hacen sentir bienvenido, ¿por qué me quedaría yo ahí?".

Y: "No se oye el nombre de Inglaterra tanto como se debería. Extraño el nombre Inglaterra".

Trump no solo carecía de cualquier filtro diplomático. Quizá también estaba hablando solo, tachando el tipo de quejas que, en una larga y conmovedora lista, lo harían conciliar el sueño por la noche.

* * *

Para Trump, desahogarse como lo hizo —tirando una bomba en la relación del Reino Unido con Estados Unidos y enturbiando la propia política interna británica— parecía estar completamente desconectado del evento al que tenía que asistir a continuación: la primera ministra Theresa May ofrecería una cena de gala en su honor.

El presidente y la primera dama, a bordo de "La Bestia", la limusina en la que viajaban en la procesión presidencial, pronto llegó al palacio de Blenheim, hogar ancestral de la familia Churchill y lugar de nacimiento de Winston. La Señora May —en traje y tacones rojos— y su esposo los recibieron en la alfombra roja, mientras la Guardia de la reina, una banda uniformada con sacos rojos y sombreros de piel, tocaba un popurrí que incluía *"Amazing Graze"* en gaita.

Para May y Downing Street había sido difícil llenar la sala con políticos y empresarios británicos de alto nivel, la mayoría escépticos sobre las ventajas de tal cercanía con Trump. La entrevista en el *Sun* salió durante la cena, que duró tres horas, y durante la noche se fue propagando su contenido entre muchos de los invitados. Trump parecía no percatarse o no estar al tanto de ello; de humor afable, se mostró perfectamente sociable con la primera ministra.

Cuando le mostraron la entrevista al regresar de la cena, parecía incrédulo, incluso impactado. Y desdeñoso también: la entrevista no tenía nada que ver con lo que dijo. De verdad, les dijo a sus asistentes, eso fue fabricado. "Noticias falsas", declaró.

Murdoch, en Nueva York, oyó el comentario y se mofó. "Ha perdido la cabeza".

Cuando el *Sun*, por instrucciones de Murdoch, subió un video de la entrevista, confirmando la validez de su información, Trump apenas se inmutó.

Falso. Incorrecto. Todo equivocado. Inventado por completo.

* * *

Eso era malo desde cualquier punto de vista. Como estadista, era desastroso. Tan desastroso, de hecho, tan inexplicable y extraño, que la entrevista se estaba descartando. Tienes que soportar a Trump y luego asumir que sus palabras tienen solo una mínima relación con las políticas y acciones finales.

Bannon claramente creía eso. Desde hacía mucho tiempo había descartado a Trump debido a un factor importante: el hombre era una tormenta tras otra de rabietas que inevitablemente siempre pasaban. Aunque el viaje a Europa de Trump parecía poner en duda la competencia y facultades mentales de cualquier otro líder mundial, Bannon se esforzó por explicar su utilidad.

El poder había pasado a un grupo selecto de expertos: la banda de Davos. Según Bannon, la apropiación de riqueza del grupo alcanzaba niveles históricos. Controlaba el *establishment* intelectual, el económico y el diplomático. Trump, lo supiera o no, representaba el desorden intelectual, económico y diplomático, lo opuesto al saber y el poder del *establishment*; y, por lo tanto, una inspiración para la causa populista.

Aun así, aunque Bannon lo entendiera tanto como cualquiera, se trataba de Donald Trump. La locura era un enemigo poderoso contra el *establishment*, pero ¿cómo predecir lo que haría un loco?

* * *

La mañana del 13 de julio, Trump fue con la primera ministra a Sandhurst, la academia militar real, para observar un ejercicio conjunto de las Fuerzas Especiales del Reino Unido y los Estados Unidos. Luego, fueron juntos a Chequers, la casa de campo de los primeros ministros británicos; ahí iban a comer y tener su reunión oficial y una rueda de prensa. Trump y May viajaron en helicóptero, y sus asistentes observaron que, afortunadamente, habría demasiado ruido como para una gran conversación.

Muchos observadores se preguntaban cómo manejaría la situación Trump después de una de las entrevistas menos diplomáticas de la historia diplomática. Pero él parecía totalmente optimista, si no es que despreocupado, en cuanto a sus comentarios previos: "Estamos hablando de comercio, estamos hablando del ejército, acabamos de mover unas cosas antiterrorismo increíbles", declaró Trump a los reporteros al llegar a Chequers. "La relación es muy, muy fuerte… muy, muy buena".

Durante una conferencia de prensa con May después de la comida y la reunión, Trump atacó a los medios y volvió a negar rotundamente lo que había dicho en la entrevista con el *Sun*:

> No critiqué a la primera ministra. Le tengo mucho respeto a la primera ministra. Y, desafortunadamente, se inventaron un reportaje, que en general estuvo bien, pero no pusieron lo que dije sobre la primera ministra. Y dije cosas maravillosas. Afortunadamente, ahora tendemos a grabar los reportajes, así que lo tenemos para que lo disfruten, si quieren. Pero grabamos cuando lidiamos con reporteros. Se llaman noticias falsas. Ya saben, resolvemos muchos problemas con las viejas y confiables grabadoras.

Luego ignoró cualquier inferencia a que pudo haber dañado la relación entre Estados Unidos y el Reino Unido. La primera ministra miraba al frente con una paciencia dolorosa. La escena de la película *Realmente amor* (*Love Actually*), donde el primer ministro —interpretado por Hugh Grant— reprende y humilla a un maleducado presidente de los Estados Unidos, al instante se volvió meme en el Reino Unido.

* * *

Luego fue hacia el Castillo de Windsor y su reunión con la reina.

Cabe destacar que la reina, de 92 años, recibió sola a Trump. Su esposo, el príncipe Felipe, por lo general la acompañaba en sus reuniones con jefes de Estado, pero en este caso estuvo ausente, al igual que el resto de la realeza.

El palacio se las había ingeniado para evitar una visita de Estado oficial del presidente de los Estados Unidos. El príncipe Carlos, en una cuidadosa campaña para presentarse como futuro rey, no quería una imagen de él junto a Donald Trump. Sus hijos, los príncipes británicos, estaban horrorizados con la idea de reunirse con el presidente. No, déjenselo a la reina. Ni siquiera Donald Trump podrá con ella.

El presidente y la reina realizaron una breve e incómoda inspección del terreno, pasaron lista a la Guardia de Honor —en general sin mucha conversación, y con un presidente reacio a seguir instrucciones e incapaz de quedarse quieto— y luego entraron al castillo para un té rápido.

Todo normal, como debía ser. Pero, durante el té, a modo de advertencia para el presidente de los Estados Unidos y de afrenta calculada al presidente ruso, a quien Trump conocería muy pronto, Robert Mueller acusó a doce rusos de haber hackeado a los demócratas en 2016.

13

TRUMP Y PUTIN

Uno de los focos de la investigación de Mueller estaba concentrado en el esfuerzo conjunto de la campaña de Trump por comprar los 33 000 correos electrónicos perdidos de Hillary Clinton. De compras en un oscuro bazar cibernético, la campaña de Trump se había conectado con los hackers del estado ruso.

Para Bannon era un irónico círculo cerrado. En 2015, Breitbart financió la investigación de *Clinton Cash*, un libro de Peter Schweizer (y luego un documental) que trataba de rastrear las fuentes de los cuantiosos fondos que habían entrado a las empresas de Hillary y Bill Clinton. Fue las constantes solicitudes de Libertad de Información realizadas por Schweizer y varios grupos de derecha para obtener los correos de Clinton cuando fue secretaria de Estado, lo que permitió desvelar sus prácticas de correspondencia electrónica.

El escándalo resultante desató una investigación del FBI que, sobre todo cuando se reabrió semanas antes de las elecciones de 2016, puede que haya provocado el mayor golpe para la campaña de Clinton. Pero, incluso después de que Clinton entregara la mayoría de los correos de su servidor privado, 33 000 correos que consideró "personales" quedaron en paradero desconocido. Bannon, junto con muchos otros republicanos, sospechaba que en los correos escondidos había un mapa de ruta claro de cómo Bill y Hillary financiaban la Fundación Clinton; sospechaban que aprovechaba su puesto en la administración de Obama para conseguir contribuciones en efectivo. En julio de 2016, Trump hizo un llamado urgente a los hackers rusos para que encontraran esos correos.

Llegados a este punto, Bannon y Breitbart llevaban más de un año buscando los correos perdidos. Adentrándose en las profundidades de la madriguera del hacking internacional, encontraron infinidad de "buscadores" y vendedores entusiastas. El único problema era que parecía haber disponibles muchas colecciones y versiones distintas. Bannon dijo: "Era como comprar los ladrillos del Depósito de Libros Escolares de Texas", el edificio desde el cual Lee Harvey Oswald le disparó a JFK. "No le digan al tipo del horno de ladrillos que el edificio sigue en pie".

Para cuando Bannon entró a la campaña de Trump, en agosto de 2016, ya sabía que no existía el santo grial de los correos electrónicos de Clinton, o al menos no uno confiable. Pero varios mensajeros y mandaderos de la campaña, entre ellos miembros de la familia del candidato, siguieron buscando ganarse el favor de Trump tratando de obtener los correos, cosa que Trump creía que dañaría a Clinton.

Tales esfuerzos confirmaron a Bannon la impotencia de la campaña de Trump y, después, la debilidad del caso de colusión de Mueller. Lo mejor que podía hacer Mueller era intentar perseguirlos por las chaladuras de los trumpistas, tratando en vano de encontrar algo que no existía. La investigación solo demostraría la estupidez de la campaña, y del candidato.

* * *

La imputación de cargos que obtuvo la oficina del fiscal especial contra los doce agentes de inteligencia rusos, anunciada durante la visita del presidente a la reina, llegó tres días antes de que Trump regresara de sus vacaciones de golf en Escocia para ir a su cumbre en Helsinki con Vladimir Putin, el presidente ruso.

La acusación dejaba claro que, el 27 de julio de 2016, los hackers rusos trataron de entrar al servidor privado de Clinton, el mismo día que Trump había llamado públicamente a los rusos a hacer exactamente eso. (Bannon muchas veces señaló que él había escrito esa línea, solicitando ayuda rusa con el asunto de los correos de Clinton, y que Trump apenas se enteró de lo que estaba diciendo). Entonces los hackers procedieron a infiltrarse tanto en la campaña de Clinton —hackeando la cuenta personal de correos del jefe de campaña de Clinton, John Podesta— como en el Comité Nacional Demócrata. Posteriormente, filtraron material que habían robado avergonzando profundamente a la campaña de Clinton y a los demócratas.

La acusación señalaba una operación de ciberespía contra ciberespía. Ello implicaba que la inteligencia estadounidense sabía lo que estaban haciendo los rusos incluso cuando estaba ocurriendo, pero prefirió no detenerlos ya que, según la teoría convencional del espionaje, los rusos se habrían dado cuenta de que los habían descubierto.

Los hackers, sostenía la acusación, estaban en contacto con una persona vinculada con miembros destacados de la campaña. Se trataba, por deducción evidente, de Roger Stone. Si había alguien que representara a la perfección la naturaleza irregular de la campaña de Trump, ese era Stone, una mezcla vívida aunque inestable de un hombre ansioso de publicidad, actor, aventurero sexual y conspiracionista, a quien nadie tomaba en serio, quizá ni siquiera Donald Trump.

"Si lo único que tiene Mueller es a Stone, no tiene mucho", dijo Bannon, tratando de analizar exactamente lo que tenía Mueller.

Pero la acusación del fiscal especial también parecía tener un final de suspense, pues guardó silencio. Era pleno verano y, siempre inclinado a actuar según las reglas, era poco probable que Mueller fuera a hacer algo que tuviera impacto en las elecciones de noviembre. Es más, el pequeño equipo de Mueller tenía que prepararse para los dos juicios de Paul Manafort que tendrían lugar en agosto y septiembre y serían su primera aparición pública y rendición de cuentas importantes.

Como señaló Bannon, el hecho de que el final de temporada llegara horas antes de que Trump se reuniera con Putin era, en cierto modo, lo que hacen los polis. Suben la presión contra su acusado y esperan la reacción.

* * *

Estarían solo Trump y Putin, con intérpretes a los lados. Una conversación franca entre dos hombres. Dos presidentes sentados a una mesa en Helsinki, el lugar predilecto de las cumbres ruso-estadounidenses.

Trump insistió en que no hubiera nadie más en la sala. Mike Pompeo, una de las pocas personas a las que el presidente respetaba al menos un poco, le dijo que no podía ser, que al menos su secretario de Estado tenía que estar en la sala con él. Pero Trump se negó: "Me da miedo que haya filtraciones, filtradores". Lo cual, por simple deducción, parecía referirse al propio Pompeo.

Todo el *establishment* de política exterior —incluidos Pompeo, el jefe del Consejo de Seguridad Nacional, Bolton y Kushner, con su vasto portafolio de política exterior— estaba al borde de un colapso profesional. ¿Los presidentes de Estados Unidos y Rusia solos? Jamás se había oído algo así, pero teniendo en cuenta la investigación rusa era poco menos que una locura. Sin embargo, con una especie de empujón burocrático, la gente de política exterior se adaptó. Era Trump, ¿qué podían hacer?

Trump tenía un plan, concluyeron Mike Pompeo y John Bolton: el plan era una "conversación distendida".

Trump a menudo se jactaba de sus poderes de persuasión. "Nadie puede dorarle la píldora a alguien como yo", alardeó. En el círculo de Trump, eso se entendía como la estrategia de la tienda ancla en los grandes almacenes. Jared e Ivanka eran grandes partidarios de esa explicación sobre el comportamiento de Trump. En el negocio inmobiliario, se hace lo indecible por conseguir a un arrendatario de prestigio con una marca reconocida (una "tienda ancla") para tu centro comercial. Trump era conocido por su determinación al tratar de conseguir a su arrendatario estrella. Si un buen candidato a arrendatario dijera que se acostaba con la esposa de Trump, Trump le diría: "Oye, te voy a traer champaña". Hasta conseguir una firma y un depósito, no había nivel de humillación que Trump no tolerara. Luego, en invierno, le apagaba la calefacción.

¡Miren qué bien funcionó en Singapur con Kim Jong-un! Trump le doró la píldora a Kim y, en respuesta, Kim se la doró a Trump. Y aunque no hubiera cambiado nada, el ambiente se moderó. La hostilidad pública se convertía en acuerdo público, incluso en ternura; aunque siguieran las armas nucleares. Era un triunfo, ¿o no? Y todo gracias a la conversación distendida.

Si Trump surgía de su reunión con Putin de la mano del oso ruso, eso también sería un triunfo. Él, Trump, habría usado sus encantos y su diplomacia personal para ganarse a la bestia, él solo. A Trump le parecía obvio. Sería el ejemplo perfecto de otra de sus máximas de negocios favoritas: "Elige la fruta que cuelgue más abajo". Si Trump y Putin se adulaban, era mucho menos probable que se amenazaran o que se exigieran cosas mutuamente. Por ahora, Trump solo necesitaba un apretón de manos. Después, podría apagar la calefacción.

* * *

El viernes 13 de julio, tres días antes de la cumbre de Helsinki, el presidente y su equipo llegaron por la tarde al campo de golf Trump Turnberry, en Escocia, después de pasar, en su camino desde el aeropuerto, por pastizales con vacas y ciudadanos entusiastas, sin manifestantes.

Mike Pompeo y John Bolton llevaban copiosos informes. Se suponía que iba a ser un fin de semana de preparación, con golf intercalado. John Kelly, Sarah Huckabee Sanders, Bill Shine y varios otros asistentes también habían ido.

Al día siguiente, sábado, salió el sol y hacía unos 24°C; en la agenda no había nada más que golf. Pero, para entonces, ya habían llegado algunos manifestantes a Turnberry. "No Trump, No KKK, No Estados Unidos Racista", gritaba un pequeño grupo durante el juego de golf vespertino del presidente.

Trump, motivado tras sus reuniones con la OTAN y el Reino Unido —"les dimos una buena paliza"— no estaba de humor para preparar su reunión con Putin. Ni siquiera para su nivel típico de preparación, excesivamente casual y disfrazada de cotilleo. Pompeo y Bolton redujeron las carpetas de informes a resúmenes de una página. El presidente no quería concentrarse en eso.

Se sentía bien. ¿Y por qué se iba a sentir mal? Había entrado a su reunión con Kim incapaz de ubicar a Corea del Norte en un mapa, pero no importó. Estaba al mando, un hombre fuerte haciendo la paz.

"No me encajonen", les dijo a sus asesores. "Necesito estar abierto", repetía, como si fuera un proceso terapéutico. Pompeo y Bolton lo presionaron urgentemente con los puntos de discusión básicos para la cumbre, para la que faltaban horas, pero nada sirvió.

A la mañana siguiente, jugó golf y, luego, empezó a llover.

* * *

Ese domingo, el equipo presidencial llegó a Helsinki a las 9:00 p.m., todavía hora y media antes de que se pusiera el sol, y se dirigió al Hotel Hilton. Mientras volaban, Francia derrotó a Croacia en la Copa Mundial de Fútbol, con sede en Rusia, en el estadio Luzhniki, de Moscú, partido en el que Putin estuvo presente.

La mañana del lunes, 16 de julio, estaba ocupada por reuniones protocolares y bienvenidas con el presidente finlandés, pero Trump se hizo tiempo para tuitear sobre las acusaciones de Mueller y la "caza de brujas fabricada" que lo perseguía.

Putin llegó a Helsinki después de lo programado —Putin siempre llegaba tarde— y tuvo a Trump esperando más de una hora. Tras la espera, Trump y su equipo llegaron al Palacio Presidencial finlandés alrededor de las 2:00 p.m. Trump y Putin se sentaron juntos, posaron para las fotos y otorgaron unos minutos para comentarios públicos, donde Trump felicitó al presidente ruso por la exitosa Copa del Mundo. Luego se cerraron las puertas y comenzó la sesión privada.

La reunión duró poco más de dos horas. Durante aproximadamente una hora adicional, los asesores y diplomáticos rusos y estadounidenses acompañaron a los dos mandatarios. Finalmente,

Trump y Putin fueron conducidos hacia la sala para una conferencia de prensa, donde el mundo, y especialmente el equipo del propio Trump, se encontraron con una figura irreconocible.

La caracterización que hizo Bannon de Trump pronto se volvió casi universal en el círculo trumpista: "Parecía un perro apaleado". Incluso Jared, que probablemente no sabía que venía de Bannon, la repitió.

Para todo el Mundo Trump solo había una pregunta: ¿Qué podía haber pasado ahí adentro?

Trump y Putin entraron como iguales y salieron como víctima y victimario. ¿Cómo había podido la agenda de la "conversación distendida" de Trump convertirse en una humillación tan obvia? Seguramente Putin había arrinconado al presidente con cosas muy desagradables, ¡quizá incluso con cosas desagradables que amenazaran su vida! Pero ¿qué tipo de presión podía ser esa? ¿Qué tenía Putin bajo la manga? Casi toda la Casa Blanca se sumó al debate.

"¿Qué podrá ser?", se preguntaban los funcionarios.

Bannon barajó las posibilidades.

¿El video de la "lluvia dorada"? "Les aseguro", dijo Bannon, "que si tal cosa existe, y si saliera a la luz, él simple, llana y absolutamente diría que la viva imagen de Donald J. Trump no es él. Falso. Falso. Eso no lo detendría".

¿Don Jr. tratando de comprar los correos electrónicos? "No le importa Don Junior. ¿Estás bromeando?".

¿Pruebas de que los oligarcas lo habían rescatado, que los multimillonarios rusos habían comprado propiedades de Trump a precios inflados?". "A nadie le importa un carajo. Trump lo sabe. Ni se inmutaría".

Quizá, algo más devastador que una maniobra de chantaje, Putin había lanzado un ataque concertado a la inteligencia de Trump.

"Olvídense de las declaraciones de impuestos, ¿y si consiguieron su expediente académico?". Era un estribillo familiar en la Casa Blanca. Muchos de los amigos de Trump creían que una de las raíces de su vergüenza y su inseguridad intelectual se encontraba en sus bajas calificaciones en la universidad.

"¿Y qué tal si Putin había convertido la conversación distendida en un examen geopolítico? ¿Qué tan cruel podía llegar a ser Putin?", se preguntaba Bannon. "¿Le habrá pedido a Trump que señalara Crimea en un mapa? ¡Por Dios, la relación entre Crimea y Ucrania no, no le pregunten eso, por favor!".

Bannon creía que había dos presidentes narcisistas, con corte de adoradores, en la escena mundial. Ambos tenían inclinaciones populistas, y ambos buscaban satisfacer sus propios intereses. De los dos, Putin era, por mucho, el más listo.

Durante años, Donald Trump había tratado de halagar a Vladimir Putin desde lejos, siempre tratando de llamar su atención, el equivalente a mensajes de texto demasiado entusiastas. Putin se mantuvo distante y dejó claro que había una jerarquía. Cuando, en 2013, Trump apareció en Moscú con su concurso de belleza —cuando se supone que se grabó el video de la lluvia dorada con prostitutas— Putin le hizo creer que se iban a conocer, que iba a asistir al concurso de Trump. En vez de eso, Putin lo desairó. No fue grosero; fue más hábil. El mensaje fue: Sí, quizá algún día nos conozcamos, pero ahora no. Bannon tenía la teoría de que quizá a Trump no le interesaba la ayuda rusa durante la campaña; quizás lo único que trató de hacer fue llamar la atención de Rusia, el interés de Rusia… el reconocimiento de Putin.

Ahora, en Helsinki, después de dos horas en la misma habitación, en teoría Trump había logrado finalmente lo que quería. Era el igual de Putin.

Entonces, ¿por qué parecía un perro golpeado?

* * *

Sin duda, esa conferencia de prensa puede considerarse una de las apariciones públicas más devastadoras y dañinas de un presidente.

Ni siquiera es que Trump buscara una confrontación con el líder ruso mediante una aparición similar a la fatídica primera reunión de Kennedy con Jrushchov. Todo lo contrario. Trump no hizo ningún esfuerzo por mantener la cabeza en alto. Se mostró deferente, obsequioso, servil. En realidad pareció una escena de *The Manchurian Candidate*, con Trump bajo el yugo de su titiritero.

En la conferencia de prensa, Putin audazmente ofreció tocar el tema de las acusaciones de Mueller contra los doce rusos. Accedería a que los cuestionaran si, a su vez, Estados Unidos dejaba que Rusia cuestionara a ciudadanos estadounidenses que consideraba enemigos. Esta noción, indicó Putin, fue bien recibida por el presidente de los Estados Unidos, que estaba a su lado, desanimado o confundido.

En un intento de recuperarse, con esa incoherencia tan suya, Trump despreocupadamente exoneró a Putin.

Mi gente se me acercó, dicen que creen que es Rusia. Aquí está el presidente Putin; acaba de decir que no es Rusia. Yo digo esto: no veo ninguna razón por la que debería ser, pero de verdad quiero ver el servidor. Pero confío, confío en ambas partes. De verdad creo que esto se va a alargar un rato, pero no creo que nos podamos quedar sin saber qué le pasó al servidor. ¿Qué les pasó a los servidores del caballero paquistaní que trabajaba en el Comité Nacional Demócrata? ¿Dónde están esos servidores? Están perdidos. ¿Dónde están? ¿Qué pasó con los correos de Hillary Clinton? Treinta y

tres mil correos, simplemente desaparecidos. Creo que
en Rusia no se habrían perdido tan fácilmente. Creo
que es una desgracia que no podamos conseguir los
treinta y tres mil correos de Hillary Clinton.

Por su parte, Putin desestimó de pasada a Trump. ¿Un video
de lluvia dorada con prostitutas? ¿Vigilancia? ¿Para qué? Trump
era un don nadie cuando visitó Rusia en 2013. Un ejecutivo de una
compañía de construcción. No un tipo que dirigía un negocio de
resorts lujosos y casinos, ni una estrella de televisión, sino un tipo
común y corriente, un empresario normal, dijo Putin, mientras
Trump languidecía junto a él. ¿Qué razón tendría para interesarse
en Donald Trump?

¿Por qué no lo detuvo Shine? ¿Cómo pudo llegar tan lejos aquella conferencia de prensa? ¿Cómo le habían permitido a Trump
seguir cavando un hoyo cada vez más profundo y peor que el anterior? Y todo ese tiempo, Putin parado junto a él, observando; el
mejor gato que se haya tragado un canario.

"Se nos acabó la suerte —dijo Bannon—. Eso fue Little Big-
horn".

Pero Bannon también reconoció que a Trump lo había derrotado un maestro. "Dios", dijo, "Putin es un *cabrón*".

* * *

Cuando por fin acabó la humillación pública de Trump, este parecía no estar al tanto de lo que había pasado. Con Melania, Shine
y John Kelly detrás, se dirigió directamente de la conferencia de
prensa hacia un cuartito en el palacio presidencial que habían
adaptado para estudio de televisión.

Trump había accedido a una entrevista con Tucker Carlson, de

Fox, después de la reunión. Carlson, que también había ido a Helsinki a cubrir la cumbre, había conseguido la entrevista llamando a Trump directamente a su celular. Pero Sean Hannity, colega de Carlson, que también iba siguiendo a Trump por Europa, tuvo una rabieta. Empujado por Bannon —"¡Eres Sean Hannity! ¡Tienes que entrevistar a Donald Trump!"—, Hannity llamó a Trump y le rogó. Así que Trump, siempre inclinado a aceptar el servilismo de cualquiera, por no mencionar cualquier oportunidad de publicidad amistosa, se encontró de pronto concediendo dos entrevistas en horarios consecutivos para la misma cadena, en el mismo estudio improvisado, todos amontonados.

Apenas había espacio: junto a Trump, Melania, Shine y Kelly, estaban Carlson, Hannity, un equipo de camarógrafos y dos productores ejecutivos. Pero Trump parecía todavía tranquilo tras la desastrosa conferencia de prensa. Kelly, gruñendo, apenas podía contener su furia e incomprensión, y empujaba físicamente a la gente a su paso, incluido a Carlson. Melania —a quien rara vez se le acercaba alguien y a quien ciertamente nunca había abrazado nadie del personal de Trump o de su entorno— reculó visiblemente ante el invasivo abrazo de Hannity.

Hannity, como Trump, parecía no haber entendido la importancia de la conferencia de prensa. La entrevista estuvo llena de coqueteos: Trump haciéndose el difícil y desdeñoso, Hannity terriblemente empalagoso.

Al ver el comportamiento de Hannity, el productor ejecutivo de Carlson dijo: "Qué bueno que nunca he coqueteado tanto con un hombre".

Trump inició la entrevista con Hannity picándolo por no indicar correctamente la cantidad de naciones de la OTAN en su primera pregunta (todo el mundo estaba sorprendido de que Trump de verdad pareciera saber el número correcto). "Tucker no la cagaría así", le dijo Trump a un Hannity afligido. "Él sabe cuántos países hay en la OTAN. ¿Has visto su programa alguna vez? Yo lo veo todas las noches. Te dejo volver a hacer la pregunta, adelante".

Luego, en su entrevista con Carlson —aún sin percatarse de que se había ganado la condena, así como la estupefacción, del mundo libre por su servilismo ante Putin—, Trump volvió a hablar de la OTAN. Tomando todo en consideración, dijo, no sabía si acudiría en defensa de los aliados de la OTAN, eliminando de un plumazo el sentido mismo de la OTAN y los cimientos del orden mundial de posguerra.

Carlson parecía perplejo. "La afiliación a la OTAN obliga a cualquier miembro a defender a cualquier otro miembro que sea atacado", señaló.

Trump, señalando que Montenegro era un miembro de la OTAN, dijo que ciertamente no le gustaría luchar por Montenegro.

* * *

En el avión de regreso a casa todo empeoró.

Al principio, Trump buscaba aprobación con impaciencia, pero pronto se dio de cuenta de la desastrosa cobertura de su conferencia de prensa. Entre su propia percepción de lo que había pasado y la del mundo había una diferencia de 180 grados. Trump —casi nunca solo por voluntad propia, y absolutamente nunca solo y despierto sin la televisión prendida— se recluyó en su cuarto en silencio.

Mientras el Air Force One volaba hacia el oeste, él se resistía a cualquier esfuerzo por convencerlo de que informara a sus asesores sobre la reunión con Putin. Había tenido dos horas de conversación privada con el presidente ruso, pero nadie en el gobierno de los Estados Unidos sabía lo que habían dicho ni él ni Putin. Presumiblemente, el gobierno ruso sabía todo.

El equipo presidencial llegó a los Estados Unidos justo después de las 9:00 p.m. de ese lunes. El presidente se bajó del avión seguido de Bill Shine y John Bolton. Trump seguía negándose a hablar con nadie.

Al día siguiente, el presidente se sentó con miembros del Congreso para conversar sobre la reforma tributaria, e ignoró cualquier intento por llevarlo hacia un diálogo sobre la cumbre de Helsinki.

Pompeo, Bolton, Mattis, todos los funcionarios de política exterior de los Estados Unidos seguían sin pistas sobre lo que se había hablado. Nadie estaba informado. ¿Acaso el presidente no había escuchado lo que se había dicho, no había entendido, no se acordaba? Mientras tanto, los rusos empezaron a filtrar detalles de lo que parecía ser una gama de acuerdos alcanzados durante la cumbre. Esto incluía —increíble, extrañamente— apoyo para un plebiscito en Ucrania del Este y una promesa de que los funcionarios estadounidenses testificarían en una investigación judicial rusa.

Muchos en la Casa Blanca se quedaron sorprendidos ante la desfachatez de Putin: ¿De verdad había hecho tan fantasiosas propuestas, y encima logró que el presidente accediera a ellas? En cierto sentido surreal, fue un momento en que todo el gobierno de los Estados Unidos se percató de que su líder no solo estaba trágica o cómicamente fuera de lugar, sino que daba lástima. Era casi imposible exagerar el desconcierto absoluto en el gobierno y el pánico creciente en el Partido Republicano.

* * *

El jueves 17 de julio, al vicepresidente Pence se le delegó la responsabilidad de entrar al Despacho Oval y decirle al presidente que tenía que dar marcha atrás con respecto a sus comentarios en Helsinki. Pence señaló que no era solo a causa de los demócratas; los republicanos del Congreso se estaban desmoronando. Y estaba a punto de haber renuncias masivas en la Casa Blanca.

Lewandowski y Hannity llegaron realmente a pensar que la Cámara de Representantes estaba a horas de votar para abrir un juicio político.

Derek Harvey, del Comité de Inteligencia de la Cámara de Representantes, llamó frenéticamente a la Casa Blanca para decir que seis republicanos podrían votar para que compareciera la intérprete que había trabajado para el lado estadounidense en la reunión Trump-Putin.

Finalmente, tras otra reunión con miembros del Congreso esa tarde, Trump respondió preguntas de la prensa y comenzó a recular. Junto a él aparecían John Kelly, Ivanka Trump, Bill Shine, John Bolton, Mike Pence y Steve Mnuchin.

"Voy a empezar declarando que tengo fe ciega y apoyo las maravillosas agencias de inteligencia estadounidenses —dijo el presidente con rigidez—. Acepto la conclusión de nuestra comunidad de inteligencia de que hubo interferencia rusa en las elecciones de 2016. Ah, y también —insistió— no hubo 'colusión'".

Antes, Trump había estado hablando con Ivanka; ni siquiera él encontraba la forma de salirse de esa. Ivanka llamó a Anthony Scaramucci —"the Mooch" ("el Gorrón")—, el ejecutivo del fondo de inversión libre de Nueva York que, en julio de 2017, en una ópera cómica de ebriedad e insulto a la prensa, sirvió solo once días como director del equipo de comunicación de la Casa Blanca. Ivanka y Scaramucci propusieron que Trump simplemente negara haber dicho lo que dijo y apelara a haberse expresado mal. Ivanka, al señalar que su padre muchas veces se expresaba mal y tenía "patrones discursivos descuidados", supuso que era al menos una explicación plausible.

Trump se aferró al plan, y entonces añadió: "Debió haber sido obvio, creí que sería obvio, pero quiero aclarar, por si no lo fue. En una oración clave en mis comentarios, dije 'sería' en lugar de 'no sería'. La oración debió haber sido, 'No veo ninguna razón por la que no sería Rusia', así que, solo para repetirlo, dije 'sería' en lugar de 'no sería' ". Y continuó: "Fue una especie de doble negación".

Mientras Trump estaba en medio de sus comentarios de repliegue, en vivo en televisión nacional, se apagaron las luces. Trump, desconcertado, siguió hablando; la cara se le oscureció brevemente. Ivanka luego acusó a John Kelly de haber apagado las luces a propósito. No fue un accidente ni una señal divina, insistió; fue John Kelly diciendo cállate.

Bannon estaba, una vez más, atónito. "Si Ivanka y el Gorrón pueden convencer al comandante en jefe de Estados Unidos de que piense que la gente va a creer que tuvo un problema de doble negación, ya han abandonado el universo cartesiano".

* * *

Se organizó apresuradamente una reunión de gabinete para el día siguiente, miércoles. A fin de demostrar que todo seguía igual que siempre en la Casa Blanca, la reunión estuvo abierta a la prensa. Ivanka Trump hizo la presentación principal y ofreció un puñado de ideas para nuevos programas de empleo. "Guau —apuntó el presidente después—. Si fuera Ivanka 'Smith', la prensa diría que fue totalmente brillante".

Al responder una pregunta hacia el final de la reunión, Trump dijo: "No, no creía que los rusos siguieran apuntando hacia las elecciones de los Estados Unidos". Poco tiempo después, salió una aclaración: cuando el presidente dijo "No", estaba diciendo "No, no respondería preguntas".

Jim Mattis, abiertamente incrédulo y alarmado —y después de Helsinki, menos seguro de si debía permanecer en su cargo que en cualquier momento desde que se unió a la administración de Trump—, no se presentó a la reunión del gabinete. Los rumores por todos lados, muchos de los cuales parecían venir de gente muy cercana al secretario de defensa, decían que Mattis renunciaría en señal de protesta en las próximas horas.

Y aun así, cuando todo iba tan mal, se puso peor cuando Trump anunció de pronto que iba a invitar a Putin a la Casa Blanca.

El furor se hizo furia. Respondiendo con ira dolida y explosiva, ahora buscaba a quién culpar. Mattis, con sus señales apocalípticas de renuncia, parecía un blanco ideal. Trump se puso a gritarles a sus asistentes sobre Mattis y su tolerancia con las personas trans-género. "Quiere ofrecer operaciones a los transexuales. 'Aprende a disparar un arma y te doy una operación'", arremedaba Trump con su voz afectada.

La Casa Blanca pronto trató de medir el costo de despedir a Mattis, quien a ojos de ambos partidos era el adulto designado en la Casa Blanca. Despedir al secretario de defensa, dijo la dirigencia del Congreso, haría que la masacre del sábado por la noche pareciera una velada pacífica.

"Si pierde a Mattis —dijo Bannon, más preocupado que nunca por el estado mental de Trump—, pierde la presidencia". Mattis era el vínculo con el *establishment* bipartidista, en su estado actual. Sin Mattis, el centro podría no resistir.

Convencido de que apartara su atención de Mattis, el presidente enfocó entonces el punto de mira en Kelly, que había hecho alusión a su propia renuncia después de Helsinki. Pero luego Dan Coats, director de Inteligencia Nacional, se puso en la línea de fuego.

Coats estaba fuera de la ciudad en una conferencia sobre asuntos de seguridad global, en Aspen. Durante una entrevista ante los micrófonos, le informaron que Trump acababa de invitar a Putin a la Casa Blanca. Coats, con ojos desorbitados, no pudo reprimir su sorpresa; aunque tampoco lo intentó. "¿Me lo puede repetir?", preguntó. Mientras la audiencia estallaba en risas, continuó: "Ok... eso va a ser especial".

En cuestión de minutos, casi todas las cadenas de noticias por televisión reproducían el video de la reacción sin filtros de Coats. Trump estaba furioso: "¡Se está cagando en mí!".

Para empeorar la metida de pata de Coats, las noticias del incidente anticiparon la distracción planeada por la Casa Blanca: con Ivanka junto a él, el presidente firmó una nueva orden ejecutiva para crear el Consejo Nacional para el Trabajador Estadounidense como parte del programa de capacitación laboral de su hija. Mientras tanto, el presidente firmaría una nueva orden ejecutiva que designaba a Jared Kushner como jefe del nuevo Consejo Laboral. ¡Pero no había televisión!

Trump juró despedir a Coats. Kelly se opuso inmediatamente: si despides a Coats, dijo Kelly, entonces otros van a renunciar. Y si el Congreso no te destituye por despedir a Coats, seguramente te va a amonestar.

Trump empezó a buscar como loco a algún defensor entre su lista de contactos telefónicos, pero no encontró a nadie. ¿Dónde estaba Kellyanne?, se preguntaba. ¿Dónde estaba Sarah? ¿Dónde estaba *quien fuera*?

Temiendo que Hannity le hablara a Trump para que despidiera a Coats y eso sellara el futuro de Coats, la Casa Blanca entró en otro pánico. Antes de la entrevista con la CBS en la sala Roosevelt, Kelly, Shine, Sarah Huckabee Sanders y Mercedes Schlapp se fueron casi a los golpes para ver quién le diría al presidente que tenía que defender a Coats. El trabajo recayó en Kelly.

Al aire, el presidente parecía extrañamente dispuesto a complacer. Sentado en una silla con las manos entre las piernas como un camarón gigante, se hizo chiquito ante el entrevistador, Jeff Glor.

Quizá por fin empezando a concebir el peligro, parecía, con el espíritu roto, dispuesto a dar respuestas correctas.

Glor: Dice que está de acuerdo con la inteligencia de los Estados Unidos en que Rusia interfirió en las elecciones de 2016.

Trump: Sí, y ya lo dije antes, Jeff. Lo he dicho varias veces antes, y diría que es verdad, sí.

Glor: Pero no ha acusado a Putin específicamente. ¿Le atribuye responsabilidad personal?

Trump: Bueno, sí, porque está a cargo del país. Al igual que me considero a mí mismo responsable por cosas que pasan en este país. Así que, claro, como líder de un país, tendrías que considerarlo responsable, sí.

Glor: ¿Qué le dijo a él?

Trump: Mucho énfasis en el hecho de que no puede haber injerencias, no puede haber nada de eso…

Hacia el final del programa, Kelly tocó fondo. "Ahora sí no se va a salir con la suya", masculló para sí mismo. "Esta mierda está fuera de control. Ya nadie puede soportarlo".

Y aun así, nadie renunció, ni ese día, ni al siguiente, ni al siguiente. Aunque Trump no "se salió con la suya", nadie en su círculo interno podía esbozar una buena respuesta a la pregunta esencial: ¿Qué vamos a *hacer* con este desastre?

Bannon, en una declaración pública, dijo: "O estás con Trump o estás en su contra". El comentario no resolvió nada y, sin embargo, de alguna forma resumió todo.

El viernes 20 de julio el presidente se fue a Bedminster. El sábado jugó golf. El domingo tuiteó que la interferencia rusa en las elecciones de 2016 "era todo una gran farsa".

* * *

Poco después de la cumbre con Putin, se constituyó un círculo *ad hoc* de republicanos. El grupo incluía a representantes de la dirigencia del Senado, al vocero de la Cámara de Representantes y a algunos de los donantes más importantes del partido, como Paul Singer y Charles Koch. Aunque todavía no fuera un movimiento organizado contra el presidente, era el inicio de un comité exploratorio. Los principales objetivos del grupo eran evaluar las fortalezas y debilidades del presidente, y mirar hacia 2020 y la posibilidad de un desafío en las primarias.

14

100 DÍAS

El domingo 29 de julio quedaban cien días para las elecciones intermedias.

Reince Priebus, jefe de gabinete de Trump durante los primeros seis meses de su administración, invitó a Bannon a cenar con él a su club campestre a las afueras de Virginia. Había pasado un año desde que Priebus había dejado su trabajo en la Casa Blanca: el presidente lo despidió por medio de un tuit cuando Priebus apenas ponía un pie en el suelo del aeropuerto al bajarse del Air Force One. Desde entonces, no había logrado conseguir el tipo de puesto de prestigio que por lo común consigue un exjefe de gabinete. Ahora, designado para un cargo en la campaña de operaciones de Trump, Priebus dudaba, anticipando más represalias contra cualquiera conectado con el presidente.

Bannon lo animaba a tomar el trabajo. "No sé", dijo Priebus. "Mitch McConnell es un tipo bastante listo y nos tiene abajo por cuarenta escaños en la Cámara. Paul Ryan es un tipo bastante listo y cree que cuarenta es optimista".

En política, cien días por lo general es una eternidad, pero en ese momento muchos republicanos sentían como si el tiempo se hubiera detenido y no hubiera manera de avanzar. A veces parecía como si toda la campaña se tratara solo de Don Jr. y su novia, la exestrella de Fox, Kimberly Guilfoyle, haciendo campaña por Trump, con las bases por fin reconociendo la valía de Don Jr., cosa que nunca había hecho su padre. Era un partido escéptico, a pesar de lo mucho que en teoría acatara la voluntad de Trump.

"Se acabó", le dijo a Bannon Jason Miller, el mensajero de la Casa Blanca ante la CNN y uno de los representantes más incansables de Trump.

Mientras tanto, había una fuga continua y sin precedentes de los altos mandos de la Casa Blanca; la deserción diaria de los puestos más altos fue implacable. El último en irse fue el director de asuntos legislativos, Marc Short. Ser director de asuntos legislativos de un partido que controla ambas cámaras del Congreso es un trabajo de lujo en política. Eres el encargado de presionar para que se cumplan las promesas de tu partido. Eres el que puede hacerlo todo. No hay cómo fallar, y tienes asegurada una carrera futura jugosa. Pero a Short le urgía irse.

Por lo común, un río de currículums inundaría la Casa Blanca tras una salida como la de Short. Pero la cantidad de currículums que llegó de gente dispuesta a asumir el cargo fue… cero. Finalmente, Shahira Knight asumió el puesto, una lobista de bajo perfil y exasistente de Gary Cohn.

Bill Shine, que solo llevaba unas semanas en el cargo, estaba fuera de sí y le decía a todo mundo que él no se había postulado para eso. No había organización. No había plan. No había nadie que hiciera nada; tenía que hacerlo todo solo. Además, lidiar con

Trump era un trabajo de tiempo completo, una estrella más difícil que cualquier otra en Fox. Trump era peor, decía Shine, que Bill O'Reilly, quien, por lo visto, era el hombre más difícil de la televisión (de la *historia* de la televisión, según el jefe de Fox durante mucho tiempo, Roger Ailes). Pero Trump, en el relato de Shine, necesitaba un nivel todavía mayor de mimos, consuelo y atención a su apariencia.

Trump estaba, por lo menos, igual de inconforme con Shine. "Hannity dijo que Shine era talentoso", se quejó. "No es talentoso. Hannity me dijo que iba a tener a Ailes. Shine no es Ailes".

Al año y medio de iniciada la administración Trump, parecía como si ya no hubiera nadie trabajando en la Casa Blanca. Faltando solo cien días para las elecciones intermedias más importantes en una generación, nadie transmitía el mensaje de la Casa Blanca; incluso Kellyanne Conway parecía haber desaparecido. ("Entró en el programa de protección de testigos", dijo Bannon). Peor, no *había* ningún mensaje. Jason Miller, el principal defensor del presidente en CNN, estaba escribiendo sus propios puntos de discusión para sus apariciones.

Sin embargo, Bannon estaba otra vez en modo campaña. Todo era guerra todo el tiempo: sin importar qué tan lamentables fueran tus perspectivas, solo podías creer en un resultado positivo, esa era la naturaleza de una campaña. Con el cuartel de operación en la Embajada en su máximo esplendor, trató de regresar a su actitud de agosto de 2016 en la Torre Trump, cuando llegó para hacerse cargo de una campaña fallida. Pero en aquel momento crítico tenía una enorme ventaja: su enemigo estaba dormido, gordo y feliz, convencido de que Hillary Clinton tenía la presidencia asegurada. Ahora se enfrentaba a un enemigo con el dedo en el gatillo, buscando cualquier oportunidad en la que trabajar. Pasara lo que pasara, esta vez el otro bando no estaría dormido; no existía tal arrogancia. Bannon sabía que los demócratas tenían puestos sus zapatos existenciales. Si arruinaban esto, lo arruinaban todo.

En la Casa Blanca había letargo, fatalismo y, sobre todo, poca disposición a hacerse responsables por un triste resultado que parecía inevitable. Los demócratas podían haber alterado dramáticamente su actitud de 2016, pero los trumpistas no lo habían hecho: al igual que en 2016, asumían que iban a perder, incluso, que *deberían de* perder.

A nadie se le escapaba que Don Jr., a quien todos consideraban un eslabón débil en el avance de la familia Trump, era el principal impulsor de su padre. (Situación que preocupaba incluso al presidente. "Es un niño bastante tonto", dijo un Trump realista). Gozando de su nueva visibilidad, el hijo ahora le estaba diciendo a todo el mundo que no importaba si perdían, y que el juicio político sería algo bueno. "Que lo intenten. Adelante. Me alegra. Es lo mejor que podría pasar", dijo Don Jr., golpeándose el pecho con los puños. "Los demócratas lo van a lamentar mucho, mucho".

"Solo espero que la gente no se crea de verdad esa mierda —le dijo Bannon a Priebus—. Cuando los demócratas tomen las riendas y dirijan todo, si crees que ahora Trump es el rey Lear, espérate a que todos los días haya audiencias, investigaciones, citatorios. Se va a volver loco".

* * *

Muchos de los colaboradores y figuras mediáticas con quienes Bannon, que cada vez pasaba más tiempo en Nueva York, había entablado amistad desde que dejó la Casa Blanca, lo urgían a que abandonara a Trump. Su carrera reinventada de participante marginal en política convertido en hacedor de reyes y en celebridad política internacional podría morir si Trump moría. Bannon lo sabía. "Yo solo soy alguien del movimiento que se queda con

Trump porque él es parte del movimiento", dijo, sin ocultar su falta de entusiasmo por Trump.

Curiosamente, al mismo tiempo que Bannon y el resto del partido se fueron cansando cada vez más de Trump —para muchos, un agotamiento implacable— se había desarrollado una amplia adicción a la genialidad impredecible de Trump. Tenía una imaginación, un instinto o un descaro muy por encima de los límites de la conducta política tradicional, hasta el punto de que ningún político convencional —y la política seguía siendo terreno de los políticos convencionales— había descubierto aún la forma de anticipar y contrarrestar su comportamiento disruptivo. "Es una lucha hercúlea, pero al final del día tenemos a Trump, y nadie en política estadounidense ha logrado descubrir cómo lidiar con eso", dijo Bannon.

Era así tanto para los republicanos como para los demócratas. En cierto sentido, los republicanos —el Comité Nacional Republicano y la dirigencia del Congreso— apenas estaban montando una campaña para las intermedias. Las elecciones de noviembre, después de todo, no se trataban del Partido Republicano. Se trataban de Donald Trump. El partido solo seguía la corriente, esperando a que Trump hiciera un milagro. De alguna forma.

Los republicanos iban a gastar más de 500 millones de dólares en las contiendas de la Cámara de Representantes (terminaron gastando 690 millones). Pero eso fue aparte de la campaña de Trump —según él, la campaña real—, que se enfocaría en lo que más le gustaba hacer a Trump y en lo que, había concluido, fue la razón de su victoria en 2016: mítines.

En cierto sentido, quizá inconsciente pero no demasiado sutil, el propósito de la presidencia de Trump —su estilo, énfasis y sed diaria de atención— no era tanto ganar votos como llenar estadios. Ahí, Trump se alimentó de las constantes exhortaciones de Bannon de que las elecciones debían tratarse *solo* de él. Unos 102 días antes de las elecciones, Bannon había salido en el programa de Hannity de Fox, ambos hablándole directamente al presidente: solo tú puedes salvarte a ti mismo.

El destino de Trump, declaró Bannon, estaba en manos de los "deplorables", a quienes tenían que atraer con un discurso emotivo que los asustara y los llevara a las urnas. Solo Trump podía lograr eso.

* * *

El sentimiento de resignación entre las filas de republicanos era abrumador. La expectativa de perder ofrecía la única lógica para ganar. "Si no ganamos, la situación será tan catastrófica que ni siquiera podemos pensar en ella", dijo Bannon. "La lucha interna entre Mitch McConnell, el *establishment*, los donantes; la masacre, no quedaría nadie en pie".

Sin embargo, la misma lógica servía para los demócratas. El partido que perdiera las intermedias colapsaría y se consumiría en riñas internas. Bannon, como si estuviera operando un fondo de inversión libre, esperaba beneficiarse de la guerra civil de cualquier bando.

Si los republicanos perdían la mayoría en la Cámara de Representantes, Trump seguramente sería la razón principal de la pérdida. E igual de cierto era que descargaría la culpa, en sus términos más fulminantes y abusivos, en la dirigencia republicana. Trump florecía cuando ganaba más en contraste con sus enemigos. Corry Bliss, operador republicano que dirigía los intentos del partido por conservar la Cámara de Representantes, le decía a la gente que no le daba tanto miedo perder la Cámara como perder la Cámara y seguir teniendo a Donald Trump en la Casa Blanca. Dada la certeza de que Trump no iba a culparse a sí mismo, ni a darles crédito a los demócratas, entonces la falta caería en las cabezas de los congresistas republicanos y de sus donantes.

Trump, como tenía que recordarles Bannon a sus amigos republicanos, de hecho no era republicano. Su afiliación partidista era una mera relación de conveniencia, lista para romperse en cualquier momento. "Si creen que Trump es peligroso ahora", dijo Bannon, "un Trump herido no conoce límites".

Para Bannon, perder la Cámara de Representantes podía de hecho ser el plan perfecto. Buena parte de su cruenta lucha con Trump —más allá del hecho de que todos luchaban cruentamente con Trump— tenía que ver con la disposición de Trump a dejar que la dirigencia republicana impusiera su agenda en lugar de la de él. La revolución populista de Trump y de Bannon muchas veces había incumplido con los estándares de la política republicana. Así que, en la derrota, Bannon podría obtener su guerra total con el Partido Republicano. Eran los RINO —los "republicanos solo de nombre" (por sus siglas en inglés)— quienes no habían defendido adecuadamente a Trump; por lo tanto, si se perdía la Cámara de Representantes, los RINO serían los responsables del juicio político.

Si la Cámara de Representantes daba un vuelco y amenazaba a Trump con enjuiciarlo, el ala "deplorable" del partido ganaría energía y auge (aunque, incluso para Bannon, la naturaleza de dicha energía tenía sus perspectivas aterradoras). Lo que despertaría a esa fiera sería ante todo la destrucción de su líder. Según su humor, Bannon estaba preparado para ir hacia adelante, y podía vislumbrar el sacrificio de Donald Trump como una ganancia para él y el movimiento populista. Trump se convertiría en un símbolo poderoso, víctima y mártir, y al final eso podría ser una jugada mejor que la de Trump como portaestandarte provocador e impredecible del movimiento.

Pero si los demócratas no lograban ganar la Cámara de Representantes, ese resultado también traería todo tipo de ventajas para Bannon. Habría una rendición de cuentas histórica. La repugnancia universal hacia Donald Trump en todo el espectro liberal había unido a los demócratas tras las elecciones de 2016. Habían culpado a Trump de robarse las elecciones; no se habían culpado a ellos mismos por perderla, más lógico. Pero si no podían ganarle ahora —con dinero, rectitud, tropas de base, y ya sin el lastre de Hillary Clinton— entonces seguramente tendrían que aceptar que el problema era la identidad del propio Partido Demócrata. En ese escenario, también sería el *establishment* contra la plebe del partido. La izquierda, en busca de nuevos significados y dirigencia, acogería, según Bannon, su propia versión militante de populismo.

Y en tal polarización y realineación estaría la oportunidad —y la diversión— de Bannon. Ciertamente, Bannon se sentía atraído tanto por la izquierda como por la derecha. Él consideraba que podía ser uno de los líderes naturales de la izquierda, aunque faltaba que la izquierda compartiera su consideración. Italia era su demostración de concepto: había ayudado a unir a la Liga Norte nacionalista y al populista Movimiento 5 Estrellas. Ambos partidos sentían profunda antipatía por la influencia corporativa, las élites con influencias, el mordaz *statu quo* y los expertos que solo se preocupan por sí mismos: eso era unificar. El resto eran minucias.

Desde que dejó la Casa Blanca en agosto de 2017, y de su salida de Breitbart a inicios de 2018, Bannon había puesto cada vez más atención en los medios liberales, aunque los medios liberales lo denigraran tanto. Ahí estaba su entrevista tan discutida en *60 Minutes*. Ahí estaba su lista de reporteros y productores liberales confiables: Costa, del *Washington Post*; Gabe Sherman, de *Vanity Fair*; Maggie Habermanm, del *Times*; Ira Rosen, de *60 Minutes*; al parecer, casi casi cualquiera que lo llamara del *Daily Beast*.

Bannon había oído que la esposa de Steve Jobs, Laurene Powell —quien estaba usando sus miles de millones para crear una compañía mediática progresista— dijo que era "muy fan" de él. Oyó que un personaje en el thriller de espionaje *Mile 22*, con Mark Wahlberg, se basaba en él. Y que también aparecía en *Fahrenheit 11/9*, de Michael Moore, que pronto se estrenaría. Además, mientras viajaba por el mundo iba acompañado de un equipo de documentalistas.

A Bannon lo emocionaba sobre todo un documental de Errol Morris que trataría literalmente solo de él: una entrevista de 110 minutos. Uno de los documentales más famosos de Morris, *The Fog of War*, se enfocaba exclusivamente en Robert McNamara, secretario de defensa de Kennedy y Johnson, una figura histórica y trágica de la guerra de Vietnam. La nueva película de Morris confirmaría, *ipso facto*, que Bannon era igual de histórico. La película —originalmente titulada *American Carnage* en referencia al oscuro discurso inaugural de Trump, que escribió Bannon— ahora, por temor a ofender a las audiencias liberales incluso antes de que hubieran visto la película, se llamaba *American Dharma*. Se presentaría en los festivales de cine de Venecia, Toronto y Nueva York en otoño, lo que plantaría las opiniones de Bannon directo en el centro del corazón sensible de los liberales.

Mientras Bannon cortejaba a los medios tradicionales y de izquierda, también trabajaba duro en una pieza propagandística de derecha, de *extrema* derecha. Una de las ocupaciones ocasionales de Bannon era la de cineasta independiente; había producido unas dieciocho películas, la mayoría, documentales conservadores, pero también tres largometrajes para Hollywood. *Trump @War* era un trabajo belicoso, abrumador, a veces surreal; una descarga de golpes, gritos, balazos y álgidas confrontaciones en la barricada. Bannon creía que la izquierda con gusto habría hecho esa película sobre los ataques inmisericordes de la derecha a las nobles almas de izquierda; en cambio, en su película la izquierda atacaba sin piedad a las nobles almas de derecha.

La película aspiraba, tras su estreno en septiembre, a contar con decenas de millones de descargas. Pero también estaba destinada a un espectador único. Y, ciertamente, cuando Trump vio la película de Bannon a fines del verano, lo llenó de elogios: "Es un tipo muy talentoso. Tienes que admitirlo, tipo muy talentoso. De verdad logra captar tu atención".

A mediados de julio, en los días posteriores a la debacle de Trump en Helsinki, Bannon vio otra oportunidad de ser el centro de atención: iba a aparecer como invitado sorpresa en un mitin de música y cultura en el Central Park en Nueva York. Alexandra Preate, su perseverante asesora de relaciones públicas, dudaba mucho de los beneficios de participar en el evento y lo trató de convencer de que no se presentara ante el público en Manhattan.

Pero no se podía disuadir a Bannon. "Les voy a decir que son unos jodidos perdedores. Ponen corazón y mente en la economía de trabajos esporádicos, y no tienen nada. Un montón de siervos sin propiedades, sin ganancias, sin capital; sus ahorros suman cero".

Pero luego añadió: "El problema con este discurso es que estamos en Nueva York, y toda esa gente ya es rica o está segura de que *será* rica. Quieren ser los propietarios. Preate está rezando para que llueva y cancelen".

Y así fue.

* * *

Después de Helsinki, Trump inició una nueva cantaleta sobre qué necesitaba cambiar en su administración. Fue quizá un indicador de que su progreso era menos aleatorio de lo que invariablemente parecía, de que había, al menos, un deseo atávico de supervivencia, si no es que una estrategia clara.

Volvió a mencionar el tema prohibido de Steve Bannon. No de manera positiva: Bannon era un perdedor, un chaquetero, un desastre de ser humano. Pero, al denigrar a su antiguo estratega y conseguir que la gente estuviera de acuerdo con sus críticas, podía entonces estar en desacuerdo con ellos. Sí, Bannon era un cabrón y un soplón, pero al menos no era un idiota como todos los demás cabrones y soplones de la Casa Blanca.

Tal reevaluación de Bannon estaba, en parte, dirigida a Jared, al representante de Jared, Brad Parscale, y a la intención de Jared de dirigir la campaña de reelección. Ese era ahora el plan de Jared. Ya no pretendía regresar a Nueva York después de las intermedias, algo que Trump parecía promover entre la gente que podía influir en Jared. En cambio, se quedaría en D.C. y se haría cargo de la campaña de reelección de 2020. Trump se resistía a eso porque no le gustaba hacer previsiones; daba mala suerte hacer demasiados planes. Pero otra razón de la nueva actitud negativa de Trump ante su yerno fue una repentina profusión de rumores sobre una posible imputación a Jared. Resulta que muchos de esos rumores los propagaba Bannon. Y también Trump, quien discutía libremente con una larga lista de contactos las posibilidades de la imputación a su yerno, lo que provocaba que los rumores dieran la vuelta completa. Pero no importaba: los rumores eran rumores.

Así que, con la bendición de Trump, los intermediarios de la Casa Blanca empezaron a dar vueltas a la pregunta: ¿Acaso Bannon consideraría regresar?

Los intermediarios de Bannon mandaron su respuesta: "Por supuesto que no".

Pero Trump no podía dejar de pensar en ello. ¿Y si Bannon llevara la campaña?, se preguntaba. Ese "y si" no se trataba tanto de lo que significaría eso para Bannon, sino de lo que significaría para Trump. ¿Significaría que él no creía que podía ganar sin Bannon? ¿O parecería que estaba tan seguro de ganar que podía ser magnánimo y traer a Bannon de vuelta?

Rondaba otra pregunta: Si el presidente se lo pidiera, ¿Bannon iría a verlo?

Sí iría... *si* la visita tuviera lugar en la residencia y no en el Despacho Oval. Específicamente: "Llegaré temprano en la mañana e iré a la residencia y hablaremos en cuanto termines de ver la tele".

Bannon sabía precisamente lo que le diría a Trump si la reunión se llevara a cabo: "Si sacas a tus putos parientes y a Parscale de ahí, yo dirijo la puta campaña. No prometo nada después".

Al oír la aceptación con condiciones de una visita, Trump parecía a punto de invitarlo. "Lo voy a llamar", le dijo a un amigo en Nueva York. Pero le dijo también al mismo amigo: "Jared está oyendo cosas malas sobre él". Después debatió el asunto con Hannity. "¿Debería llamarle?", preguntó.

Al final, nunca le habló. Bannon entendió que Trump era incapaz de admitir públicamente que estaba en problemas tan graves que necesitaba ayuda. "Lo conozco", dijo Bannon. "Psicológicamente, no puede manejar la dependencia. De hecho, yo *no* podría salvarlo, porque si empezara a parecer que lo estoy salvando, o si yo obtuviera crédito por salvarlo, estallaría en frente de todo mundo".

"Sucesos exógenos", esas eran las incognoscibles y casi místicas fuerzas y alineación de los astros que, según Bannon, determinarían el resultado de las elecciones intermedias. Conforme se erosionaba la lealtad partidista, conforme aumentaban las sospechas de todos los políticos, conforme la clase donante de ambos bandos soltaba dinero para saturar todos los mercados mediáticos, lo que sucediera en las últimas semanas de campaña podía ser determinante. Sobre todo en la era de Trump, donde el suceso más reciente solía eclipsar todo lo que había sucedido antes —y donde los riesgos y el espectáculo trumpista elevaban el drama—, las ventajas o carencias previas podían no importar al final. Incluso el deslumbrante éxito de la economía —la tasa de desempleo era la más baja en años— probablemente no significaría mucho. Cada vez más, las elecciones representaban una fotografía instantánea en el tiempo, no una experiencia acumulativa. Esa, ciertamente, era la lección de 2016: Trump probablemente ganó la Casa Blanca porque James Comey había retomado a última hora el tema de los correos de Hillary Clinton.

Qué *podía* pasar: ése era, según Bannon, el juego que se tenía que jugar. Entonces, ¿qué tenían Donald Trump o los dioses bajo la manga? Bannon pensaba en la vastedad de sucesos exógenos que podían suceder antes del 6 de noviembre.

Los tipos de los fondos de inversión libre podían regresar de los Hamptons en septiembre y, con las enormes ganancias que ya habían hecho para el año, empezar a preguntarse cómo salir del creciente conflicto con China. Las amenazas eran una cosa y una guerra comercial frontal era otra. Si los que movían los mercados se ponían negativos y empezaban a sacar sus ganancias, el mercado podía desvanecerse. Una gran corrección podía destrozar la confianza de Trump y provocar que se comportara de forma aun más errática.

O: si Trump no conseguía su financiamiento para el muro para el año fiscal que comenzaba el 1 de octubre, podía forzar un cierre del gobierno. Esta vez, semanas antes de las elecciones, podía aceptar el caos, incluso deleitarse con él. En febrero, tras aceptar con amargura su último pacto humillante, juró nunca volver a dejar que pasara un presupuesto sin financiamiento para el muro. Ahora, a fines de julio, seguía con la amenaza: sin muro no hay presupuesto. Si aceptaba cualquier otra cosa, las bases lo recordarían.

O: la confirmación de Brett Kavanaugh en la Corte Suprema,

que avanzaría en septiembre, podía proporcionar a las bases la carnaza de la guerra cultural. Kavanaugh, conservador, movería la Corte decisivamente hacia la derecha y los republicanos esperaban que los demócratas lanzaran una furiosa, rabiosa y, finalmente, fútil campaña de oposición.

O: Bob Woodward, quien derrumbó a Nixon y fue cronista detrás del escenario de todas las administraciones desde el Watergate —la voz más pura del *establishment* de Washington— podría dar un veredicto decisivo sobre la presidencia de Trump. Ciertamente, el libro, programado para publicarse a mediados de septiembre, estaba precisamente previsto para perturbar las elecciones intermedias y ayudar a poner en grave peligro la presidencia de Trump.

O: Trump podría todavía despedir a Sessions, o a Rosenstein, o a Mueller, o a todos. Podía tratar de detonar "el asunto ruso", que a su vez podía favorecerlo o darle un golpe mortal.

"Den por hecho —dijo Bannon a fines de julio— que esto va a ser una locura".

15

MANAFORT

El 31 de julio, en el Distrito Este de Virginia, Robert Mueller llevó a Paul Manafort —exlobista internacional, asesor político y, más recientemente, jefe de campaña presidencial de Donald Trump— a juicio. Se le imputaban dieciocho delitos de evasión fiscal y otros fraudes financieros.

Mueller pronto levantaría otros cargos contra Manafort —colusión, lavado de dinero, manipulación de testigos— en cortes de distrito estadounidenses en Washington. Los fiscales habían intentado consolidar todos los cargos en D.C., pero el equipo legal de Manafort, creyendo que tenía palanca donde no tenía nada, se negó a aceptar la consolidación. Entonces el gobierno procedió con un plan para realizar juicios consecutivos, lo cual duplicaba las posibilidades de condenas y, planeando presionar a Manafort para testificar contra Trump, prácticamente garantizaba su bancarrota personal.

Para Bannon, Manafort había sido, durante mucho tiempo, una

presencia cómica e incomprensible, y la apertura del juicio daba pie a una especie de ensoñación para él. Era un relato absurdo, con Manafort como el típico personaje trumpista, útil y divertido según Trump y, además, una potencial amenaza de muerte para él.

"Así —dijo Bannon, rememorando un día de verano en su comedor en la Embajada— fue como conocí a Paul Manafort...

"Estaba en Nueva York, sentado en Bryant Park, leyendo el periódico. Era el 11 o 12 de agosto [2016], y vi el terrorífico reportaje de Maggie Haberman en el *Times* sobre el colapso total, implacable, de la campaña de Trump. Llamé a Rebekah Mercer. '¿Tú sabías...', le dije, '...que esto estaba tan jodido?'. Me dijo: 'Déjame hacer unas llamadas'. Cinco minutos después me vuelve a hablar y dice: 'Es aún peor. Es una espiral mortal. McConnell y Ryan ya están diciendo que para el martes o miércoles van a cortar los lazos del Comité Nacional Republicano con Trump y enfocar todo el dinero en la Cámara y el Senado. Les están diciendo a los donantes que lo de Trump se acabó'. Luego, Bob [Bob Mercer, el papá de Rebekah] toma el teléfono y le digo: 'Sabes qué, nos van a echar la culpa de esto. Van a ser Breitbart, Bannon y los Mercer los que colaron a este tipo entre los republicanos y por eso no tienen a Rubio ni a Jeb Bush, ni siquiera a Ted Cruz'. Así que Bob dice: 'Steve, no se puede hacer peor. Tu podrías dirigir esto y amarrarlo para perder solo por cinco o seis, ¡no por veinte!'. Le respondí: 'Ey, sabes qué, sigo creyendo que esto es ganable, de verdad'.

"Fue entonces cuando llamaron a Woody Johnson. Bob y Rebekah volaron a un evento de recaudación de fondos que Johnson había agendado en los Hamptons para el sábado, donde sabían que iba a estar Trump. Arreglaron las cosas para ver antes a Trump y le propusieron que Kellyanne y yo nos encargáramos de la campaña. Mnuchin estaba ahí, pero lo echaron fuera. Rebekah no tiene tacto, así que le dijo: '¿Tú quién eres?'. 'Soy Steve Mnuchin, soy un contribuyente de alto valor de la campaña'. Rebekah dice: 'Bueno, pues estás haciendo muy mal trabajo, porque ningún gran donante está participando'. De hecho, Woody tiene una carpa para mil asistentes. Por supuesto que todos en los Hamptons leen el *New York Times* y saben que si apareces por ahí estás perdido; solo aparecieron cincuenta tipos, y treinta ya se fueron. Trump llega y no ve nada más que un puñado de desconocidos de poca monta y se vuelve loco. No le da la mano a nadie, solo observa furioso y se va.

"Acordamos que yo hablaría con Trump [desde Nueva York] más tarde esa noche. Hablamos por teléfono como tres horas. Me convierto en el padre-confesor. Él dice: 'La campaña está jodida. Es culpa de Manafort. Manafort, puto Manafort'. Dice: 'Puto Manafort. Puto Manafort. Puto Manafort'. Y yo digo: 'Escúchame, está fácil. De verdad. De verdad'. Así que quedamos para desayunar la mañana siguiente. Dice: 'Voy a jugar golf a las ocho, así que desayunemos a las siete'. Está bien. Hecho. A las 6:45 entro adormilado a la Torre Trump. Hay un afroamericano en la casetita de vigilancia. El lugar está totalmente vacío. Me dice: 'No está abierto al público en este momento'. Digo: 'Ya sé, pero vengo a desayunar con el Sr. Trump'. Me dice: 'Vino al lugar equivocado. Esto es la Torre Trump. La residencia está en la esquina. Pero… ', agrega, 'no estoy seguro de que vaya a encontrar al Sr. Trump ahí, solo digo'. Yo pregunto: '¿Por qué no?'. Me contesta: 'Bueno, si se supone que va a desayunar con él, debería saber dónde está'. Me veía como a un loco. Estaba a punto de echarme fuera.

"Entonces me voy y le hablo a Trump y me dice: '¿Dónde estás?'. Le digo: 'Sentado en el vestíbulo de la Torre Trump'. Dice: '¿Qué carajos haces ahí? ¡Deberías estar aquí para desayunar!'. 'Bueno', le digo, 'pensé que eso quería decir en la Torre Trump'. 'No', dice, 'estoy aquí en Bedminster'. Yo nunca había oído hablar de Bedminster en mi vida. Así que le digo: '¿Qué es eso?'. 'Mi campo de golf. Un maravilloso campo de golf. El mejor. Te espero a mediodía'. Entonces se pone a explicar en detalle cómo llegar, porque, honestamente, no tiene idea de lo que hace un teléfono. Está como mi papá, de 96 años. Durante diez minutos: 'Te subes al puente, sales, recuerda las bifurcaciones, da vuelta hacia acá…'. Yo le digo: 'Solo dame la dirección'. '… Salte en Rattlensnake Road, baja por la iglesia, pero no gires a la derecha… sigue derecho… derecha…'. Y así sucesivamente; como si viviera en un lugar detenido en el tiempo. Juro que no sabe usar un teléfono.

"Consigo un chofer que me lleve. Aparca y digo: 'El Sr. Bannon busca al Sr. Trump'. 'Ah, sí, viene a la comida. Vaya a la casa club'. Estoy ahí sentado y pienso: 'La comida. *La* comida'. Pensé que venía a comer, no a *la* comida. Nos detenemos en esa cosa colonial, viene un tipo y dice: 'Sr. Bannon, llegó temprano. El Sr. Ailes y el alcalde todavía no llegan'. Y yo: 'Carajo. Vengo a una *audición*'. Entro a la palapa y están preparando todo; es una mesa como para seis. Me enfurezco de verdad. Ponen *hot dogs* en la parrilla. Es como una parrillada en *Jersey Shore*. *Hot dogs*, y no de los buenos. Luego me doy cuenta de que él come eso. Salchichas Nathan's, hamburguesas. Estoy enfurecido. Me trajo a una audición. No voy a audicionar; no necesito esto. No voy a ser el puto payaso de nadie. En frente de Ailes; qué vergüenza.

"Entonces aparece Ailes y me dice: '¿Qué carajos haces aquí? ¡No me digas que te trajo para preparar el debate!'. [El debate estaba programado para el 26 de septiembre]. Entonces me doy cuenta: 'Nadie tiene idea de por qué estoy aquí'. Entonces digo: 'Ey, está cansado de tus cuentos de la guerra. Quiere que alguien trabaje aquí'. Le estoy dando caña a Ailes. Luego se suma Rudy. Luego aparece el gordo Christie. Son como los Tres Chiflados. Y llega Trump, trae el uniforme Cleveland completo: zapatos de golf blancos, pantalones blancos, cinturón blanco. Y gorra de béisbol roja. Tenemos que estar a 35 °C con 95 por ciento de humedad y acaba de jugar 18 hoyos. Está sudando como un pollo. Pero se traga dos *hot dogs* de entrada. Sigue siendo el tipo de Queens. Acaba de jugar

18 hoyos y necesita sus *hot dogs*. Empieza: 'Miren, me tengo que bañar, muchachos. Ah, por cierto, Steve es parte del equipo'. Media hora después, regresa y todos estamos ahí sentados.

"Y unos minutos después entra Paul Manafort. Santo Dios. Trae puestos una especie de pantalones bombachos blancos que se transparentan, se le ven los calzones, encima trae el blazer con el pañuelo y el escudo. Es Thurston Howell III de *La isla de Gilligan*. La única vez que había visto a Manafort fue en la televisión un domingo en la mañana, en vivo desde Southampton. Toda esa cosa populista se estaba transmitiendo en vivo desde *Southampton*. Como sea, estamos ahí sentados, y regresa Trump y se va contra Manafort.

"Nunca había visto que trataran tan mal a alguien en frente de otra gente como Trump maltrató a Paul Manafort. 'Eres terrible, no me puedes defender, eres un flojo de mierda'. Fue brutal. Yo era el conciliador. Los demás solo se quedaron boquiabiertos. '¿Crees que soy un bebé? ¿Crees que soy un bebé? ¿Crees que me tienes que hablar por la televisión? ¿Crees que soy un bebé? Te veo ahí diciendo lo que crees que debo hacer. Ey, sabes qué, no sirves para nada en televisión'. Luego lo ataca por el reportaje del *Times*. Y yo le digo: 'Ey, tú sabes que se inventan esa mierda'. Y él dice: '¿De verdad?'. 'Claro', le digo. 'Es cierto', dice, y luego sigue despotricando contra los tipos de las encuestas. 'Se llevan tu dinero e inventan los números. Todo es inventado'. Grita.

"Manafort se escabulle pronto. No hay preparación de debate. Rudy, Ailes y Christie lo están pasando bien, pero sin preparación de debate. Un desastre. Ah, y Trump no les ha dicho que vengo a dirigir la campaña. Solo soy parte del equipo. Me quedo un rato mientras la cosa se acaba y le digo que tenemos que anunciarlo, y que no voy a despedir a Manafort. Se queda como jefe. No necesitamos más reportajes sobre lo jodidos que estamos.

"Entonces regreso inmediatamente a la ciudad y subo al piso

catorce de la Torre Trump. Esta vez, el guardia me deja subir. Entro al lugar. Ahora es domingo en la tarde, alrededor de las cinco o seis. Nunca había estado en un cuartel general de campaña en mi vida. Creía que iba a entrar a una escena de The Candidate. O de The West Wing. Creía que iba a ver jóvenes super inteligentes. Gente caminando con datos impresos. Lleno de gente. Actividad por todos lados. Electrizante. Pero está vacío. Cuando digo vacío, quiero decir nadie. Cerrado. Muerto.

"Camino por el piso catorce. Todas las oficinas están vacías y a oscuras. Sigo deambulando por esa madriguera y llego a la sala de operaciones de respuesta rápida y hay un tipo. El pequeño Andy Surabian. Un tipo. Empiezo: '¿Dónde está todo el mundo?'. Dice: '¿Qué quiere decir?'. Digo: '¿Éstas son las oficinas? ¿O están en Washington?'. Él dice: 'No, no, es aquí'. Yo digo: '¿Estás seguro?'. Y sigo: 'Entonces, ¿dónde está todo el mundo?'. Y él dice: 'La campaña de Trump no trabaja en fin de semana. Todos llegarán mañana como a las diez'. Le digo: '¡Pero faltan como 88 días!'. Agrego: 'No sé mucho, pero sé que las campañas trabajan siete días a la semana. No hay días libres'. Me mira y responde: 'Esto no es exactamente una campaña. Es lo que es'.

"Entonces me doy cuenta de que el New York Times ni siquiera rasgó la superficie. Aquí no está pasando nada. No es una campaña desorganizada. No es una campaña. Pero pienso, 'Bueno, esto es una mierda'. Pero, por eso, no hay pérdida para mí. Si perdemos, voy a informar a la gente qué tipo de broma es esta. Y creo que ni siquiera sé si hay posibilidad de cerrar esto a cinco o seis puntos. Pienso: 'Trump dice que está a bordo'. Pero no sabes lo que él oye porque solo habla.

"Entonces empieza a sonar mi teléfono; es Manafort y dice: '¿Dónde estás?'. Digo: 'Estoy en las oficinas de campaña', y sigo: '¿Así que nadie trabaja los fines de semana?'. Y responde: '¿De qué hablas?'. Le explico: 'No hay nadie'. Pregunta: ¿De verdad?' Yo digo:

'Está oscuro'. Él contesta: 'No sé. Yo me voy a los Hamptons los jueves en la noche. Pensé que todo el mundo estaba ahí'. Luego dice: '¿Puedes subir a verme?'. Yo digo: '¿Cómo que subir a verte? Estoy en la Torre Trump'. Él dice: 'Sí, sube a verme. Estoy en el piso 43'. Y entonces empieza a dar una explicación larga y confusa para que pueda llegar al lado de la residencia desde el lado de la empresa, igual que Trump diciéndome cómo llegar a Bedminster. Pregunto: '¿No puedo solo caminar hacia el otro lado del edificio?'. 'Sí, sí', dice, 'puedes hacer eso'.

"Subo, entro, tiene un hermoso departamento y hay una mujer de cierta edad en un caftán blanco recostada en el sofá. Cuando hackearon el teléfono de la hija de Manafort en 2017, supimos que a Paul le gustaba ver a múltiples hombres cogiéndose a su esposa; su hija le pregunta a su hermana en uno de los correos: '¿Le han hecho pruebas de STD (enfermedades de transmisión sexual) a mamá?'. Bueno, ahí está mamá recostada en el sofá.

"De cualquier forma, empieza: 'Dicen que eres bueno para los medios, quizá se te ocurra qué hacer, mira'. El encabezado de lo que me da, que va a salir en el *Times*, es MANAFORT RECIBIÓ 14 MILLONES POR TRABAJOS DE CAMPAÑA EN EL EXTRAN-JERO. Le digo: '¡Catorce millones de dólares! ¿Qué? ¿De dónde salieron esos catorce millones de dólares? ¿Cómo? ¿Para qué?'. Dice: 'De Ucrania'. Yo digo: '¿Qué carajos? ¿*Ucrania*?'. Él dice: 'Ey, ey, ey. Espérate. He tenido muchos gastos'. Le digo: 'Paul, ¿hace cuánto que sabes de esto?'. Él dice: 'No sé, un par de meses'. '¿Un par de *meses*?'. Luego pregunto: '¿Cuándo dicen que va a salir?'. Contesta: 'No sé, no sé. Quizá salga en internet hoy en la noche, dicen'. '¡Hoy en la noche!'. Entonces le pregunto: '¿Trump sabe de esto?'. Él dice: 'Quizá un poquito. Quizá no los detalles'. Le digo: 'Hombre, tienes que ir a verlo en este instante. Ya te dije que tú eres el jefe, yo soy el director ejecutivo; tú no tienes autoridad, pero no te voy a avergonzar. Pareces un buen tipo. Pero esto es… Se va a volver loco. ¿Sabes esto desde hace dos meses? ¿Por qué no le dijiste a nadie?'. 'Bueno, mi abogado me dijo que no dijera nada'. Le digo: 'Necesitas otro abogado; es lo más estúpido que he oído en mi vida'. Él responde: 'Sí, estoy consiguiendo representación nueva'. Agrego: 'Hermano, no hay forma de que sobrevivas a esto'.

"Subió a verlo, y el cabrón de Trump me llama y me dice: '¡Catorce millones de dólares! ¡Catorce millones de dólares! ¡Para sus *gastos*!'.

"Y así fue como conocí a Paul Manafort".

* * *

Bannon contó esta historia no como crítica contra Trump y Manafort, sino como excusa para ellos. Ese, quería decir, era el tipo de gente que Mueller había atrapado en su red, gente que no sabía distinguir entre arriba y abajo. Trump se rodeaba de gente disfuncional e inepta; en realidad, Trump necesitaba rodearse de gente disfuncional e inepta porque *él* era disfuncional e inepto. Solo en tierra de ciegos podía ser rey. Y si pensabas que Paul Manafort era una especie de pieza clave, te tragaste el mismo tipo de fantasías que Paul Manafort parecía tragarse sobre sí mismo.

Pero a los fiscales no les importa la clase ni la buena fe intelectual de la gente a la que juzgan. A los fiscales les importa —y ahí Manafort difícilmente podía ofrecer mejor demostración— cuando las fantasías sobre quién eres, o quién crees que deberías ser, se mezclan con las acciones.

* * *

Habían contratado a Manafort para dirigir la campaña de Trump por sugerencia de Tom Barrack, viejo amigo de Trump y su socio de negocios por un tiempo. Barrack se especializaba en inversiones en deudas inmobiliarias en apuros. Con intereses de negocios considerables en estados autocráticos que trataban de influir en Washington, no era el tipo de persona que normalmente querrías que fuera un asesor de alto rango en una campaña presidencial. Después de las elecciones, cuando Trump le pidió que fuera el jefe de gabinete de la Casa Blanca, Barrack, reconociendo sus propios conflictos y visibilidad, declinó la oferta. Pero aceptó dirigir la toma de posesión de Trump y recaudó más dinero —gran parte, sospechaba Bannon, por conducto de esos estados autocráticos en donde hacía negocios— de lo que se había recaudado para cualquier otra toma de posesión.

Barrack había propuesto a Manafort porque la campaña de Trump, para la primavera de 2016, era un total desorden, sobre todo porque estaba operando sin nadie que tuviera experiencia en campañas presidenciales. Barrack conocía a Manafort en parte porque Manafort había construido una consultoría que operaba en algunos de los países en los que Barrack también hacía negocios. Aunque la experiencia política de Manafort databa de una generación atrás, estaba ansioso y disponible, y —una recomendación excepcional para Trump— dispuesto a trabajar gratis. Otro plus fue que tenía un departamento en la Torre Trump.

Las conexiones de Manafort y sus arreglos de negocios parecían todos tan sospechosos y dudosos que era difícil encontrarles legitimidad. Como afirmaba Mueller, de las decenas de millones de dólares que habían pasado por manos de Manafort en la última década, casi todo había sido hurtado, lavado o adquirido por métodos fraudulentos. Y eso no era lo peor: muchos de sus socios, casi *todos*, operaban en una zona ilegal de corrupción internacional, saqueo y despotismo, por no decir caos y homicidio.

Para empezar, Manafort era holgazán, tanto, que a veces no se presentaba a sus compromisos. Y aun así le habían dado un trabajo de veinticuatro horas al día siete días a la semana, un cargo de mucha presión y poco apoyo, que significaba que trabajaría en el centro de la tormenta y tomaría decisiones cruciales constantemente.

Según el equipo de Trump, nadie con intenciones o planes oscuros (o con cualquier otra opción) habría contratado a ese hombre. Pero según el fiscal, nadie habría contratado a ese hombre si no para fomentar una conspiración criminal.

* * *

Y además de eso, Manafort, muy en la trama de la película, era perseguido por uno de los oligarcas más despiadados del mundo, un ruso al que le había robado millones.

Ofrecer asesoría a gobiernos corruptos, inestables, de un solo hombre, es un nicho bastante rentable para los consultores estadounidenses, tanto para los sobresalientes como para los que están en las sombras. Si ayudas a un hombre corrupto en el poder, las cantidades que puedes ganar no tienen límite. La oportunidad de Manafort de alto margen y dinero fácil era Ucrania. Cualquier alto funcionario de gobierno y sus contrapartes industriales que conociera —o burócratas, agentes, banqueros y criminales que se movieran entre ellos— era una oportunidad de ingresos.

Tal era el contexto en el que Paul Manafort conoció a Oleg Deripaska, también llamado "Sr. D". Deripaska estaba en lo más alto de la jerarquía de los oligarcas rusos por su riqueza, su crueldad —al menos, por las leyendas sobre su crueldad— y su cercanía con Putin. Incluso otros oligarcas y hombres internacionales de reputación dudosa levantaban los ojos al oír mencionar al Sr. D. Sus propios socios tendían a no negar mucho los rumores sobre él, excusando sus acciones y comportamiento como circunstanciales. ¿Asesinato? Quizá, decían, pero fue durante las "guerras del aluminio" de los años noventa.

A mediados de los años 2000, el Sr. D. contrató a Manafort, uno de los personajes importantes del bando ruso de la política ucraniana, quien después se convirtió en un jugador más en el esfuerzo de Deripaska por controlar el poder político en Ucrania. La relación duró seis o siete años, hasta que Manafort, al estilo *Ocean's Eleven*, pareció haber embaucado a Deripaska en una inversión fraudulenta que le permitió a Manafort fugarse con al menos 19 millones, lo que para el Sr. D. representaba una deuda de sangre. Deripaska y su gente persiguieron incansablemente a Manafort y los 19 millones del Sr. D. en las cortes, en las Islas Caimán y en el estado de Nueva York, y mediante un informe forense con todas las pruebas documentales de las traiciones de Manafort, informe que la gente del Sr. D. puede o no haber compartido con funcionarios estadounidenses. (El Sr. D., a quien se le negó una visa de los Estados Unidos por sus supuestas actividades criminales, había tratado de ganarse el favor de la ley estadounidense).

Mientras tanto, Manafort trataba de cumplir con su deuda de alguna forma. En marzo de 2016, un Manafort casi en bancarrota, aceptó volverse alto operativo de la campaña presidencial de Donald Trump *pro bono*. Según Trump, era un precio justo por ayudar a dirigir una contienda que estaba totalmente convencido de que no ganaría, sin importar quién la dirigiera. Pero según Manafort, unirse a la campaña de Trump le ofrecía una oportunidad de oro para quitarse al Sr. D. de encima. Y, de hecho, casi inmediatamente después de tomar el cargo le ofreció acceso al Sr. D. a la campaña de Trump e información interna a cambio del perdón de su deuda.

O bien fue una coincidencia extraña y aleatoria que hubiera una línea directa entre Donald Trump, Paul Manafort, Oleg Deripaska y Vladimir Putin, o no fue para nada una coincidencia. O Manafort y Deripaska eran los intermediarios entre Trump y

Putin, o Manafort y Deripaska, por alguna broma cósmica, acabaron encontrando por casualidad sus propios líos internos dentro de otro lío mucho mayor.

* * *

En el imaginario liberal, claro está, los puntos estaban tan claramente conectados que era seguro que había habido colusión.

Jared Kushner, por su parte, reculó en su idea. Desde que tomó parte activa en el manejo de la campaña presidencial de su suegro le había estado diciendo a la gente: No se tomen las cosas tan literales con Trump. Muchas veces, nada es lo que parece. ¿Colusión? ¿En serio?

Manafort, decía Kushner, era un idiota, pero no un conspirador. Y aunque Oleg Deripaska pareciera un villano de James Bond, con propiedades en cada cuadra suntuosa de toda ciudad resplandeciente, lujosos yates aderezados con bellezas siempre dispuestas, y las mejores fiestas del año en Davos, en realidad era solo un empresario cauteloso. Puntilloso en sus hábitos, cuidadoso de su persona, con aversión al riesgo; sería casi la última persona en salirse del carril del poder político más cuidadosamente prescrito en Rusia y de las necesidades de RUSAL, la mayor o segunda mayor compañía de aluminio del mundo.

Una noche de 2017, cenando con conocidos en Nueva York durante la semana de Naciones Unidas —la única vez del año que, escoltado por agentes del FBI, se le permitía ir a Nueva York— le preguntaron sin rodeos a Deripaska si Trump tenía una relación encubierta con Putin. "No, así no funciona en la Madre Rusia", declaró, sugiriendo que los matices de poder en el círculo de Putin trascendían la comprensión de los políticos, fiscales y periodistas estadounidenses.

"¿Acaso el gobierno ruso, o gente o entidades conectadas a él,

brindaron alguna ayuda a la campaña de Trump?", le preguntaron.

"No, pero yo no tengo por qué saber eso".

"¿Y Manafort?".

"No es buena persona".

"¿Trató de usar su cargo en la campaña para solucionar sus problemas con usted?".

"No ha solucionado sus problemas conmigo".

"¿Pero trató?".

"No lo logró".

En la primavera de 2018, tras la acusación de Manafort, la
administración de Trump añadió nuevas sanciones, fuertes, a
Deripaska y su compañía. Algunos lo vieron como una advertencia
de la Casa Blanca a Deripaska para que mantuviera su distancia del
juicio de Manafort, o quizá como un intento del Departamento de
Justicia por negociar la ayuda de Deripaska para perseguir a Manafort, o quizá solo como una forma aleatoria de mostrarse duros con
Rusia. Fuera cual fuera el motivo, fue una jugada que, probablemente, nadie había pensado bien, pues provocó de inmediato un
alza mundial en los precios del aluminio.

Deripaska le dijo a un amigo que se había convertido en "una
carga para el Estado" y que temía por su vida. Esto podía interpretarse ya fuera en el sentido de que era una conexión clave entre
Trump y Putin que habría que eliminar, o como un intento por
demostrar que de verdad no era un compinche de Putin, sino todo
lo contrario. O quizá era un mero melodrama ruso, precursor de
una negociación que esperaba levantara las sanciones que pesaban
sobre él. (Ciertamente, terminaron por levantarse).

En cualquier caso, la pregunta principal seguía en pie. ¿Se
trataba de asociaciones azarosas entre algunos de los hombres
más corruptos y peligrosos del mundo? ¿O era una conspiración
extraordinariamente descarada?

* * *

Conforme procedía el juicio de Manafort, Trump —en la Casa
Blanca y luego de vacaciones de verano en Bedminster, donde por
lo general aumentaba su furia— parecía luchar con una sensación de que sus adversarios lo estaban acorralando. El 1 de agosto,
arremetió contra su fiscal general y le exigió una vez más que Jeff
Sessions pusiera punto final a la investigación de Mueller. El 12
de agosto, la antigua colaboradora de Trump en *The Apprentice* y
secuaz de la Casa Blanca, Omarosa Manigault Newman, lo acusó
de haber usado la palabra con "n" en el escenario de *The Apprentice*, lo que provocó una discusión nacional sobre si el presidente
era racista. Trump mordió el anzuelo y tildó a Manigault Newman de "perra", "chiflada y verdadera escoria". El 13 de agosto,
bajo presión de Trump, el FBI despidió a Peter Strzok, el agente
cuyos textos, durante la investigación de Rusia, demostraron que
estaba personalmente horrorizado ante la posibilidad del triunfo
de Trump. (Trump había acusado en repetidas ocasiones a Strzok
de ser un gran conspirador estatal). El 15 de agosto, Trump revocó
la autorización del director de la CIA bajo la administración de
Obama, John Brennan, quien se había convertido en uno de los
críticos más ríspidos e indignados de Trump. Y el 16 de agosto,
cientos de periódicos se unieron para condenar los continuos ataques de Trump a la prensa como "enemigo del pueblo".

Luego, el mal mes que estaba teniendo Trump empeoró. El 21
de agosto, Manafort fue condenado por ocho delitos de actividades
financieras fraudulentas en la corte federal de Virginia. (El jurado
no lograba llegar a un veredicto sobre otros diez). En el juicio no
se trató ningún crimen grande; más bien fue la propia ordinariez
y cobardía de la avaricia y fraudes financieros de Manafort lo que
lo atrapó. No eran crímenes políticos. Era el haber hecho trampa
con los impuestos para comprar una chaqueta de aviador de piel de

avestruz. La gente de Trump podía haberse burlado de la pequeñez
de las empresas criminales de Manafort, pero los fiscales, con bri-
llo en los ojos, sabían que mientras más básico era el crimen, más
inevitable era el castigo.

Pero para Trump había algo positivo ahí: Manafort no había
hecho ningún trato con los fiscales de Mueller.

A muchos trumpistas les parecía fácil descartar las contribuciones de Manafort a la campaña, y parecían creer genuinamente
que no tenía nada que aportar. Para entonces, Manafort era solo
uno más en la larga fila de bromas sobre la campaña y la presidencia de Trump. Cuando te sales del círculo de Trump, te vuelves
irrelevante: se reescribía la historia de tal forma que nunca habías
formado parte del círculo. (Para algunos de la Casa Blanca, eso
equivalía al gusto de Stalin por remover de las fotografías las caras
de ciertos compinches del círculo interno). Con cierta razón, todos
los involucrados con Trump se inclinaban a creer que todos los
demás involucrados con Trump eran una broma.

Los fiscales de Mueller pensaban distinto sobre Manafort:
creían que estaba esperando el perdón del presidente. Tomando en
consideración la sentencia de cárcel que probablemente enfrentaba
Manafort a partir de su condena en Virginia —así como la posibilidad de más tiempo de cárcel si su segundo juicio tampoco salía
bien— un indulto parecía la única explicación plausible para su
silencio. Pero los fiscales también creían que un indulto, si es que
llegaba, no sería otorgado sino hasta después de las intermedias. Si
los republicanos lograban, de alguna forma, conservar su mayoría
en la Cámara de Representantes, el precio político de un indulto
sería más soportable para Trump.

Mientras el equipo del fiscal especial preparaba el segundo juicio de Manafort, Andrew Weissmann le apretó aún más las tuercas
al exjefe de campaña de Trump. Con solo ligeras preocupaciones
sobre las implicaciones del doble procesamiento por el mismo

delito, Weissmann se acercó a Cyrus Vance Jr., fiscal de distrito en Manhattan, y le sugirió que, en caso de un indulto presidencial, debía acusar a Manafort por los diez delitos sobre los que la corte federal de Virginia no había decidido. Si enjuiciaban a Manafort en una corte estatal, el presidente no podía perdonar una condena.

La noche del segundo juicio de Manafort, cedió y aceptó un trato: cooperaría para obtener una sentencia conjunta de no más de diez años para ambos casos. Pero Manafort siguió jugando al estilo Manafort. Podía confiar en la buena voluntad de Mueller para obtener una sentencia reducida, o podía confiar en la buena voluntad de Trump para un indulto, pero difícilmente podía confiar en ambas. Sin embargo, procedió a hacer precisamente eso. Coqueteando con el desastre —que pronto vendría, cuando los fiscales lo volvieran a acusar de mentir y, entonces, deshicieran su trato—, intentó satisfacer mínimamente al fiscal por si no había indulto presidencial, al tiempo que evitó antagonizar con Trump por si lo hubiera.

16

PECKER, COHEN, WEISSELBERG

—Editor —decía Donald Trump durante la cena en la Casa Blanca durante el verano de 2017—. Editor —repetía, satisfecho con su apodo condescendiente.

—Sí, señor presidente —contestaba Dylan Howard, un australiano de las afueras de Melbourne cuya carrera había escalado de las noticias de tabloide al puesto editorial más alto en American Media, Inc. (AMI), empresa matriz del *National Enquirer*, tabloide de supermercado sobre celebridades y escándalos. Y ahora, la carrera de Howard lo había llevado frente al presidente de los Estados Unidos. En otra inversión de los estándares cívicos, Trump había invitado a David Pecker, director ejecutivo de AMI y rey del periodismo de intimidades, junto con Howard y otros miembros del equipo, a cenar a la Casa Blanca.

—¿Cuánto suben las ventas cuando aparezco yo en la portada en lugar de cualquier famoso? —Trump presionó a Howard, refiriéndose a gente como Jennifer Aniston, Brad y Angelina, o a las estrellas de *reality shows* de gran popularidad.

"Entre un quince y un veinte por ciento más" le dijo Howard a un Trump satisfecho, que minutos después, confirmó—: "¿Entonces vendo quince por ciento más que cualquier estrella de cine?".

"Bueno, como dije, entre un quince por ciento y un veinte por ciento más".

—Digamos cuarenta —dijo el presidente.

Fuera cual fuera la cifra, para la compañía editorial era cada vez más irrelevante. Conforme empezó a menguar el negocio de los quioscos de revistas en Estados Unidos —las ventas del *Enquirer* habían bajado un 90 por ciento desde la década de 1970, y en la última década casi el 60 por ciento de los puntos de venta de periódicos y revistas había cerrado o empezado a vender otros productos—, AMI había transferido aspectos importantes de su negocio de ventas de mostrador hacia un enfoque "basado en el cliente". Ahora, al tratar de impresionar con su nueva jerga de negocios, se asociaba con celebridades en estrategias más amplias de comunicación e imagen de marca.

Actualmente, la versión sofisticada de una asociación celebridad-medios era algo como lo que había hecho Hearst, el editor de revistas femeninas, por Oprah Winfrey con su revista *Oprah* como empresa conjunta: una "extensión de marca". En un enfoque mucho menos pulido, AMI, tratando de atraer inversiones del reino saudí, publicó una revista de número único sobre las virtudes del reino y sus increíbles oportunidades de viaje y de negocios.

Pecker, que alguna vez fue contador en la industria de las revistas, había transformado el *Enquirer*, de un tabloide de masas, en una revista de celebridades y chismes de clase media baja; le añadió muchos otros títulos a su repertorio, y él y sus aliados afirmaban haber sacado a la compañía de varias bancarrotas. (Otros afirmaban que también la habían *metido* en esas bancarrotas). Pero Pecker y Howard no eran buenos para posicionar marcas ni para la publicidad; eran del estilo de Damon Runyon, tipos rudos recalcitrantes y orgullosos, sin reparos en cuanto a la forma en que hacían dinero.

Pecker se dio cuenta, con Howard al lado, de que en lugar de hacer una fortuna exponiendo a las estrellas podían, en la nueva era de las asociaciones con famosos, hacer dinero protegiéndolos. Cuando los videos sexuales, una amplia variedad de materiales obscenos hackeados y el mercado de confesiones y venganzas se volvieron factores en las carreras de muchas celebridades, AMI se adaptó. El equipo del *Enquirer* seguía acumulando mugre, pero a cambio del incentivo adecuado, y dada la relación mutuamente benéfica, no la publicaba, es decir, lo que se conoce como *catch and kill*.

El *Enquirer*, por ejemplo, había trabajado de cerca con el productor de cine Harvey Weinstein, quien estableció un acuerdo de producción para American Media a cambio de no publicar reportajes sobre la cascada de denuncias de acoso y abuso sexual que terminaron condenándolo. AMI también se asoció con Arnold Schwarzenegger, ex fisicoculturista, exgobernador de California y acosador sexual reincidente que, a cambio del silencio de la revista, usó sus influencias para ayudar a la compañía a comprar un grupo de revistas de *fitness*. Pero quizá la celebridad perfecta para asociarse con la compañía fuera Donald Trump.

Trump y Pecker definieron una especie de regresión malvada. Trump, a lo largo de gran parte de su carrera, trató siempre de hacer amistad con magnates de medios, la mayoría de los cuales, como Rupert Murdoch, lo despreciaban. Pecker, de forma similar, siempre trataba de hacerse amigo de famosos de clase A, que le rehuían. Trump y Pecker finalmente se acomodaron el uno con el otro en una especie de desprestigio mutuo.

Ambos tenían una percepción similar de los medios. Eran herramientas de riqueza, influencia y poder, y solo un tonto los veía de otra forma. A inicios de los años noventa, cuando Pecker dirigía la compañía de revistas estadounidense propiedad de la editorial francesa Hachette —con títulos como *Elle, Car & Driver,* y *Woman's Day*—, respaldó la idea de John F. Kennedy Jr. de una revista de cultura pop sobre política llamada *George*. Según Pecker, era una brillante creación comercial: una revista de celebridades con una celebridad como editor. Pero la relación se fue a pique porque Kennedy, concluyó Pecker, era un tonto clásico, y además prepotente, que veía *George* como una revista que realmente trataba de política.

Pecker, al igual que Trump, se veía a sí mismo no solo como empresario, sino como figura mediática. Casi cada vez que se hacía una semblanza suya o se escribía sobre él, llamaba al ejecutivo de la publicación para tratar de conseguir una buena cobertura para sí mismo, igual que hacía Trump.

Tenían planes conjuntos. Pecker tenía un sueño estilo Walter Mitty, ser dueño de la revista *Time*; Trump decía que lo ayudaría con la compra. No mucho antes de su elección a la presidencia, Trump, que esperaba la derrota, tramaba un Canal Trump; le dijo a Pecker que quería que se ocupara de eso. Roger Ailes, creador de Fox News, con quien Trump discutía activamente su futuro mediático en otoño de 2016, llamó a Pecker "el aguador idiota de Trump". Ailes añadió: "Un idiota necesita a un idiota mayor que le traiga el agua".

* * *

Mientras tanto, Trump tenía el problema de las mujeres; un problema constante y hasta cierto punto riesgoso, que atravesaba sus tres matrimonios: manejar a las mujeres a quienes Trump había decepcionado, maltratado o humillado era un proceso reconocido.

Era cuestión de orgullo para Trump tener una vida sexual estilo Sinatra, Rat Pack, "agárralas de la vagina"; y también era cuestión de orgullo que, cuando una mujer lo amenazaba, él pudiera arreglar el problema. "Mi gente sabe cómo arreglar las cosas", era un alarde particular de Trump.

La amenaza última de todas esas mujeres era hacerlo público. Podían demandar, pero los abogados de Trump sabían cómo manejarlo con arreglos rápidos. O podían publicar, y para eso Michael Cohen y Marc Kasowitz, los abogados "personales" de Trump, acudían a Pecker.

Antes del auge del internet libre, Pecker, que había adquirido la mejor parte de los tabloides de supermercado (incluidos *Globe, In Touck, OK!* y *Us Weekly*), controlaba de facto el mercado de acusaciones sexuales. No solo sus revistas eran de las pocas que publicarían ese tipo de reportajes, sino que Pecker era el único cliente que pagaría, confiable y generosamente, por la mugre. Pero durante la última década, en la era de "todo puede publicarse en internet", el mercado empezó a cambiar radicalmente. Ya no había guardianes efectivos; la mugre fluía libremente. Lo que creció con rapidez fue un comercio regular de humillación de celebridades.

En ese nuevo mundo, el abogado de Los Ángeles, Keith M. Davidson, era un especialista. Davidson era un Ray Donovan en la vida real, un amañador de famosos que se convirtió en uno de los principales representantes de videos sexuales para vender, incluidos dos de los más famosos: el de Paris Hilton y el de Hulk Hogan. En otro intercambio de confesiones y secretos que realzan carreras, una variedad de clientes de Davidson —cada uno de los cuales parecía tratar de intimidar al otro— ayudó a aclarar el camino para demostrar que el actor de televisión Charlie Sheen era HIV positivo. Howard y Davidson se conocieron en 2010 a raíz de un reportaje que involucraba a Lindsay Lohan, pero fue el seguimiento de la nota de Sheen que hizo el *Enquirer* lo que los unió de verdad. Ciertamente, no solo aportando mugre y negociando con gente que tenía la mugre, sino también negociando con gente que quería evitar que la asociaran con la mugre, Davidson se convirtió en una fuente constante para Howard, un intermediario de tabloide completo.

En esa sórdida unión estaban, además de Howard y Davidson, el abogado de Trump Michael Cohen, fuente, confidente y socio de negocios de ambos y del jefe de AMI, Pecker. En un mercado limitado, los actores principales tienden a conocerse, lo que disminuye la fricción y facilita los acuerdos. Todos se entienden, todos saben qué es razonable, todos saben a quién llamar. En la contienda por las elecciones de 2016, Davidson empezó a representar, convenientemente, a Karen McDougal, la Playmate del Año 1998 de *Playboy*, y a Stormy Daniels, la actriz porno; ambas afirmaban haber tenido una relación sexual con Trump.

A fines de la primavera de 2015, Davidson llamó a Howard para hablar sobre McDougal; le dijo que McDougal tenía una declaración creíble sobre haber tenido un amorío con Trump. Howard le informó a Pecker, y en breve Howard estaba en un avión rumbo a L.A., donde se reunió con Davidson y McDougal. Hasta ahí, todo eran prácticas comunes en el negocio de los tabloides: Howard haría interrogatorios y evaluaría las pruebas directas, como correos electrónicos, mensajes de texto, fotos y videos. Pero, extrañamente, Pecker también habló con Cohen sobre la declaración, y le dijeron a Howard que mantuviera a Cohen al tanto.

El problema era McDougal, quien, aunque más que dispuesta a compartir detalles sobre el asunto, no estaba dispuesta a compartir las pruebas. Su teléfono, que en teoría tenía mensajes de texto de Trump, estaba en una bodega. Los amigos a quienes les había contado lo ocurrido no estaban disponibles. Se le habían perdido las facturas. En otras palabras, no había suficiente material sólido para un reportaje.

Pero, de pronto, le pagaron a McDougal por la historia de todas formas. En el mundo de *catch and kill*, el *Enquirer* había capturado algo que, en términos publicitarios, no existía. Por lo tanto, no tenía que matarlo. Extrañamente, le pagaron a alguien que parecía no tener intenciones de hacerlo público para que… no lo hiciera público.

El acuerdo básico estaba claro: Pecker y Trump habían pactado que, en caso de un posible escándalo, Pecker usaría los recursos del *Enquirer* para proteger a su amigo Trump. Pero, al menos para Howard, experto en escándalos, no parecía haber los elementos necesarios para uno creíble.

¿Acaso era, preguntaba Howard a sus amigos, una trampa de Cohen y Pecker? ¿Acaso Cohen y Pecker, ambos en una relación perpetuamente servil y no correspondida con Trump, complotaban para aumentar su presencia o poder de negociación con Trump?

Sí, McDougal había tenido un amorío con Trump. Pero no quedaba claro quién jugaba con quién ahora; o quién, en este cuadro particular de escorias, tenía el timón. No solo las mujeres estaban tras Trump, sino, muy posiblemente, también su propia gente. Su gente podía estar ayudando a amenazar sus aspiraciones presidenciales para ponerse en posición de solucionar el problema, y luego obtener crédito por haberlo hecho.

En suma, a Trump lo protegía gente que tenía razones personales para encontrar problemas para los que él necesitara protección. No sorprendería que sus secuaces más leales también estuvieran jugando en dos bandos.

En el trato con McDougal organizado por Davidson y aprobado por Cohen, Pecker y Trump, el *Enquirer* aceptaba comprar la historia de McDougal por 150 000 dólares —el precio sin preguntas que había establecido Kasowitz por quejas de acoso contra Trump—, pero no publicarla. Además, le pagarían a McDougal por escribir columnas para el *Enquirer*, y AMI la pondría en la portada de una de las revistas de *fitness* de la compañía. A fin de cuentas, AMI no cumplió su parte del trato. Asimismo, a la manera de los maleantes de poca monta, el acuerdo de la compañía con Trump también se deshizo: AMI nunca recibió sus 150 000 dólares de parte de Trump ni de Cohen.

Más tarde, en 2018, cuando Dylan Howard testificó ante fiscales con una concesión de inmunidad parcial, le mostraron un correo electrónico de Pecker que decía, "Dylan no sabe de esto"; "esto" significaba el acuerdo tras bambalinas entre Cohen, Pecker y Trump. Howard, según alguien en la sala, se echó a llorar al darse cuenta de que había sido un desventurado instrumento de Pecker y Cohen tratando de complacer o de manipular a Donald Trump, o ambas cosas.

* * *

Entre los abogados personales de Trump, Kasowitz, socio de un reputado bufete de abogados en Nueva York, trató de mantener su posición de abogado independiente. Cohen, por el otro lado, estaba encantado de ser el amañador de Trump. Solía citar a Tom Hagen, *consigliere* y abogado de la familia Corleone en *El padrino*: "Tengo un bufete especial. Manejo a un solo cliente".

A Cohen le encantaba saber cómo funcionaba todo, especialmente, como él decía, "quién depositó y sacó del banco de favores". Tienes que entender, decía, no solo el pacto, sino el pacto paralelo. Todos, excepto los tontos, operan así; por lo tanto, así debes operar tú. De hecho, tienes que hacerlo más que ellos. Al mismo tiempo, pocos en la Organización Trump, incluido el propio Trump, confiaban en que Cohen supiera lo que hacía. Trump con frecuencia hablaba de la torpeza y la limitada capacidad mental de Cohen. Por su parte, Cohen grababa conversaciones con Trump por miedo a que este incumpliera sus pactos.

Ciertamente, los problemas de Karen McDougal, y luego de Stormy Daniels, que habían recaído en Cohen, se convirtieron, cada uno a su manera, en metidas de pata. Es cierto que Kasowitz, aterrorizado de que hicieran redada en sus oficinas como habían hecho en las de Cohen, se defendió a sí mismo ante amigos enumerando los asuntos de mujeres que le había arreglado a Trump sin titubeos.

La metida de pata de Stormy Daniels fue incluso peor para Trump y, finalmente, para Cohen, que la de McDougal. Cuando Davidson se acercó a Cohen para llegar a un acuerdo con Daniels, Cohen trató de arreglar un pacto similar al de McDougal a través del *Enquirer*. Pero Pecker se estaba asustando con los juicios por dinero y con la posibilidad de que los sobornos calificaran como contribuciones ilegales de campaña, y en cualquier caso AMI difícilmente podía contratar a una estrella porno para que escribiera columnas. En lugar de eso, Davidson negoció un pago de 130 000 dólares por el silencio de Daniels. Cohen, Trump y el director ejecutivo de la Organización Trump, Allen Weisselberg, acordaron una treta en la que Cohen pagaría el dinero, que después se le reembolsaría mediante lo que presentarían como un pago por servicios legales.

Después, cuando se reveló este esquema, a algunos funcionarios de campaña y ejecutivos de la Organización Trump les pareció un pacto característico Cohen-Trump: a ambos les gustaba ejercer de amañadores. Para Trump, tenía mucho menos sentido tratar de comprar el silencio de alguien que probablemente no se quedaría callada que, simplemente, aguantar la tormenta de otra acusación de infidelidad.

A inicios de 2018, Daniels, quien contrató a Michael Avenatti para representarla, denunció tanto a Davidson como a Trump. Avenatti, abogado con un pasado marcado por bancarrotas, embargos fiscales y acusaciones de cuentas entremezcladas, era una nueva especie de abogado sin escrúpulos cuya sofisticada comprensión de los medios le permitía construir una formidable plataforma pública. En su persecución incansable de Trump en televisión, que no impresionaba a nadie tanto como a Trump, señaló directamente a Cohen, Davidson, Pecker y Howard.

Lo que Avenatti identificó no fue solo un nexo de trampas financieras y jugadas en dos bandos, sino una potencial caja fuerte de secretos y ropa sucia entre una banda proclive a delatarse mutuamente sin mucha presión. Por supuesto, Avenatti había seguido los pagos a Daniels y a McDougal, y trazado una línea recta hacia la Organización Trump. Al final de la línea estaba el hombre que arreglaba los pagos, Allen Weisselberg, otro personaje arquetípico de cuento trumpista.

Los amigos de Trump habían estado esperando que se identificara a Weisselberg, un judío ortodoxo de 72 años que había pasado toda su carrera trabajando para los Trump, primero para Fred Trump y luego para Donald. Se había desempeñado como de jefe de finanzas del fallido plan de casinos de Trump, como director financiero de la Organización Trump y como fideicomisario de las propiedades de Trump durante su presidencia. Weisselberg administraba los gastos personales de la familia; también preparaba los cheques de la Organización Trump. Era como el contador de la película *Los intocables*.

En varias apariciones en televisión a partir de 2018, Avenatti arremetió con fuerza contra Trump y sobre el pago de Cohen a Daniels. Pero la cosa tomó otro giro tras la redada del FBI a la oficina de Cohen en abril, cuando los fiscales y un árbitro asignado por la corte revisaron las grabaciones de Cohen y confiscaron todo material que pudiera calificar como confidencialidad abogado-cliente, admitiendo todo lo demás como prueba; la mayor parte del trabajo de Cohen iba a ser juzgada, en el mejor de los casos, como extralegal. Al indagar en la empresa de taxis de Cohen, los fiscales identificaron un fraude fiscal masivo que iba más allá de su participación en las violaciones de las leyes financieras de campaña. Cohen fue amenazado con doscientos años de cárcel. Su esposa, quien había firmado su declaración de impuestos conjunta, también fue amenazada con una larga sentencia. Lo mismo el padre de ella, socio de Cohen en la empresa de taxis.

El 21 de agosto —el mismo día, en un doble golpe de noticias, que Paul Manafort fue condenado en Virginia—, tras lograr que los fiscales no procesaran a su familia, Cohen se declaró culpable de cinco delitos de evasión fiscal, un delito por declaraciones falsas a un banco, y dos delitos por violaciones financieras de campaña. En su declaración, implicó directamente a Trump en las violaciones financieras de campaña.

El 24 de agosto, el *Wall Street Journal* reportó que David Pecker había hecho un trato para testificar. Ese mismo día, el *Journal* reportó que Weisselberg también había aceptado un trato de inmunidad y había testificado varias semanas antes.

* * *

"Los judíos siempre te traicionan", dijo Trump.

En los días posteriores a la declaración de culpabilidad de Cohen, Trump empezó a referirse al "despacho de abogados de Pecker, Cohen y Weisselberg". También se puso a parlotear sobre los horrores que probablemente enfrentaría un judío ortodoxo en la cárcel, donde describía la imagen vívida de un compañero de celda nazi tatuado.

Dada la poca consideración que en general tenía Trump sobre

sus socios cercanos, no era difícil imaginar que estarían dispuestos a testificar contra él. Trump puede haberlos llamado "mi gente" o "mis hombres", pero Cohen era "el único judío estúpido", y Weisselberg era el asesor financiero cuyo nombre, durante más de cuarenta años, se deleitaba en alterar ("Weisselman", "Weisselstein", "Weisselwitz"). Trump se burlaba de Pecker, le decía "Little Pecker" (Pito Chico) y se burlaba de su bigote con comentarios obscenos. (Curiosamente, Pecker guardaba cierto parecido con el papá de Trump, quien también usaba bigote). Pero aunque era aparente que los intereses de Pecker y los de Trump estaban en conflicto directo, los ejecutivos de AMI creían que Pecker y Trump seguían hablando y que Pecker seguía tratando, al parecer sin éxito, de ganarse el favor de Trump; mientras que Trump, por su parte, seguía tratando de mantener a Pecker a sus pies.

Incluso aunque Cohen y Manafort admitieran o fueran condenados por sus crímenes, se había abierto un enorme nuevo frente en la batalla legal contra el presidente. Como Trump lo veía, el Departamento de Justicia estaba en guerra con él. El Distrito Sur de Nueva York —donde Geoffrey Berman, el fiscal federal designado por Trump, se recusó a sí mismo de la investigación de Cohen— llegó a un acuerdo con el fiscal especial y asumió jurisdicción sobre el juicio por dinero de Trump. La gente cercana a Trump ahora decía que Mueller era la atracción secundaria, y el Distrito Sur, el evento principal.

En otra indicación del riesgo en que estaba el presidente, el 18 de agosto el *New York Times* publicó un artículo detallado sobre la extensa cooperación del consejero legal de la Casa Blanca, Don McGahn, con la investigación de Mueller, cosa desconocida para Trump. Pocos dudaron de que la filtración que dio origen al artículo hubiera provenido de McGahn —quien, tras tratar de quedar bien con los fiscales, ahora estaba dispuesto a hacer lo mismo con los medios— o de sus representantes. Durante meses, McGahn había estado hablando sobre cuándo y cómo dejar la Casa Blanca, prometiendo, como buen soldado, quedarse hasta que encontraran un reemplazo.

El 29 de agosto, sin informar a McGahn, en un momento en que las dificultades legales del presidente se volvían más intensas que nunca, Trump tuiteó que McGahn dejaría su cargo en otoño. "He trabajado con Don mucho tiempo", escribió Trump, "¡y aprecio sinceramente sus servicios!".

En privado, Trump describía de otra forma al consejero legal de la Casa Blanca. "McGahn", dijo, "es una rata sucia".

* * *

¿Qué tan mal estaba la situación?

Agosto había sido uno de los meses más difíciles de una presidencia que cada mes parecía volverse más sombría. Y si Cohen y Manafort podían caer *el mismo día*, ¿qué infierno se aproximaba?

La adición de Pecker y del *National Enquirer* a la historia confirmó la gran preocupación de algunos asistentes y muchos republicanos del Congreso: el círculo de Trump no solo carecía de experiencia y talento, sino que era la mayor concentración de escorias ignominiosas, estafadores y maestros del fraude jamás visto en política nacional, que era mucho decir.

Hacia fines del verano, Trump pasó los últimos días de sus vacaciones en Bedminster. Su humor, como siempre, era cambiante, pero su resiliencia —quizá su cualidad más subestimada— parecía intacta. Inmediatamente después se le presentaba una agenda ajetreada de grandes mítines; estaría en marcha casi a tiempo completo hasta las intermedias. Los mítines, escandalosos y de estilo improvisado, que para entonces ya estaban sumamente ritualizados, lo dejaban excepcionalmente contento y conforme; siempre dejaba que los mítines corrieran, casi sin tiempo límite, hasta que

él estuviera completamente satisfecho. A pesar de toda evidencia
de lo contrario, estaba convencido de que los republicanos ganarían la Cámara y el Senado. Era una confianza ciega y feliz.

Mientras tanto, parecía seguro que Mueller, en observancia de
las convenciones del Departamento de Justicia, no haría nada que
pudiera tener impacto en las próximas elecciones. Sin embargo, su
equipo seguía trabajando arduamente, en silencio.

En parte como deferencia al alto el fuego de Mueller, la Casa
Blanca había amordazado a Giuliani. Había sido, sobre todo, tarea
de McGahn. Junto con su abogado Bill Burck, McGahn estaba trabajando en la nominación de Brett Kavanaugh a la Corte Suprema
y creían que Giuliani solo resaltaba —o invitaba a— una potencial
confrontación constitucional entre Trump y Mueller que podría
decidirse con el voto de Kavanaugh en la Corte.

Mueller y su equipo —habiendo llegado tan lejos a pesar de
todas las amenazas de Trump de frenar la investigación— ahora
creían que llegarían sanos y salvos a fines de noviembre, y que una
victoria demócrata les daría un escudo. Lo que es más, se había
aprobado el presupuesto solicitado por el fiscal especial; habían
sobrevivido esa traba burocrática. (Quizá Trump nunca entendió que el proceso presupuestario era un arma que él podía haber
usado contra el fiscal especial; parecía que nadie se lo había dicho).
Ciertamente, a pesar de todas las amenazas de Trump, no había
hecho ninguna jugada para interferir con el trabajo y la misión del
fiscal especial.

Conforme Mueller trabajaba, muchos abogados gubernamentales fuera de la oficina del fiscal especial se sintieron tentados a
conseguir una pieza del caso cada vez más extendido del presidente. Si eras un fiscal del gobierno y no estabas involucrado en
la investigación de Donald Trump, podías estar perdiéndote un
momento importante en tu carrera.

El equipo de Mueller, que ya llevaba más de quince meses en su investigación, seguía pasando las pruebas que recolectaba a otros fiscales, no solo para asegurar la viabilidad a largo plazo de su esfuerzo, sino también porque había muchas vías de ataque. Trump era vulnerable porque era un amateur que había luchado por el ejecutivo en un mundo complicado gobernado por reglas electorales bizantinas. Trump era vulnerable porque no podía controlar a toda la gente inepta e indisciplinada que lo rodeaba. Trump era vulnerable porque no podía mantener la boca —ni su cuenta de Twitter— cerrada. Y era vulnerable porque, durante cuarenta años, había dirigido algo que cada vez se parecía más a una empresa semicriminal ("Creo que podemos quitarle lo de 'semi'", bromeaba Bannon).

Tampoco se trataba solo del presidente, sino también de su familia, a la que había atado fuertemente a su administración. John Kelly seguía diciéndole a la gente que pronto se levantarían cargos contra Jared y Don Jr.

El fiscal de distrito de Manhattan, Cy Vance —que necesitaba reivindicarse por no haber perseguido a Harvey Weinstein por cargos de abuso sexual ni a Ivanka Trump y Donald Trump Jr. por formar parte de ventas potencialmente fraudulentas en un hotel de Trump de Nueva York—, ahora buscaba puntos políticos al perseguir a las familias Trump y Kushner. Su equipo circulaba una larga lista de vías prometedoras:

1. Recibir propiedad robada de hackers de computadoras.

2. Crímenes financieros, incluidos el lavado de dinero y la falsificación del historial de la empresa.

3. Soborno/gratificaciones y otras ofensas de corrupción.

4. Infracciones/obstrucciones de la justicia.

5. Violaciones a las leyes de cabildeo de la Ciudad de Nueva York.

6. Fraude fiscal.

Los perros estaban sueltos.

* * *

La mayoría de la gente involucrada con Trump —desde McGahn hasta Kelly, desde el personal de comunicación hasta Steve Bannon— vivía las realidades duales de Trump con mucha intensidad: aceptaban la posibilidad de que el presidente fuera abatido por las fuerzas que lo perseguían, pero también se maravillaban, y a veces saboreaban, el notorio hecho de que todavía nadie lo hubiera hecho. Lo que llevaba, inexplicablemente, a la asombrosa posibilidad de que *nunca* lo fueran a hacer caer.

Había una curiosa ecuanimidad, nacida en parte del hecho de que a muchos dentro del círculo interno del presidente no les preocupaba lo que le pasara —ni sufrirían ni los sorprendería que lo abatieran—, pero también del hecho de que no podías predecir lo que sucedería. Muchos en la Casa Blanca se veían a sí mismos como espectadores del drama más que como personajes principales. Si no aplicaba ninguna lógica, ¿por qué preocuparse? John Kelly adoptó una postura fatalista. Si Dios quería la cabeza de Trump, la tomaría; ciertamente estaba ahí al alcance de la mano. Y si no la tomaba, habría alguna razón. Así que a aguantarse.

"Tiene muchísima suerte", dijo Sam Nunberg. "La mejor suerte. Es increíble la suerte que tiene. Quizá se le acabe. Pero quizá no".

La defensa de Trump, en cierto sentido la única defensa que tenia, seguía siendo que lo habían elegido presidente. Estaba claro quién era y lo que era, y *aun así* lo habían elegido. Los votantes habían hablado. El caso contra Trump era ilegítimo —"falso"— no porque no hubiera hecho muchas de las cosas de las que lo acusaban, sino porque nadie lo estaba acusando de hacer algo que la mayoría de la gente no supiera de antemano que había hecho. (¿Acaso las acciones perversas de Michael Cohen y de David Pecker sorprendían a alguien?). Según una teleología torcida, si bien el resto del mundo escondía su deshonestidad, la de Trump estaba a la vista de todos.

En efecto, la definición de cuchillo ensangrentado, ese gran obstáculo que era aunar las pruebas necesarias para abatir a un presidente, había crecido abruptamente. Para condenar a este presidente, para destituirlo, había que demostrar no solo que Trump era Trump. Discutir la relativa importancia de tal o cual conversación improductiva de Trump con los rusos parecía una nimiedad. De alguna forma, parecía injusto que transgresiones típicas pudieran hacer caer a Trump.

Pero estaba claro para los más cercanos al presidente que la ley era literal, y que podías presentar una argumentación sólida de que había infringido la letra de la ley, en repetidas ocasiones. Por lo tanto, la defensa real, la estrategia legal real era la creencia en las propiedades mágicas de Trump. En la apreciación de Bannon, Trump era único. "Nadie más", dijo, "se podría zafar de esta mierda".

Aun así, el grupo *ad hoc* de líderes y donantes republicanos —que ahora tenía nombre, Defending Democracy Together (Defender Juntos la Democracia)— era no menos que el remanente de una organización partidista que desafiaba a su propio presidente. A principios del otoño, el grupo empezó a encargar encuestas, deseoso de retar a Trump; hasta entonces, sus escándalos seguían considerándose asuntos internos, lo que ayudaba a mantener el fuerte apoyo al presidente en las bases. Pero ese era precisamente el problema de Trump: el país en su conjunto todavía no se había interesado en la historia en curso de la corrupción del presidente.

17

MCCAIN, WOODWARD, ANÓNIMO

Trump se tomó el tumor cerebral de McCain, diagnosticado en el verano de 2017, como una especie de validación personal. "¿Ven?", decía, levantando las cejas. "¿Ven lo que puede pasar?". Luego hacía como si le explotara la cabeza.

Conforme progresaba la enfermedad de McCain, Trump empezó a expresar irritación por la permanencia de McCain, porque no fuera un "chico lo suficientemente bueno" como para renunciar a su escaño y dejar que el gobernador republicano de Arizona designara a un senador más benévolo con Trump. A menudo transfería su desdeño por McCain hacia la hija de este, Meghan, panelista regular en *The View*, de la ABC, y ferviente anti-trumpista. Trump estaba obsesionado con el peso de Meghan: La llamaba "Donut". Decía: "Siempre que oye mi nombre parece que va a llorar. Como su padre. Una familia muy, muy dura. ¡Bua, bua!".

McCain, a su vez, aprovechó su enfermedad mortal para marcar una línea entre sus valores estadounidenses y republicanos, y

los de Trump. En un insulto político épico, McCain no invitó a
Trump al funeral que estaba planeando para sí. Dos días después
de su muerte, el 25 de agosto, la familia McCain publicó su carta
de despedida, una poderosa declaración de principios del *establishment* y un reproche directo a Trump.

La relación de Trump con su jefe de gabinete, el exgeneral y
marino John Kelly —ahora una abierta guerra fría en la que cada
uno intentaba no estorbar al otro y ambos decían que el otro estaba
loco—, dio un giro más álgido. Kelly, con afinidad de soldado por
McCain, expiloto de combate y prisionero de guerra, tomó los
comentarios de Trump como antimilitares y antipatrióticos.

"John McCain —dijo cuando el presidente hacía el gesto de que
le explotaba la cabeza— es un héroe estadounidense". Luego dio
media vuelta y salió del Despacho Oval.

El funeral de McCain fue de gala, solo por debajo de lo que
habría sido el de un presidente. Se llevó a cabo el 1 de septiembre
en la Catedral Nacional de Washington y asistieron Barack Obama,
Bill Clinton y George W. Bush, cada uno invitado personalmente
por McCain. Y cada uno magnificó la exclusión de Trump. "Los
Estados Unidos de John McCain no necesitan volver a ser grandes, porque Estados Unidos siempre fue grandioso", dijo Meghan
McCain en su elegía, lo que generó un aplauso poco común para
un funeral.

El funeral reunió a la crema y nata del *establishment* a ambos
lados del pasillo de la catedral, y casi todos los presentes —salvo,
quizá, los representantes de la familia Trump— dieron marcado
testimonio contra Trump. Todos los republicanos en el velorio
querían ser vistos: los republicanos globalistas, los republicanos de
la Guerra Fría con mentalidad militar, y los republicanos pro seguridad nacional y orden mundial. Si no sabían cómo resistir contra
Trump o no estaban listos para ello, al menos podían levantar la
mano en el funeral de McCain.

Trump, por su parte, trató de desprestigiar el funeral en Twitter y luego fue a jugar golf.

* * *

Para el fin de semana del Día del Trabajo, el *establishment* de Washington y los medios tradicionales —en general, uno y el mismo, afirmaban muchos simpatizantes de Trump— esperaban con ansias la publicación del nuevo libro de Bob Woodward, *Miedo,* sobre el primer año de Trump en el ejecutivo. Su editor había prohibido la venta del libro antes de su publicación el 11 de septiembre, pero los avances filtrados habían creado grandes expectativas y, también, gran consternación en la Casa Blanca. Por mucho que el libro diera la propia visión de Woodward sobre Trump, muchos del *establishment* del Partido Republicano creían que Woodward reflejaría las posturas de aquel *establishment* e, incluso, que las defendería.

Woodward y su socio Carl Bernstein crearon el modelo moderno del periodista político con su reportaje sobre el Watergate. Sus libros posteriores sobre el Watergate y la película sobre la investigación a Richard Nixon los habían hecho mundialmente famosos. Woodward, vinculado siempre al *Washington Post*, había escrito más *bestsellers* y ganado más dinero que cualquier reportero en la historia de Washington. A los 75 años, Woodward era uno de los monumentos de la ciudad o, al menos, una parte de su mobiliario institucional.

Desde el Watergate, había pasado gran parte de su carrera analizando la burocracia política, también llamada "el pantano". A veces, parecía incluso ser su voz. De cierta forma, era la gran lección del Watergate. En periodos de estrés político agudo, la burocracia veía por sí misma y se protegía, así que lo único que necesitaba hacer un reportero listo era escucharla. Mientras más agudo era el estrés, más activos se volvían los filtradores de información y mayor era la noticia. Ahora, más que nunca, con una persona ajena al *establishment* y amateur en la Casa Blanca, el pantano —tan ridiculizado por Trump— contraatacaba.

La parte específica del pantano de la burocracia que durante años le había dado a Woodward tantas exclusivas era su parte más profunda y arraigada, el vasto sistema de seguridad nacional. Tras la publicación del nuevo libro de Woodward, fue obvio que una de sus fuentes clave había sido H. R. McMaster, general de tres estrellas que se había unido a la administración de Trump en febrero de 2017 como asesor de seguridad nacional, en sustitución de Michael Flynn. Perder a Flynn, la primera baja de la investigación rusa, había sido un momento temprano de desaliento para Trump, y había aceptado la propuesta de reemplazo sin pensarlo demasiado. En la entrevista inicial, McMaster, minucioso y planificador, un general de PowerPoint, había aburrido al presidente. Como solo le interesaba terminar con eso y evitar una entrevista subsiguiente, Trump accedió a contratarlo.

Su relación nunca mejoró mucho. McMaster se convirtió en blanco de las bromas y escarnios de Trump. El general tenía todo lo que a Trump le gustaba criticar: apariencia, franqueza, pomposidad y corta estatura.

"¿Qué escribe ahí, Sr. Apuntador?", lo molestaba Trump, pues McMaster invariablemente estaba tomando notas en una libretita negra durante las reuniones. "¿Es usted el secretario?".

En la última parte del proceso de investigación para su libro, Woodward contactó a Bannon. Para Bannon, difícilmente había alguien que representara al *establishment* de Washington mejor que Woodward; ese era el enemigo. Pero tras unos minutos de conversación empezó a entender lo que tenía Woodward: acceso a la libretita negra de McMaster, una crónica detallada, a veces casi minuto a minuto, de todas las reuniones a las que había asistido

McMaster en sus diez meses en la Casa Blanca. Bannon decidió que necesitaba hacer control de daños.

Bannon entendió que el libro de Woodward pretendía ser la venganza de *Team America*. Era la supuesta banda de adultos, profesionales, o (como reconocerían ellos a veces) detractores que trabajaban en la Casa Blanca de Trump y se veían a sí mismos como patriotas que protegían al país del presidente para el cual trabajaban. El grupo incluía a McMaster, a Jim Mattis, a Rex Tillerson, a Nikki Haley, a Gary Cohn, a Dina Powell, a Matt Pottinger, del Consejo de Seguridad Nacional; a Michael Anton, vocero del Consejo de Seguridad Nacional, y, en cierto punto, a John Kelly. El grupo excluía a casi toda la gente que hubiera sido parte activa de la campaña presidencial de Trump y otros, como Mick Mulvaney, director de la Oficina de Administración y Presupuesto, con fuertes vínculos con el Tea Party. Cohn era demócrata, Mattis, casi demócrata, y el padre de Pottinger era un abogado liberal reconocido en Nueva York. El resto, puros republicanos, estaban mucho más cerca del Partido Republicano de John McCain y George Bush que del partido que ahora era de Donald Trump. En particular, cada uno representaba la antítesis de la visión nacionalista contraria al libre comercio que proponía Trump, Estados Unidos Primero (*America First*). Eran los demócratas y globalistas que —en el caos de un personal sin preparación que tuvo que crear, de la noche a la mañana, un equipo de asesores presidenciales— se habían colado a esta Casa Blanca nacionalista.

Si habían querido esconder o difuminar sus creencias durante su estancia en la Casa Blanca, ahora más que nunca querían que los reconocieran por ellas. Además, todos sin excepción sentían una profunda animosidad hacia Trump, tanto personal como profesional. Los había mancillado. Ahora, fuera de la administración, su mensaje a Woodward era que habían defendido la nación contra

Trump y tratado de cambiar la dirección de las políticas trumpistas o, al menos, de distraerlo cuando giraba hacia alguna dirección extrema o chiflada.

Quizá Trump no era más cruel con los globalistas que lo rodeaban que con los nacionalistas, pero eso no es mucho decir. Sus escarnios contra McMaster eran un pasatiempo diario; Rex Tillerson era "Rex, el perro de la familia"; acusaba a Gary Cohn de ser homosexual; corría rumores sobre la vida personal de Dina Powell. Mientras que los trumpistas más fanáticos no tenían otra opción que justificar sus crueldades, y a veces incluso festejarlas cuando se dirigían hacia alguien más, otros adoptaban un resentimiento de bajo nivel, de no-tengo-que-soportar-esto, de solo-lo-hago-por-mi-país. (Al mismo tiempo, cuando Trump los denigraba, ellos lo denigraban a él. Gary Cohn, por ejemplo, ponía en altavoz las llamadas que recibía de Trump mientras jugaba golf en el Club de Golf privado de Sebonack en Southampton para que se pudieran escuchar las diatribas de Trump a la vez que Cohn hacía gesticulaciones de loco).

Para Bannon, la respuesta pasiva del *establishment* a Trump —su disposición a seguir tolerando a un hombre a quien detestaban abiertamente— era otra prueba de la debilidad del *establishment*, y de su cobardía. El comportamiento de los globalistas y de los supuestos profesionales era otra prueba de que no se podía confiar en ellos. Ni si quiera le podían hacer frente a alguien a quien odiaban y que los odiaba tan evidentemente.

Incluso aunque algunos miembros de ese grupo dejaran la Casa Blanca, no parecían tener disposición, capacidad ni valor para oponerse abiertamente a Trump. Gary Cohn no podía conseguir otro trabajo, sobre todo porque lo asociaban con Trump. Pero, aunque siguiera proclamando en privado la excentricidad de Trump, parecía seguir demasiado preocupado por la reputación de este como para expresar públicamente su alarma y disgusto. Dina

Powell estaba furiosa por los rumores que Trump esparcía sobre ella, pero esperaba algún día aterrizar en el cargo de embajadora ante las Naciones Unidas y no decía nada. Nikki Haley, vislumbrando la salida, seguía cultivando su relación con Jared e Ivanka mientras, en privado, consideraba contender en las primarias contra Trump (aunque de hecho, esperaba que Trump ya se hubiera ido y no fuera necesario retarlo en las primarias para llegar a la Casa Blanca).

Pero Woodward y su libro ahora ofrecían cobertura para comunicar un mensaje poderoso: el *Team America* representa la resistencia colectiva al comportamiento extremo, maniático y desinformado de Trump.

Comunicar ese mensaje requería un esfuerzo conjunto. La disposición de cada persona a hablar con Woodward era contrastada con la disposición de muchas otras a hablar con él. Era parte del método estándar de Woodward de establecer una masa crítica de fuentes internas: creó una especie de grupo selecto, lo cual también indicaba que, si no participabas, no solo perderías la oportunidad de ser parte del grupo selecto, sino que también perderías tu lugar en la historia; te convertirías en uno de sus idiotas. Pero las fuentes de Woodward ahora le ofrecían algo mejor que chismes o una interesada narración de sucesos. Tenía ahí a miembros de la Casa Blanca tratando de distanciarse de la propia Casa Blanca que habían ayudado a construir. Querían deshacerse de ella y, de hecho, muchos de los participantes clave de la administración de Trump declaraban que era una administración fallida, aunque no por culpa de ellos.

El libro de Woodward, publicado 57 días antes de las elecciones intermedias, se convirtió en un suceso político, uno que muchos esperaban hiciera lo que, 44 años antes, había hecho el primer libro de Woodward: ayudar a derribar al presidente.

Dentro de la Casa Blanca, Trump no solo captó el mensaje,

sino que de pronto no podía dejar de hablar de Richard Nixon y lo mucho que lo habían perjudicado. Nixon, anunciaba Trump, había sido el mejor presidente. El hecho de que los actores del *establishment* se hubieran juntado y derrocado a Nixon *demostraba* que era el mejor. Su error habían sido las grabaciones; él las debería haber quemado. "Trump", decía Trump, como había dicho varias veces antes, "las habría quemado".

* * *

Cuando empezó el ciclo de campañas de otoño en el que Trump planeaba estar en carretera cuatro o cinco días a la semana, el ánimo de los altos funcionarios de la Casa Blanca —nunca animados, rara vez optimistas— cayó aun más.

No era solo que los estuvieran atacando sus antiguos colegas, sino que los habían abandonado. Ser funcionario de Trump se había convertido en un aprieto existencial: aunque quisieras irte, y casi todos querían hacerlo, no había a dónde ir. La postura interna del libro de Woodward —que aquellos que le habían servido de fuente, sin importar toda la virtud que dijeran tener, estarían desacreditados para siempre por haber trabajado en la Casa Blanca de Trump— era poco esperanzadora. Siempre saldría a relucir, y esto era relevante de forma personal para todos los que trabajaran en la Casa Blanca y quisieran trabajar en otro lado, la frágil legitimidad de Trump. Todos trataban, algunos tímidamente, otros valientemente, de insistir en ello: *Lo eligieron, ¿o no?* Pero resultaba que haber sido electo presidente no te hacía un presidente legítimo, al menos no a ojos del *establishment*, que parecía seguir siendo el árbitro último en tales juicios.

"Woodward es parte del intento por derrocarlo", dijo Bannon una mañana de septiembre, sentado a la mesa del comedor de la

Embajada. Pero no dejaba de admirar lo bien que sus antiguos colegas se habían aprovechado de Woodward, y lo bien que Woodward se había aprovechado de ellos.

Bannon entendía, casi tanto como cualquiera, por qué la gente que trabajaba para Trump podría, natural o inevitablemente, voltearse en su contra. Entendía las razones empíricas por las que la gente podía pensar que Trump no era apto. Reconocía, también, que parte del arte de ser presidente —del cual Trump podría ser recordado sobre todo por carecer enteramente— era lograr que no te echaran del ejecutivo.

Pero Bannon también creía que, si lograbas darle la vuelta al repelente personaje de Trump, a sus deficiencias intelectuales y a sus visibles problemas de salud mental, tenías que ser capaz de ver que estaban atacando a Trump —con los poderes fácticos que intentaban sacarlo del ejecutivo— por hacer aquello por lo que había sido elegido para hacer. El trumpismo, de hecho, estaba funcionando.

La Unión Europea estaba a punto de ceder a la mayoría de las demandas de los Estados Unidos. México se estaba comprando el giro de Trump sobre el TLCAN y Canadá seguramente haría lo propio. ¿Y China? Estaba en pánico total. Las amenazas de Trump de 500 mil millones en aranceles estaban haciendo lo que había hecho la escalada militar de Reagan en la Unión Soviética. Esto podía ser, si Trump aguantaba, el fin de la inevitabilidad china.

Bannon creía que ahí estaba la verdadera naturaleza del intento de derrocar al presidente: el *establishment* no quería sacar a Trump por sus fallos, sino por sus éxitos. Trump era un presidente de guerra fría y China era su enemigo, no podía haber sido más claro al respecto. Aunque Trump no estuviera bien informado y no fuera confiable sobre todo lo demás, tenía una creencia fundamental, una idea que entendía verdaderamente: China mala. Tal era la base de nuevas políticas poderosas que pondrían a Estados Unidos frente a frente con China. Si resultaban exitosas, esas políticas podrían derribar a China y, como consecuencia, arruinar un futuro económico —el futuro en el que Gary Cohn, Goldman Sachs y gran parte del *Team America* habían invertido *su* futuro— que estaba penalizando e incluso paralizando a la clase trabajadora estadounidense.

Bannon, agitando las manos en el aire, ya estaba ejercitado. Cohn, McMaster, Tillerson y la burocracia del Consejo de Seguridad Nacional estaban vendiendo el país. Lo que defendían —junto con todos los demás que habían hablado, ninguno muy *sottovoce*, con Woodward— era el *statu quo*. Deben añadirse a la lista Paul Ryan y Mitch McConnell, y sus aliados del fondo de inversión libre, pues estaban sopesando las debilidades del presidente y considerando si actuar en su contra, cuándo y con quién.

Olviden que Trump era un idiota y que claramente había atraído todo lo que iba hacia él. Había un golpe de Estado en marcha.

* * *

El 5 de septiembre, miércoles posterior al Día del Trabajo, aparentemente cronometrado para complementar la publicación inminente del libro de Woodward —y, de modo propicio, pocos días después del funeral de John McCain— el *New York Times* publicó un artículo editorial anónimo de un "alto funcionario" de la administración de Trump.

> El presidente Trump enfrenta una prueba a su presidencia que no había enfrentado ningún otro líder estadounidense moderno.
>
> No es solo que se aproxime el fiscal especial. Ni que el país esté profundamente dividido con respecto

al liderazgo del Sr. Trump. Ni siquiera que su partido pueda perder la Cámara de Representantes ante una oposición que está totalmente empecinada en derribarlo.

El dilema —cosa que él no capta por completo— es que muchos de los altos funcionarios de su propia administración están trabajando diligentemente desde dentro para frustrar parte de su agenda y sus peores inclinaciones.

Lo sé. Soy uno de ellos.

El ensayo retrató a Trump como el hombre que casi todos conocían: errático, poco centrado, impulsivo, probablemente con problemas mentales. Pero el artículo también parecía señalar una preocupación mayor: "Aunque haya sido elegido como republicano, el presidente muestra poca afinidad por los ideales tradicionalmente abrazados por los conservadores: mentes libres, mercados libres y gente libre. En el mejor de los casos, ha invocado esos ideales en escenarios pautados. En el peor, los ha atacado rotundamente".

El ensayo prosigue afirmando, al igual que el libro de Woodward, que partes importantes de la rama ejecutiva estaban tratando activamente de minar la voluntad y las políticas de Trump. Esto se ofrecía como hecho rescatable, lo que el autor llamaba "comodidad fría", pero también podía haberse ofrecido como prueba de la incompetencia de la administración: el artículo sugería que la presidencia de Trump se estaba autosaboteando. Intencionadamente, el ensayo terminaba con una referencia a John McCain y su carta de despedida.

Durante veinticuatro horas, dio la impresión de que estaba pasando algo en el gobierno estadounidense que rara vez había pasado antes. Una parte del gobierno estaba en rebelión abierta contra la otra, con ayuda del medio de comunicación más influyente de la nación.

Pocas veces se había analizado tanto la proveniencia de un artículo de periódico. ¿Qué quería decir exactamente "un alto funcionario"? ¿Un asistente del presidente, un secretario o subsecretario de gabinete? ¿El jefe de alguna agencia importante? Pero el *Times*, en una respuesta críptica a una pregunta sobre el autor del ensayo, sugirió que quizá ni ellos mismos sabían quién era el autor. ("El autor", dijo el editor al responder un interrogatorio, "nos fue presentado mediante un intermediario a quien conocemos y en quien confiamos"). Trump despotricó contra "los Sulzberger" y cómo estaban tratando de atraparlo, metáfora que a veces usaba la derecha para recordarle a la gente que la familia que controlaba el *Times* era de ascendencia judía.

Dentro de la Casa Blanca, la especulación sobre el autor del ensayo se convirtió en un juego febril en el que la mayoría de los dedos apuntaban hacia el Consejo de Seguridad Nacional y un esfuerzo conjunto de dos o tres funcionarios actuales y pasados del Consejo. Peto también podía haber sido cualquier alto cargo de la administración que tuviera una relación cercana con un abogado que pudiera servir de intermediario con el *Times* y, por razones de privilegio abogado-cliente, pudiera proteger la identidad del autor si se desencadenaba una investigación formal. Además, el abogado tenía que ser alguien en quien pudiera confiar el *Times*. Este punto era sumamente importante si el *Times*, según parecía posible, no conocía la identidad exacta del autor.

Uno de los más señalados era Matthew Pottinger, que se encargaba de los asuntos de China en el Consejo de Seguridad Nacional y quien, aunque podía no considerarse un "alto funcionario", podía haber colaborado con H. R. McMaster y Michael Anton, el vocero de McMaster, quien había escrito bajo seudónimo ensayos muy leídos durante la campaña de 2016. (Sus ensayos eran pro-Trump, pero Anton desde entonces se había pasado al bando de McMaster en su guerra contra el presidente). El padre de Pottinger era el abogado de Nueva York Stan Pottinger, reconocido en círculos liberales y en el *Times*, sobre todo, por haber estado casado mucho tiempo con el ícono feminista Gloria Steinem.

Pero, de hecho, era notoria la cantidad de gente en la administración que podía haber escrito el artículo o contribuido a él. Se podía excluir a pocos. La palabra "traición" —una palabra rara vez usada en política estadounidense, y nunca en la Casa Blanca, pero que se había aplicado varias veces tanto al presidente como a su hijo con respecto a sus tratos con los rusos— ahora se estaba usando, sobre todo en boca del presidente y su familia, contra el autor o autores del artículo, y el presidente prometía venganza.

Había una funesta sensación en la Casa Blanca de que la carta podía tener consecuencias tempestuosas. "Es Monica en el Hotel Ritz", dijo alguien cercano al vicepresidente, refiriéndose al momento en que el FBI aprehendió a Monica Lewinsky en la calle y la llevó al Ritz en Washington, donde la retuvo hasta que admitió su amorío con el presidente Clinton, lo que llevó a este a un proceso de juicio político.

Difícilmente se podía pasar por alto que los republicanos del *establishment* no parecían estar impresionados en absoluto ante lo que podía razonablemente interpretarse como una rebelión abierta dentro de la Casa Blanca. Mitch McConnell, aunque se esforzó por no criticar a "Anónimo" ni expresar preocupación alguna sobre la aparición del ensayo, parecía casi reírse entre dientes. De hecho, el mismo día en que se publicó el artículo de opinión, McConnell usó la controversia al respecto para hacer otro punto, aunque quizá relacionado. Con respecto a los renovados ataques de Trump contra su fiscal general, McConnell dijo: "Soy un gran simpatizante de Jeff Sessions. Creo que ha hecho un buen trabajo y espero que se quede donde está".

El otro punto que harían los de la Casa Blanca en los siguientes días era igualmente revelador. El desorden y desacuerdo que supuestamente llevó a la publicación del ensayo hacía imposible descubrir quién lo había escrito.

18

KAVANAUGH

Tras el anuncio de la nominación de Brett Kavanaugh el 9 de julio, Trump parecía satisfecho con su decisión. "Es muy confiable", repetía Trump, "gran respeto, éxito seguro". Pero hacia finales del verano comenzó a expresar ciertas reservas en algunas de sus llamadas telefónicas después de la hora de la cena. Se trataba de un caso más en el que el presidente parecía sentir que la propia Casa Blanca operaba en su contra. Alguien le hacía tener esas dudas. Un amigo sospechó que podría ser su hermana Maryanne Trump Barry, una juez federal en inactivo, aunque ella y su hermano no eran muy cercanos. Pero la cuestión, de donde sea que haya venido, se volvió una repentina molestia para Trump: no había protestantes en la Corte Suprema. "¿Tú sabías eso?", le preguntó a un amigo.

De los ocho jueces que ejercían en ese momento, todos eran judíos o católicos. Kavanaugh también era católico, al igual que la segunda opción, Amy Coney Barrett. Había cierta confusión en

torno a Neil Gorsuch, y a Trump le presentaron opiniones con-
tradictorias. Aunque Gorsuch ciertamente fue criado como católico e incluso fue a la misma escuela católica a la que asistió Brett
Kavanaugh.

"¿No podemos encontrar abogados que no sean católicos o
judíos?", se preguntaba Trump. "¿Ya no había abogados WASP?".
(Sí, le dijeron: Bob Mueller). A Trump lo desconcertó no estar al
tanto de este peculiar y notable hecho sobre la Corte Suprema.
De forma inexplicable, la marea de la historia había cambiado de
dirección; sin embargo, nadie se había dado cuenta o no le había
informado sobre ello.

"Eran todos protestantes y luego, en pocos años, no hubo ninguno. ¿No parece extraño?", pensaba. "Ni uno solo". Trump, que se
decía presbiteriano, continuó: "Pero no puedo decir: 'Quiero poner
a un protestante en la Corte para tener una mejor representación'.
No, no puedes decir eso. Pero debería ser capaz de hacer que la
principal religión en este país tenga una representación en la Corte
Suprema".

"¿Era obra de McGahn?", se preguntaba Trump, quien ahora
sospechaba seriamente del abogado de la Casa Blanca. Él había
sido el responsable de la Casa Blanca en las nominaciones a la
Corte Suprema; y era católico. ¿McGahn estaba manipulando la
Corte? Kavanaugh, como Gorsuch, contaba con la aprobación
previa de la Sociedad Federalista, y Leonard Leo, el hombre clave
de la sociedad, era (supuestamente) un miembro del Opus Dei, la
misteriosa organización católica de extrema derecha. Trump dijo
que le habían informado que Leo estaba en la cama con el Vaticano.

Como si hubiera atado cabos —en una lenta iluminación—,
Trump comenzó a centrar su atención en el aborto. Aquí se movía
en un terreno inestable: siempre que el problema aparecía, cuando
la discusión avanzaba tan solo algunas oraciones, a menudo
comenzaba a vacilar. Su habitual opinión sobre el derecho a la vida

volvía a su postura previa a favor de la elección libre. A finales de agosto, semanas después de nominar a Kavanaugh, Trump quería saber: ¿este hombre formaba parte de un complot católico para abolir el aborto?

Con la conciencia repentina de la existencia de una Corte no protestante, necesitaba asegurarse de que Brett Kavanaugh no estuviera ahí solo para volver ilegal el aborto. Kavanaugh, le advirtieron, era un "textualista", lo cual quiere decir que estaba preocupado ante todo por frenar el desarrollo constante —e inconstitucional, desde el punto de vista textualista— de la autoridad del estado administrativo. El aborto estaba lejos de ser el primer punto en su lista de prioridades.

Sin embargo, a medida que el personal de la Casa Blanca se preparaba para lo que asumía sería una ratificación severamente impugnada, Trump sentía que aún le faltaba conocer la historia completa. Esta molestia avivó otro tema más amplio que había surgido durante la nominación de Gorsuch: ¿Por qué no le permitían elegir a personas que conocía? Él conocía a muchos abogados; ¿Por qué no podía simplemente elegir uno?

* * *

Casi todos los analistas de la presidencia de Trump coincidían en que el nombramiento y la ratificación de Neil Gorsuch había sido una de las maniobras menos complicadas de la Casa Blanca. También coincidían en que la razón por la cual había sido tan simple era que la Casa Blanca y Trump habían tenido muy poco que ver con ella.

Durante la campaña, la Sociedad Federalista dio a conocer una lista de jueces que se consideraban aceptables para cualquier puesto disponible en la Corte Suprema. Todos los candidatos habían sido investigados y acreditados, y provenían de las mejores escuelas de derecho; todos eran jueces que se adherían a posturas textualistas y no habían apoyado resoluciones a favor del aborto. Esto se convirtió en un tema de campaña: si se le daba la oportunidad, Trump nominaría a alguien de la lista. (Esta postura contrastaba mucho con la tentativa poco sistemática de la campaña de hacer una lista de probables asesores en política exterior. Esa lista se elaboró al interior de la campaña e incluía a un grupo azaroso de personajes más o menos desconocidos, en particular Carter Page y George Papadopoulos, quienes luego contribuirían a enmarañar tanto la campaña como la futura Casa Blanca en el desastre ruso).

Sin importar lo sólida que fuera la lista de la Sociedad Federalista, o qué tan efectiva había resultado la elección de Gorsuch, Trump se rebeló. Era un trabajo ideal. ¿Por qué no podía dárselo a un amigo? Él podría no *ser* abogado, pero sabía más que la mayoría de los abogados. Después de todo, había contratado y despedido a abogados durante casi cincuenta años. Y en Nueva York era habitual querer tener jueces en deuda contigo.

Trump presionó para nominar a Giuliani (quien también, por coincidencia, era católico) como su primera opción para la Corte Suprema, pero discretamente lo disuadieron (Giuliani estaba a favor del aborto). Entonces Kavanaugh, al igual que Gorsuch, se presentó como un hecho consumado. Había algunas alternativas, como Barrett, pero Kavanaugh era la opción federalista de McGahn, el preferido del *establishment*. Enseguida se definió el plan: la postulación de Kavanaugh se daría a conocer durante el verano y las audiencias comenzarían justo después del Día del Trabajo. El momento no podía ser más oportuno. Semanas antes de las elecciones intermedias, casi con toda seguridad los demócratas morderían el anzuelo y harían un intento ruidoso e inútil por obstaculizar la selección del presidente. El presidente defendería hábilmente a su candidato íntegro y confiable, un juez aceptable para el *establishment* jurídico. También cumpliría con la promesa fundamental que tenía con su base: una Corte Suprema de Justicia con un núcleo duro conservador y a favor del derecho a la vida.

Que se ratificara a Kavanaugh en plenas elecciones intermedias significaba una ventaja invaluable. Sería un mensaje importante para los votantes conservadores: no importa si Trump te desagradaba, podías contar con él en la instauración de una Corte renovada. Con el juez Kennedy retirado, Kavanaugh desplazaría la Corte con firmeza hacia la derecha, y bien podría haber dos nombramientos más por venir.

Entonces Trump pasó del entusiasmo a la agresividad. Quería tener más opciones. Quería agregar a su gente a la lista. Si las cosas se dificultaban, necesitaría gente en la que pudiera confiar. Para que a todos les quedara claro, insistió en la cuestión: quería una "tarjeta para salir gratis de la cárcel".

Esto se volvió una prioridad para Trump. Dados sus enormes niveles de exposición personal, la persecución del fiscal especial y las perspectivas de un Congreso demócrata que impulsaría un juicio político, necesitaba la certeza de que Kavanaugh lo protegería. ¿Podrían McGahn y los demás estar seguros de que Kavanaugh lo respaldaría? Siempre poco sutil en sus deseos, insistió: ¿Podrían obtener un compromiso de su parte?

Desde luego. Kavanaugh ya había sostenido, le dijeron, que la investidura le daba a Trump un estatus especial, que un presidente en funciones estaba exento de culpabilidad jurídica. (Sin embargo, Kavanaugh, quien trabajó para el fiscal de Clinton, Ken Starr, también había alegado lo contrario durante la investigación sobre Clinton, y aunque ahora parecía defender un ejecutivo fuerte, sus antecedentes todavía parecían bastante desconcertantes). Los asesores de Trump le aseguraron en repetidas ocasiones que todos los cuestionamientos relacionados con él que pudieran presentarse ante la Corte (sobre sus intereses comerciales, sobre el privilegio ejecutivo, sobre su posible enjuiciamiento) no supondrían un riesgo con Kavanaugh.

* * *

La nominación de Kavanaugh prendió los focos rojos para Andrew Weissmann y el equipo de Mueller. Si el fiscal especial procediera con una acusación formal contra el presidente, el tema de la inmunidad presidencial sin duda se presentaría ante la Corte Suprema y podría dar lugar a una decisión tan importante como la sentencia *Bush v. Gore* o el caso relacionado con las cintas de Nixon. De hecho, la decisión podría asegurar el control de Trump sobre la Casa Blanca o debilitarlo. Y si la Corte llegaba a esa encrucijada, ¿cuál sería el efecto Kavanaugh?

Casi desde el principio, el equipo de Mueller asumió que el destino del presidente, y posiblemente el destino de la investigación del fiscal especial, lo decidiría la Corte Suprema. Entonces las cuestiones constitucionales que se hallaran en el centro de un eventual proceso las consideraría alguien que ya parecía haber tomado una decisión respecto a la falibilidad presidencial, y que había estimado al presidente como alguien bastante infalible. Asumiendo que el Senado ratificara a Kavanaugh, casi seguro dada la mayoría republicana, el nuevo juez de la Corte podría recurrir a la excepción presidencial y hacer que su investigación fuera casi inútil.

Pero mientras el equipo de Trump intentaba convertir a Kavanaugh en un dispositivo de seguridad para el presidente, Weissmann buscó formas de invalidar al probable nuevo juez y la protección que desde luego le brindaría al presidente. En la víspera de las audiencias de Kavanaugh, el equipo del fiscal especial analizaba lo que podría pasar si el Departamento de Justicia exigía que Kavanaugh se recusara.

Este enfoque tenía la razón de su lado, aunque no necesariamente la ley. Si fueras un juez y estuvieras sopesando el destino
de alguien respecto al que quizás pudieras sentirte predispuesto
—digamos, si él te hubiera hecho un favor, como convertirte en
juez—, tendrías que recusarte. Esto es lo que harían los jueces
imparciales. Si no lo hicieran, podrían verse obligados a inhabi-
litarse a sí mismos tras una apelación ante las cortes superiores.
Aunque todos los jueces en las cortes federales estaban sujetos a
las mismas normas en relación con los conflictos de intereses, era
menos claro que estas normas se aplicaran a los jueces de la Corte
Suprema o, en todo caso, que hubiera alguien que pudiera hacerlas
cumplir.

La propia revisión de la ley por parte del fiscal especial no
dejó mucho margen para el optimismo: "Las Reglas de la Corte
Suprema no estipulan sobre la presentación de solicitudes de
recusación. Como esas mociones rara vez se presentan, no hemos
encontrado ninguna instancia en que se haya concedido alguna",
decía un informe de investigación preparado para el equipo de
Mueller. "Y no tenemos conocimiento de ningún caso en que el
gobierno de los Estados Unidos haya presentado una solicitud para
la recusación de un juez".

Sobre las cuestiones legales más básicas, el documento era
desesperanzador: "El código de ética que generalmente rige las
decisiones de recusación de los jueces federales —el Código de
Conducta para jueces de los Estados Unidos, promulgado por la
Conferencia Judicial— no vincula en sus disposiciones a los jueces
de la Corte Suprema".

Aun así —y este era el argumento persistente del fiscal especial— no había en la ley ninguna excepción definitiva, ninguna
resolución categórica: "El estatuto federal de recusación... según
las disposiciones se aplica a 'cualquier juez supremo, juez de primera instancia o magistrado de los Estados Unidos'... Además,

las resoluciones de la Corte Suprema son inequívocas en que la recusación es un asunto fundamental de justicia y de apariencia de justicia, lo cual implica el debido proceso".

Por desgracia, no había "ningún mecanismo para apelar la decisión de un juez de la Corte Suprema de no recusarse a sí mismo o a sí misma, ni ningún otro medio de dirigir la cuestión a alguna audiencia judicial aparte del juez".

La propuesta de Weissmann sobre Kavanaugh parecía ser un fiasco. Si Brett Kavanaugh llegaba a ser juez de la Corte Suprema, el Departamento de Justicia podría exigirle que se recusara de lo que podría ser el caso del siglo. Pero Kavanaugh podría negarse, y hasta ahí llegaría todo.

* * *

A medida que la oficina del fiscal especial evaluaba sus opciones después de la nominación de Kavanaugh, también lo hacían los demócratas de la minoría en el Senado. Su conclusión fue que la nominación de Kavanaugh solo podía descarrilarse por un ataque a la rectitud personal de Kavanaugh. Un correo electrónico de un miembro del personal del Senado consignaba algunos de los asuntos que podrían bloquear a Kavanaugh: "Escándalos sexuales, irregularidades financieras, drogas, violencia y manejo de la ira, plagio, deudas de juego".

Durante todo el verano se escuchó un rumor sobre la fraternidad de Kavanaugh en Yale, Delta Kappa Epsilon. En otra época, rumores similares habían asediado la candidatura presidencial de George W. Bush; él también había sido miembro de DKE y lo perseguían rumores sobre abuso de alcohol y comportamiento sexualmente agresivo.

Sin embargo, fue la conducta en la escuela secundaria de Kavanaugh lo que terminó persiguiéndolo. Dianne Feinstein, la sena-

dora de California e integrante de mayor rango de la minoría en
el Comité Judicial del Senado, les dijo a varios amigos que había
recibido una carta confidencial que contenía denuncias sobre el
comportamiento de Kavanaugh durante una fiesta nocturna de
la escuela secundaria. La acusadora de Kavanaugh era una mujer
llamada Christine Blasey, que a veces usaba su apellido de casada,
Ford. Profesora de psicología en la Universidad de Palo Alto,
parecía confiable y tenía una sólida formación. No obstante, tenía
miedo de salir a la luz; además, Feinstein se preguntaba si el único
incidente que Blasey Ford podía contar le parecería revelador a
alguien. Incluso se preguntaba si el incidente mismo debía revelarse. Durante semanas, Feinstein mantuvo la carta en secreto.

Las audiencias para la ratificación de Kavanaugh comenzaron
el 4 de septiembre. Al principio, las audiencias no prendieron señales de alarma entre los partidarios del nominado. Los oponentes de
Kavanaugh estaban desesperados y, después de una serie de filtraciones de los demócratas en el Congreso, Blasey Ford, lo quisiera o
no, se convirtió en el arma designada contra el nominado. Forzada
a salir a la luz, relató su única experiencia con Kavanaugh en un
artículo publicado por el *Washington Post* el 16 de septiembre.

La historia que narró ocurrió en Maryland en el verano de
1982, cuando un pequeño grupo de adolescentes se reunieron una
noche en una casa. Blasey Ford tenía entonces quince años; Brett
Kavanaugh, de diecisiete, era un conocido lejano, alguien con el
que se había cruzado en ciertas ocasiones en los círculos de escuelas privadas del condado de Montgomery. Esa noche, según Blasey Ford, mientras subía las escaleras para ir al baño, Kavanaugh,
ebrio, junto con otro amigo, también borracho, la obligó a entrar
en una recámara, la empujó sobre una cama y se abalanzó sobre
ella, manoseándola sobre la ropa y tapándole la boca con una
mano por tiempo suficiente como para que Blasey Ford comenzara a sentir pánico.

* * *

Al parecer, Trump estaba fascinado con esta historia. "¿La empujó sobre la cama y eso fue todo?". ¿Cuánto tiempo la había sometido? Trump quería saberlo. "¿Se abalanzó sobre ella para besarla? ¿O hubo sexo?".

Cuando le dijeron a Trump que Mark Judge, el amigo de Kavanaugh que según Blasey Ford estaba en la habitación, había escrito un libro sobre sus hazañas de borracho en la escuela secundaria, Trump se golpeó la cabeza en un costado. "¿Qué clase de idiotas me consiguieron?".

Luego volvió a insistir en que todo habría ido mucho mejor si él hubiera elegido al nominado. "Esto es vergonzoso", dijo. "Niños de escuela católica". Lo cual desató recuerdos de sus propias hazañas a los diecisiete años: no se limitó a robar besos, eso era seguro.

Cuando la historia de Blasey Ford invadió las noticias, Trump empezó a sentir cierta antipatía por Kavanaugh. "Parece débil. Sin fuerza. Probablemente un sacerdote abusó de él".

A medida que Kavanaugh se ponía cada vez más a la defensiva, de pronto pareció que la nominación estaba en riesgo. La Casa Blanca y el equipo de Kavanaugh rechazaron una posible entrevista con CBS, estimando que el nominado no podría resistir un interrogatorio hostil. Pero Kavanaugh necesitaba defenderse de alguna manera, por lo que la Casa Blanca aceptó la promesa de una entrevista "suave" en Fox, con las preguntas facilitadas de antemano.

Durante este edulcorado encuentro del 24 de septiembre, un derrotado y autocompasivo Kavanaugh dijo que en la escuela secundaria era virgen y también durante mucho tiempo después. Trump apenas podía creerlo. "¡Paren! ¿Quién lo diría? Mi juez virgen. ¡Este hombre no tiene orgullo! ¿Hombre? ¿Dije hombre? No lo creo".

Trump parecía ansioso por hacer un control de daños y seguir adelante. Varias opiniones de integrantes de su gabinete sobre el probable efecto negativo que tendría el relevo de Kavanaugh sobre la base republicana en las elecciones intermedias, a pocas semanas de distancia, impidieron que el presidente publicara un tuit para deshacerse de su nominado.

Para sumar a la crisis, Ivanka le advirtió a su padre la mala percepción que Kavanaugh tenía entre las mujeres. Y esto afectaba las posibilidades de los republicanos en las cercanas elecciones intermedias. Los demócratas apenas podían creerlo, pero parecía que la batalla contra Kavanaugh estaba girando, de forma inexorable, a su favor.

La ira de Trump aumentó cuando se enteró de que George W. Bush —uno de los políticos que más despreciaba Trump— había salido a defender a Kavanaugh, y que muchos republicanos creían que era Bush quien conservaba viva la nominación.

"Los borrachos se unen", dijo Trump. "Si él es un chico de Bush, no es un chico Trump. Es una tontería confiar en él. El hombre virgen me venderá".

* * *

Durante la semana del 24 de septiembre, el testimonio público de Blasey Ford estuvo en vilo. ¿Se presentaría o no? El suspenso produjo un nivel de incertidumbre y tensión que parecía molestar sobre todo a Trump: Blasey Ford estaba acaparando toda la atención.

Lewandowski y Bossie, incitados por Bannon, le decían a Trump que si perdía a Kavanaugh o, peor, si renunciaba a Kavanaugh, en noviembre perdería no solo la Cámara, sino también el Senado.

Trump pareció hallar un nuevo objetivo al poner su atención en Michael Avenatti, el abogado de Stormy Daniels, y Ronan Farrow, un periodista cuyas historias a menudo se centraban en el abuso sexual, quienes dieron a conocer acusaciones contra Kavanaugh de último momento, mientras Blasey Ford vacilaba en su disposición a testificar. La acusadora de Avenatti contó una historia de violaciones de pandillas de adolescentes en un suburbio de Washington D.C. La acusadora de Farrow aseguraba que reconocía a Kavanaugh de una fiesta de borrachos en Yale, y dijo que se habría exhibido desnudo frente a ella.

"Patético", declaró Trump, y luego se desvió hacia consideraciones de si Farrow era el hijo de Frank Sinatra, como su madre, Mia Farrow, había sugerido, o de Woody Allen, añadiendo, en una nueva divagación, que conocía tanto a Frank como a Woody.

A medida que aumentaban las acusaciones contra Kavanaugh, Trump parecía identificarse más con su nominado, o reconocer que la furia hacia Kavanaugh también se dirigía hacia él.

"Están detrás de mí", dijo con orgullo.

Una vez más en la pelea, Trump tuvo que ser disuadido de no liderar el contraataque. Sus intentos artificiosos de cultivar algo así como un temperamento sensato le causaban risa a muchos en la Casa Blanca y eran el tema de conversación de una especie de grupo secreto de la Casa Blanca: "¿Cuándo explotará?".

Cuando Blasey Ford de nuevo aceptó declarar —su testimonio ya estaba programado para el jueves 27 de septiembre—, Trump expresó dudas sobre si Kavanaugh sería capaz de conducirse en una situación pública tensa. Comenzó a dar instrucciones y consejos: "No admitas nada. ¡Cero!". Quería agresividad.

En los días y horas previas al testimonio, Trump llamaba a sus amigos e insistía en el que ahora era su tema favorito: cuando él fue acusado, logró resistir. Parecía que estaba encuestando a todos sobre qué tan fuerte creían que era Kavanaugh en realidad.

"No creo que sea tan fuerte", remataba Trump.

A pesar de todo, parecía haber un reconocimiento implícito

por parte del presidente de que lo que Blasey Ford había dicho era probablemente cierto. "Si no fuera cierto —dijo—, ella habría alegado una violación o algo así, no solo un beso".

* * *

En la mañana del 27, Trump vio el testimonio de Blasey Ford en la residencia antes de bajar al Ala Oeste. Estuvo al teléfono con amigos durante casi todo el tiempo. "Ella es buena", insistía. Creyó que Kavanaugh podría llegar a estar en "un gran aprieto".

Esa tarde, al ver la actuación de Kavanaugh, se disgustó mucho. Parecía personalmente ofendido de que Kavanaugh hubiera llorado durante su testimonio. "Quería abofetearlo", le dijo después a una persona por teléfono. "Virgen llorón".

Pero también pidió que se le diera crédito por el hecho de que Kavanaugh no admitió nada. "Ni siquiera puedes admitir un apretón de manos", le dijo a la misma persona por teléfono. Enseguida empezó a divagar sobre "mi amigo Leslie Moonves", el presidente de CBS, que recientemente había estado bajo fuego tras una serie de acusaciones de #MeToo. "Les admitió un beso. Está acabado. Olvídalo. Cuando me enteré del beso, pensé: 'Se terminó, está liquidado'. La única persona que ha sobrevivido a estas cosas soy yo. Siempre supe que no se puede admitir nada. Intenta explicarlo, y estás muerto. Discúlpate, y estás muerto. Si admites incluso conocer a una chica, estás muerto".

Esa noche, tras ponerse al corriente con la cobertura y viendo las fuertes opiniones sobre el tema que lanzaban en Fox, las opiniones de Trump parecieron cambiar. "Todos los hombres en este país piensan que esto podría pasarles", le dijo a un amigo. "Hace treinta años intentas besar a una chica, treinta años después, ella está de vuelta, pum. ¿Y qué clase de persona recuerda un beso después de cuarenta años? ¿Después de cuarenta años todavía está molesta? Por favor. Por-fa-vor".

Al día siguiente, Jeff Flake, el senador saliente de Arizona, confrontado en un ascensor por atribuladas y sulfuradas simpatizantes de Blasey Ford y oponentes de Kavanaugh, amenazó con suspender su voto de ratificación a menos que el FBI hiciera una investigación adicional.

"Flakey Flake", dijo Trump, aludiendo a lo poco confiable que había sido Jeff Flake. A pesar del contratiempo, sentía cierta confianza en que la nominación de Kavanaugh se aprobaría. "Es una investigación de mierda. Mierda total".

Cuatro días antes de la fecha prevista para la votación de ratificación, mientras el FBI conducía una nueva investigación, Trump asistió a un mitin en Mississippi. Para entonces ya tenía un aire fanfarrón.

"'Me tomé una cerveza'. ¿Y bien? 'Me tomé una cerveza'. Bueno... ¿crees que fue...? ¡No! Una cerveza. Ah, bien. ¿Cómo llegaste a casa? 'No recuerdo'. ¿Cómo llegaste ahí? 'No recuerdo'. ¿Dónde está el lugar? 'No recuerdo'. ¿Hace cuántos años fue? 'No lo sé'. No lo sé. No lo sé. No lo sé. ¿En qué barrio fue? 'No lo sé'. ¿Dónde está la casa? 'No lo sé'. ¿Arriba? ¿Abajo? ¿Dónde estaba? 'No lo sé'. Pero yo tomé una cerveza. Eso es lo único que recuerdo. Y la vida de un hombre está hecha trizas. La vida de un hombre está destrozada".

La insolencia de Trump aprovechó la marea: ya nada iba a descarrilar la nominación de Kavanaugh.

* * *

El 6 de octubre, Brett Kavanaugh fue ratificado por el Senado en pleno, cincuenta a cuarenta y ocho.

Después de la votación, Bannon prácticamente chillaba de

satisfacción. "Nunca subestimes la habilidad de los demócratas para confiarse y arruinar las cosas. Kavanaugh *es* la presidencia". Los demócratas no solo se sintieron desesperados ante la nominación, sino que la convirtieron en una causa de todo o nada. Luego, muy cerca de la victoria, perdieron la batalla en el último minuto.

En opinión de Bannon, Trump había puesto de su lado a las personas que no creían en los demócratas ni en Blasey Ford, así como a los que no creían que un forcejeo de dos minutos que había ocurrido hacía décadas tuviera relevancia. Aunque Bannon también sabía que Trump podría haber perdido de forma irremediable a todas las mujeres en el país con una educación universitaria.

Sean Hannity tuvo 5.8 millones de espectadores la noche de la audiencia de Blasey Ford y Kavanaugh. "Eso es un montón de malditos hobbits", dijo Bannon.

Para Bannon, ese momento marcó un antes y un después. Los demócratas veían las siguientes elecciones como un juego de vida o muerte. Y los hobbits, también. La gente de Pelosi, que hacía cuatro semanas estaba segura de que conseguirían sesenta escaños adicionales en la Cámara, ahora ajustaba sus estimados en privado a treinta escaños.

Bannon apenas podía creer que las elecciones intermedias estuvieran inclinándose a su favor. "Finalmente, carajo, finalmente, Kavanaugh ha nacionalizado esta elección".

Solo deseaba que ya fuera el 6 de noviembre y no el 6 de octubre. Y esperaba con fervor que no hubiera más factores externos.

19

KHASHOGGI

Jamal Khashoggi, ciudadano saudí residente de los Estados Unidos, periodista y protagonista de alto nivel en la política del Golfo Pérsico —y una piedra en el zapato para el príncipe heredero y gobernante saudí de treinta y dos años, Mohamed bin Salman—, ingresó en el consulado saudí en Estambul poco después de la una de la tarde del 2 de octubre de 2018. Lo recibió un comando de asesinos enviado por el temperamental príncipe heredero, el aliado internacional más cercano de Jared Kushner en su esfuerzo por ser una voz dominante en política exterior en la administración de su suegro. Después del asesinato y desmembramiento de Khashoggi, se decía que lo habían disuelto en una bañera llena de ácido o que las partes de su cuerpo habían salido de Turquía en una valija diplomática.

Sin que lo supiera el nada amable equipo de sicarios de Arabia Saudita, los servicios de seguridad turcos grabaron una buena parte de los últimos momentos de Khashoggi. En las horas y días posteriores, mientras los saudíes insistían en que Khashoggi había salido ileso de la embajada, el presidente turco Recep Tayyip Erdoğan, aliado con los enemigos de Arabia Saudita —Qatar e Irán—, autorizó una filtración de los detalles oscuros de la desaparición y asesinato de Khashoggi.

El presidente Trump rechazó el primer informe impreciso sobre la desaparición y posible muerte de Khashoggi. Cuando empezaron a surgir más detalles, dijo que no confiaba en los turcos. Por último, instó a Jared a que "llamara a su amigo", el príncipe heredero.

"Mohamed ya lo está investigando. Él no tiene más información que nosotros sobre esto", informó Jared.

El 4 de octubre, el *Washington Post* publicó un espacio en blanco donde debía aparecer la columna de Khashoggi. El *Post* expresó la sospecha de que el gobernante saudí estaba detrás del asesinato de Khashoggi. Al día siguiente, los turcos confirmaron que Khashoggi entró en la embajada saudí, pero nunca salió.

Como sucedía a menudo en el mundo Trump, a una importante y excepcional victoria —la ratificación de Kavanaugh— la engulló casi de forma instantánea un nuevo e inquietante hecho: Trump y la estrecha relación personal de su familia con un aparente asesino.

Arabia Saudita —con su compleja y difícil familia real, sus alianzas con organizaciones terroristas, la crueldad de sus leyes y su cultura, su gran cantidad de petróleo y posición clave en el Medio Oriente—, siempre ha requerido la mayor delicadeza diplomática y destreza por parte de los presidentes de los Estados Unidos. A falta de esas habilidades, el gobierno de Trump, cuatro semanas antes de una compleja elección, se encontró a sí mismo como responsable y defensor público de un acto flagrante de tortura y venganza política, con nuevos detalles sangrientos que emergían cada día.

Como ejemplo dramático de los temidos factores externos de

Bannon, aquí había una ventana abierta, que nadie parecía cerrar, hacia los extraños acuerdos de Trump y su familia en oscuros rincones del mundo.

* * *

Era un secreto a voces en los círculos de política exterior que Mohamed bin Salman (MBS) era adicto a la cocaína y podía desaparecer durante días o más en juergas o viajes largos y aterradores (al menos para los otros pasajeros) en su yate. También pasaba horas a diario frente a una pantalla jugando videojuegos. Como a Trump, a menudo se lo describía como un niño petulante. Incontrolable, estaba decidido a aplastar cualquier oposición a su gobierno dentro de la vasta familia real, y a usar un nivel de brutalidad aún mayor que la habitual marca de salvajismo del reino para conseguir ese objetivo. MBS, así lo asumía la comunidad de inteligencia y política exterior de los Estados Unidos, era incluso para los saudíes todo un personaje: Tony Montana en la película *Scarface*.

Más difícil de entender era la excepcional acogida de Jared Kushner a este hombre. No solo se habían hecho auténticos amigos, sino que Kushner dedicaba una cantidad considerable de tiempo, esfuerzo y capital político a promover al príncipe heredero. La ya extensa operación de relaciones públicas de los saudíes en los Estados Unidos incluía a Kushner como uno de sus patrocinadores importantes.

El 5 y 6 de octubre, cuando el presidente recorría el país en su ya casi diaria serie de eventos MAGA en estadios llenos de un público amistoso, Kushner tenía la misión de sacar a su amigo MBS, y a sí mismo, del desastre de Khashoggi. En contacto frecuente con el príncipe heredero, Kushner se convirtió efectivamente en el encargado de la crisis. Con ese fin, también se volvió el filtrador más prolífico de la Casa Blanca de teorías de conspiración y desinformación saudíes.

De fuentes de la Casa Blanca surgió la idea del complot turco: culpar a MBS por la "desaparición" de Khashoggi formaba parte de un plan de Erdoğan para restablecer el califato otomano y tomar el control de la Meca de los saudíes. De fuentes de la Casa Blanca surgió la idea del complot de los Emiratos Árabes Unidos: el avión que transportaba al comando de asesinos partió de Riad, pero aterrizó en Dubái de camino a Estambul. MBS fue alguna vez el protegido de Mohamed bin Zayed, MBZ, el gobernante de los Emiratos Árabes Unidos, pero recientemente su relación se había deteriorado, en parte debido que MBZ desaprobaba el consumo de cocaína por parte de MBS. Se dijo que MBZ podría haber ordenado que varios asesinos se unieran al equipo en Dubái para luego culpar a MBS del asesinato.

En una conversación extraoficial con un reportero, Kushner expuso el punto central del caso saudí: "Este tipo [Khashoggi] era el vínculo entre ciertas facciones de la familia real y Osama. Lo sabemos. ¿Un periodista? Por favor. Era un terrorista disfrazado de periodista".

* * *

Para Jim Mattis, el cada vez más profundamente molesto secretario de defensa, el desastre de Khashoggi era un ejemplo más de las extrañas e inexplicables relaciones que Trump y su familia habían entablado con los malos de todo el mundo, desde Putin y Kim Jong-un hasta el involucramiento en la interminable telenovela de los estados del Golfo Pérsico, en particular la interacción de alto nivel entre MBS, MBZ y el hombre fuerte de Qatar, Hamad bin Jassem (HBJ). Los propios instintos de Trump eran extraños y confusos, pero a veces lo que resultaba más alarmante y frustrante era la continua intromisión de Kushner y sus planes poco claros. Mattis se convencía cada vez más de que las habituales incursiones de Kushner eran disparatadas, criminales o ambas cosas. Y parecía que el FBI tenía sus propias preocupaciones: Kushner no había pasado las acreditaciones normales de seguridad y solo había recibido el estatus de máxima seguridad secreta debido a la intervención sin precedentes del propio presidente (un hecho que Kushner y su esposa han negado sin más).

Los conflictos financieros de la familia Kushner y su vínculo con la región del Golfo, eran un tema de discusión que despertaba suspicacia en los círculos de política exterior. Parecía que iba más allá de la simple ingenuidad que alguien con un conflicto de intereses tan claro —el yerno del presidente estaba tratando de recaudar fondos privados de las mismas personas que estaban involucradas en negociaciones complejas y relaciones con el gobierno de los Estados Unidos— pudiera tener un papel de liderazgo en esos mismos asuntos sin enfrentar una objeción generalizada. "El signo de la bestia" se convirtió en una expresión de resignación para aludir a que las acciones o recomendaciones de Kushner podrían tener algo que ver con los intentos de su familia por refinanciar su problemática propiedad, el 666 de la Quita Avenida.

Jared Kushner compró el edificio comercial y de oficinas de la Quinta Avenida en 2007 —en vísperas del colapso financiero mundial—, y el acuerdo se realizó mientras su padre estaba en prisión. La adquisición fue parte del gran plan de la familia Kushner para reubicar sus propiedades y el acento de su negocio desde el bajo perfil de Nueva Jersey hacia los reflectores de la ciudad de Nueva York. Los Kushner pagaron mil ochocientos millones por el 666 de la Quinta Avenida, el doble del precio récord por metro cuadrado para un edificio en Manhattan. Desde el principio, la propiedad, que necesitaba una remodelación exhaustiva, tuvo dificultades para atraer inquilinos prémium. Además, después de varias remodelaciones, en 2019 se vencía el pago final de una hipoteca de mil cuatrocientos millones, por la cual muchos otros activos de la familia estaban en garantía.

Desde antes de las elecciones, la familia, sin mucho éxito, había tratado de conseguir un acuerdo de refinanciamiento. Lograr que la propiedad se mantuviera a flote podía marcar la diferencia entre el estatus multimillonario de la familia y otras circunstancias mucho más ignominiosas. Lo que hacía que la situación fuera particularmente urgente era que la mayor parte de la riqueza personal de Jared estaba invertida en el negocio de su familia.

La relación de Jared con Steve Bannon, la cual nunca fue buena después de que llegaron a la Casa Blanca, alcanzó un punto crítico cuando Kushner se enteró de que Bannon no veía el momento en que el 666 de la Quinta Avenida quebrara y arrastrara a la familia. Ciertamente, el trabajo de Kushner en la Casa Blanca había hecho que los esfuerzos de refinanciamiento fueran mucho más complejos: cualquier entidad crediticia que le prestara a la familia estaría sujeta a un examen ético y llamaría la atención. Los prestamistas dispuestos, si los había, podrían poner a la familia en un aprieto y forzar un acuerdo de embargo, a menos que, por supuesto, hubiera otros beneficios potenciales por los que correr el riesgo.

Cuando Jared se volvió una de las voces más importantes de la política exterior de los Estados Unidos, la familia Kushner intentó obtener financiamiento de inversionistas en Qatar, Arabia Saudita, China, Rusia, Turquía y los Emiratos Árabes Unidos; todas, naciones donde el dinero privado estaba alineado de forma invariable con los intereses del estado. En cada caso, los inversionistas extranjeros llegaron a la conclusión de que la ventaja potencial de tratar con los Kushner se veía muy comprometida por la desventaja de la exposición pública. Pero la familia siguió adelante, luchando por encontrar un socio dispuesto en el limitado grupo de inversionistas multimillonarios de bienes raíces de alto riesgo.

En agosto de 2018, parecía que la familia Kushner se podría salvar gracias a un acuerdo para rescatar el 666 de la Quinta Avenida con una compañía de inversiones con sede en Toronto llamada Brookfield Asset Management. Con la administración de casi 300 mil millones de dólares en activos, Brookfield iba a la caza de fondos de riqueza soberana en todo el mundo —Qatar era uno de sus inversionistas principales— que desearan altos niveles de anonimato. En muchos acuerdos, el anodino "Brookfield" estaba mejor posicionado que, por ejemplo, el conocido Fondo Soberano de Inversión de Qatar. Y en este círculo poco virtuoso de Brookfield, sus fondos de riqueza soberana y la familia Kushner, no solo el capital de Medio Oriente buscaba influir en la Casa Blanca de Trump, sino también Brookfield buscaba contar con el apoyo de la Casa Blanca para sus negocios en el Medio Oriente.

En la Casa Blanca, después del anuncio del acuerdo con Brookfield, John Kelly se enfureció. Su relación con Jared e Ivanka, siempre en un subibaja entre la pareja y él tratando de desbancarse mutuamente, alcanzó el punto más bajo cuando Kelly acusó a Kushner de haber vendido el gobierno de su suegro.

* * *

A mediados de octubre, a casi dos semanas de iniciada la pesadilla de Khashoggi, cada aspecto de la historia se había vuelto mucho peor y mucho más público. Tanto los saudíes como la Casa Blanca parecían totalmente incapaces de ajustarse a los hechos del caso. Los saudíes negaron lo obvio, contrarrestando con narrativas en su mayoría descabelladas, mientras que la Casa Blanca explicaba lo obvio con verdades a medias.

Curiosamente, los asesores del presidente dejaron que Trump manejara el hilo discursivo. Al hablar o tuitear sobre el asesinato, parecía que Trump tenía una discusión pública consigo mismo, en cierto sentido cuestionándose en voz alta acerca del choque entre la *realpolitik* y los valores morales. Durante cinco días consecutivos, publicó una diversidad de opiniones y razonamientos.

"Se está investigando con mucho, mucho cuidado, y nos enojaría mucho si ese fuera el caso [de que los saudíes hayan ordenado el asesinato]", dijo el 14 de octubre. "A partir de este momento, lo niegan. Y lo niegan con vehemencia. ¿Podrían ser ellos? Sí", admitió, al parecer a regañadientes e incluso de forma tosca.

El 15 de octubre dijo: "Acabo de hablar con el rey de Arabia Saudita, quien niega tener conocimiento de lo que ocurrió en relación con, así lo dijo, su ciudadano saudí… no quiero meterme en su mente, pero me sonó como que quizá estos podrían haber sido asesinos por cuenta propia, quién sabe… Y sonaba como si él y el príncipe heredero no supieran lo que había sucedido".

De hecho, el rey de Arabia Saudita no está en pleno uso de sus facultades mentales —como muchos lo saben en el *establishment* de la política exterior—, por lo que era muy poco probable que esta conversación hubiera ocurrido en realidad.

El 16 de octubre, Trump continuó esforzándose por encontrar una salida del tema o una línea coherente a la que pudiera ceñirse. "Aquí vamos de nuevo con, ya sabes, eres culpable hasta que se demuestre lo contrario. No me gusta eso. Acabamos de pasar por eso con el juez Kavanaugh, y era inocente en todo hasta donde sé".

Y más tarde ese día agregó: "Para que quede constancia, no tengo intereses financieros en Arabia Saudita (o en Rusia, para el caso). ¡Cualquier insinuación de que así sea, se trata simplemente de MÁS NOTICIAS FALSAS (de las cuales hay muchas)!".

Y agregó de nuevo ese día: "Acabo de hablar con el príncipe heredero de Arabia Saudita, quien negó totalmente cualquier conocimiento de lo que ocurrió en su consulado de Turquía. Estuvo con el secretario de Estado Mike Pompeo durante la llamada y me dijo que ya había iniciado, y expandería de inmediato, una investigación completa y exhaustiva".

Hubo más comentarios el 17 de octubre: "Vamos a llegar al fondo de esto. Espero que el rey [saudí] y el príncipe heredero no lo hayan sabido. Para mí esa es la clave. No voy a ser una tapadera en absoluto. Ellos son solo un aliado. Tenemos otros buenos aliados en Medio Oriente".

Ese mismo día, la Casa Blanca anunció que los saudíes acababan de transferir 100 millones a los Estados Unidos como un remanente no pagado que habían acordado gastar en armas estadounidenses hacía más de un año.

Y, finalmente, el 18 de octubre le preguntaron si creía que Khashoggi estaba muerto, y Trump dijo: "Ciertamente me parece que así es. Estamos esperando algunas investigaciones… y creo que tomaremos una postura, una postura muy fuerte. Tendrá que ser muy severa. Quiero decir, se trata de algo malo, muy malo. Pero ya veremos qué pasa".

Esa semana, en una de sus llamadas después de la cena, lo expresó de manera algo diferente: "Por supuesto que lo mató, tal vez tenía una buena razón. ¿A quién le importa un carajo?".

Mientras tanto, de manera menos visible, Kushner estaba tratando de manejar la situación con MBS. El intento no resultó ya que MBS parecía incapaz de reconocer, prácticamente en cualquier nivel, que en el mundo más allá del reino saudí y los estados del Golfo podría exigir un estándar de comportamiento diferente al que era aceptable en el mundo de un príncipe feudal despótico.

Kushner le sugirió al príncipe heredero que ordenara el arresto y ejecución rápida de quince conspiradores involucrados en el asesinato de Khashoggi. Ya lo había considerado, dijo MBS. Kushner también instó a MBS a cancelar "Davos en el desierto", el muy elaborado foro de inversión de Arabia Saudita que estaba programado para el 23 de octubre. Con cierta vergüenza, muchos CEO estadounidenses de primer nivel habían aceptado asistir, en parte por insistencia de Kushner. Pero MBS, convencido de la importancia de no mostrar preocupación o arrepentimiento, se negó de manera rotunda. Le dijo a Kushner que en Arabia Saudita la cobertura de la prensa era muy positiva, ¡a nadie le importaba Khashoggi!

En público y en privado, los intentos de la Casa Blanca por controlar las repercusiones del asesinato de Khashoggi simplemente cavaban un agujero más profundo y amplio. Después de varios días de presión por parte de algunos asesores, Steve Mnuchin, el secretario del Tesoro, por fin canceló su visita al Davos de los sauditas. Trump continuó publicando comentarios casi a diario sobre el asesinato —aunque ninguno resultaba convincente— hasta el día en que comenzó el foro.

Para entonces, las elecciones intermedias estaban a menos de tres semanas.

* * *

Jared Kushner llegó a la Casa Blanca creyendo que podría iniciar y representar a una nueva generación de efectividad al estilo Kissinger en la política exterior, y el mismo Kissinger alentó a Kushner a creer esto.

Sin embargo, unos pocos meses antes del asesinato de Khashoggi, Kissinger asistió a un almuerzo organizado por un pequeño grupo de abogados influyentes de Nueva York. Kissinger llevaba con él a Rupert Murdoch. Ambos hombres contribuyeron al ascenso de Jared Kushner y, a pesar de su buena intuición, ambos insistían en tener criterio amplio respecto a la administración de Trump. La opinión de Kissinger durante la mayor parte del primer año de Trump fue que, más allá de la desagradable retórica y el hecho de que no había ocurrido nada particularmente positivo, tampoco había ocurrido nada particularmente negativo en la gestión del papel global de los Estados Unidos por parte de la Casa Blanca, así que mejor darles una oportunidad a Trump y su gente. Pero ahora, en el almuerzo —con Murdoch de brazos cruzados y asintiendo con la cabeza en gesto de aprobación—, un disgustado Kissinger criticó a Trump y a Kushner de la manera más radical y visceral. "Toda la política exterior se basa en la reacción de un solo sujeto inestable ante sus percepciones de desaires o halagos. Si alguien dice algo bueno sobre él, es nuestro amigo; si dice algo desagradable, si no le besa el anillo, es nuestro enemigo".

Tras el asesinato de Khashoggi, Kissinger, con renovado desprecio, les dijo a sus amigos que Kushner, al forjar una amistad con MBS, no había entendido cuál es la clave con los saudíes. La Casa Blanca de Trump se había vinculado con MBS, que a su vez se había vinculado con el renacimiento económico de su país. Pero Arabia Saudita, al enfrentar la caída de los precios del petróleo y las bocas de la realeza cada vez más difíciles de alimentar, básicamente había quebrado: su futuro, o el futuro de la familia real, estaba ligado al acuerdo de Aramco, que era cada vez menos probable que sucediera.

"La 'M' en MBS es de Madoff", dijo un financiero estadounidense que consultó el acuerdo de Aramco. El poder de MBS, por no hablar de su futuro, se basaba en su capacidad para vender algo muy parecido a un esquema piramidal, en el que Kushner se había convertido en un participante y un patrocinador.

Desde la elección de Trump, Kushner proyectó un muy elaborado escenario color rosa, que incluía apoyo para Aramco y crecientes vínculos económicos entre Arabia Saudita y Estados Unidos, un escenario que se combinaba con la promesa de que los saudíes utilizarían su influencia con los palestinos para forjar un acuerdo de paz con Israel. Esto, a su vez, representaría el gran logro de Kushner, y este éxito, según Kushner, ayudaría a mantener a su suegro en el cargo y también a impulsar el propio destino político de Kushner.

Alentado por Kushner, MBS realizó una amplia gira de inversiones y negocios en los Estados Unidos. En el camino, le prometieron a David Pecker, el amigo editor de Trump, dinero saudí para su empresa AMI; también al agente de Trump en *The Apprentice*, Ari Emanuel, para su compañía WME; y al empresario favorito de Trump y Kushner, Stephen Schwarzman, CEO de Blackstone, el grupo de capital privado que recibió 20 mil millones de dólares de los saudíes para un nuevo fondo de inversión.

En lugar de verse a sí mismo en una situación delicada, entre la búsqueda de recursos para su familia en Medio Oriente y los acuerdos negociados por varios amigos y aliados, Kushner se sentía en una posición privilegiada para arbitrar los conflictos. Tomaba como referencia *Oslo*, una obra de teatro sobre los esfuerzos de los diplomáticos noruegos en 1993 para reunir a Yitzhak Rabin y Yasir Arafat. Se veía a sí mismo como la única persona con la inteligencia y el temperamento necesarios para lograr un acuerdo entre todos los actores de la región.

Durante el verano de 2018, Kushner preparó lo que pensó que podría ser la iniciativa definitiva, su movimiento personal en la misma línea de *Oslo*. Su idea era construir una plataforma para el desarrollo económico de todo el Medio Oriente. A través de programas de préstamos conjuntos, la plataforma concertaría la discusión política y el marco conceptual de una paz duradera. Las grandes dimensiones de lo que imaginaba crearían una estructura de cooperación y codependencia. Como él mismo la describió, la plataforma compartida sería algo que la región jamás había visto. Al buscar la realización de esta idea, Kushner operaba fuera de los canales diplomáticos. También avanzaba sin mucha participación de la Casa Blanca, aunque le prometió a su suegro que su iniciativa iba a ser algo "muy grande".

A medida que la idea evolucionó, Kushner sugirió que el Banco Mundial apoyaría el proyecto, con fuertes inversiones de cada uno de los estados más ricos de la región. Y el proyecto lo dirigiría alguien que Kushner ya había elegido, un banquero de inversiones llamado Michael Klein.

Klein, de hecho, tenía dudas sobre el proyecto, y le decía a la gente en privado que creía que una de las motivaciones de Kushner, además de su urgente deseo de anunciar la iniciativa antes de las elecciones intermedias, era venderse como el hombre indispensable para gobierno. Kushner, dijo Klein, estaba organizando una campaña de relaciones públicas con la intención de contrarrestar cualquier mala publicidad en caso de que enfrentara una acusación: Kushner quería parecer esencial para lograr la paz en Medio Oriente.

Quizás este no era el único aspecto del esquema que no reflejaba la realidad. De hecho, Klein parecía una elección bastante peculiar, y dejó ver la incapacidad de Kushner para ver un letrero de neón que indicaba la aparición de un conflicto. Klein, antiguo banquero de Citibank, era una relacionista público tipo Zelig, con una vasta oficina con vista a la catedral de San Patricio, en el centro de Manhattan, un espacio de estilo pachá que ocupaban él y unos cuantos asistentes. Era una de esas personas, observó un banquero que participó en un acuerdo con Klein, que parecía haber identificado a las diez personas más ricas del mundo y luego hecho todo lo posible por entablar una relación personal con al menos una de ellas. Los saudíes eran su cliente clave en la actualidad. Le brindó asesoría sobre inversiones a MBS y era un defensor estratégico del plan para lanzar al mercado a Aramco por dos billones de dólares, lo que representaba la oferta pública más grande del mundo.

En junio de 2017, Klein viajó a Riad con el equipo presidencial durante la primera incursión extranjera de Trump.

La iniciativa de Kushner y la participación de Klein evidenciaban lo importante que era MBS para los planes de Kushner y su visión del mundo. Juntos, Kushner y el banquero personal de MBS harían la paz en Medio Oriente. Pero el ambicioso plan de Kushner se derrumbó a finales del verano de 2018, poco después del colapso de la oferta pública saudí de Aramco.

* * *

Davos en el Desierto comenzó el 23 de octubre, tres semanas después del asesinato de Khashoggi, mientras Kushner aún exhortaba a los ejecutivos estadounidenses para que asistieran al evento saudí. Al mismo tiempo, Trump envió a su directora de la CIA, Gina Haspel, a Turquía. Su misión era revisar las pruebas de los turcos sobre el homicidio de Khashoggi, incluidas las grabaciones de su asesinato.

Haspel confirmó lo obvio: tal como habían concluido todas las agencias de inteligencia estadounidenses, Khashoggi murió tal como decían los turcos. Además, parecía incontrovertible que el asesinato había ocurrido con el conocimiento —y muy probablemente por órdenes— del príncipe heredero.

Trump, harto del desastre de Khashoggi, culpaba en privado a Kushner por ello. "Le dije que buscara la paz", le aseguró Trump a una persona por teléfono. "En cambio, se hace amigo de un asesino. ¿Qué puedo hacer?".

En público, Trump debatió abiertamente las conclusiones a las que llegaron sus agencias de inteligencia sobre la culpabilidad de MBS: "Podría ser, sin duda, que el príncipe haya tenido conocimiento de este trágico suceso, ¡tal vez lo hizo y tal vez no!".

Una vez más, Trump cambió de forma innecesaria las reglas

del juego. No solo se equivocó a lo grande en el desafío diplomático de tratar con un aliado tóxico, sino que —tal como lo había hecho una y otra vez con Rusia— desvirtuó al cuerpo de inteligencia de los Estados Unidos. En cierto sentido, estaba haciendo que el desastre fuera culpa de ellos. No solo los culpaba por las noticias incómodas, sino que dudaba de la verdad de las noticias que le llevaban.

Como factor político en vísperas de las elecciones intermedias, la palabrería y la debilidad de Trump al abordar un escándalo internacional relacionado con un asesinato sangriento tal vez no fuera una ventaja. Y, como cuestión práctica, su manejo del incidente podría ser aún más perjudicial para su futuro. Muchos creían que la mayoría de los miembros de alto rango de los cuerpos de defensa, diplomáticos y de inteligencia habían llegado al punto de dudar de la competencia o estabilidad mental del presidente. Además, en este caso, pocos podían tener la certeza de que su estrategia desafiante de toda lógica y sus penosos intentos por negar lo obvio no fueran un reflejo de acuerdos paralelos u otros intereses relacionados con las familias de Trump y Kushner.

Jim Mattis, por ejemplo, llego a explicar su posición en el gobierno de Trump argumentando que era de vital importancia que alguien con credibilidad y mano firme protegiera el fuerte, dado que no se podía confiar ni creer en el propio presidente. Y les decía a sus amigos que esperaba —y asumía— que los demócratas ganaran la Cámara en noviembre, lo cual, a su vez, le permitiría dejar por fin su puesto.

20

SORPRESAS DE OCTUBRE

El 9 de octubre, veintiocho días antes de las elecciones intermedias, Nikki Haley, embajadora de Trump en las Naciones Unidas y una de las luces más brillantes y con más tiempo en la Casa
Blanca de Trump, anunció su renuncia, efectiva a fines de año.

Dado que no se iría de inmediato, pudo haber anunciado la
decisión el 7 de noviembre, un día después de las elecciones intermedias, en lugar de a principios de octubre. Sin embargo, su anuncio se volvió una parte de la narrativa de la campaña, la narrativa
negativa. En una temporada electoral en la que Donald Trump
había ahuyentado a las mujeres con educación universitaria de la
nación, la mujer más visible de la administración —más allá de la
propia hija de Trump— elegía este momento para decir que estaba
empacando para irse.

La renuncia de Haley sería una de las improntas finales de la
campaña. Ni siquiera había avisado con suficiente antelación para
que la Casa Blanca nombrara, con bombo y platillo, un reemplazo

que pudiera reducir la sombra de su salida. El siempre agitado personal de la Casa Blanca ahora tenía que batallar más de lo habitual: de alguna manera debía aceptar la renuncia de Haley para no parecer sorprendido o, incluso, francamente menospreciado.

La solución fue que el anuncio se hiciera en el Despacho Oval. Haley se resistió, obligando a la Casa Blanca a insistir, o rogar, que se presentara en el Ala Oeste. De hecho, la percepción la favorecía a ella, no a la Casa Blanca. Era tan importante y tan valiosa que no la despidieron con un tuit, como a tantos otros. (Incluso a aquellos que renunciaban usualmente los despedían después con un tuit). En cambio, el presidente la halagó en el Despacho Oval. Y ella estaba renunciando. Tú no renunciabas con este presidente, él te despedía. Pero ahora Trump tenía una mirada perdida y de pasmo mientras la adulaba en la puesta en escena: lo estaban abandonando. "Espero que vuelvas en algún momento —dijo sin convicción—, tal vez en un cargo diferente, puedes elegir".

Estadounidense de origen hindú, primera mujer gobernadora de Carolina del Sur, Haley, de cuarenta y seis años de edad —quien antes de la elección de Trump expresaba desagrado por él—, fue una selección personal de Ivanka Trump entre la mayoría de hombres blancos de la Casa Blanca de su padre. El empuje de Haley, incluso entre los de más empuje, era reconocido en los círculos del Partido Republicano. Le dijo a Trump que quería ser secretaria de Estado. En su reunión inicial, presentó con orgullo sus logros y su experiencia única en negociaciones en el extranjero: convenció a los alemanes de instalar una planta de Mercedes-Benz en Carolina del Sur. Trump, a quien generalmente le molestaba la gente que hablaba bien de sí misma, parecía encantado por su empeño y no le inquietaba su falta de experiencia. Y, a diferencia de muchos otros a los que estaba entrevistando para cargos de política exterior, Haley no estaba tratando de aleccionarlo. La secretaría de Estado podía ser algo muy osado para su primer trabajo en política exterior, pero Trump estuvo dispuesto a nombrarla embajadora ante la ONU.

Algunos conocedores del talento político destacaban las habilidades de Haley: aprendía con rapidez los elementos necesarios para cumplir con el trabajo, podía interpretar lo que ocurría en cada contexto, se movía con presteza y combinaba el carisma con la tenacidad. Además, era un regalo del cielo para el Partido Republicano, una de las pocas líderes del partido que rompía el molde republicano.

Al enviarla a la ONU, Trump no solo le dio proyección nacional y credenciales instantáneas en política exterior, sino que también la trasladó a Nueva York, la capital financiera y de los medios del país. Los pronosticadores políticos comenzaron a comparar a Nikki Haley en Nueva York con Richard Nixon en Nueva York. Después de su derrota en la contienda por la gobernatura de California en 1962, Nixon se mudó a Manhattan y, preparando un futuro que nadie creía que podría tener, se congració con los ricos y poderosos.

Haley, la rápida aprendiz, dominó la ONU y luego el circuito social. Muy pronto estableció relaciones cercanas con agentes de Wall Street y entre los círculos de poder femenino de la ciudad. En una administración donde todos estaban viciados por Trump, ella usó su distancia geográfica con él y su soltura con el *establishment* para destacar por contraste y volverse la gran figura de la administración al margen de Trump. Curiosamente, mientras casi todos en la Casa Blanca de Trump hablaban con amargura sobre él, en privado y no tan en privado, Haley se hizo notar por su moderación. O, quizás de manera más significativa, parecía que hacía un esfuerzo especial para no hablar de él. Sus habilidades políticas se destacaban con creces: para el pequeño círculo de líderes republicanos y donantes que intentaban de forma activa planear un futuro más allá de Donald Trump —el grupo Defending

Democracy Together—, Haley se convirtió en una opción priori-
taria.

A medida que Haley se asentaba en su trabajo de alto perfil y
encontraba formas de elevar su perfil aún más, Trump no estaba
seguro de qué pensar sobre ella. ¿Debía sentirse agradecido o des-
confiado? En la primavera de 2018 dedicó un fin de semana en
Mar-a-Lago a buscar opiniones sobre su posible despido, mientras
al mismo tiempo la elogiaba como la única persona de su administración con buena prensa. Esta última también era, obviamente,
una razón para despedirla: estaba recibiendo demasiada atención.

En el nivel más básico, Trump no tenía consideración hacia las
mujeres ejecutivas. En su órbita, las mujeres eran funcionarias que
lo atendían —como Hope Hicks en la Casa Blanca o Rhona Graff,
su secretaria y asistente en la Organización Trump— o acom-
pañantes, como su esposa y su hija. A Haley la podía comparar
solo con… él mismo. Le fascinaba la historia de su campaña para
gobernadora en 2010, cuando sobrevivió a las acusaciones de dos
hombres que dijeron que habían sido sus amantes. Su supervivencia, juzgó, era como la suya después de la catástrofe del video de
"agarrarlas de la vagina".

* * *

En el otoño de 2017, Trump les dijo a múltiples confidentes que
Haley le había hecho una mamada (*blow job*), en palabras suyas.
Lo único cierto era que lo había dicho él; como en relación su
famosa conversación de vestidores. No había ninguna certeza de
que fuera verdad, y pocos en su círculo le daban mucho crédito.

Haley se enfureció por los rumores de una relación con
Trump, negando de modo categórico que hubiera algo de verdad
en tal insinuación. En Nueva York se había hecho amiga de varias
mujeres republicanas de alto perfil que se oponían implacable-

mente a Trump. Ahora, parte de sus discusiones giraban en torno a cómo Haley evitaría el daño que Trump podría causarle, no solo debido a su vínculo con él, sino como resultado de la necesidad instintiva de este hombre de arrastrar con él a todo el que lo rodea.

Al comienzo del segundo año de presidencia de Trump, Haley determinó su estrategia: con cuidado, pero de forma persistente, haría valer su independencia. Mientras otros en el Partido Republicano habían sido intimidados por Trump, vivían bajo su yugo o se habían enojado con él, Haley estaba decidida a pensar más allá de él.

En abril de 2018, Haley salió a la palestra. Solicitó imponer nuevas sanciones a Rusia por su papel en los recientes ataques químicos en Siria. El presidente, persuadido por Ivanka, Haley y otros en la administración, firmó el plan, y Haley lo anunció en el programa televisivo *Face the Nation*. Pero luego el presidente —quien siempre cuestionaba cualquier postura que fuera crítica hacia Rusia— cambió de rumbo y exigió que Haley retirara lo dicho. Ella se negó a hacerlo. A instancias del presidente, Larry Kudlow, el nuevo asesor económico de la Casa Blanca, fue enviado a hacer la rectificación y en una declaración a la prensa culpó directamente a Haley: "Podría haber habido una confusión momentánea al respecto".

La regla operativa más básica de la Casa Blanca de Trump era que nadie podía contradecir al presidente, nunca, en ningún sentido. Si lo hacía, o incluso si parecía que quería hacerlo, al instante se volvía un enemigo o alguien inexistente para Trump. Tan clara era su incapacidad para admitir cualquier crítica o para participar de una discusión genuina sobre política, que ni siquiera se hacía el intento. (Incluso si creías que debías decir "no" a algo en lo que Trump insistía, tenías que decir "sí" y luego confiar en que, dado su déficit de atención y el desorden crónico de la Casa Blanca, el problema desaparecería en algún momento). John Kelly, al principio de su mandato, no entendió esa regla y lo padeció sin cesar. Incluso Jim Mattis logró conservar una cara de póquer fidedigna mientras su descontento aumentaba. Mike Pompeo, el miembro del gabinete en el que Trump más confiaba, asumió una actitud servil permanente.

Haley, como todos los demás en la Casa Blanca, era consciente de que Kudlow había hablado por el presidente. Sin embargo, enseguida emitió una desaprobación contundente al comentario de Kudlow: "Con el debido respeto, no me confundo". Y luego pidió que la Casa Blanca obligara a Kudlow a ofrecerle una disculpa pública.

Aunque era habitual que Trump se enojara con las personas que lo rodeaban, o que se aburriera de ellas, las ofendiera, se hartara de ellas o sintiera celos, tal vez era la primera vez que sentía temor de alguien de su propio equipo. "¿Qué es lo que quiere?", le preguntaba a sus amigos y asesores. Haley lo abrumaba, en lugar de él abrumarla a ella.

Y ahora, en las semanas previas a las que tal vez serían las elecciones intermedias más intensamente disputadas de la historia —una dura contienda que quizás se reduciría a cuántas mujeres republicanas podía retener el partido—, Haley, la reina de las mujeres republicanas, que renunciaba sin motivo conocido en el momento más dañino que se pudiera imaginar, anunciaba de hecho que ya no apoyaba al presidente. Parecía que su propósito expreso, cosa que Trump ya no podía contrarrestar, era en buena medida perjudicarlo. Era difícil de interpretar su renuncia como algo más que un mensaje que decía: "No voten por él".

Si tu discurso iba dirigido al *establishment* republicano, si tu objetivo era abandonar la causa perdida del trumpismo y regresar a la escena principal, si tu ambición era liderar y ser la encarnación de la reforma republicana, así es como se tenía que hacer: con temple y gracia. Así es como debías anunciar tu postulación a la presidencia. Así es como te salvabas de la ignominia que sufrieron todos los demás excolaboradores de Trump y, para empezar, te preparabas para firmar un contrato multimillonario por un libro y para participar en consejos de administración y abundantes labores de consultoría.

El 18 de octubre, nueve días después de que anunciara su renuncia y menos de tres semanas antes de las elecciones intermedias, Haley presidió la cena de Al Smith en la ciudad de Nueva York. "Es sorprendente cómo Nikki Haley renunció a esta administración con tanta dignidad", dijo el maestro de ceremonias en su presentación ante una audiencia donde se encontraba el gobernador de Nueva York, Andrew Cuomo; el alcalde, Bill de Blasio, el exalcalde Michael Bloomberg, el senador Chuck Schumer, el exsecretario de estado Henry Kissinger y el inversionista de Wall Street Stephen Schwarzman. Esta cena anual es un escaparate del talento político: a la vista de todos se muestran tu destreza, agudeza, encanto y astucia, además de la gran admiración que la clase donante siente por ti. En 2016, el turno de Trump como figura principal en la cena fue un desastre; incapaz de bromear sobre sí mismo, solo arrojó bombas fétidas contra Hillary Clinton. Ahora Haley, quien hacía chistes sobre Trump con gran soltura, se presentó a sí misma como una especie de princesa presidencial de Disney: generosa, acogedora, amable y, a la vez, gratamente ingeniosa y divertida.

Cuando contó en broma que Trump le había dado consejos sobre el discurso que pronunciaría en la cena, Haley dijo que su sugerencia fue: "Simplemente presume de mis logros". Luego, refiriéndose a la reciente y muy criticada participación del presidente en las Naciones Unidas, apuntó: "En realidad hizo estragos en la ONU, debo decirlo". Con aparente seriedad confesó que, cuando Trump se enteró de su origen indio, "me preguntó si pertenecía a la misma tribu que Elizabeth Warren", la senadora de Massachusetts que aseguraba que sus ancestros eran nativos americanos y que

Trump ridiculizaba de forma habitual. Pero lo que cautivó a la sala fue el cierre y la crítica más severa de Haley contra el presidente: "En nuestro tóxico ambiente político, he escuchado que algunas personas en ambos partidos califican a sus oponentes como enemigos o malvados. En Estados Unidos, nuestros oponentes políticos no son malvados".

El presidente, que veía la transmisión del acto, parecía no tener claro qué tan bien parado había salido. En llamadas con amigos, les preguntaba si creían que los chistes de Haley habían sido graciosos y hacía comentarios sobre su "vestido de tienda por departamentos".

* * *

Bannon no era fanático de Haley. Sabía que era una portavoz de las posturas tradicionales del *establishment* republicano: "no hay una idea original en esa cabeza". Pero no podía evitar admirarla. "Entiende lo que nadie más parece entender", dijo Bannon. "Las probabilidades de que Trump no cumpla son muy altas. Así que debes hacer planes en ese sentido".

Bannon creía no solo que la salida cuidadosamente montada de Haley era un indicador más de las dificultades que tendría el partido con las mujeres con educación universitaria el 6 de noviembre, sino que la pérdida de Haley anticipaba la pérdida de casi todas las personas con educación para el partido. Se trataba de un territorio desconocido para un partido político estadounidense, pero, siguiendo un principio esencial de la estrategia trumpista, aun así se juega a doble o nada. "Aquí estamos, el partido de los campesinos", dijo Bannon, sin ninguna molestia.

Bannon sabía muy bien que Trump necesitaba su propio factor externo para activar a la base. *Et voilà*: viene la caravana.

El 12 de octubre, un grupo de más de doscientos hondureños

(las estimaciones parecían oscilar entre doscientos y mil) salió de la ciudad de San Pedro Sula con destino a México y los Estados Unidos. La mayoría afirmaba estar huyendo de la anarquía y la violencia de las pandillas; al llegar a los Estados Unidos esperaban que se les concediera asilo.

Cuando la caravana comenzó a moverse hacia el norte, Bannon viajó a la Ciudad de México para asistir a una conferencia de financieros de fondos de inversión libre que se reunían todos los años, convocados por Niall Ferguson, el historiador, escritor y analista conservador británico. El viaje también le dio a Bannon la oportunidad de buscar información sobre el hombre que pronto se convertiría en el nuevo presidente de México, Andrés Manuel López Obrador, un populista de izquierda dispuesto a desafiar a Trump, el populista de derecha. ("Un tipo estoico, incorruptible, el exalcalde de la Ciudad de México", comentó Bannon. "Nunca ha tomado un centavo, el primer hombre en México que nunca ha tomado un centavo, vive en una pequeña casita, un populista que escupe fuego, auténtico, cuya campaña es: 'Soy el tipo que puede enfrentar a Donald Trump'"). Un aspecto de este enfrentamiento anticipado era una posible crisis en la frontera, y durante su viaje a México, Bannon fue alertado de la caravana que se estaba congregando y de la intención de México de dejarla cruzar sus fronteras.

Bannon, en contacto constante con los medios de comunicación conservadores, se convirtió en la fuente principal de la narrativa de la caravana. A Bannon la historia le resultaba muy familiar: era un admirador del clásico de culto de la derecha francesa, de 1973, *El desembarco* (*Le Camp des Saints*), de Jean Raspail, una novela xenófoba y apocalíptica en la que cientos de barcos transportan migrantes del tercer mundo a Francia. Cuando los barcos llegan a Gibraltar, el presidente francés envía tropas al sur para detenerlos, sin éxito.

La idea detrás de la caravana era que los migrantes estaban más seguros de lo que estarían en un viaje solitario. Por tu cuenta, o solo con tu familia, eras un blanco fácil para las organizaciones criminales y la policía; además, dependías demasiado de traficantes sin escrúpulos. Pero un número considerable de personas proporcionaría cierta seguridad, la atención de los medios y algo de poder. También le daría a los medios conservadores una aparente embestida de imágenes alarmantes en víspera de las elecciones intermedias.

En los días posteriores, la caravana creció a más de mil viajeros, refugiados o invasores, según el punto de vista. Hannity y Fox tomaron nota formal de la caravana el 13 de octubre; el presidente lo hizo tres días después. Trump publicó diecisiete tuits el 16 de octubre, desde insultos dirigidos a Elizabeth Warren hasta advertencias sobre la presencia de menores no acompañados en la frontera, una defensa del príncipe heredero de Arabia Saudita, una ofensa a Stormy Daniels, y ataques al FBI y el "expediente falso". Ahora, a este grupo de objetivos habituales se sumaba la caravana.

¡Estados Unidos ha informado enérgicamente al presidente de Honduras que si la gran caravana de personas que se dirige a los Estados Unidos no se detiene y regresa a Honduras, no se dará más dinero ni ayuda a Honduras, con efecto inmediato!

Hoy hemos informado a los países de Honduras, Guatemala y El Salvador que si permiten que sus ciudadanos, u otros, viajen a través de sus fronteras y lleguen a los Estados Unidos con la intención de ingresar en nuestro país de manera ilegal, ¡todos los pagos que se les hacen se DETENDRÁN (PUNTO FINAL)!

¡Cualquier persona que ingrese ilegalmente en los Estados Unidos será arrestada y detenida, antes de ser devuelta a su país!

Bannon había llamado la atención de Hannity sobre la historia de la caravana, y ahora Hannity llamaba la atención del presidente.

Para Trump y sus colaboradores más comprometidos, solo había un conflicto en el que verdaderamente se podía confiar: la inmigración ilegal. En la corta historia política de Trump, el tema nunca había fallado en inspirar y movilizar a los votantes principales.

La caravana era una jugada de Trump, Fox y Bannon. Todas las demás partes del espectro republicano prácticamente descartaban la posibilidad de que el partido conservara la Cámara. Pero la alianza Trump-Fox-Bannon opinaba diferente, y su sorpresa de octubre fue jugar a doble o nada con su tema más fuerte.

El Comité del Congreso Nacional Republicano y el Fondo de Liderazgo del Congreso continuaron asignando recursos a candidatos moderados con campañas reñidas, como Barbara Comstock, una de las favoritas del partido en una cerrada contienda en Virginia. Actuaron como si Trump no existiera y este proceso electoral fuera lo mismo que de costumbre. Mientras tanto, el grupo de Trump insistía en el tema inmigratorio de una forma que podría distanciar incluso a muchos votantes republicanos tradicionales.

Bannon no se arrepintió. "El partido del *establishment* tiene a Nikki Haley, y nosotros tenemos a Donald Trump y la caravana; quizás no sea ideal, pero trabajas con lo que tienes". Era evidente que los demócratas obtendrían muy buenos resultados (la votación anticipada ya había comenzado en algunos estados), y Bannon creía que era fundamental impulsar la participación conservadora (en específico, la de los "deplorables").

La caravana ofrecía solo una narrativa binaria. Podías creer la versión de Trump de la historia: una invasión se dirigía en esta dirección, ganando fuerza y violenta pasión a medida que avanzaba, apoyada por poderes maliciosos como George Soros. O podías ver a Trump como un propagandista desesperado, con una historia descaradamente endeble —incluso para él—, clara en sus intentos por manipular las peligrosas y tóxicas emociones de las personas que tenían la inclinación a considerarla verdadera.

El equipo político de Trump pronto triplicaría la apuesta sobre su tema de cierre con un anuncio emitido a nivel nacional tan cargado en términos raciales que incluso Fox News, después de pasarlo varias veces, se negó a transmitirlo más. El spot mostraba a Luis Bracamontes, un asesino extrañamente exuberante que se reía con locura y se vanagloriaba de haber matado a policías: parecía salido de *Saturday Night Live* y no una figura realista y amenazadora. Brad Parscale se jactaba del bajo costo que había tenido la producción; el presidente estaba molesto por no haber aparecido en él.

* * *

En términos temáticos, la obsesión del presidente con la caravana y los profundos odios que despertaba el tono del asunto se vincularon en apariencia con otras dos sorpresas de octubre. El 22 de ese mes comenzaron a enviarse bombas de fabricación casera a personas y organizaciones de medios de comunicación que Trump, de forma reiterada, había señalado como sus enemigos. Cuatro días después, Cesar Sayoc, un residente de la Florida de cincuenta y seis años de edad, fue arrestado y acusado de enviar los paquetes por correo. Sayoc, un seguidor fanático del presidente, parecía confirmar la certeza de los antitrumpistas y el miedo de los votantes indecisos acerca de quiénes eran los "deplorables". Con una casa rematada por falta de pago, calcomanías con mensajes como CNN APESTA (CNN SUCKS) pegadas en las ventanas de la camioneta blanca donde vivía, y una amenazadora cuenta en redes sociales dedicada a Trump, Sayoc parecía marcar una evidente línea divisoria entre los estadounidenses sensatos de clase media y los partidarios exacerbados de MAGA.

Luego, el 27 de octubre, once días antes de las elecciones, un hombre armado abrió fuego contra la sinagoga del Árbol de la Vida, en Pittsburgh, durante las actividades matutinas del sábado, matando a once e hiriendo a siete. El pistolero, Robert Gregory Bowers, un antisemita de cuarenta y seis años que participaba activamente en las redes sociales, se sintió incitado por lo que el presidente decía sobre la caravana que se dirigía a los Estados Unidos. "No puedo sentarme y ver cómo matan a mi gente", publicó Bowers poco antes del ataque. "Al diablo lo que piensen, aquí voy".

Las preguntas clave de la nueva política de Trump parecían cada vez más claras: ¿Hasta qué punto podía impulsar el orgullo nacionalista y revitalizar el fanatismo y la intolerancia? ¿Podría encontrar suficientes partidarios, secretos y no tan secretos, para desafiar la idea liberal de un mundo moderno reconstruido? ¿O la sensibilidad moderna y educada, el mundo multicultural ahora arraigado en la cultura pop, sería un bastión eficaz contra él?

Antes de la llegada de Trump a la arena política, incluso los mensajes republicanos en clave se habían vuelto menos intolerantes; la estrategia política del partido se había concentrado en mandar un mensaje con contenidos de clase sin contenido racial. Trump, primero como candidato y ahora como presidente, se estaba comportando de ciertas formas que en otro momento hubieran parecido inconcebibles y contraproducentes para un político estadounidense. Y de ese modo invitaba a que lo tacharan de racista. De hecho, esa era la pregunta que lo perseguía: ¿Era en realidad un racista?

Todos se preguntaban esto. No solo los enemigos de Trump, sino las personas más cercanas a él. En un mundo en el que el racismo se ha convertido en un cajón de sastre de actitudes y comportamientos, sus aliados a menudo lo justificaban: *los liberales consideran que cualquier persona que no esté de acuerdo con ellos es racista.* Pero en la propia Casa Blanca, el personal se preguntaba qué sentía verdaderamente en su interior.

Bannon también había pensado mucho en el asunto. Tal vez Trump no era antisemita, consideraba Bannon. Pero estaba mucho menos seguro de que Trump no fuera racista. No había oído a Trump usar la palabra con "n", pero podía imaginarlo diciéndola.

Trump, hablando sobre las mujeres que le gustaban, alguna vez le dijo a Tucker Carlson que no le desagradaba una "pequeña dosis de chocolate en su dieta".

El mismo Trump contó una historia sobre cómo unos amigos se habían burlado de él por acostarse con una mujer negra. Pero a la mañana siguiente se miró en el espejo y se aseguró de que nada había cambiado, todavía era el Trumpster. Había ofrecido esa anécdota para demostrar que no era racista.

El hecho de que Trump no rechazara de forma explícita el racismo y a los racistas, que dejara abierta la cuestión, que fuera su hija la que tuviera que confirmar que, con toda sinceridad, él no era racista, dejaba el asunto, días antes de las elecciones, como el misterio de *rosebud*. ¿Era o no era?

21

6 DE NOVIEMBRE

En vísperas de las elecciones, Steve Bannon había estado de gira todos los días durante cinco semanas. "Nunca me imaginé que pasaría una noche en Búfalo *y* la siguiente noche en Staten Island".

Cuando llegó a Búfalo, dos semanas antes de las elecciones, los republicanos locales ya se preparaban para cobrar veinticinco dólares a quien quisiera tomarse una foto con él mientras lo saludaba en un acto de campaña.

Fue un encuentro sombrío, los hombres entraron con pesadez en un pequeño y oscuro salón de reuniones y se congregaron alrededor de la cafetera. Eran trabajadores de sindicatos, o alguna vez lo fueron. Eran fumadores. Veteranos. En camisas de trabajo y botas de trabajo. Se parecían a Estados Unidos como se veía Estados Unidos en 1965, dijo Bannon nostálgico al ver a sus "deplorables".

"No voy a hacer que estas personas paguen veinticinco dólares por mi foto", dijo Bannon a los organizadores del evento. "Mis padres se volverían locos". En cambio, dijo que él mismo pagaría a la organización local del partido veinticinco dólares por cada foto y saludo.

Durante las cinco semanas que duró la gira, Bannon intentó visitar varios de los distritos reñidos del país. Quizás Trump y él no se hablaban, pero Bannon, al menos desde su perspectiva, seguía siendo el mejor soldado del ejército de Trump. Era como un meme: imágenes de Bannon, en pantalones cargo y chaleco, de pie en una interminable serie de salas de reuniones, hablándole a un puñado de personas.

El campo de juego estaba reducido a su esencia pragmática. Había cuarenta y tres escaños clave en disputa en la Cámara: en veinte no había esperanza; en otros veinte, el final sería para comerse las uñas de los nervios (y, de estos, los republicanos podían permitirse perder solo cinco); otros tres probablemente pasarían de demócratas a republicanos. Si todo resultaba a favor del Partido Republicano, los republicanos perderían veintidós escaños y, por lo tanto, conservarían una mayoría de un voto. Ese voto representaría seguridad para Trump, pero si el Partido Republicano perdía su mayoría por un solo escaño, Trump estaría en riesgo permanente. Perder treinta o más escaños sería la catástrofe y, según Bannon, el final efectivo de la presidencia de Trump.

En un momento dado, durante las últimas semanas de la campaña, Bannon visitó la ciudad de Nueva York para hablar con un viejo amigo de Trump que conocía de cerca el estado de ánimo del presidente. ¿Qué pasaría, se preguntaba Bannon, si la derrota republicana fuera verdaderamente decisiva y la nueva mayoría demócrata promoviera comparecencias legales, investigaciones agresivas y una vigilancia constante y hostil? ¿Podría Trump aguantar eso, sobre todo después de haber despedido o asustado a casi todos los que alguna vez formaron parte de su aparato de apoyo?

"Creo que se suicidaría", dijo Bannon, respondiendo a su propia pregunta.

"No, no", dijo el viejo amigo de Trump. "Fingirá un ataque al corazón".

Sí, se rio Bannon, esa sería la salida de Trump.

Para Bannon, lo que estaba en juego era obvio: habría una presidencia de dos años o una presidencia de cuatro años, con un Trump vencido o un Trump indomable. En esta batalla final, Bannon a veces se sentía como si él mismo fuera un Partido Republicano —o un Partido Trump, o un Partido Bannon— de una sola persona. La operación política de Trump, dirigida por el sucesor de Kushner, Brad Parscale, se encogió de hombros en cuanto a las elecciones intermedias y, en una renuncia optimista, comenzó a mirar hacia 2020.

De forma significativa, casi nadie de la campaña de 2016 seguía en el equipo político de Trump, excepto Parscale. Un diseñador de sitios web independiente de San Antonio, Texas, Parscale trabajó para la Organización Trump diseñando páginas web a bajo precio desde casi una década antes de que comenzara la campaña. Hizo el primer sitio web de la campaña, lo ascendieron a director de medios digitales y luego, con Kushner, le asignaron la supervisión de la segmentación de información y la estrategia de recaudación de fondos por internet. (Bannon se enteró de que una de las iniciativas de Parscale durante el periodo previo a las elecciones intermedias era mandar a hacer una encuesta para sondear si Trump debía usar un lenguaje más inclusivo. "Me morí de risa", dijo Bannon). Con Parscale como su principal estratega político en uno de los momentos más desafiantes de la historia política moderna, Trump había elegido una vez más la inexperiencia en lugar de la experiencia.

Esto dejó a la Casa Blanca mal preparada para la campaña de las intermedias, y en muchos aspectos, indiferente, si no hostil hacia ella. En la opinión de Bannon, la Casa Blanca casi no brindaba apoyo en la contienda de las intermedias. Kelly dijo que no era su trabajo ayudarlo, y de cualquier manera apenas hablaba con Trump. Bill Shine, el director de comunicaciones y ahora el blanco principal de las burlas y quejas de Trump, trató de pasar desapercibido. El resto del área de comunicaciones de la Casa Blanca seguía en su habitual desorden, con Trump felizmente ignorándola de cualquier modo. Don Jr. y su novia, Kimberly Guilfoyle, emprendieron una campaña agresiva, pero la única persona que los trumpistas creían que tenía oportunidad de retener a las mujeres votantes, Ivanka Trump, estaba ausente, ocupada en otros asuntos.

Si el Partido Republicano tenía alguna estrategia, era gastar grandes cantidades de dinero en medios y evitar una campaña más desafiante a ras de suelo. Bannon creía que en esta carrera reñida el empate se rompería por la pasión que cada lado pusiera, manifestada la voluntad de hacer llamadas telefónicas, caminar por las circunscripciones y tocar puertas: "el que *triturara* mejor, ganaría", dicho en bannonés. Y en este proceso electoral eran los demócratas quienes estaban llamando, caminando y tocando puertas.

"Nunca hubo un plan organizado para conservar la Cámara", dijo Bannon. "Las tropas se quedaron en casa, nunca hubo una pelea, nunca hubo enfrentamientos". A dos semanas de las elecciones, el cálculo más optimista de la dirigencia republicana era la pérdida de treinta y cinco escaños.

Trump continuaba de gira y seguía llenando estadios donde la Casa Blanca creía que podían llenarse. Para Bannon, estos mítines se habían vuelto por completo rutinarios, casi nostálgicos, ya no vibrantes sino habituales. Pero los mítines permitían que Trump permaneciera en su burbuja feliz, contento con las multitudes que se extasiaban al verlo mientras ignoraba las encuestas.

"No tiene ni idea de lo que puede pasar, ni puta idea", dijo Bannon. "Puro *bla-bla*. Piensa que Nancy Pelosi es una anciana molesta en lugar de una bala con punta de acero dirigida contra él".

* * *

A medida que se acercaba el día de las elecciones, Bannon se sentía desanimado, pero aún creía en el poder casi ancestral de los demócratas para arruinar las cosas. Y, de hecho, justo cuando los demócratas intentaban asegurar el triunfo, sus cartas más fuertes estaban desplegando una notable muestra de ego y avaricia. Cory Booker y Kamala Harris viajaron a Iowa para lanzar sus campañas presidenciales. Bill y Hillary Clinton se encontraban en una gira nacional para recaudar dinero ("la gira de la extorsión", en palabras de Bannon). Y Elizabeth Warren había intentado demostrar con una prueba de ADN que al menos tenía algo de nativa americana, y a la postre resultó ser todo lo contrario.

Aun así, Bannon estaba asombrado por la impecable estrategia organizativa de los demócratas. Los republicanos incumbentes y los candidatos a escaños abiertos habían recaudado, sin mucho apremio, el costo normal de una campaña por un escaño en la Cámara: una campaña bien capitalizada costaría 1.5 millones de dólares, más o menos. Pero vastas cantidades de dinero —grandes y pequeñas aportaciones, un gran río verde de desesperación y esperanza— habían ingresado en las campañas demócratas para el Congreso. En algunas contiendas cerradas, los demócratas estaban cuatro veces por arriba de lo que los candidatos republicanos habían recaudado.

Las elecciones intermedias habían creado dos universos separados de gastos y recursos. Uno era el ámbito corporativo habitual para los republicanos, donde la mayor parte del dinero provenía de las grandes fortunas de siempre; el otro era una explosión de dinero demócrata, que fue lo suficientemente grande como para neutralizar la incumbencia, superar los efectos de la manipulación electoral (*gerrymandering*) y presentar un potente grupo de desconocidos políticos.

De hecho, el problema no era que los republicanos nacionales no tuvieran suficiente dinero; tenían mucho. El problema era que lo gastaban en el aire, no a ras de suelo. Lo gastaban como si se tratara de una campaña de elecciones intermedias normal, no una elección determinante para Trump. Para el día de las elecciones, el Comité del Congreso Nacional Republicano y los comités de acción política (PAC) del Congreso, junto con otros grupos externos, habrían gastado unos quinientos millones de dólares en anuncios de televisión, una ofensiva que rindió frutos, según Bannon, pero sobre todo para los consultores que posicionaron los anuncios. Además, una buena parte de ese dinero se gastó en contiendas perdidas.

"Sheldon —dijo Bannon, refiriéndose a Sheldon Adelson, el propietario de casinos y hoteles y el mayor contribuyente al Partido Republicano— debería haberse llevado todo su dinero y simplemente quemarlo frente al Venetian", su mega casino y resort en la franja (*strip*) de Las Vegas.

* * *

En una terraza cercana a la oficina de Washington de Fox News, con la cúpula del Capitolio de fondo, el partido Bannon/Trump-o-no-Trump/Populista-Nacionalista, por así decirlo, organizó su festejo de la noche de las elecciones con cientos de sándwiches de Dean & Deluca y muchas botellas de cervezas artesanales: "Sin ninguna marca populista a la vista", señaló Bannon.

La idea de Bannon era usar esta fiesta como una oportunidad de formación. Sería tanto una ocasión social como un cuarto de operaciones durante la noche de las elecciones, con Bannon en un canal de video de las redes sociales explicando las cifras de la votación y la mecánica de la movilización distrito por distrito a su esperada audiencia de "deplorables". Para Bannon, esta noche no se trataba solo de las elecciones intermedias: "Después de Donald Trump, ya sea mañana o dentro de varios años, el movimiento tiene que ir más allá de las votaciones".

A medida que oscurecía, y con el festejo en marcha, Bannon intentaba resolver los desafíos técnicos y sociales. Quería una toma clara de la cúpula del Capitolio, pero la cámara tendría que captarla a través de las pesadas lonas de plástico que protegían la fiesta de una noche lluviosa y con mucho viento. Además, los cintillos con información de los expertos derechistas y los sitios web que participarían con comentarios durante la jornada no se veían en pantalla. Luego, también, los inquisitivos miembros de la prensa —junto con el grupo de partisanos de la derecha alternativa y los representantes europeos de extrema derecha, por no mencionar a amigos y familiares— querían pasar tiempo con Bannon, pero se decepcionaron al descubrir que desde las 6:30 p.m. estaba dedicado a las redes sociales.

Durante las siguientes seis horas, Bannon siguió de pie presentando algo parecido a un monólogo. Sam Nunberg se sentó a su lado, le daba cifras y le hacía comentarios. "Sin opiniones, por favor", decía Bannon mientras Nunberg intentaba participar. "Solo cifras".

Cuando empezaron a llegar los primeros resultados de las votaciones, el ambiente se llenó de esperanza. Casi de inmediato, se hizo evidente que en la competencia de la noche por el Senado, la contienda en Texas entre el incumbente Ted Cruz y el recién llegado Beto O'Rourke, el retador no iba a lograr el triunfo, un triunfo que podría haber destrozado al Partido Republicano. La contienda por la gobernatura en Georgia, con Stacey Abrams, una demócrata que sería la primera mujer y primera gobernadora afroamericana de Georgia, se veía bien de igual forma, y aquí, también, una derrota habría sacudido con fuerza al partido. Y, en la Florida, las contiendas por la gobernatura y por el Senado, que recientemente se habían inclinado hacia los demócratas, ahora se movían hacia el otro lado.

A primera hora de la noche, Bannon señaló a Barbara Comstock como "el barómetro de la jornada". Tal como le fuera a Comstock en el Décimo Distrito de Virginia, les iría a ellos en la fiesta. Virginia 10, que representa una gran muestra de los suburbios del sur de D.C., tiene una población blanca de casi 70 por ciento y una tendencia republicana moderada. Desde 1980, el distrito había elegido de forma constante a los candidatos republicanos a la Cámara.

Comstock, de 59 años de edad, egresada de Middlebury y Georgetown Law y madre de tres hijos, era una especie de republicana *yuppie* ideal: amigable con los empresarios y las mujeres. Vivía justo a las afueras del Beltway de Washington y, como muchos de sus electores, era una figura que estaba arraigada por completo en Washington. Había trabajado en el Capitolio como asistente en el Congreso, abogada y asesora de relaciones públicas; era una republicana probada, pero además sabía cómo aliarse con los demócratas. Ahora que terminaba su segundo mandato en el Congreso, a Comstock la querían mucho en el partido, el único detalle era que no era lo suficientemente conservadora. En general, sin embargo, el partido la consideraba una candidata fuerte en un distrito clave, y al comienzo del proceso su escaño se creía asegurado.

En pleno verano, no obstante, cuando la primera ola de encuestas inquietantes comenzó a alarmar a los republicanos, Comstock cayó diez puntos. Su oponente, Jennifer Wexton, también era abogada y una figura política local; la única diferencia real era que Wexton era una demócrata moderada en lugar de una republicana moderada. Durante gran parte de la campaña, Bannon creyó que el Partido Republicano debía relegar a Comstock y poner sus recursos en batallas más prometedoras. Pero se trataba de una figura popular en el partido y la opinión predominante del *establishment* era que, si había que librar una batalla por los votos de los indecisos, entonces ella, una mujer incumbente moderada, debía librarla y el partido tenía que apoyarla.

Para octubre, la de Virginia 10 se había convertido en una de las campañas republicanas por el Congreso más caras del país. Los días previos a la votación las encuestas internas pusieron a Comstock solo cuatro puntos abajo. Y así, la que parecía una elección perdida para los republicanos de pronto era una votación ceñida. Conforme se acercaba el 6 de noviembre, las cifras de Virginia 10 se transmitían al presidente con el mensaje de que al partido le estaba yendo mucho mejor con los votantes indecisos de lo que esperaban. Estaban remontando, le dijeron a Trump.

"Con Comstock en cuatro puntos o menos, conservamos la Cámara", dijo Bannon con buen ánimo poco después de que comenzó su fiesta en la noche de las elecciones. "Es un hecho consumado".

Sin embargo, la votación de Comstock produjo los primeros resultados claros para la Cámara aquella noche. Las urnas en el Décimo Distrito cerraron a las 7:00 p.m.; para las 7:40, con 56 por ciento de los votos contados, incluyendo los distritos fuertes de Comstock, había caído dieciséis puntos.

Al escuchar este primer resultado, Bannon se volvió hacia Nunberg.

"¿Cuál es la cifra? —preguntó incrédulo; todavía imaginaba que la noche podría traer el botín y la gloria—. ¿Eso es correcto?".

"Parece que sí".

"Verifícalo".

"Ya lo verifiqué".

Parado en la terraza, con la cúpula del Capitolio detrás, el estado de ánimo de Bannon pasó de un momento a otro del ímpetu a la desolación.

* * *

Los resultados de Comstock deprimieron a Bannon casi tanto como las noticias que recibía de otra fiesta a siete minutos de distancia.

En la ceremonial Sala Este de la Casa Blanca, el personal del presidente organizó una parrillada del día de las elecciones con hamburguesas y *hot dogs*. Fue un gran evento para los grandes donantes. Allí estaban Sheldon Adelson, poseedor de una fortuna de 34 mil millones de dólares; Harold Hamm, el magnate del petróleo de esquisto, con una fortuna de 13 mil millones de dólares; Steve Schwarzman, el CEO de Blackstone, con una fortuna de 12 mil millones de dólares; Dan Gilbert, el fundador de Quicken Loans y propietario de varias franquicias deportivas, con una fortuna 6 mil millones; Michael Milken, el excorredor de Wall Street y rey de los bonos basura, que estuvo en la cárcel a principios de la década de 1990 por tráfico de información privilegiada y es dueño de una fortuna de 4 mil millones; Ron Cameron, un magnate de la industria avícola de Arkansas, y Tom Barrack, el amigo de Trump y magnate de bienes raíces que había dirigido la toma de posesión del presidente, cada uno con una fortuna de mil millones. También asistieron a la fiesta esa noche Franklin Graham, el hijo del predicador evangélico Billy Graham, quien había sido firme en su apoyo a Trump, y Betsy DeVos, la única secretaria del gabinete que asistió (y también una multimillonaria). El vicepresidente y su esposa estaban entre los invitados, al igual que Brad Parscale, que representaba la campaña de 2020 y la operación política del presidente.

Bannon vio la fiesta de la Casa Blanca casi como una ofensa personal. Las semanas de gira le inspiraron algunas reflexiones metafísicas sobre el alma de Estados Unidos. Tal como él lo veía, casi todo se les quitaba, día a día, a los trabajadores del país, a sus "deplorables", que aún formaban el auténtico corazón de la nación. Cuando Bannon hablaba sobre "la honestidad campesina, la sabiduría campesina y la lealtad campesina", sonaba como Tolstoi hablando del pueblo ruso. Después de conducir la campaña de Trump a la victoria, Bannon esperaba llevar una nueva era jacksoniana a la Casa Blanca; en cambio, un séquito de donantes multimillonarios del Partido Republicano estaba comiendo hamburguesas y *hot dogs* en la Sala Este.

Era la trágica dualidad de Trump: necesitaba el rugido de la multitud o las caricias de los multimillonarios. Después de que ganaron en 2016, Bannon se reunió con el presidente electo y el amigo de Trump, Tom Barrack, para conversar sobre los planes para la toma de posesión. Bannon argumentó que deberían gastar un dólar menos que la cantidad más baja que se hubiera gastado en la era moderna en una toma de posesión. Se trataba de una presidencia populista, por lo que una inauguración casera y sin complicaciones debía ser su primer símbolo. Sin embargo, Barrack subrayó lo fácil que sería recaudar dinero ahora más que nunca. Si le daban dos semanas, podría recaudar 100 millones de dólares. Si le daban cuatro semanas, podría recaudar 400 millones. Las oportunidades eran ilimitadas.

Trump no tuvo muchas dificultades al optar por una estrategia. Bannon, con pesar, entendió de qué rincones del mundo vendría el dinero.

"Esa reunión se repetirá muchas veces —predijo Bannon—. Nos puso en el camino de la perdición. Nada bueno podría salir de eso. Uno cree que no se puede saber lo que hará Trump, que va a ser una sorpresa, una ruptura radical. Pero, de hecho, no es así. Él hace lo que está programado para hacer".

* * *

Bannon veía la batalla intermedia por la Cámara como una competencia que se podía ganar. Del mismo modo, veía lo que ocurría en la Casa Blanca en ese momento, con todos los donantes juntos en la Sala Este, como parte de otra disputa. Esta era la batalla fundamental de Trump, y también podía ganarse, pero justo en ese momento se estaba perdiendo.

Para Bannon, todo radicaba en China. Era la clave, y el diablo estaba en los detalles. Y Trump lo entendió: "China mala".

Ahí había un estado totalitario con una economía administrada por el gobierno que, por medio de la manipulación de la moneda y los subsidios públicos, había reorientado la cadena de suministro del mundo y, en solo media generación, había convertido a sus mil cuatrocientos millones de ciudadanos en el mercado de mayor crecimiento del mundo, sometiendo a su voluntad a los mercados de valores de Occidente y a su clase política. Una China dominante, en el esquema del mundo de Bannon, significaba la decadencia de los Estados Unidos, con la pérdida de su sustento en la manufactura. Para las personas sin educación universitaria, muchas de ellas votantes de Trump, los trabajos de manufactura representan la puerta más directa hacia la clase media. El crecimiento de la clase media de China se creó a expensas de la nuestra, debilitando y luego transfiriendo la base manufacturera estadounidense.

Esta, creía Bannon, era la lucha fundamental dentro de la administración Trump. Si los que entendían la amenaza china ganaban, o incluso se defendían en esta batalla épica, eso sería lo que se recordaría dentro de cien años.

Pero, desde el principio, la primera batalla dentro de la administración había sido la limitada y superficial capacidad de atención de Trump. Tan pronto como la aguja pasaba de "China mala" a "China muy complicada", Trump se iba de la sala. Mientras tanto, a su alrededor, la lucha continuaba: para Bannon, eran los populistas contra la gente de Wall Street. Era "un buen día de paga por un buen día de trabajo" contra la acumulación global de capital. Se trataba de librar una guerra económica contra un adversario económico formidable, o simplemente de administrar la decadencia. Subirse al tren de China hacia un nuevo orden global era una actividad bastante rentable para los mercados de valores, pero era devastador para las perspectivas laborales de los trabajadores estadounidenses.

Sin embargo, en este campo de batalla, argumentaba Bannon, ya habían tenido éxito. Ese era el logro de los últimos dos años: una nación y un aparato político que antes no se preocupaban por China o que se habían resignado a adaptarse a la situación era algo que afectaba mucho al país. Ahora el *establishment* compartía cada vez más la idea principal de Bannon (y Trump): "China mala".

Cada sábado, cuando Bannon estaba en Washington, Peter Navarro —el economista antichino que Bannon reclutó para la Casa Blanca en la lucha contra los *Wall Streeters* de Kushner— iba en bicicleta a la Embajada de Bannon y subía al comedor. Ahí los dos hombres pasaban la mitad del día conspirando contra sus adversarios globales, defensores del libre comercio. Sentados a la mesa de Bannon, tramaban medidas de emergencia para imponer aranceles sobre acero, aluminio y tecnología. Y, como habían pronosticado, una China imbatible pronto se convirtió en una China extremadamente alarmada. En un tiempo relativamente corto habían obligado a su adversario a retroceder.

Este cambio decisivo de perspectiva lo logró la Casa Blanca de Trump. O, para ser más precisos, esto es lo que había logrado el pequeño círculo de "halcones políticos" en torno a China contra el círculo de banqueros de Trump y sus otros amigos banqueros.

Sin embargo, la batalla aún no terminaba. Schwarzman, con grandes inversiones en el crecimiento chino por medio de su Blackstone Group —a quien Bannon y Navarro consideraban un agente chino virtual—, debido a su relación con Kushner y a sus miles de millones tenía una enorme influencia sobre Trump. Con persuasión y distracción, Schwarzman siempre lograba transformar la determinación de "China mala" de Trump en algo más parecido a una falta de interés.

"Los dos Steves", dijo Trump alguna vez en broma, como si se amenazaran entre sí.

Cuando Bannon, desde su terraza aquella noche, vio cómo se deterioraba el mapa de las elecciones, supo que un triunfo demócrata de la Cámara no ayudaría a su gran causa. Los demócratas eran el partido de Goldman Sachs. Goldman Sachs era el banco de inversión de China. Y si Trump necesitaba salvarse de un Congreso demócrata, seguramente haría un trato con los chinos que tranquilizara a Goldman Sachs.

"Hará un gran acuerdo con China —dijo Bannon, durante una pausa en su transmisión—. El mercado de valores se elevará al cielo, a Schwarzman le encantará, y los medios dirán que Trump tuvo éxito. Pero será un desastre en la guerra real que estamos luchando".

* * *

La reunión en la Sala Este llevaba más de una hora en marcha cuando llegó el presidente. Los primeros resultados de las elecciones todavía anunciaban suficientes buenas noticias para que el ambiente fuera ligero y festivo. Trump, señaló un invitado, siempre más vendedor que político, parecía tener la capacidad de concentrarse solo en las buenas noticias. Para el presidente, los limitados resultados positivos de la noche suplantaban por completo a la tendencia que se perfilaba cada vez más oscura.

Trump le dijo a un invitado: "Gran noche. Fantástico. Los acabamos. Los aplastamos. Gran mayoría. Grande. ¿Ola? ¿Qué ola? Ola roja. Ola roja total". El invitado se vio a sí mismo en una progresión rápida y desconcertante, primero creyó que el presidente lo decía en serio, luego pensó que era un sarcasmo y por fin se dio cuenta de que esa era su más sincera conclusión.

De hecho, Trump no solo parecía determinado a ver los resultados de la forma en que deseaba verlos, sino que simplemente no tenía suficiente información para hacer una evaluación seria. Al contrario de casi todos los profesionales políticos, era claro que no estaba interesado en los datos reales. Como de costumbre, las cifras lo aburrían.

Incluso Brad Parscale, los ojos y oídos políticos del presidente, parecía solo un poco más informado y, por lo tanto, seguía optimista. Otra administración habría recibido mejor información y más rápido que nadie, pero esta Casa Blanca parecía tardar en recopilar y procesar las cifras, o no estaba interesada en hacerlo. No era que Trump estuviera fuera de juego, pensaba uno de sus invitados, sino que parecía que nunca había estado en él. El éxito o el fracaso de la noche dependerían de unas cuantas elecciones para la Cámara, pero eso era algo de poco peso que estaba más allá de su interés. Parecía incapaz de entender que esta era una noche en la que su presidencia podría consolidarse o perderse.

* * *

"¡De ninguna manera!", le dijo Bannon a Sam Nunberg a las 9:33 p.m., horario del este.

En aquel momento de perplejidad, Fox News fue la primera cadena en anunciar los resultados de la lucha por el control de la Cámara de Representantes. Los demócratas, decía Fox, obtendrían la mayoría, con todas las comparecencias, el control y el poder de investigación que eso implicaba.

"Espera —dijo Bannon, genuinamente confuso—. Me estás tomando el pelo, ¿están anunciando esto ahora?".

Las otras cadenas de noticias se basaban en los datos de la com-

pañía de sondeo Edison Research. Fox confiaba en AP. La proyección de una victoria demócrata llegó en un momento en que las
noticias aún parecían más o menos buenas para los republicanos.
Eran las seis y media de la Costa Oeste. La creencia firme en que
el Partido Republicano todavía tenía una oportunidad de ganar la
Cámara aún podría animar a los republicanos a salir a votar en una
serie de comicios cerrados en los estados del oeste.

Bannon enlistó las contiendas en California y en otros lugares
que todavía estaban en juego. De las veinte que había marcado como
elecciones clave que se podían ganar, la votación seguía abierta en
doce. En su opinión, algunas de estas contiendas podrían decidirse
por menos de mil votos.

La decisión de anunciar los resultados de las elecciones cuando
aún quedaban noventa minutos de tiempo de votación en algunas
partes del país había recaído en Lachlan Murdoch, el nuevo CEO
de Fox. El joven Murdoch, quien ahora intentaba eludir a su padre
más conservador y ejercer su autoridad sobre la compañía, había
aprobado que se adelantara el anuncio.

Bannon, en su escritorio de transmisión improvisado, tratando
de calcular el daño que se había hecho, sobre todo en las contiendas más disputadas de California, estaba boquiabierto. "Los Murdoch —dijo— acaban de hacer estallar un cohete en el trasero de
Trump".

Bannon vio el anuncio anticipado de Fox como una declaración, otra advertencia para el futuro de Trump. La señalada cadena
de noticias de Trump no habría ahorcado los votos restantes de las
Montañas Rocosas y el Pacífico, a menos que así lo quisiera.

* * *

Durante las siguientes cuatro horas, mientras transmitían las
noticias en redes sociales, Bannon y Nunberg ordenaron las cifras

y los informes de los distritos. A lo largo de la jornada, observaron que la mayor parte de las veinte contiendas de Bannon favorecían a los demócratas.

El tono general que emergía aquella noche era lo más sombrío que podría imaginar. Cualquier elección a la Cámara de Representantes que los republicanos pudieran perder, la perderían. Para conservar un escaño en disputa, necesitaban que la mayoría republicana estuviera asegurada. Los indecisos, los que tenían una postura intermedia, los ambivalentes, a cualquiera que no le entusiasmara Donald Trump, por una gran mayoría, todos votaron por los demócratas o contra los republicanos. Las cosas estaban tan mal que, cuando todo terminó, los republicanos podrían haber perdido la Cámara por un margen de ocho o nueve por ciento. Bannon envió a Nunberg de inmediato para averiguar qué récord histórico se habría roto.

Como medida de la percepción de los votantes, los resultados de la Cámara no podían ser más transparentes. El mapa electoral se había reforzado. En cierto sentido, poco había cambiado desde 2016: había un país Trump y un país anti-Trump. Los votantes rojos fueron más obstinados, al igual que los azules. Los votantes blancos rurales estuvieron de forma implacable a favor del presidente; Trump consolidaba sus ganancias y su poder en esas regiones. Por su parte, los votantes urbanos y suburbanos, creando una nueva identidad filosófica y política basada en su apasionada oposición a Trump, estaban expulsando de sus cargos a los republicanos que aún permanecían en la búsqueda de un punto medio. En la medida en que alguna vez hubo un punto medio, puede que ahora no hubiera ninguno. Pero este era el hecho incontrovertible: el lado a favor de Trump, por más comprometido que estuviera, era más pequeño, por un gran margen, que el lado anti-Trump.

Cuando terminó la noche de las elecciones, Bannon estaba casi seguro de que los republicanos obtendrían dos escaños en el

Senado, incluso tres. Pero este resultado no lo entusiasmaba en absoluto, y lo descartó. No había nada positivo para Trump. Conservar el Senado no era una victoria, sino un resultado lamentable; solo significaba que el momento y los detalles exactos del destino fatal de Trump, con la cantidad precisa de saña y humillación que traería consigo, estarían en manos de Mitch McConnell.

Pero la Cámara, la pelea por retener la Cámara, había sido de vida o muerte. Ahora Bannon estaba seguro. Sería una presidencia de dos años.

22

CIERRE

En la mañana del miércoles 7 de noviembre, Trump hizo varias llamadas telefónicas a amigos. Uno de los interlocutores describió su conversación con el presidente como "algo espeluznante, de otro mundo". Trump parecía no darse cuenta de que los resultados de las intermedias no lo favorecían y que enfrentaba un alarmante contratiempo político. Parecía creer —y parecía deducir de sus otras conversaciones esa mañana— que políticamente había avanzado con una "victoria grande" en el Senado.

El amigo no lo contradijo, e infirió que nadie más con quien hubiera hablado el presidente lo había hecho. "Gran victoria, gran victoria, gran victoria —dijo Trump—. Esto es lo que hemos estado esperando".

El presidente continuó diciéndole a su amigo que el "plan de la victoria" ya estaba listo. Sessions — "el imbécil"— estaba acabado. Mueller estaría acorralado.

—¿Qué tan lejos vas a llegar? —preguntó el amigo.

¿Intentaría ahora el presidente cerrar la oficina del fiscal especial?

—Hasta donde sea necesario —respondió el presidente.

El presidente también habló con confianza sobre Nancy Pelosi, la probable nueva presidenta de la Cámara. Le dijo a su amigo que esperaba que lo lograra y que no "fuera expulsada por los rebeldes". Ella estaba por cumplir setenta y nueve años, repitió varias veces. Se veía bien, señaló, acotando que conservar esa apariencia debía de tomar mucho tiempo. Mientras tanto, dijo, se llevaban bien. Se llevaban muy bien. Siempre había existido entendimiento entre ellos. Sería maravilloso si llegara a ser presidenta de la Cámara por segunda vez. Eso es lo que ella quería. Todos, dijo, estaban consiguiendo lo que querían. Y él sabía cómo manejar a Nancy. No era un problema. Él sabía lo que ella quería. Ella quería verse bien. "Sé cómo hacer que funcione", dijo el presidente.

Ahora, una vez que habían pasado las elecciones intermedias, por fin sería capaz de hacer todo lo que quería hacer. "El último día de ese hijo de puta de Kelly es hoy", dijo Trump. "Está despedido". (Kelly, de hecho, se quedaría en su puesto un mes más).

"Todo va a ser diferente —insistió Trump—. Una nueva organización. Totalmente nueva".

A medida que avanzaba la conversación, su amigo pensó que era posible que Trump se sintiera condenado. Tal vez, el día después de la desastrosa elección, se estaba preparando mentalmente para lo que estaba por venir. Pero su amigo sabía que era igual de posible que el presidente —todavía en una condición eufórica después de casi ocho semanas seguidas de mítines en estadios muchas veces un día tras otro— no tuviera una comprensión clara de lo que había sucedido y de lo que se avecinaba.

* * *

A la mañana siguiente de las elecciones intermedias, Bannon les recordó a varios miembros del equipo Trump original —quienes habían llegado a la Casa Blanca hacía casi dos años, el 20 de enero de 2017— acerca de una reunión que se llevó a cabo tres días después de la toma de posesión, el primer día hábil de la nueva administración de Trump. Esa era una ocasión tradicional tras la investidura: la líder del Congreso recibió una invitación para reunirse con el presidente y su equipo.

Reince Priebus y Steve Bannon estaban sentados a la derecha del nuevo presidente. Nancy Pelosi estaba sentada frente a ellos. Al mirar a la líder de la minoría de la Cámara, Bannon sintió que un escalofrío le recorría la espalda. Se acercó a Priebus y susurró: "Ella puede ver lo que estamos pensando".

Pelosi, la experta, hacía un balance del equipo peor informado, peor preparado y peor organizado en la Casa Blanca. Bannon percibía que ella se esforzaba mucho por contenerse y no descomponerse con abierta incredulidad e hilaridad. Parecía que sentía menos desprecio que lástima, advirtió Bannon. Ella veía el futuro.

El *establishment* podría haberse sacudido hasta la raíz con la elección de Donald Trump. Todos los poderes imaginables estaban pensando cómo resistir y desarticular la administración de Donald Trump. Pero Pelosi, según Bannon, veía la verdad más grande: la administración de Trump se desarticularía por cuenta propia. Nadie en la Casa Blanca, y menos el propio Donald Trump, era capaz de vencer en la complicada danza para conservar el poder, un desafío mucho mayor que tomar el poder.

"Ella estaba en paz —recordó Bannon—. Sabía que en dos años nos dominaría. Para ella esto no era una tragedia, sino una comedia". Desde entonces, no había pasado un día en que no hubiera pensado en cómo Pelosi los había observado aquel día desde el otro lado de la mesa.

* * *

La tarea más importante del presidente el 7 de noviembre era despedir por fin a su fiscal general, quizás el hombre al que más denigró en su gobierno y quien más lo denigró a él. No perdió tiempo: al mediodía aceptó la renuncia de Sessions y publicó un tuit de agradecimiento.

También anunció la segunda parte de su "plan de la victoria": el nombramiento de Matthew Whitaker como fiscal general interino, un abogado leal que había sido relegado por la administración y tenía pocos partidarios aparte de Trump. Whitaker, con una gran cantidad de controversias y un historial legal poco deslumbrante, no era una opción popular, incluso en el Senado republicano. Era claro que se trataba del último intento de Trump por debilitar al Departamento de Justicia y protegerse de la investigación del fiscal especial. El presidente tenía la esperanza demasiado obvia de que Mueller entregara sus hallazgos a Whitaker, quien secuestraría el informe y le daría a Trump la oportunidad de impugnarlo.

El nuevo papel de Whitaker al frente del Departamento de Justicia fue autorizado por la Oficina de Asesoría Legal del Departamento de Justicia (OLC), la misma oficina que había emitido la opinión de que un presidente no podía ser acusado. La OLC había declarado amablemente que el presidente tenía la capacidad de instalar, de forma interina, sin el consejo y sin el consentimiento del Senado, un designado que podría ejercer el cargo durante 210 días o más si la confirmación de un fiscal general permanente se hallaba en curso. Aquí estaba la solución definitiva de Trump: por fin tenía a su fiscal general personal.

Poco después del nombramiento de Whitaker, el esposo de Kellyanne Conway, George, el abogado de Wachtell Lipton y Neal Katyal, quien había trabajado en la administración de Obama durante un año como fiscal general interino, publicaron un ensayo en el *New York Times* donde argumentaban que el nombramiento de Whitaker era inconstitucional. El artículo pretendía darle un impulso considerable a cualquier controversia que quisiera llevar la designación a los tribunales. También le daría armas al nuevo Congreso para resistir un desafío contra Mueller.

Ese día, Trump también recibió noticias de Sheldon Adelson, el multimillonario que había sido su principal benefactor. Por los 113 millones de dólares que Adelson invirtió en las elecciones intermedias, exigió una sola garantía: la elección de Danny Tarkanian, su candidato seleccionado personalmente para el Tercer Distrito del Congreso de Nevada. Pero no hubo suerte: Tarkanian se quedó bajo la ola demócrata. Y, en opinión de Adelson, la rentabilidad de su inversión había sido nula.

"Parece que Sheldon está bastante enojado", le dijo Trump con cierto nerviosismo a un interlocutor.

* * *

El viernes 9 de noviembre, Trump viajó a Francia para participar en la ceremonia de conmemoración del centésimo aniversario del fin de la Primera Guerra Mundial. (Su libro favorito, como se lo repitió a varias personas antes de partir, era la novela de la Primera Guerra Mundial *Sin novedad en el frente —All Quiet on the Western Front—*, la cual leyó en la escuela secundaria). Durante el vuelo, la primera ministra británica, Theresa May, lo llamó para felicitarlo: con antelación le habían dicho que él consideraba las elecciones intermedias como un triunfo. Pero, como si en ese momento hubiera empezado a entender que las "felicitaciones" eran una forma de seguirle la corriente y que podría, incluso, parecer una especie de burla, enfureció contra May en un berrinche por el Brexit, Irán y sus habilidades políticas.

Trump pasó gran parte de ese vuelo al teléfono, desahogando

su molestia por una serie de temas. Cuando llegó a París, se había comenzado a difundir una ola de llamadas hechas por varias de las personas con las que se había estado desahogando. Hicieron sonar la alarma: su estado de ánimo era el peor que se pudiera recordar. Todo el mundo, decía, le había fallado. No podía deshacerse de Mueller. Se sentía rodeado. No había salida.

"Es muy, muy oscuro, lo más oscuro", le dijo por teléfono a otro interlocutor.

En París, a la mañana siguiente, Trump se levantó temprano y se dispuso a tuitear y tratar de defender a Whitaker. Estaba encerrado en su habitación, atrapado en un peligroso estado de ánimo. No había nadie con quien hablar sobre esto. Debido a que la Casa Blanca era cada vez más reducida, su grupo de viaje lo integraban personas que él consideraba asistentes, lacayos o tontos, a veces las tres cosas. Entre ellos estaban su guardaespaldas, Jordan Karem, quien ya estaba planeando renunciar; el exgerente del club de golf de Trump y ahora director de redes sociales de la Casa Blanca, Dan Scavino; el director de personal de la Casa Blanca, Johnny DeStefano, quien, después de tantos otros que se habían ido, pasó de ser una figura marginal a un miembro de alto rango, ya de salida; y el asesor sénior y partidario de la línea dura en temas migratorios Stephen Miller, a quien Trump describía como "autista" y "sudoroso". En cuanto a los dos miembros de mayor jerarquía de su equipo, Trump se preparaba para despedir al jefe de Estado Mayor, John Kelly. Y prácticamente no hablaba con su director de comunicaciones, Bill Shine.

Al no contar con nadie en su entorno que fuera lo suficientemente discreto, lo suficientemente audaz o lo suficientemente confiable como para aconsejarle lo contrario, Trump decidió faltar al acto simbólico más importante del viaje: una ceremonia en un cementerio estadounidense fuera de la capital francesa en honor a los soldados norteamericanos muertos durante la Primera Guerra

Mundial. La reacción internacional a su ausencia, que su personal atribuyó al mal tiempo, comenzó casi de inmediato, colocándolo en una espiral aún más profunda de recriminación y desesperación.

El bebé inflable de Trump, que lo había importunado en su viaje a Londres durante el verano, ahora lo perseguía en París, otra incomodidad. El domingo, Trump asistió a una ceremonia en el Arco del Triunfo durante la cual el presidente francés, Macron, pronunció un discurso que Trump interpretó como una reprimenda personal. "El nacionalismo es una traición al patriotismo —señaló Macron en su discurso—. Al decir: 'Nuestros intereses primero, a quién le importan los demás', cancelamos lo que una nación valora más, lo que le da vida, lo que la hace grande y lo que es esencial: sus valores morales".

En una administración caracterizada ante todo por los altibajos emocionales de Trump, sus cuarenta y tres horas en París, en opinión de amigos que estaban al tanto de su estado de ánimo, habían sido las más angustiantes y tormentosas de su presidencia. Con todo, después de dos años de inestabilidad casi constante, esto fue solo el comienzo de un nuevo estado mental mucho más impredecible. Y la Cámara bajo el control demócrata ni siquiera había entrado en funciones.

* * *

Los cambios de humor extremos del presidente eran alarmantes para casi todos. Sus ataques de ira eran ahora más fuertes, y su coherencia se ponía en duda; Sean Hannity le dijo a Steve Bannon que Trump parecía "jodidamente loco".

Pero esta nueva etapa resultó buena para Jared e Ivanka. Mientras Trump pasaba cada vez más horas lejos del Ala Oeste y separado de su equipo —etiquetado en su agenda como "tiempo ejecutivo"—, su yerno y su hija eran los únicos miembros del personal en contacto con él de forma constante y confiable.

En cierto sentido, aquí residía el triunfo de la propia y decidida batalla política de la pareja. Habían marginado a las fuerzas originales de Trump (Bannon, Bossie, Lewandowski, Meadows) y habían frenado un intento de los que quedaban para que Meadows o Bossie reemplazaran a John Kelly como jefe de gabinete. De hecho, al borde de la destitución de Kelly y, por tanto, del desmantelamiento de la estructura organizativa que este había intentado imponer en el Ala Oeste y en la familia Trump, Jared e Ivanka esperaban colocar a su propia elección, Nick Ayers, en ese momento jefe de gabinete del vicepresidente.

De alguna manera, la hija y el yerno del presidente parecían —para asombro de toda la administración de Trump, así como del propio *establishment* de Washington— haberse impuesto a los profesionales políticos. De hecho eran, tal como lo habían deseado, el poder detrás del trono. Sus propios sentimientos sobre este ascenso estaban llenos de aflicciones y exaltación. Recientemente habían decidido dejar su casa de Washington en Kalorama porque sus vecinos los habían hecho sentir indeseables; ahora comprarían una nueva, esperaban, en un barrio más tolerante. Este fue un trago muy amargo. Después de todo, ¿no habían sido ellos los que habían apaciguado y refrenado al presidente en repetidas ocasiones, sin la ayuda de nadie?

Además, la legislación más importante de la administración en 2018, uno de los pocos proyectos de ley creados en su totalidad y dirigidos en el Congreso por el Ala Oeste, había sido idea de ellos. El First Step Act, un proyecto de ley de reforma de la justicia penal, se aprobó tanto en la Cámara de Representantes como en el Senado en las semanas posteriores a las elecciones intermedias. El hecho de que esta medida pareciera ir casi a contracorriente de todo lo demás que la administración de Trump quería lograr era solo una prueba más, según lo percibían, de que ellos encarnaban a dos héroes desconocidos.

Jared e Ivanka también eran, como les gustaba recordarles a sus amigos, las únicas personas que parecían ser capaces de hablar con el presidente de sus riesgos políticos y legales. Trump enfureció o despidió a todos los que plantearon el tema, o simplemente se iba de la sala si alguien lo hacía. Kushner, con una actitud que le gustó al presidente, le dijo a Trump que la mejor defensa era permanecer en el poder.

* * *

Mientras hablaba sobre el presidente como si fuera un niño muy inquieto que necesitaba cuidados especiales, Kushner le dijo a un amigo que las nubes legales y políticas que surgían con rapidez eran demasiadas como para que Trump pudiera asimilarlas. "Necesita problemas específicos", dijo Kushner, ya que casi a diario las amenazas a Trump y su familia aumentaban.

Días después de las elecciones intermedias, la Corte Suprema del Estado de Nueva York dio luz verde para que la demanda del fiscal general de Nueva York procediera contra la Fundación Trump, que tenía como objetivo directo a la familia Trump. La nueva fiscal general electa del estado, Letitia James, había creado una plataforma dedicada a atacar a Trump y usaba su cargo para ayudar a derribarlo. Aquí, si no por otras vías, Kushner le dijo al presidente, había una vía hacia el Santo Grial que representan las declaraciones de impuestos de Trump, ya que la declaración de un contribuyente en el estado de Nueva York es un espejo de su declaración federal. Aunque el IRS impone fuertes trabas para acceder a una devolución, las trabas son mucho menores en Nueva York.

Por su parte, el Distrito Sur de Nueva York en privado decía que no estaba coordinando esfuerzos con la investigación de Muel-

ler, pero también decía que su investigación sobre la Organización
Trump estaba en gran parte en una "línea cronológica" con la
investigación de Mueller, y que permitiría que el Informe Mueller
se diera a conocer primero. Kushner y su abogado Abbe Lowell
habían seguido esta investigación durante casi un año. Se decía
que tanto Michael Cohen como Allen Weisselberg, el director de
finanzas de la Organización Trump, estaban cooperando; Weisselberg, famoso por ser tacaño, había contratado a su propio abogado.
Robert Khuzami, el fiscal federal que llevaba el caso, le decía a la
gente que planeaba irse del Distrito Sur a fines de la primavera,
pero que primero esperaba cerrar el caso Trump.

La perspectiva de Kushner de la crisis política que enfrentaba el
presidente tras la pérdida de la mayoría en la Cámara no era menos
abrumadora.

Cuatro demócratas presidentes de comités del Congreso pronto
ocuparían su escaño y tenían al presidente en la mira. Jerry Nadler,
de Nueva York —a quien Trump había llamado en la década de
1990 un "pequeño gordo judío" en una pelea sobre un desarrollo
inmobiliario en Nueva York—, lideraría el Comité Judicial, que se
ocuparía de cualquier asunto relacionado con un juicio político. El
Comité de Supervisión y Reforma de Elijah Cummings se centraría en lo que los demócratas veían como el abuso de varias agencias
gubernamentales por parte de la administración Trump. Maxine
Waters, a quien el presidente había insultado repetida y públicamente, presidía el comité bancario; ella estaría investigando los
problemas financieros del presidente, entre los que ya despuntaba
su enredada relación con Deutsche Bank. Adam Schiff, quien pre-
sidiría el Comité de Inteligencia de la Cámara de Representantes
y era quizás el mayor sabueso publicitario de la Cámara, dirigiría
una investigación sobre la participación de Rusia en las elecciones
de 2016.

Cuatro comités que intentaban tomar un pedazo del mismo

pastel era la receta perfecta para el desorden y las luchas internas, pero Nancy Pelosi había reclutado nada menos que a Barack Obama para ayudarla a conservar la disciplina entre sus tropas. No perderían esta batalla actuando de forma precipitada. En un mundo ideal, le decía a la gente, los republicanos ejercerían presión para una resolución rápida de todos estos asuntos, mientras los demócratas avanzan poco a poco en las distintas investigaciones.

* * *

A pesar de todo, Jared e Ivanka tenían una especie de confianza sobrenatural. Seguramente ayudaba que su aliado Nick Ayers, quien en opinión de todos era el mejor operador político de la Casa Blanca, estaba a punto de convertirse en jefe de gabinete. Desde el punto de vista de la pareja, Ayers sería tanto su jefe de gabinete como el del presidente, lo que por fin pondría a la Casa Blanca bajo su control directo.

Con la salida inminente de John Kelly (el anuncio de su renuncia estaba programado para el domingo 8 de diciembre, y su último día oficial sería el 2 de enero), Ayers asumiría el cargo el miércoles 5 de diciembre. Pero la toma de control de Ayers se vino abajo: el domingo, tras haber pasado cuatro días trabajando para "el señor jodidamente-mal-de-la-cabeza-loco-de-remate", como le dijo a un amigo, Ayers le informó al presidente que no aceptaría el trabajo después de todo. En otro episodio más de la telenovela del Ala Oeste, Ayers renunciaba antes de comenzar de manera oficial. Por lo tanto, para el lunes no había Ayers, ni Kelly, ni jefe de gabinete.

El miércoles 11 de diciembre —sin un jefe de gabinete y con la ausencia del director de comunicaciones Bill Shine, a quien Trump seguía evitando— el presidente invitó a los líderes demócratas a una reunión que se transmitiría por televisión desde el Despacho Oval. Durante la reunión, amenazó e incluso solicitó un cierre del gobierno si no le daban presupuesto para el muro. En cuestión de minutos, Nancy Pelosi, la presidenta entrante de la Cámara —mientras Trump intentaba provocarla y lanzarle un anzuelo— se transformó ante la audiencia nacional en un personaje de la misma jerarquía y en la líder de un resucitado Partido Demócrata.

Tres días después, ante la insistencia de su hija, el presidente adoptó medidas en un intento por reparar el daño de los días anteriores. Aceptó las condiciones inusuales del director de presupuesto, Mick Mulvaney, para convertirse en jefe de gabinete: Mulvaney no sería el jefe permanente, sino "interino", lo cual quería decir, sin más, que estaba preparado para huir en cualquier momento. Al día siguiente, Trump retiró su solicitud del muro y sus amenazas de un cierre.

* * *

El 19 de diciembre, el miércoles previo a la Navidad, el presidente tomó dos decisiones fatídicas. Temprano por la mañana —sin preparación ni consulta, y sin pasar por el proceso estándar de revisión militar y entre las agencias—, publicó un tuit declarando que "[hemos] derrotado a ISIS en Siria", y luego anunció que retiraría a las tropas estadounidenses de ese país. Las comunidades militar, diplomática y de inteligencia habían llegado hacía mucho tiempo a la conclusión de que los puntos de vista de Trump sobre la política exterior giraban de manera peculiar y peligrosa en torno a impulsos y cambios de humor. Pero esto era el colmo: con la declaración que derrotar a ISIS era "mi única razón para estar [en Siria] durante la presidencia de Trump", el presidente tuiteó su anuncio y cumplía la promesa que le había hecho a su base aislacionista.

Esto, en definitiva, fue demasiado para el secretario de Defensa Jim Mattis. Al día siguiente, Mattis presentó su renuncia en una carta que contenía una crítica sucinta y devastadora al daño que Trump había causado a la comunidad internacional. "Debemos hacer todo lo posible para promover un orden internacional que sea más propicio para nuestra seguridad, prosperidad y valores, y estamos fortalecidos en este empeño por la solidaridad de nuestras alianzas", escribió Mattis. También se negó a emplear el lenguaje anodino habitual sobre su decisión de renunciar y escribió: "Debido a que tiene derecho a tener un secretario de Defensa cuyas opiniones estén mejor alineadas con las suyas sobre estos y otros temas, creo que es correcto que deje mi cargo". La predicción mordaz de Bannon después de Helsinki —si Trump se queda sin Mattis, se queda sin la presidencia—, estaba a punto de ponerse a prueba.

Ese mismo miércoles, el presidente envió a Mike Pence a almorzar al Capitolio, donde el vicepresidente garantizó que Trump, como había hecho cada vez que un presupuesto había llegado a su escritorio, firmara una resolución continua, conocida en el Capitolio como una CR. La CR continuaría las asignaciones a los mismos niveles del año fiscal anterior durante un periodo adicional, sin un financiamiento para el muro.

Kellyanne Conway difundió en público la nueva idea de que el muro era un asunto de "seguridad fronteriza", y dijo que el presidente encontraría "otras formas", más allá del presupuesto, para construir el muro.

Para las bases, esto sonaba a que "nunca habría muro". Para Steve Bannon, sonaba a un incendio de cinco alarmas, y de inmediato se puso a trabajar. Llamó a Hannity, llamó a Lewandowski y, principalmente, llamó a Ann Coulter.

Trump había admirado durante mucho tiempo la "boca" de Ann Coulter, así como — siempre se aseguraba de mencionarlo— su "cabello y sus piernas". La comentarista y artista conservadora,

con sus comentarios políticamente incorrectos y su pelo rubio
liso característico, había sido durante más de veinte años una voz
de la derecha en televisión por cable y una autora de gran éxito
de ventas. (Con Kellyanne Conway, una personalidad televisiva
de derecha que también tenía el pelo rubio y liso, Trump había
conseguido, decía a menudo, a la Ann Coulter de los hombres
pobres). En realidad, la influencia de Coulter se había desvanecido
de forma dramática en los últimos años. Era demasiado derechista
para CNN y MSNBC, y demasiado impredecible para Fox. Fue una
de las primeras personas que apoyó a Trump, pero no mucho después del inicio de su mandato consideró que el presidente estaba
traicionando las causas de la extrema derecha, los antiinmigración,
los *nativistas* y America First. Durante la transición, recibió una
invitación para acudir a la Torre Trump, donde sermoneó con gro-
serías y sin piedad al presidente electo; fue particularmente mordaz con la "estúpida idea" de contratar a su familia. Y, sin embargo,
debido a su lengua afilada, Trump la admiraba. "Cuando ella se
burla de las personas, ya no se levantan", dijo sobre Coulter con
admiración. "Geniales, excelentes programas de televisión". También le atribuía tener algún tipo de conexión mítica con su base.

Pero ahora esa base estaba llena de ira, y Coulter estaba a
punto de patear la colmena. El mismo miércoles que Pence hizo su
peregrinación al Capitolio, Coulter, instigada por Bannon, publicó
una columna en Breitbart; su encabezado decía que había un
presidente sin agallas en un país sin muros. Más tarde, ese mismo
día, grabó un podcast con el Daily Caller, y en la parte más álgida
del programa dijo que la presidencia de Trump era "una broma". Y
al día siguiente publicó un tuit incendiario:

El grito no era "FIRMA UNA LEY CON PROMESAS
DE MIERDA SOBRE 'SEGURIDAD FRONTERIZA' EN

*ALGÚN FUTURO LEJANO, ¡DESTINADA A FRACA-
SAR!". Era "¡CONSTRUYE UN MURO!".*

Un amigo que habló con Trump esa noche estaba impactado por la intensidad con la que reaccionó el presidente. "Lo digo en serio, la voz se le quebraba —dijo el amigo—. Ann realmente lo jodió. La base, la base. Entró por completo en pánico".

El viernes 21 de diciembre, respondiendo de manera directa a las burlas de Coulter, Trump cambió abruptamente el rumbo y se negó a aceptar cualquier compromiso con el presupuesto porque no contenía fondos para el muro. A medianoche, el gobierno cerró.

* * *

Durante los dos años que Trump había sido presidente, casi cualquier otro momento habría sido más propicio para forzar un cierre. En agosto de 2017, cuando Bannon se fue de la Casa Blanca, dijo que al final del siguiente mes se presentaba la oportunidad ideal: con un voto presupuestal que coincidiera con un voto sobre el techo de la deuda, Trump tendría la máxima influencia. Un cierre causaría que el Tesoro se agotara: el momento perfecto, según Bannon, para una política arriesgada. En su lugar, el presidente parpadeó y luego aplazó la decisión con otra CR, que expiró en enero de 2018. Esto sucedió de nuevo en febrero de 2018, y una vez más en septiembre de 2018, y esa CR expiraba en diciembre.

Con la provocación de Coulter, Trump se empeñó en que se financiara el muro. Justo en el momento en que los demócratas estaban a punto de asumir el poder —y, en su singular enemistad contra él, justo cuando estaban más unidos que nunca—, puso un límite. Por lo demás, le dio a Nancy Pelosi, ahora líder de facto del Partido Demócrata y su principal antagonista, una plataforma notable. En el pasado, Trump había demostrado una habilidad extraordinaria para debilitar a sus oponentes, ridiculizarlos y reducirlos; en este caso, estaba haciendo exactamente lo contrario. A lo largo de diez días, Trump convirtió a Pelosi en un gigante político.

La decisión de Trump de cerrar el gobierno era prácticamente incomprensible tanto para los demócratas, que no podían creer que se les hubiera presentado una oportunidad tan favorable, como para los republicanos, que no podían ver nada más que un desastre político para el partido y un resultado negativo para el presidente. Y nadie con experiencia parlamentaria o visión política podía ver cómo Trump saldría de esto.

Mitch McConnell, el líder del Senado, famoso por su control férreo de todo lo que sucedía en el Senado, se limitó a decir que solo era un espectador, un observador que aguarda los acontecimientos. Se fue de la ciudad a su casa en Kentucky.

En la Casa Blanca, el presidente, para sorpresa de todos, anunció que no acompañaría a su familia a Mar-a-Lago durante las vacaciones, un giro confuso e incluso alarmante para cualquiera que supiera cuánto valoraba el golf y un clima cálido sobre cualquier asunto presidencial. Melania ciertamente no tenía intención de quedarse. Entre otros temas, los amigos decían que todo parecía indicar que aún estaba furiosa por la charla informal que tuvo con un niño de siete años la víspera de Navidad, durante la cual Trump le preguntó al niño si aún creía en Santa. "A Melania no le pareció gracioso", dijo un asistente. Trump era "a todas luces un tipo que nunca había tratado con un niño de siete años".

Por su parte, el presidente se obsesionó con los miembros del equipo del Servicio Secreto que patrullaban los terrenos de la Casa Blanca y se trepaban a los árboles con la "cara negra", les contaba a las personas con las que hablaba por teléfono, con sus ametralladoras apuntándole. En cierto momento intentó llamar su atención, saludando desde las ventanas, pero lo ignoraron. "Escalofriante —dijo—. Como si fuera un prisionero".

En la Casa Blanca vacía, una joven asistente le llevó sus papeles y hojas de llamadas del Ala Oeste a la residencia, donde lo encontró, le dijo a sus amigos, en ropa interior. Y aquí, de repente, se abrió una trama secundaria.

Trump, quien reparó por primera vez en aquella mujer durante la transición, repetía: "Tiene lo suyo", frase que era su firma y su escalofriante sello de aprobación para las mujeres jóvenes. Ahora el presidente les decía a sus amigos que no se estaba quedando en la Casa Blanca debido al cierre de gobierno; estaba ahí porque se estaba "cogiendo" a la joven asistente del Ala Oeste.

¿Una bravuconada por el cierre? ¿Conversación de vestidores? ¿O todo era parte de una nueva realidad alternativa en la que solo él parecía vivir?

23

EL MURO

Después de las vacaciones, la Cámara quedó bajo el control demócrata y el cierre se prolongó. Jared e Ivanka creyeron que del cierre, y como parte de un nuevo equilibrio en el gobierno, podría surgir una gran negociación sobre el muro y la inmigración, incluso sobre DACA (Acción Diferida para los Llegados en la Infancia) y el camino hacia la amnistía. En esta solución imaginada parecían ver la base misma de una nueva ecuanimidad política.

Bannon se mostraba incrédulo. Para la base, incluso más importante que el muro era no ceder en DACA o la amnistía. La lucha contra la amnistía era el alma del movimiento. Además, el nuevo Congreso no le daría a Trump el muro, incluso si la Casa Blanca cedía en la amnistía, lo cual tampoco podía hacer, a menos que quisiera cometer un suicidio ritual.

Para Bannon, por lo tanto, solo había una salida, aparte de la rendición. Los aranceles aplicados a China pusieron a prueba los poderes unilaterales poco conocidos y poco utilizados del presidente. Ahora, si ejercía con agresividad otros poderes unilaterales, el presidente podría salir de la esquina humillante en la que él mismo se había puesto: podría anunciar que el gobierno reabriría y, tras declarar una emergencia nacional, podría mandar al ejército a construir el muro. O, de todos modos, enfrentando desafíos inevitables, podría pelear esta batalla en los tribunales en lugar de negociar el tema en el Congreso.

"No era lo mejor", dijo Bannon. Pero era una solución.

El grupo secreto de emergencias nacionales —que tramaba la política del movimiento y presionaba a Trump— estaba integrado por Bannon, Lewandowski, Bossie y Meadows, quienes comenzaron a reunirse en la Embajada durante la primera semana de enero. El argumento del grupo era simple: no había alternativa. Es cierto que la declaración de una emergencia nacional se impugnaría ante los tribunales y, sí, el muro tal vez nunca se construiría, pero esa sería una muestra de fortaleza en lugar de debilidad. Los cuatro hombres tenían claro que se trataba no tanto de hallar la forma de construir el muro como de encontrar una manera de salir del desastre del cierre, un desastre, reconocían, que era una creación del presidente.

El contrargumento, el cual provenía exclusivamente de la hija y el yerno de Trump, era que los demócratas negociarían. Esta idea era risible a simple vista y, como había sucedido con frecuencia en los últimos dos años, ninguno de los hombres tomó en serio el plan de la pareja.

Cuando el presidente, asediado y confundido, se enteró de la estrategia del grupo secreto, pareció recuperar la confianza. La idea de declarar una emergencia nacional tenía un atractivo inmediato. Asumió la declaración como "este poder que tengo", como si fuera mágico.

A Trump le gustó tanto la idea que decidió anunciar la emergencia nacional el 8 de enero en un discurso a la nación desde el

Despacho Oval. Bannon se mostró escéptico. No le gustaban ni el formato ni el lugar, y dijo que Trump sería comparado —y no favorablemente— con sus colegas presidenciales, cada uno de ellos recordado en el escenario del Despacho Oval. Pero, por supuesto, esa era la razón por la que Trump insistía tanto en anunciarlo de esta manera: quería enseñarles a todos que él era uno de ellos. Dijo que la crisis fronteriza era como la crisis de los misiles en Cuba, y en aquella época de crisis John F. Kennedy se enfrentó a los rusos y se dirigió a la nación desde el Despacho Oval.

Bueno, pensó Bannon, al menos el presidente trataba de aprovechar el momento; incluso si respiraba de forma extraña, como solía hacer cuando leía un teleprompter, incluso si en un ambiente formal nunca podría hacer que su expresión coincidiera con sus palabras, e incluso si las luces del escenario magnificaban el tono naranja de su cabello. La declaración de emergencia nacional, según Bannon, lo ayudaría a parecer presidencial.

El discurso de nueve minutos del presidente sorprendió a Bannon tanto como a cualquiera. En las horas, quizás minutos, antes de que Trump pronunciara el discurso, Jared y Ivanka lo reformularon por completo. La emergencia nacional desapareció; en su lugar había una "crisis humanitaria", lo que cambiaba bastante las implicaciones constitucionales y el argumento político de una emergencia nacional. Cualesquiera que fueran las ventajas políticas que Trump tenía como boxeador, como hombre fuerte, como el tipo que se atreve a sacudir el sistema, en aquella ocasión no estaban presentes. Para Bannon, el discurso fue una versión mala de la película *One Flew Over the Cuckoo's Nest*. Ivanka, en el inverosímil papel de la enfermera Ratched, había sometido a su paciente.

Desde este púlpito solemne e imponente, tan significativo, pues era su primer discurso desde el Despacho Oval, Trump pronunció, según la peculiar expresión de Bannon, "una hamburguesa vacía". Se veía encorvado, acotado, pequeño y, mientras la cámara se acercaba, sus ojos parecían cada vez más chicos. Era un gran actor en un papel secundario.

No hay emergencia nacional, no hay solución, no hay una propuesta, no hay progreso. Trump estaba, como podía verlo toda la nación, atrapado.

* * *

Mitch McConnell, advirtió Bannon, se había distanciado por completo de la confrontación del presidente con el Congreso. Sin una solución para el cierre inminente, McConnell dedicaba su tiempo y su influencia a tratar de convencer a Mike Pompeo de que se postulara para el escaño abierto en el Senado de Kansas en 2020.

Siempre como jugador de ajedrez, McConnell quería permanecer alejado del tema del cierre hasta que hubiera un acuerdo viable (además, quería dejar que Trump se ahorcara). Pero Bannon creía que también tenía otros intereses: McConnell, de común acuerdo con otros líderes republicanos y donantes —el grupo Defending Democracy Together ya se hallaba en campaña para 2020—, estaba tratando de sacar a Pompeo y despejar el camino para que Nikki Haley fuera la candidata presidencial republicana. Bannon sabía que entre los republicanos poderosos se comenzaba a ver como un escenario ideal que Trump no fuera candidato en el próximo ciclo. El temor era que, para el invierno de 2020, Trump fuera una figura con heridas mortales, sin nadie con suficiente estatura para tomar las riendas. Nadie parecía considerar a Mike Pence como una opción razonable, incluso si durante el siguiente año se volviera el presidente por defecto. La única candidata factible —para un partido que con Trump había desatendido casi por completo a los suburbios y las mujeres con educación universitaria en todo el país— era Nikki Haley.

Mientras tanto, Bannon estaba absorto en su propio juego de

ajedrez. Hasta ahora, se había presentado cinco veces con el fiscal especial. (Algunos enemigos de Bannon rumoreaban que en realidad había participado en ocho sesiones). No lo habían llamado ante el gran jurado, lo cual indicaría que era un sujeto o incluso un objetivo de la investigación de Mueller. Se podría sospechar que los correos electrónicos del otoño de 2016 lo conectaban con Roger Stone y su presunta participación en lo que parecía ser una ofensiva de la campaña de Trump para garantizar la liberación de material hackeado del Comité Nacional Demócrata. Bannon había alejado a Stone, pero Stone era otro de los inseparables de Trump que manchaba a todos los demás.

Bannon no creía que pudiera haber un caso de conspiración rusa si se basaba en Stone, un mentiroso inestable, uno de los muchos que rodeaban a Trump. Stone comenzó su carrera como asistente de Nixon y luego se volvió, por poco tiempo, un exitoso lobista y mediador internacional durante la década de los ochenta, en asociación con Paul Manafort, antes de que un escándalo sexual en la década de los noventa lo llevara a lo caricaturesco y la autoparodia. Ahora personificaba una combinación de locura fanática e interés personal —siempre estaba vendiendo algún libro o producto— cada vez más en los límites de la política moderna. De hecho, era un trumpista, pero tanto que a menudo hacía que Trump lo calificara como una molestia y un loco. Ciertamente sería una forma extraña de justicia, pensó Bannon, si el caso contra el presidente se redujera a Stone, Julian Assange y Jerome Corsi: todos locos, conspiradores, artistas de tonterías y personajes marginales.

Corsi, un crítico de derecha que recientemente se había vuelto una pieza de la investigación, que conectaba a Stone con WikiLeaks y Assange, alguna vez esparció el rumor de que el fundador de Breitbart News, Andrew Breitbart, quien murió en 2012 de un ataque al corazón, fue asesinado, y que Bannon, en complicidad con la CIA, había estado involucrado. (Bannon, furioso, confrontó a Corsi: "Te arrancaré el cuello si no detienes esto. Andrew tiene una viuda y cuatro hijos. No sigas diciendo que fue asesinado. No lo fue"). A Bannon le parecía ridículo que Corsi tuviera un papel significativo en cualquier tipo de asunto serio. Del mismo modo, Bannon apenas podía creer que Paul Manafort de pronto se hubiera convertido, una vez más, en una pieza clave, bajo la sospecha irrefutable de que les había pasado a los rusos la información de las encuestas de Trump. ("El único sondeo que hizo la campaña de Trump fue un sondeo de mierda", observó Bannon).

Y, sin embargo, la naturaleza de criminales de poca monta del personal no cambiaba el hecho de que Trump "estaba siempre dando órdenes locas a gente loca —dijo Bannon—, de las cuales se olvidaba tan rápido como las había pronunciado". Todo podría ser una estupidez y no una colusión, pero en cierto sentido era igual de condenable descubrir al presidente tan enfangado en dicha estupidez.

En las investigaciones de Nueva York, la clave para abrir la cerradura podía ser la investigación de la organización de beneficencia de Trump, que implicaría a toda la familia. Si se llegara a eso, Trump, tan humano como cualquiera, querría proteger a sus hijos; incluso podría tener que aceptar la responsabilidad. Y más allá de la organización de beneficencia familiar, estaba la investigación de RICO en Nueva York, la cual podría ocasionar la destrucción financiera personal de Trump: todas esas solicitudes de préstamos, todo ese potencial fraude bancario.

"Aquí es donde no hay caza de brujas: hasta para el núcleo duro de sus seguidores, aquí es donde se convierte en un hombre de negocios corrupto que vale cincuenta millones de dólares en lugar de diez mil millones de dólares", dijo Bannon, siempre al borde de la indignación. "No el multimillonario que dijo que era, solo otro cabrón".

Para Bannon, entonces, ya fuera que Mueller, el Distrito Sur de Nueva York, los Demócratas o las acciones "psicóticas" de Trump proporcionaran el motor de la destrucción, las probabilidades de que el presidente se hundiera seguían siendo tan grandes como siempre, "y sin haberse cubierto de gloria", dijo Bannon.

* * *

El debate interno más apremiante de Bannon, sin embargo, no era si harían caer al presidente. Se trataba de cuándo y cómo él rompería con Trump y salvaría al movimiento para el cual Trump, a los ojos de Bannon, nunca había sido más que un vehículo y un agente. Él, insistía, siempre había visto venir este momento: "Por supuesto, era obvio desde el principio que el verdadero desafío sería lograr que este movimiento superara a Trump".

Sin embargo, incluso mientras Bannon consideraba su ruptura con Trump, también consideraba lo contrario. La desgracia de Trump siempre había sido la oportunidad de Bannon. En agosto de 2016, cuando la campaña de Trump estaba por los suelos, Trump se la entregó a Bannon sin hacer preguntas. "Era totalmente maleable. Hacía todo lo que quería, todo".

Ahora había llegado un momento similar. Trump estaba en el fondo, sin opciones. Bannon comenzó a sondear a la gente. "Si me piden que vuelva, ¿debería hacerlo? ¿Sería una locura? ¿Crees que podría salvarlo si me dieran libertad absoluta?".

Ya se proyectaban algunos escenarios de rescate. No mucho después de que Trump pronunciara su discurso en el Despacho Oval, Bannon se sentó a la mesa en la Embajada y expuso su plan. "Aquí está la forma de salir de esto. Era claro como el agua. En el discurso del Estado de la Unión, expones los argumentos de la emergencia de seguridad nacional. Anuncias: esta noche notificaré al Estado Mayor Conjunto que militarizaremos la frontera mañana por la mañana. Y luego le damos la bienvenida al juicio político. Venga, porque Stormy Daniels, la obstrucción y Rusia ahora son detalles menores. Ahora pueden destituirlo por aquello por lo que realmente lo odian: tratar de cambiar el sistema. Quiero decir, ¿preferirías ser acusado por tratar de derrocar al *establishment* o por pagarle a Stormy Daniels por una mamada?

Pero el plan de Bannon se cayó casi tan pronto como se maquinó. El 16 de enero, Nancy Pelosi canceló el discurso del Estado de la Unión que Trump daría en la Cámara de Representantes ese mismo mes, diciendo que el acto debía posponerse hasta que el gobierno reabriera. Con mucho estilo, le arrebató al presidente la tribuna que tenía ante el Congreso y la nación.

Bannon estaba anonadado. "Incluso los tipos de la derecha ahora la respetan. ¿Y cómo no? Aplastó a este hijo de puta".

* * *

Durante los días siguientes, Jared e Ivanka convencieron al presidente de que un grupo de senadores demócratas se uniría a la mayoría republicana y aprobarían un proyecto de ley de "compromiso" que incluiría, en un lenguaje que siempre parecía tranquilizar a Trump, un "pago inicial significativo para el muro". Cory Booker estaba asegurado. También Bob Menendez. Incluso Chuck Schumer. Pero se trataba de una idea falsa: no había ruptura en las filas demócratas, ni mucho menos.

El cierre continuaba —y ya se había convertido en el más largo en la historia de Estados Unidos—; la mayoría de las encuestas culpaban del desastre al presidente y su partido, con grandes márgenes. Por fin, el 25 de enero, treinta y cinco días después, Trump cedió en todos los asuntos y firmó un decreto que reabría de forma temporal el gobierno, alegando que "esto no fue de ninguna manera una concesión". Durante los veintiún días siguientes, el gobierno tendría fondos mientras los negociadores del Congreso intentaban llegar a un acuerdo sobre la seguridad fronteriza, aunque los demócratas marcaron de inmediato una línea roja y aseguraron que rechazarían cualquier acuerdo que incluyera fondos para la construcción de un muro físico.

Acorralado en la esquina donde se había puesto a sí mismo, Trump tenía necesidad de algo que nadie creía que pudiera hacer: una jugada política maestra. Una vez más se encontraba en un dilema conocido. Quería lo que quería pero no sabía con claridad cómo obtenerlo. Ahora el muro —con el cual había adquirido un compromiso absoluto, sin tener en cuenta sus complicaciones logísticas y políticas, y que luego, durante los últimos dos años, había desatendido bastante— seguía siendo una fuente de conflictos sin salida aparente.

Con gran aspaviento, Trump dijo que si las negociaciones presupuestarias seguían sin ir a ninguna parte, volvería a cerrar el gobierno, una posibilidad que nadie creía que el resto de su partido aceptaría. Se quedó solo con la misma amenaza que había estado publicando, y que después retiró de forma precipitada, durante más de un mes: usar sus facultades excepcionales para construir el muro. Sus cambios de rumbo ya habían debilitado la naturaleza de la emergencia: había sacrificado tanto la lógica como la posición ventajosa. El líder republicano advirtió que a cualquier declaración de una emergencia nacional bien la podría anular una mayoría en el Congreso, en cuyo caso tendría que vetar un proyecto de ley respaldado por algunos integrantes de su propio partido. Cualquiera que fuera el resultado, ciertamente no le simpatizaría a sus compañeros republicanos.

La situación fue de mal en peor; una refutación le seguía a la otra. El 29 de enero, la directora de la CIA, Gina Haspel, el director del FBI, Christopher Wray, y el director de Inteligencia Nacional,

Dan Coats, todos nombrados por Trump, fueron al Capitolio y dijeron, en efecto, que el presidente no tenía idea de lo que hablaba en sus evaluaciones de amenazas contra los Estados Unidos. Nunca antes los jefes de inteligencia habían refutado a este nivel a un presidente en público. Trump vivía, parecían decir, en otra realidad.

A principios de febrero, los republicanos del Senado, en grupo, rompieron con Trump y se opusieron a su plan de retirar las tropas de Siria. Desde que retomaron la Cámara, los demócratas habían declarado al Congreso una rama de gobierno al mismo nivel que la Casa Blanca. Ahora los republicanos hacían lo mismo.

El Distrito Sur de Nueva York, con el caso RICO en curso, filtró la noticia de que estaba entrevistando a los ejecutivos de la Organización Trump. Y los fiscales federales de Nueva York emitieron de pronto una nueva orden de comparecencia de gran alcance en relación con los fondos que el comité inaugural de Trump había recaudado y gastado, lo cual significaba que los agentes de investigación ahora seguían el camino seguro que llevaría a Bannon hacia la ruina.

El presidente, que escuchaba a Kushner, seguía creyendo de alguna manera que los demócratas aún le ofrecerían un acuerdo para salvar las apariencias. Chuck Schumer, seguía diciendo, era alguien con quien podía hablar.

Lou Dobbs, uno de los pilares de la filosofía y el apoyo a Trump, le dijo a Bannon que no podía creer lo delirante que se había vuelto Trump.

* * *

Tres días después de que finalizara el cierre, Nancy Pelosi invitó al presidente a dar el discurso del Estado de la Unión el 5 de febrero. En los días previos al acto, los aliados de Jared e Ivanka comenzaron a filtrar informes de que Trump daría un discurso de "unidad". Esto era parte del obstinado plan de Kushner para promover una nueva atmósfera y una nueva "cordialidad" con los demócratas, dijo a los confidentes. Kushner incluso suponía que Trump podría hacer caso omiso de los republicanos y alcanzar varios acuerdos clave con los demócratas: sobre infraestructura, precios de medicamentos y la anhelada idea de Kushner de un proyecto de ley de reforma migratoria de gran alcance.

Tal como había sido desde el comienzo de su presidencia, un Trump egocéntrico y por lo demás desinteresado estaba dispuesto a acceder al deseo de su hija y su yerno de obtener el reconocimiento del *establishment*. Al mismo tiempo —y esto, en general, lo tenía claro— estaba totalmente supeditado a la convicción de sus partidarios del núcleo duro de que él representaba lo que ellos defendían. Se inclinaría con seguridad entre estos polos divergentes, pero qué tanto, dependía de la hora del día.

Unos días antes del discurso del Estado de la Unión, Bannon estaba en Nueva York desayunando con uno de los viejos amigos de Trump. La conversación giraba, con un sentido de creciente urgencia, en torno al destino de Donald Trump.

"Creo que recurrirá de nuevo a nosotros", dijo Bannon, predeciendo el tenor y la orientación del discurso del Estado de la Unión. "Es un actor de vodevil. Nunca pierde a su audiencia. Sabe leer las emociones y los pensamientos que están en juego". Pero Bannon también sabía que Trump ahora operaba en un mundo cuyas ganancias disminuían con rapidez. "Todo el aparato lo está volviendo loco", observó.

El viejo amigo de Trump, al enumerar todas las investigaciones en curso y anticipar un eventual fin del juego, se preguntaba:

"¿Con quién está negociando? ¿Cómo dimitirá?".

"Bueno, no se va a ir con clase —respondió Bannon—. Nixon tenía clase a pesar de ser Nixon, y era inteligente. En este caso, no tenemos inteligencia y no tenemos clase. Si lo piensas bien, la historia de Estados Unidos no tiene tantos momentos vergonzosos. Incluso los tipos malos, cerca del fin, toman su medicina. Esto no va a ser así. Esto va a ser muy... vergonzoso".

"¿Romney? Tal vez sea Romney quien acuda —dijo el amigo sobre el excandidato presidencial, que recién había sido electo para el Senado—. ¿O McConnell?".

"Romney, odiado" —dijo Bannon—. ¿Mitch? Odiado también, pero Mitch es un tipo de acuerdos. No puedes ir con Trump y guiarlo a través de un proceso. Tienes que ir con él y tener un acuerdo; la única forma en que Trump se irá es con una exoneración. Del Departamento de Justicia, el fiscal general, el Departamento de Trabajo, de todo lo relacionado con RICO, que no vaya a la cárcel y se quede con todo su dinero. Tiene que haber un acuerdo así.

"No va a pasar —dijo el amigo—. Ese acuerdo no se dará. Nadie le ofrecerá un trato así. Entonces, está bien, tienen que ser Ivanka y Jared quienes vayan con él. Como Julie y David Eisenhower, que fueron con Nixon".

"David Eisenhower era el nieto de Eisenhower —dijo Bannon—. Jared e Ivanka vienen de un linaje muy diferente. Son timadores (*grifters*) —una palabra que Bannon había usado desde los primeros días de la administración, introduciéndola en el léxico político moderno—. Ellos entienden que, si él se va, la estafa se acaba. La estafa solo continúa mientras él siga ahí. Ese es el truco. Por eso Apple les regresa las llamadas telefónicas, así es como ella obtiene sus marcas comerciales de los chinos. Vamos, son insignificantes. Si él se va, nadie les dará apoyo. ¿O acaso Jared e Ivanka mantendrán vivo Camelot?".

* * *

Después de dos años en la Casa Blanca, Trump todavía no tenía a alguien que elaborara sus discursos. Al prepararse para el discurso del Estado de la Unión, el equipo del presidente encomendó la mayor parte de la redacción a Newt Gingrich y a su gente. De otras partes se encargaron Jared e Ivanka, aunque ninguno de los dos escribía en realidad; solo planteaban ideas estratégicas. Stephen Miller también participó, pero solo escribía en PowerPoint y era, por decir lo menos, un autor limitado. También se involucraron Lewandowski y Bossie, quienes tenían libros en coautoría, aunque para efectos prácticos ninguno de los dos había escrito nada.

Este era el equipo. Los primeros borradores del discurso eran tan floridos y pomposos que Trump apenas lograba avanzar. Le costaba entender los mensajes abstractos y se tropezaba con el confuso e inflamado tema de la unidad.

La noche del discurso, el presidente fue, sin acompañamiento en la limusina, desde la Casa Blanca hasta el Capitolio, algo poco común. La puesta en escena esa noche también fue reveladora. El equipo de la Casa Blanca tradicionalmente espera detrás del escenario mientras el presidente habla, pero Jared e Ivanka —retomando su estatus de familia— acompañaron a Don Jr., Eric, Tiffany y Melania (con Barron ausente) en los sitios de honor para invitados.

Mientras se preparaba para ver el discurso en Nueva York —"por lo general odio ver estas cosas, que son para morirse de vergüenza"—, Bannon se sentía cautelosamente optimista. Le habían pasado fragmentos del texto final y decía, con gran satisfacción, "la unidad quedó fuera".

El discurso duró una larga hora y veinte minutos, y a menudo sonaba como una tarea de escuela secundaria sobre el discurso del Estado de la Unión. El presidente dividió su tiempo, casi por partes iguales, entre palabras insulsas sobre la importancia de dar cabida a diferentes puntos de vista y una implacable confrontación. Exaltándose con sus temas favoritos, lanzó un agresivo reproche a la amenaza de las investigaciones que se avecinaban. Renovó su protesta por el muro y su promesa de que lo construiría. Y las hordas de migrantes, dijo, se dirigían una vez más hacia nosotros.

"Ahí está —dijo Bannon—. Esa es la noticia principal. Venga. ¿Qué más puedes hacer? Si te vas a una esquina, debes estar listo para regresar con una embestida. ¿Cuántas veces puedes anunciar que no te conformarás con nada menos que con un gran y hermoso muro, y luego conformarte con menos?".

La política favorece al ágil. Si ocurre lo peor, necesitas tener lista otra carta para jugar. Pero ahí estaba Trump, con las manos vacías.

* * *

"Si metes a Trump en una reunión del caucus republicano en el Senado, apagas las luces y cuentas hasta diez, acaba muerto", dijo un aliado de Trump. El Partido Republicano, avergonzado y sintiendo pena por sí mismo, también se quedó sin cartas.

El periodo de negociación de veintiún días casi había terminado, y el nuevo cronograma de cierre marcaba el 15 de febrero. Los miembros del comité del Senado y la Cámara de Representantes trabajaban con ahínco; dejaban ver pocas dudas de que cumplirían su tarea y mostraban poca preocupación por la reacción de la Casa Blanca. El presidente estaría de acuerdo, o el Congreso votaría sin su apoyo y lo rechazaría si intentaba un veto. Jared Kushner, de buena gana, le decía a la gente que todo estaba bajo control. Nada de que preocuparse: el gobierno no cerraría y el muro no recibiría dinero. Todo bien, todos a bordo.

Había una excepción: el hombre que había dedicado su vida

a presentar su estilo personal de ganar ahora estaba perdiendo. Llamando aún más la atención sobre su derrota, Trump acudió a un mitin en la frontera entre Estados Unidos y México e insistió en que se construiría el muro; que de hecho se estaba construyendo. "Mira allá, ¿lo ves?".

En Washington, Kushner seguía ofreciendo garantías de que su suegro aceptaría el acuerdo negociado, que ahora era menos ventajoso para el presidente que lo que había sobre la mesa antes del cierre. Ellos volverían a adoptar el texto original; con el nuevo acuerdo se haría un "pago inicial" para algún tipo de barrera en la frontera. "Él aceptaría eso", decía Kushner.

Entonces se vio rodeado por ejércitos hostiles. Por un lado, Trump se enfrentaba a una mayoría del electorado cuya percepción sobre él era cada vez más endurecida; creían que había abusado de su alto cargo y desprestigiado al país. Por otro lado, se enfrentaría, en varios días o semanas, a una serie de investigaciones que estaban programadas para detallar sus crímenes y aplastar su presidencia. En una tercera trinchera, enfrentaba una rebelión en ciernes por parte de su propio partido, si no es que el abierto desprecio. Y en un cuarto frente, resistía a una mayoría demócrata en la Cámara que efectivamente estaba decidida a destruirlo. ¿Podría escapar una vez más?

* * *

El 14 de febrero, William P. Barr prestó juramento como fiscal general. Entre otras responsabilidades, su tarea sería supervisar a los fiscales federales y a los grandes jurados que investigaban al presidente. Barr reemplazó a Matthew Whitaker, el fiscal general interino elegido por Trump. En los días posteriores al nombramiento de Whitaker, Mitch McConnell le dijo al presidente que su plan para saltarse la aprobación del Senado no funcionaría. Trump necesitaba nominar a alguien aceptable para la mayoría republicana, y tenía que hacerlo en pocas semanas, no en meses.

El líder del Partido Republicano anticipaba que el fiscal general fuera un intermediario entre las investigaciones del Departamento de Justicia, incluida la de Mueller, y el presidente. Con vistas al futuro, el fiscal general sería una persona clave en las complejas y muy delicadas negociaciones que podrían llevarse a cabo con el presidente para evitar una crisis constitucional.

Bill Barr fue la propuesta de McConnell. Era una opción segura: Barr se había desempeñado como fiscal general desde 1991 hasta 1993, con el presidente George H. W. Bush. Lo acogieron Pat Cipollone, el abogado de la Casa Blanca, e incluso el abogado del presidente, Rudy Giuliani, lo cual indicaba un acuerdo sobre el curso que debían tomar las cosas a la hora de la verdad.

Barr se le vendió al presidente como un abogado respetado que tenía fama de creer en un ejecutivo fuerte. Había expresado públicamente sus dudas sobre la investigación de Mueller, sobre todo su énfasis en la obstrucción de la justicia. En junio de 2018, Barr vertió su opinión en un memorándum no solicitado al Departamento de Justicia; la nota le pareció a muchos analistas jurídicos algo apenas mejor que el intento de un estudiante de derecho de primer año, cuyo propósito era congraciarse con el presidente.

En un sentido más amplio, Trump no entendía la idea. Lo que Barr representaba era la opinión del *establishment*. No solo era un miembro republicano y leal a la familia Bush, sino que había trabajado para la CIA y tenía vínculos de larga data con la comunidad de inteligencia. Todos estos detalles se ocultaron con delicadeza al transmitirle su buena fe al presidente.

Mientras tanto, Barr les decía a sus amigos que buscaba una forma de ganar mucho dinero. Si de alguna manera lograba salir adelante en esta situación explosiva —un presidente impredecible y posiblemente inestable, una inflexible mayoría demócrata en la

Cámara y una infeliz dirección republicana— y al mismo tiempo lograba satisfacer un ideal inexplicable del *establishment* del Partido Republicano, le esperaban muchos millones en el futuro.

La misión de Barr era evitar tanto un conflicto constitucional como la destrucción del Partido Republicano. Desde el punto de vista de Barr, trazar una ruta más allá de un enfrentamiento con Donald Trump debería producir mucho dinero, del cual sería merecedor.

* * *

Trump pasó la noche del 14 de febrero haciendo llamadas. Tratando de dejar su esquina, reiteraba los desastres en serie de las últimas semanas.

Nadie lo estaba defendiendo, se quejaba con amargura. Nadie estaba a su favor. Los agentes federales obligaban a hablar a Weisselberg, decía con grandes aspavientos. Michael Cohen era el títere de los Clinton. Jared le había impedido que defendiera su postura sobre el muro. Y, por cierto, dijo, era un hecho consumado: Jared sería acusado. Eso es lo que había escuchado.

Así que aquí había una idea: ¿Y si perdonaba a todo el mundo? ¡A todos! ¡Por el bien del país! Una vez más volvía a la magia de sus poderes de perdonar. "Podría perdonar al Chapo", dijo.

Todos los demócratas eran débiles, dijo con repentina determinación. ¡Débiles! Él podría destruirlos a todos. Pero Mitch lo estaba jodiendo. Qué maldita serpiente era McConnell.

También se le ocurrió otra idea temeraria: un nuevo vicepresidente. ¡Pum! Pence se va. Sangre fresca. Grande. Sorpresa. "Probablemente tenga que elegir a Nikki Haley", agregó, un poco más apesadumbrado.

Sabía que lo matarían con lo de la emergencia nacional. ¿Pero qué otra cosa podía hacer? Tenía que hacerlo. ¿Debía hacerlo? Tenía que hacerlo. El muro, el muro, el muro. El maldito muro.

"Es como un ciervo que ha recibido un disparo", dijo Bannon, fastidiado.

A la mañana siguiente, presa del pánico y la insensatez, y atrapado en su propio flujo de conciencia —más, al parecer, para sacárselo de encima, ya que la diversión inicial se había acabado—, declaró emergencia nacional.

EPÍLOGO
EL INFORME

Después del 3 de enero, cuando la nueva mayoría demócrata asumió en la Cámara, todos los días existía la posibilidad de que el fiscal especial entregara su informe sobre su investigación del presidente. Pasaron semanas y no había señales del informe; a fines de febrero, sus propiedades casi mágicas de convertirse en un posible punto de inflexión y destruir a Trump parecieron exacerbarse más allá de toda razón. Muchos pensaban que la demora podía deberse a que Robert Mueller había encontrado un vertedero sin fondo de delitos, lo cual obligaba a profundizar aún más en el carácter oscuro y los retorcidos acuerdos de Donald Trump.

A los trumpistas, el hecho de que el informe siguiera sin presentarse les producía una sensación de inquietud en la boca del estómago, un mal presentimiento que crecía a medida que pasaba el tiempo. Esto fue algo que se hizo patente con el abogado de Jared Kushner, Abbe Lowell. Durante meses, Lowell había dicho con absoluta certeza que su cliente estaba a salvo —que lo había salvado de esta—, pero ahora Lowell parecía ocultarse. El silencio resultaba inquietante.

Kushner, mientras tanto, se planteaba un escenario sombrío. Incluso si, en el mejor de los casos, ningún alto funcionario de la campaña (el mismo Kushner, Flynn, Manafort, Donald Trump Jr., ni siquiera el presidente) fuera acusado de conspiración, casi con seguridad habría críticas devastadoras por la conducta negligente del equipo de campaña y su disposición natural y despreocupada, si no inclinación, a aceptar la ayuda rusa. Asimismo era probable que el informe de Mueller diera a conocer detalles penosos de cómo la familia Trump priorizó de forma malintencionada sus propios intereses durante la campaña. En cuanto a la obstrucción, Kushner todavía esperaba salvarse, pero asumió que su cuñado, Don Jr., no lo lograría, y que al presidente, como mínimo, se lo señalaría como un coconspirador no acusado. Incluso sin cargos, el informe tejería una narrativa condenatoria directamente relacionada con la aptitud de Donald Trump para ser presidente.

El sitio donde te encontraras cuando se publicara el informe, así lo había empezado a considerar Steve Bannon, se equipararía en un contexto histórico con el lugar donde estabas el 11 de septiembre. Se trataba, después de todo, de una revisión sistemática de la presidencia de Trump. Aquí estaría Donald Trump reducido a su esencia existencial. En cierto modo, por fin se dictaría el juicio que Donald Trump había evitado toda su vida. Nadie, y menos Bannon, creía que Trump resultaría ser, según el informe, otra cosa más que el mismo Trump.

El tren fuera de control estaba a punto de chocar con el muro.

Las alas estaban a punto de caerse del avión.

* * *

Pero, ¿dónde estaba el informe?

De hecho, a principios de enero estaba casi terminado. La mayoría de los integrantes del equipo de Mueller ya estaban planeando la presentación. Sin embargo, el ambiente fraternal entre los diecinueve abogados que habían trabajado en la investigación se volvió, en el mejor de los casos, hosco. Dos años de investigación y debate interno habían reducido la amplia encomienda del fiscal especial a un par de temas prudentes y cuidadosamente definidos. ¿El presidente o los miembros de su círculo cercano conspiraron con agentes estatales rusos para influir en las elecciones presidenciales de 2016 en Estados Unidos? Y, si ese "evento predicado" no había ocurrido, ¿podría el presidente —sin importar sus intentos decididos de interrumpir la investigación sobre él mismo— ser acusado razonablemente de obstruir la justicia?

Bob Mueller no quería presentar su informe a Matthew Whitaker, el fiscal general interino. Decidió esperar a que William Barr, el nominado presidencial para fiscal general, fuera confirmado y entrara en funciones. Poco después de que Barr asumió su nuevo cargo, el 14 de febrero, dio a conocer su opinión de que el protocolo era que el fiscal general solicitara el informe al fiscal especial, cosa que aún no había hecho. Barr no quería el informe hasta que el presidente celebrara su cumbre con los norcoreanos en Vietnam, a fines de febrero. Era posible que no lo solicitara, de hecho, hasta después de la cumbre programada con el presidente Xi de China, a fines de marzo.

La cuestión aquí era el deseo del nuevo fiscal general de poner en primer lugar los asuntos críticos de la nación. Pero la realidad también era que Barr se estaba preparando y buscaba asentarse en su nueva oficina antes de enfrentar la anticipada explosión de Mueller.

En el Capitolio, la ansiosa espera se volvió frustración e irritación. El 4 de marzo, al Comité Judicial de la Cámara se le acabó la

paciencia y decidió emitir solicitudes de información a 81 indivi-
duos y organizaciones. El comité comenzaría su propia investigación sin más demora.

La decisión del Comité Judicial, con el claro mensaje de que la
Cámara Demócrata estaba decidida a establecer su propio calendario, obligaba a Barr a actuar. El 5 de marzo, el fiscal general y el
fiscal especial se reunieron y Mueller explicó las conclusiones de
su informe.

El 14 de marzo se pospuso la cumbre prevista entre Trump y Xi
en Mar-a-Lago. Luego el fiscal general solicitó de manera oficial el
informe a fines de la siguiente semana: el plazo límite era el viernes
22 de marzo.

Ese mismo día, el 14, Andrew Weissmann, el colaborador clave
de Bob Mueller, anunció su salida de la oficina del fiscal especial. Weissmann había prometido llevar la investigación hasta sus
últimas consecuencias. Pero ahora, amargamente decepcionado,
les contaba a sus amigos que, dado el limitado alcance que Mueller
le había dado a la investigación, ya no quería seguir ahí.

* * *

Robert Mueller, el estoico infante de marina, a lo largo de casi dos
años de investigación se fue revelando ante sus colegas y ante el
equipo personal como una figura de Hamlet. O, menos dramáticamente, como un burócrata cauteloso e indeciso. Había transitado
en repetidas ocasiones entre el deseo de usar toda su autoridad
contra Donald Trump y la irritante convicción de que no tenía tal
autoridad. Él podría representar, lo sabía, el correctivo para un presidente corrupto y de cuestionable reputación; al mismo tiempo
se preguntaba qué derecho tenía a castigar al líder del país, elegido legítimamente. Por un lado, podías acusar al presidente por
actuar como si estuviera por encima de la ley; el borrador secreto

de la acusación que describía los eventuales abusos del presidente había estado sobre el escritorio de Mueller durante casi un año. Por otro lado, un hombre razonable podía ver, con ciertos matices, que algunos aspectos de la presidencia de hecho estaban por encima de la ley.

En cierto sentido, esto era un resultado involuntario de la discreción excepcional de la oficina del fiscal especial: había operado completamente desentendida del mundo exterior. Al apartarse de la discusión pública, había llegado a ensimismarse en su propia ambivalencia, o en la ambivalencia de Bob Mueller. Para el fiscal especial, hacer lo correcto se convirtió en hacer lo menos posible.

Mueller dejó saber que, por más preocupado que estuviera por Donald Trump, también estaba preocupado por el antecedente de Ken Starr, el fiscal independiente que investigó a Bill Clinton. Mueller le recordaba con insistencia a su equipo que había diferencias sustanciales entre un fiscal especial y un fiscal independiente. La oficina del fiscal especial no era independiente: trabajaba directamente para el Departamento de Justicia. Además, Mueller creía que Starr, con una oficina de donde salían filtraciones y una investigación sesgada y marcada por un odio visceral hacia Bill Clinton, había perjudicado la oficina de la presidencia.

Ken Starr había obligado a Bill Clinton a declarar ante el gran jurado. El proceso de decidir si tendría que llamar a comparecer al presidente se convirtió quizás en el punto débil de la investigación de Mueller, y cuando el fiscal especial decidió no llamar al presidente, hizo caso omiso de la voluntad de gran parte de su equipo. Parte del razonamiento de Mueller se refería no solo a la autoridad limitada del fiscal especial; de algún modo reconocía que no sería razonable hacer que el presidente testificara, pues Trump seguramente se incriminaría.

En cierto sentido, Robert Mueller había llegado a aceptar la premisa dialéctica de Donald Trump: que Trump es Trump. Era un razonamiento circular para sostener el carácter esencial del presidente en su contra. Dicho de otra manera, confrontado por Donald Trump, Bob Mueller levantaba las manos. De forma sorpresiva, se hallaba en concordancia con la Casa Blanca: Donald Trump era el presidente y, para bien o para mal, eso es lo que había, y por lo cual votó el país.

* * *

No obstante, el presidente aún no sabía nada de esto. Algunos en la Casa Blanca habían recibido un adelanto sobre el contenido del informe, pero hacían todo por mantener la información lejos del presidente, incontenible, y evitar así que comenzara a celebrar antes de que el proceso terminara. De acuerdo con la descripción que ofrecieron tres colaboradores diferentes, siguió siendo el mismo "loco como una cabra" hasta el final. Su actividad en Twitter, siempre apenas bajo control, llegó a niveles obsesivo-compulsivos durante el fin de semana anterior a la fecha límite del informe, exponiendo su agitación mental. Sin embargo, seguía convencido de que se impondría o, de cualquier manera, de que Bob Mueller no tenía las agallas para enfrentarlo. Sus enemigos podrían ver en Mueller a un héroe, pero Trump lo consideraba un cero a la izquierda.

Curiosamente, en los días previos a la entrega oficial del informe, una de las personas con quien el presidente hablaba con frecuencia era su viejo amigo y colaborador de la campaña Robert Kraft, el propietario de los New England Patriots. En febrero, Kraft había sido acusado de contratar una prostituta en una visita a un salón de masajes en Palm Beach, Florida.

Trump parecía encontrar consuelo en orientar a su amigo en su responsabilidad legal, dándole muchos consejos y asegurando que él era mucho mejor en esto que cualquier otro abogado. Él sabía qué hacer. Él sabía cómo manejarlo. Siempre quieren que te declares culpable. Pero no cedas una pulgada. "Eres inocente", dijo, a pesar de que la policía tenía un video donde se veía a Kraft en el salón de masajes.

* * *

Al término de la jornada del 22 de marzo, por fin se entregó el informe de Mueller. El gran jurado, en el pleno de ese viernes, no emitió ninguna acusación, y la oficina del fiscal especial confirmó que su investigación no generaría ninguna nueva acusación.

No estaba claro qué tan largo o qué tan complejo era el informe.

No tenía claro cuánto de los resultados del trabajo de veintidós meses se había enviado al fiscal general. Pero, casi de inmediato, después de aceptar el informe, el fiscal general Barr escribió una carta al Congreso donde expresaba su confianza en que podría ofrecer con celeridad un resumen de los hallazgos del fiscal especial, quizás dentro de las próximas cuarenta y ocho horas.

Tal vez no había mucho en el informe.

Un escalofrío recorrió el *establishment*.

En cierto sentido, esa era la pregunta central: ¿Qué tanto había reducido Bob Mueller el alcance de su investigación? ¿Qué tal si esos dos años los había dedicado no tanto a ampliar su investigación, sino a limitarla?

El domingo, a última hora de una tarde primaveral, con 64°F de temperatura en Washington, el fiscal general envió su resumen del informe al Congreso. En una carta de cuatro páginas, Barr decía que el fiscal especial no había encontrado evidencia de una conspiración para influir en la elección de 2016 entre Trump o sus colaboradores y representantes del gobierno ruso. Además, si bien el fiscal especial había encontrado evidencia de una posible obstrucción de la justicia, dejaba a criterio del fiscal general si debía ocuparse de la cuestión. En su carta, Barr asentó que había tomado la determinación de que la evidencia no merecía persecución.

De modo sucinto, la carta agregaba: "Durante el curso de su investigación, el fiscal especial también remitió otros asuntos a otras oficinas para que tomen más medidas". De hecho, ya se habían abierto diversas investigaciones federales y estatales relacionadas con la Casa Blanca de Trump, la Organización Trump, la familia Trump y el propio Donald Trump. Los posibles crímenes bajo investigación incluían lavado de dinero, fraude en la financiación de campañas, abuso del poder de indulto del presidente, corrupción relacionada con los fondos de la toma de posesión, mentiras sobre declaraciones financieras y fraude bancario.

Pero, por ahora, Donald Trump parecía haber escapado de sus perseguidores. Steve Bannon comentó en un tono gracioso: "Nunca envíes a un marine a hacer el trabajo de un asesino a sueldo".

Para el domingo en la noche, un sentimiento de desolación y confusión, que quizás recordaba más a la noche de las elecciones de 2016, se extendió entre los medios de comunicación, el *establishment* liberal y todos los que creían haber arrinconado a Donald Trump de forma definitiva. No podía haber un mejor ejemplo de cómo una victoria se podía convertir inesperadamente en un fracaso.

* * *

Casi de inmediato, Trump proclamó públicamente su "exoneración completa y total". Luego se dedicó a hacer llamadas telefónicas para buscar que lo felicitaran, para recibir felicitaciones y para felicitarse a sí mismo.

"¿Quién manda aquí? Yo mando. Yo mando", le dijo a un amigo.

Insistía en su dureza, ferocidad y visión estratégica, y reiteraba su punto:

"Nunca, nunca, nunca te rindas. Lo que esperan es debilidad. Temor. No tengo miedo. Ellos lo saben. Hice que se cagaran de miedo".

Continuó maldiciendo contra los demócratas y los medios de comunicación, y de nuevo hizo una larga y encarnizada recapitulación de las acusaciones del video de la lluvia dorada. Luego lanzó una crítica desdeñosa a Robert Mueller:

"Qué imbécil".

Y ahí, quizás, Trump tenía algo de razón. Si ese era el resultado —la inexistencia de la conspiración y un equívoco sobre la obstrucción—, ¿cómo no aceleraste el proceso, o cómo pudiste haber dado justo la impresión contraria? Durante dos años, el tribunal secreto permitió que la nación asumiera que Trump era responsable y culpable. ¿Cómo pudo haber tardado veintidós meses en hacer un informe tan insustancial?

"¿Estoy a salvo? —le insistía Trump a la persona con la que hablaba por teléfono—. ¿Estoy a salvo?".

Él mismo respondió su pregunta:

"Seguirán persiguiéndome".

Se trataba de uno de los reveses más contundentes en la vida política de los Estados Unidos y, sin embargo, para Donald Trump no era nada fuera de lo común. Una vez más, Trump se salvó de un potencial tiro de gracia. Pero su "exoneración" cambiaba poco las cosas porque todavía era culpable de ser Donald Trump. No solo su propia naturaleza seguiría causando rechazo en la mayor parte de la población, así como en casi todas las personas que tuvieran una relación de trabajo con él, sino que lo llevaría una y otra vez al borde de la destrucción personal.

Así las cosas, se había librado, pero no por mucho tiempo.

AGRADECIMIENTOS

Poco después de la publicación de *Fuego y furia*, el presidente estalló pública y furiosamente contra Stephen K. Bannon, tal vez el principal responsable de que haya llegado a la presidencia, por los comentarios que hizo en el libro. La ira de Donald Trump hizo que Bannon perdiera el respaldo de sus patrocinadores, el multimillonario Bob Mercer y su hija Rebekah, y forzó su salida de Breitbart News, el sitio de noticias que Bannon dirigía y los Mercer controlaban.

Dice mucho del carácter de Bannon cómo mantuvo sus declaraciones en *Fuego y furia* sin quejas, objeciones ni resentimiento. En todos mis años en este oficio, he encontrado a pocas fuentes que, después de revelarse, no hayan culpado a la persona que las expuso.

Steve Bannon —el intérprete más lúcido que conozco del fenómeno Trump, el Virgilio que tuve la suerte de tener como guía en el descenso al mundo Trump, y el doctor Frankenstein con su propia ambivalencia sobre el monstruo que creó—, regresa en este volumen, *on the record*, y le agradezco su confianza y apoyo.

* * *

Stephen Rubin y John Sterling, en Henry Holt, son el tipo de editores con los que la mayoría de los escritores solo puede soñar. El gran entusiasmo y la confianza de Steve han impulsado este libro. La meticulosidad y el entendimiento de John recorren cada página; su buena disposición llevó este libro a la meta, una vez más. Maggie Richards y Pat Eisemann, de Holt, han llevado este libro al mercado con pasión y destreza.

Escribir sobre un presidente de los Estados Unidos impredecible y vengativo implica riesgos poco comunes en la publicación. Mi gran agradecimiento a John Sargent y Don Weisberg, en Macmillan, la empresa matriz de Holt, por su apoyo inquebrantable y enérgico.

Mi agente, Andrew Wylie, y sus asociados, Jeffrey Posternak, en Nueva York, y James Pullen, en Londres, además de darme sugerencias y estar disponibles casi a diario, han coordinado una publicación internacional compleja y perfecta.

Los abogados de este libro, Eric Rayman y Diana Frost, quienes resistieron las amenazas legales del presidente después de la publicación de *Fuego y furia*, han permanecido siempre tranquilos, alegres, sin miedo y decididos a publicar la historia completa.

Como siempre, he contado con la amistad y el consejo de Leela de Kretser. Muchas gracias a Danit Lidor, quien verificó la información del manuscrito, a Chris de Kretser, quien hizo la revisión, y a Edward Elson y Thomas Godwin, mis hábiles asistentes de investigación.

Michael Jackson, John Lyons, Jay Roach y Ari Emanuel, mis colaboradores en el intento de presentar la Casa Blanca de Trump de manera atractiva, me han ayudado a reflexionar sobre aspectos clave de cómo contar una historia política que tiene mucho menos que ver con las ideas tradicionales de poder que con la extraordinaria disputa pública de un hombre con casi todos los demás y, quizás sobre todo, consigo mismo.

Mi gran aprecio por las fuentes no consignadas aquí, muchas de las cuales me aconsejaron con regularidad, si no es que a diario, durante la escritura de este libro.

Mi esposa, Victoria, ha sido mi fuerza e inspiración.

ÍNDICE ONOMÁSTICO